Brunner (Hrsg.)
Immobilieninvestment

Marlies Brunner (Hrsg.)

IMMOBILIEN INVESTMENT

Produkte · Märkte · Strategien

2., aktualisierte Auflage

GABLER

Die Deutsche Bibliothek – CIP-Einheitsaufnahme

Immobilieninvestment / Marlies Brunner (Hrsg.) – Wiesbaden : Gabler, 1997
(Gabler Finanz)
ISBN 3-409-24146-9
NE: Brunner, Marlies (Hrsg.)

Der Gabler Verlag ist ein Unternehmen der Bertelsmann Fachinformation.

Lektorat: Silke Strauß und Iris Mallmann

Satz: Publishing Service H. Schulz, Dreieich
Druck und Bindung: Wilhelm & Adam, Heusenstamm
Printed in Germany

ISBN 3-409-24146-9

Geleitwort

Immobilien als Vermögensanlage sind ein Wachstumsmarkt in der Finanzwirtschaft. Ihre Formen sind vielschichtig und innovativ – ausgerichtet auf die Bedürfnisse der Investoren.

Lag in der Vergangenheit der Schwerpunkt vielfach auf eigengenutztem Immobilienbesitz, eröffnet sich heute dem Investor eine breite Palette von direkten und indirekten Beteiligungsmöglichkeiten. Die Geldanlage in Immobilien entwickelte sich zu einer wichtigen Investitionsalternative. Qualitätsimmobilien sind eine hervorragende Ergänzung im Depot und sollten deshalb sehr viel stärker als bisher Eingang in die Asset Allocation finden.

Obwohl die Anleger in den vergangenen Jahren anspruchsvoller, flexibler und risikobewußter geworden sind, steht der Sicherheitsaspekt verbunden mit dem Wunsch nach hohen Erträgen nach wie vor im Vordergrund des Anforderungskatalogs. Diesen Anspruch kann eine sorgfältig ausgewählte Immobilienanlage in idealer Weise erfüllen. Sie ist aufgrund ihres Langfristcharakters nicht zuletzt ein begehrtes Instrument der Alters- und Zukunftssicherung. Neben guten Renditen bietet sie erhebliche Steuervorteile, die in Zeiten steigender steuerlicher Belastungen einen immer größeren Raum bei der Anlageentscheidung einnehmen.

Der Herausgeberin ist es gelungen, namhafte Autoren zu gewinnen, die die vielfätligen Facetten der Immobilienanlage mit ihren Chancen und Risiken einem breiten Anlegerkreis nahebringen. Alle wesentlichen Bereiche werden von Experten angesprochen. Dazu zählen der Wohnungsbau, die Gewerbeimmobilie, die offenen und geschlossenen Immobilienfonds sowie Leasingfonds, die Immobilienaktie ebenso wie die Beratungsleistung rund um die Immobilie. Darstellung und Analyse der einzelnen Teilmärkte wird ausreichend Raum gewidmet. Aufgezeigt wird nicht nur das Produktsortiment, sondern vor allem die Eignung bestimmter Produkte für unterschiedliche Kundensegmente in spezifischen Anlagensituationen.

Finanzierungs-, Rechts- und Steuerfragen ergänzen und runden die Darstellung ab. Professionelle Unterstützung beim Erwerb und der Bestandspflege der Objekte bieten Beiträge von Autoren aus Beratungs- und Dienstleistungsunternehmen, sie lassen das Handbuch damit auch für den Fachmann zum Nachschlagewerk werden.

Gute Immobilienanlagen haben ihren Markt, sind ertragsstark und bieten ein hohes Maß an Sicherheit – Vorzüge, die im Kalkül des Anlegers zunehmend an Gewicht gewinnen.

Im April 1994

Georg Krupp
Mitglied des Vorstandes
Deutsche Bank AG

Autorenverzeichnis

Winfried Aufterbeck, Geschäftsführer, Argetra Verlags-GmbH, Ratingen

Dr. Marlies Brunner, Deutsche Bank AG, Frankfurt am Main

Michael Demuth, Geschäftsführender Gesellschafter, Creative Capital Gesellschaft für modernes Vermögensmanagement mbH, Hamburg

Prof. Dr. Bernd Falk, Institut für Gewerbezentren, Starnberg

Klaus Feinen, Geschäftsführer, Deutsche Immobilien Leasing GmbH, Düsseldorf

Gerhard Feldmann, Geschäftsführer, Bundesverband Ring Deutscher Makler, Hamburg

Dr. Jürgen Förterer, Vorstandsvorsitzender, R + V Versicherungsgruppe, Wiesbaden

Volker Gierth, Generalsekretär, Zenralverband der Deutschen Haus-, Wohnungs- und Grundeigentümer e.V., Düsseldorf

Jürgen Gnewuch, Wirtschaftsprüfer und Steuerberater, Verband rheinischer und westfälischer Wohnungsunternehmen e.V., Düsseldorf

Dr. Günther Haber, Hauptgeschäftsführer, Bundesverband Freier Wohnungsunternehmen e.V., Bonn

Wolfgang Kleiber, Ministerialrat, Bundesministerium für Raumordnung, Bauwesen und Städtebau, Bonn

Walter Klug, Mitglied des Vorstandes, Deutsche Bank Bauspar AG, Frankfurt am Main

Peter Kobiela, Generalbevollmächtigter, Landesbank Hessen-Thüringen, Frankfurt am Main

Dr. Marie-Therese Krings-Heckemeier, Geschäftsführerin, empirica, Gesellschaft für qualitative Marktforschung und Kommunikationsanalysen mbH, Bonn

Dr. Reinhard Kutscher, Geschäftsführer, Deutsche Grundbesitz-Investmentgesellschaft mbH, Frankfurt am Main

Viktor-Hermann Müller, Organisationsdirektor, Dr. Stange & Co. Nachf., Karlsruhe

Robert S. Orr, Geschäftsführer, Jones Lang Wooton GmbH, Frankfurt am Main

Ulrich Pfeiffer, Geschäftsführer, empirica, Gesellschaft für qualitative Marktforschung und Kommunikationsanalysen, Bonn

Andreas Schmidt, BZW Deutschland, Frankfurt am Main

Helmut Alois Speich, Geschäftsführer, Verwaltungsgesellschaft des Haus-, Wohnungs- und Grundeigentümervereins mbH Karlsruhe, Karlsruhe

Dr. Hans-Joachim Spranger, Direktor, Deutsche Bank AG, Frankfurt am Main

Anton Steiner, Rechtsanwalt, München

Mathias Troger, LBB Immobilien-Beteiligungs- und Vertriebsgesellschaft, Wiesbaden

Gerhard A. Watzinger, President, APT of America Inc., Naples, USA

Dr. Hans-Peter Willing, Geschäftsführer, PriCon Privat-Consult GmbH, Frankfurt am Main

Inhaltsverzeichnis

Teil I

Einführung

Marlies Brunner

Investitionen in Immobilien: Anlegermotive und Anlagespektrum

Zusammenfassung

Seit der Währungsreform im Jahre 1948 hat die hohe Produktivität der bundesdeutschen Wirtschaft, verbunden mit Einkommenszuwächsen und einer gesunden Sparneigung der Bevölkerung, zu einem bedeutenden Vermögenszuwachs der privaten Haushalte geführt. Die Geldanlage in Immobilien wurde zu einer wichtigen Investitionsalternative einer breiten Bevölkerungsschicht. In diesem Beitrag werden die verschiedenen Motive und Ziele der Geldanlage mit Immobilien dargestellt: Altersversorgung, Sicherheit in den eigenen vier Wänden, das damit verbundene Prestige, aber auch Inanspruchnahme der staatlichen Förderung des Wohneigentums und Vorbeugung der Geldentwertung durch Geldanlage in Sachvermögen. Die verschiedenen Möglichkeiten der Immobilienanlagen werden im Hinblick auf ihre jeweiligen Vorteile für die Investoren kurz erläutert.

1. Die Vermögenssituation in Deutschland und die Perspektiven für Immobilienanlagen

Das Vermögen der Deutschen wächst. Seit Anfang der neunziger Jahre treten zwar strukturelle Schwachpunkte der Wirtschaft, konjunkturelle Schwierigkeiten und auch eine gewisse Leistungsverdrossenheit der Bevölkerung immer deutlicher zutage. Sicherlich spielen hier eine fehlgeleitete Sozialpolitik und unglückliche staatliche Lenkung, sei es durch übertriebene administrative Auflagen, innovationshemmende Gesetzgebung oder Subventionen, eine Rolle. Trotzdem darf der Blick nicht dafür verloren gehen, daß seit der Währungsreform des Jahres 1948 durch Fleiß und Sparsamkeit der Bevölkerung und eine hohe Produktivität der Wirtschaft in Westdeutschland ein beachtenswertes Wohlstandsniveau erreicht wurde. Kräftiger Einkommenszuwachs schuf die Basis für umfangreiches Vermögen der privaten Haushalte. Im Jahr 1995 verfügten die Deutschen über rund 4,3 Billionen DM an Geldvermögen. Jeder Haushalt verfügt dabei im Durchschnitt über einen Betrag von rund 140.000 DM, wobei jedoch die Spannweite der Verteilung des Geldvermögens statistisch kaum zu erfassen ist.

Das private Sachvermögen der Deutschen übersteigt auch bei vorsichtiger Schätzung das Geldvermögen. Zu Wiederbeschaffungspreisen ge-

rechnet betrug allein das Wohnungsvermögen inklusive der Grundstücke Ende 1995 rund 5,5 Billionen DM. Auch unter Abzug der privaten Verschuldung ergibt sich für die Gesamtheit der Privathaushalte ein Reinvermögen (Nettovermögen) von mehr als 8 Billionen DM.

Damit verfügt ein privater Haushalt über ein Vermögen in Höhe von im Durchschnitt über einer Viertelmillion DM – wohlgemerkt im statistischen Mittel. Für jeden einzelnen Bürger wird es unterschiedliche Motive geben, Vermögen zu bilden und die unterschiedlichen Formen des Sparens und der Geldanlage wahrzunehmen. Auf die Gründe, die für eine Geldanlage in Immobilien sprechen, wird im folgenden näher eingegangen. Nur nach einer genauen Analyse der individuellen Geldanlagemotive wird ein Investor in der Lage sein, sich für die „richtigen" Objekte zu entscheiden.

Wie bei allen Entscheidungen über eine Kapitalanlage, ist vor allem der Zeitpunkt des Immobilienerwerbs ausschlaggebend für die erwartete Rendite. Nach den Jahren der Immobilienhausse – bis circa 1991 – müssen im Jahr 1996 Anleger ihr spezielles Marktsegment genau analysieren bevor sie sich engagieren. Der Preisauftrieb im Grundstücks- und Baumarkt hat sich rezessionsbedingt abgeschwächt. Ein niedriges Zinsniveau läßt auf günstige Finanzierungen hoffen. Aufgrund des defizitären Staatshaushalts scheint es geboten, die zur Zeit noch attraktiven steuerlichen Rahmenbedingungen auszunutzen. Nicht zuletzt sprechen auch die demographischen und soziographischen Entwicklungen für eine positive Grundstimmung vor allem im Wohn-, aber auch im Gewerbeimmobilienmarkt. Darüber kann auch die Konsolidierung der Mieten für Wohn- oder Gewerbeobjekte nicht hinwegtäuschen. Die langfristige Perspektive des Immobilienmarktes bleibt freundlich.

2. Anlegerbedürfnisse und Anlegerziele

2.1 Für jede Lebensphase die richtige Anlagemöglichkeit

Der Weg zum Immobilienbesitz kann auf zweierlei Weise beginnen: Steht bei einigen Anlegern zunächst die Bildung von Rücklagen in Form von Sparguthaben oder eines Wertpapierdepots im Vordergrund, entscheiden sich andere Anleger für gezieltes Sparen mit dem Zweck, ein Eigenheim oder eine Eigentumswohnung zu erwerben. Entscheidet

sich der erste Anlegertypus bereits in der anfänglichen Phase des Vermögensaufbaus für Immobilienbesitz, bietet sich für ihn der Erwerb von Anteilen eines offenen Immobilienfonds an. Allerdings nimmt er damit im Vergleich zur Geldanlage in Aktien- oder Renteninvestmentfonds einen relativ hohen Ausgabeaufschlag in Kauf, so daß er den Immobilienfonds für einen längeren Zeitraum halten muß, um die erwartete Rendite nicht zu sehr zu schmälern. Er profitiert jedoch von dem Vorteil kleiner Stückelungen: Anteile an offenen Immobilienfonds gibt es schon für unter 100 DM. Außerdem kann er kann sich jederzeit und ohne großen Verwaltungsaufwand wieder von seiner Anlage trennen. Darüber hinaus hat er gegenüber Aktien- oder Rentenanlagen steuerliche Vorteile, da der Teil der jährlichen Ausschüttungen, der aus Abschreibungen, Veräußerungserlösen und steuerlich abzugsfähigen Bauzinsen resultiert, nicht einkommensteuerpflichtig ist.

Der zweite Anlegertypus wird sich für den Erwerb der „eigenen vier Wände" entscheiden. Dieser Wunsch nach einem „Nestbau" ist oftmals vollkommen getrennt von steuerlichen Überlegungen oder Renditeaspekten entstanden. Der Anleger muß sich nun das für ihn geeignete Objekt aussuchen, und es entweder bauen (lassen) oder kaufen; zur gleichen Zeit muß er sich um das für ihn optimale Finanzierungskonzept kümmern. Unter Umständen hat er einen Anspruch auf ein günstiges Arbeitgeberdarlehen, das zumindest einen Teil der Bau- oder Kaufsumme abdeckt. Neben den Möglichkeiten, die das Bausparen bietet, wird er die Finanzierungsofferten der Banken, Sparkassen, Hypothekenbanken, Versicherungsgesellschaften und sonstiger Institute überprüfen. Oftmals empfiehlt sich eine Kombination der unterschiedlichen Angebote, nicht zuletzt auch aus dem Grunde, da sich dadurch das von Laien wie von Experten schwer einzuschätzende Zinsänderungsrisiko – insbesondere auf lange Sicht – reduzieren läßt. Die Festschreibung der Konditionen der verschiedenen Finanzierungskomponenten sollte also zeitlich gestaffelt sein. Läuft die Festschreibung eines Teildarlehens zu einem Zeitpunkt aus, in dem das Zinsniveau hoch ist, betrifft die Erhöhung der regelmäßig zu zahlenden Zins- und Tilgungsraten nur einen Teil der gesamten Finanzierung.

In Deutschland ist die Wohneigentumsquote mit circa 40 Prozent im Vergleich zu den Verhältnissen in den westlichen Nachbarländern relativ gering. Daraus kann umgekehrt geschlossen werden, daß 60 Prozent des Wohnungsvermögens Mietwohnungen sind. Häufig sind es auch private Anleger, die ihr Kapital im fremdgenutzten Wohnungsbau gebunden haben. Das resultiert natürlich auch aus der Tatsache, daß

die Deutschen zu einem immer größeren Prozentsatz ein Volk der Erben geworden sind. Die Tendenz zum Ein- oder Zweipersonenhaushalt und die anhaltende Zuwanderung aus dem Ausland wirken als Stütze für den Wohnungsmarkt.

Darüber hinaus besteht für den privaten Anleger auch die Möglichkeit, Kommanditist oder Gesellschafter eines geschlossenen Immobilienfonds zu werden, um sich somit an größeren Wohn- oder Gewerbeimmobilien zu beteiligen. Geschlossene Immobilienfonds können – in Grenzen – so strukturiert werden, daß die steuerlichen Erfordernisse oder die Renditeerwartungen der Anleger berücksichtigt werden.

Die vorstehenden Möglichkeiten sind in einer Art chronologischer Abfolge aufgezählt worden. In jeder typisierten Lebensphase des Geldanlegers werden spezielle Anlagemöglichkeiten oder Aspekte für ihn von Interesse sein (vgl. Kern 1993, S. 118). So wird es einem jungen Familienvorstand in der Regel wichtiger sein, ein angemessenes, finanzierbares „eigenes Dach über dem Kopf" zu erwerben. Anders sieht es für den besser verdienenden, üblicherweise um einige Jahre älteren, Anleger aus, dessen Einkommen mit einer hohen Steuerquote belastet wird. Die laufenden Verlustzuweisungen aus Immobilienbeteiligungen sind für ihn wichtig, damit er sein zu versteuerndes Einkommen minimieren kann. Für die wiederum um einige Jahre älteren Investoren ist der Immobilienbesitz auch aufgrund der niedrigen Bemessungsgrundlage für die Schenkung- und Erbschaftsteuer von Interesse.

2.2 Sicherheit: Immobilienanlagen zur Altersversorgung und zum Substanzerhalt

Das wichtigste Motiv der Vermögensanlage entstammt dem Sicherheitsbedürfnis, das je nach Persönlichkeitsstruktur mehr oder weniger stark ausgeprägt ist. Geldanlage ist das Ergebnis des Sparens, setzt also Konsumverzicht voraus. Besonders in konjunkturellen Schwächephasen und bei steigender Arbeitslosigkeit wird eine gewisse Zurückhaltung beim Konsumverhalten offensichtlich. Es wird häufiger an den „Notgroschen" für schlechtere Zeiten gedacht.

Das Sicherheitsbedürfnis gerade der einkommenstarken Bevölkerungsgruppe mittleren Alters dürfte auch mit Blick auf die demographische Entwicklung in Deutschland und die sozialpolitischen Rahmenbedingungen zunehmen, die vor allem in den siebziger und achtziger Jah-

ren zum Allgemeinwohl geschaffen worden sind. Bei fallender Geburtenrate und steigendem Durchschnittsalter der Bevölkerung einerseits, und bei der seit der Vereinigung Deutschlands rapide angestiegenen Staatsverschuldung andererseits, fällt es leicht zu prognostizieren, daß sich in absehbarer Zeit die Anforderungen an die gesetzliche Rentenversicherung nicht mehr mit den gewohnten Möglichkeiten vereinbaren lassen. Die Folgen werden entweder eine Einschränkung der Versorgungsleistungen oder höhere Versicherungsprämien oder eine Kombination beider Faktoren sein. In jedem Fall werden gerade für den sicherheitsbewußten Anleger Möglichkeiten der privaten Altersvorsorge immer wichtiger (vgl. Wiemann 1993, S. 160 f.).

Gerade das selbstgenutzte Wohneigentum dient der Befriedigung des Bedürfnisses nach Sicherheit. Typischerweise haben die Geldanleger vor dem Erreichen des Rentenalters die Finanzierungsphase ihres Wohnhauses abgeschlossen und sind von Zins- und Tilgungszahlungen befreit. Die Einkünfte aus der Altersversorgung werden nicht durch Mietzahlungen geschmälert. Immobilienanlagen resultieren also gerade in der dritten Lebensphase in einem höheren disponiblem Einkommen als andere Formen der Geldanlage. Darüber hinaus werden natürlich auch die regelmäßigen Einkünfte der Altersversorgung durch die Erträge von Immobilienvermögen, das in den vermieteten Wohnungsbau, in Gewerbeimmobilien oder in Fondsbeteilungen gehalten wird, ergänzt.

Immobilienbesitz als wichtigste Sachwertanlage bietet Schutz vor Inflation. Gerade bei einer langfristigen Betrachtung der Vermögensentwicklung ist dieser Schutz vor der Geldentwertung wichtig. Das Sicherheitsbedürfnis umfaßt somit auch das Minimalziel des Substanzerhalts. Dieses Ziel gewinnt gerade in Zeiten geringer Realverzinsung an Bedeutung, insbesondere für den Anleger, dessen Erträge aus Kapitalvermögen einem hohen Steuersatz unterliegen.

2.3 Keine Rendite ohne Risiko

Der sorgsame Geldanleger, der vor der Aufgabe steht, für sich ein optimales „Anlage-Mix“ zusammenzustellen, wird zunächst Voraussagen über die erwarteten Renditen und Risiken alternativer Investments treffen müssen. Die Verzinsung des beim Immobilienerwerb eingesetzten Kapitals muß mit der Verzinsung von Geldanlagen in festverzinsliche Wertpapiere, Aktien, Lebensversicherungen oder sonstigen Formen

der Anlage konkurrieren. Dabei ist zu beachten, daß Vergleiche auf der Basis der jeweiligen Nachsteuerrenditen durchzuführen sind. Der Anlageerfolg muß um die Transaktionskosten bereinigt werden, um eine „reine“ Performance zu berechnen. Um in die Überlegungen das Risiko auch mit einzubeziehen, kann die Performance noch um einen Risikoabschlag reduziert werden.

Spätestens bei dem Versuch, die Rendite verschiedener Anlageformen miteinander zu vergleichen, stellt sich die Frage des „richtigen“ Anlagehorizonts. Bei der Anlage in die unterschiedlichen Investmenttypen werden in der Regel unterschiedliche Ziele verfolgt. Immobilieninvestments bieten sich sowohl aufgrund relativ hoher Erwerbskosten (z. B. Notargebühren und Grunderwerbssteuer bei Direktanlagen, Agio beim Kauf von Anteilen an offenen Immobilienfonds, Agio bei Zeichnung geschlossener Fonds) als auch wegen ihrer eingeschränkten Liquidität (in der Regel bei Direktanlagen) vor allem für langfristige Investmentziele an. Daher ist die Performance von Immobilienanlagen auch nur durch „theoretische Kniffe“ mit der Rendite anderer Geldanlagemöglichkeiten zu vergleichen. Eine Aneinanderreihung von Jahresrenditen beispielsweise wird kaum dem Umstand gerecht, daß Aktien- und Rentenmärkte wesentlich volatiler als Immobilienmärkte sind und in einem anderen Maße von Konjunkturzyklen abhängen.

So können sich die Anleger zumindest bis Mitte 1996, trotz wirtschaftlicher Baisse in Deutschland, über boomende Wertpapiermärkte freuen. Aktienanleger antizipieren bereits die erwartete wirtschaftliche Erholung, offenbar getragen von niedrigen Zinsen. Der Immobilienmarkt muß dagegen differenzierter betrachtet werden. Beispielsweise ist der Markt für Büroimmobilien in einigen Regionen von einem Überangebot und erheblichen Vermietungsschwierigkeiten gekennzeichnet. Angesichts steigender Leerstandsquoten sind die Vermieter mit ihren Mietpreisforderungen teilweise drastisch zurückgegangen. Einkaufszentren, vor allem in Ostdeutschland und „auf der grünen Wiese“, entwickelten sich teilweise zu äußerst riskanten Engagements. Aber auch Unternehmen suchten Einsparmöglichkeiten: Teilweise wurden nicht betriebsnotwendige Grundstücke verkauft und Standorte in der Peripherie zu Lasten teurerer Innenstadtlagen bevorzugt.

Auch auf dem Wohnungsmarkt haben sich die aus früheren Zeiten gewohnten Miet- und Preissteigerungsraten abgeschwächt. Zwar besteht nach wie vor vor allem in den Ballungszentren ein Nachfrageüberhang bei preiswerten Eigentums- und Mietwohnungen, doch hat die Nachfrage nach höherwertigen Objekten bereits deutlich nachgelassen.

Doch zum ersten Mal seit langer Zeit sinken die Baukosten und auch die Kaufpreise gebrauchter Wohnungen und Häuser geben nach. (vgl. Capital 1996, S. 8 ff.)

Die Marktperspektive ist nicht generell düster. Die west- und ostdeutschen Immobilienmärkte müssen weiterhin unterschiedlich beurteilt werden. Gerade während der Gültigkeit der Steuerbegünstigungen nach dem Fördergebietsgesetz, bis Ende 1996, beurteilen führende Vertreter der Immobilienwirtschaft die Chancen als besonders attraktiv (vgl. Friedemann, Immobilienmanager, S. 43.) Allerdings sollten gerade die Projektentwicklungen in Ostdeutschland kritisch überprüft werden.

In diesem Zusammenhang ist zu erwähnen, daß der Erwerb selbstgenutzten Wohneigentums eine atypische Kapitalanlage auf dem Immobiliensektor ist. Neben der Vielzahl subjektiver „Reize" oder Vorteile eines Eigenheims berechnet sich die Rendite auch aus den ersparten Mieten, sogenannten Opportunitätskosten. Das Steuerrecht klassifiziert selbstgenutztes Wohneigentum nicht als Investitions-, sondern als Konsumgut. Damit ist für den Anleger der Vorteil verbunden, daß die ersparten Mieten als fiktive Einnahmen nicht zu versteuern sind. Diese gesetzlichen Regelungen sind gerade unter dem Gesichtspunkt der Altersvorsorge nicht zu vernachlässigen.

Wie bereits erwähnt, fließen die öffentlichen Zulagen des Immobilieneigentums zu einem nicht unwesentlichen Teil in die Renditeberechnung ein. Zunächst soll hier an die Förderung des Wohnungseigentums gedacht werden. Seit Beginn des Jahres 1996 gelten die Regeln des neuen Eigenheimzulagengesetzes. Gefördert werden nun weniger gut verdienende Personen, die ein Eigenheim oder eine Eigentumswohnung zur eigenen Nutzung erwerben und zuvor noch keine Eigentumsförderung nach Paragraph 10e Einkommensteuergesetz erhalten haben. Die öffentlichen Zulagen machen den Zufluß an Liquidität für jeden einzelnen Bauherrn viel deutlicher als steuerliche Abschreibungen. So können in den ersten acht Jahren nach Erwerb eines Neubaus maximal 40 000 DM beantragt werden; der Erwerb von gebrauchtem Eigentum wird nur mit maximal 20 000 DM gefördert. Außerdem gibt es eine Kinderzulage von jährlich 1 500 DM für jedes zum Haushalt gehörende Kind sowie Zulagen für bestimmte umweltfreundliche Investitionen (vgl. Deutsche Bank, Eigenheimförderung, S. 1).

Die Renditen, die in den letzten Jahren im Mietwohnungsbau erzielt wurden, waren geringer als die durchschnittliche Verzinsung von Wertpapieren. Auch die teilweise erheblichen Mietpreissteigerungen haben

nichts an dieser Tatsache geändert. Bauland bleibt knapp bemessen, so daß die Grundstückspreise weiterhin stabil bleiben. Nur aufgrund der steuerlichen Förderung wird die Attraktivität dieses besonders wertbeständigen Anlagesektors aufrecht gehalten. Die Abschreibungsbedingungen differieren je nach dem Zeitpunkt der Fertigstellung. Darüber hinaus werden die Kreditzinsen, sonstige Finanzierungskosten sowie Kosten für Instandhaltung von den Einnahmen aus Vermietung und Verpachtung abgezogen und wirken zusätzlich steuermindernd. Die steuerlichen Implikationen zeigt eine Modelluntersuchung des Verbandes Deutscher Hypothekenbanken auf: Für ein im Jahr 1993 fertiggestelltes Objekt bei einem eingesetzten Eigenkapital von einer Million DM mit einer Anfangsrendite nach Steuern von 7,86 Prozent (Steuersatz 50 Prozent) reduziert sich bei einem Steuersatz von 40 (bzw. 30) Prozent reduziert sich diese Anfangsrendite auf 4,13 (bzw. 0,39) Prozent (vgl. Friedemann, Abschreibungen, S. 39).

Die Renditen, die sich Kapitalanleger bei einer Beteiligung an Gewerbeimmobilien ausrechnen, liegen in der Regel über den Renditen des Wohnungsbaus. Allerdings birgt der Sektor Gewerbeimmobilien auch mehr Risiken und muß demzufolge differenzierter betrachtet werden. Das folgt nicht nur aus der Vielfalt der Nutzungsmöglichkeiten; auch die prognostizierten Wertsteigerungen müssen kritisch überprüft werden. Die langfristige Rendite hängt nicht nur von eventuell kurzfristig eingeräumten Sonderabschreibungsmöglichkeiten ab, sondern auch von der Qualität und dem Standort des Objektes sowie von der Drittverwertungsmöglichkeit.

2.4 Für jede Liquiditätsanforderung das geeignete Produkt

Immobilien sind vor allem für langfristig orientierte Investoren von Interesse. Das liegt zum einen daran, daß die Erwerbskosten relativ hoch sind, zum anderen, daß mit der Höhe der Investitionssumme die Anzahl der potentiellen Käufer schwindet.

Die Kurse von deutschen Immobilienaktien schwanken weniger mit den Veränderungen auf den Immobilienmärkten als mit dem Aktienkursniveau im allgemeinen. Das unterscheidet die Bewertung deutscher Immobilienwerte beispielsweise von der Kursentwicklung angelsächsischer oder französischer Immobilienaktien. Bei glücklichem Timing

kann ein Anleger auch bei einer kurzen Halteperiode mit Immobilienaktien eine gute Performance erzielen. Allerdings sollte betont werden, daß Immobilienaktien nicht zu den typischen Immobilienengagements zählen.

Geldanleger, für die Liquidität eine maßgebliche Größe ist, müssen sich bei Immobilienanlagen auf Fonds, am besten offene Immobilienfonds, beschränken. Für diese Fondsanteile werden börsentäglich An- und Verkaufspreise ermittelt. Die hinter diesen Fonds stehende Kapitalanlagegesellschaft garantiert die jederzeitige Rücknahme der Anteile.

Für Anteile an geschlossenen Immobilienfonds gibt es keine Börse, und nur in Ausnahmefällen erklären sich die Fondsmanager bereit, die einmal verkauften Anteile wieder zurückzunehmen. Um dieser mangelnden Fungibilität entgegenzuwirken, bieten neuerdings einige Gesellschaften Secondhand-Märkte für „gebrauchte" Anteile an geschlossenen Immobilienfonds an. Der eher verhaltene Erfolg dieser Initiativen ist nicht verwunderlich, wenn man bedenkt, daß die Anteile vor allem auch wegen der damit verbundenden Steuervorteile gekauft werden. Der steuerorientierte Anleger wird sich also erst von seinen Anteilen trennen wollen, wenn er keine Steuervorteile mehr realisieren kann, was je nach Fonds erst nach einigen Jahren der Fall sein wird. Der Zweitanleger, für den sich umgekehrt kaum Steuervorteile ergeben können, wird seine Renditeerwartung relativ hoch ansetzen, was es wiederum für den Erstanleger unattraktiv macht, sich von seinen Anteilen zu trennen.

Über die Liquidität von Direktanlagen kann kaum eine Aussage getroffen werden. Im Einzelfall hängt die Marktgängigkeit von Wohn- oder Gewerbeimmobilien von der konjunkturellen Perspektive, von dem Standort des Objekts, dem Zustand, dem Alter, der Nutzungsart bzw. Vielseitigkeit, von der Größe, den Preisvorstellungen des Verkäufers und weiteren Umständen ab. Zur Verbesserung der Marktgängigkeit bzw. -übersicht sollte man sich nicht nur eigenständig auf die Suche nach potentiellen Käufern begeben, sondern auch Makler einschalten, zumal deren Kosten in der Regel von dem Käufer getragen werden.

2.5 Am Ende können subjektive Faktoren den Ausschlag geben

Mit Immobilieneigentum ist Prestige verbunden. Das gilt natürlich vor allem für das Wohneigentum, insbesondere für das eigene Haus. Für viele wird dieser Faktor Prestige den Ausschlag zu einer Entscheidung für Immobilieneigentum geben; trotzdem wird es schwer sein, eine in diesem Sinne vollständige Renditeberechnung durchzuführen.

Prestige resultiert in unserer vom Individualismus geprägten Gesellschaft beispielsweise auch aus der Möglichkeit, eigene Ideen von Wohnformen durchzusetzen. Der Neubau bietet die Gelegenheit, persönliche Vorstellungen von Architektur, Design und Ökologie zu verwirklichen. Im Altbau lassen sich traditionelle – oder traditionsreiche – Gestaltungsmerkmale durch Modernisierungsmaßnahmen an die heutigen Erfordernisse an Bequemlichkeit, Umweltverträglichkeit oder Sicherheit anpassen. Außerdem sollte nicht vergessen werden, daß man sich mit der „Adresse“ auch Prestige kauft – oder eben nicht. Somit bestimmt auch die Höhe des Investitionsbetrages das mit der Immobilie verbundene Prestige.

Der Käufer oder Erbauer eines Hauses macht sich von seinem Vermieter unabhängig. Dieser „Freiheitsdrang“ ist ein weiterer subjektiver Faktor, der bei Immobilienanlagen eine Rolle spielt und der sich kaum quantifizieren läßt.

3. Breitgefächertes Spektrum der Immobilienanlagen

3.1 Kriterien zur Klassifizierung

Die zahlreichen Formen der Geldanlage mit Immobilien lassen sich auf unterschiedliche Weise gliedern. Grundsätzlich ist zu unterscheiden zwischen Direktanlagen und Beteiligungsbesitz:

- Direktanlagen:
  - Selbstgenutztes Wohneigentum: Eigentumswohnung und Einfamilienhaus;
  - Einfamilienhaus mit Einliegerwohnung;
  - Fremdgenutzter Wohnungsbau;

- Gewerbeimmobilien: Büro-, Handels- und Hotelimmobilien; Immobilien für besondere Marktsegmente, z.B. Seniorenresidenzen;
- Immobilienobjekte jeglicher Ausprägung im Ausland;

• Beteiligungsbesitz:
  - Offener Immobilienfonds;
  - Geschlossener Immobilienfonds;
  - Immobilien-Leasingfonds;
  - Immobilienaktien.

In mancher Hinsicht ergeben sich bei der Unterscheidung von Direkt- und Beteiligungsanlagen Parallelen im Steuerrecht. Neben der vorgeschlagenen Gliederung kann man sich daher auch eine Klassifizierung nach den steuerlichen Auswirkungen des Immobilienbesitzes vorstellen. Gerade vor dem Hintergrund, daß die steuerlichen Konsequenzen von Immobilieneigentum wesentlich die zu erwartende Rendite beeinflussen, kann dies sinnvoll sein und sollte insbesondere Investoren mit hohen Steuersätzen ansprechen. Die steuerlichen Folgen der verschiedenen Alternativen können sich jedoch während ihrer Laufzeit ändern und zudem für einzelne Arten ganz unterschiedlich sein. Das wird beispielsweise bei geschlossenen Immobilienfonds deutlich: Investmentziel kann entweder eine hohe laufende Nachsteuerrendite oder eine attraktive Wertsteigerung sein. Beteiligungsbesitz kann unterschiedliche juristische Ausprägungen haben. So werden geschlossene Immobilienfonds als Kommanditgesellschaften oder Gesellschaften bürgerlichen Rechts gegründet.

Wenig praktikabel ist auch eine Klassifikation nach der Liquidität oder Fungibilität der Immobilienanlagen. Zwar läßt sich grundsätzlich sagen, daß kleine Stückelungen – Aktien oder Fondsanteile – liquider sind als größere Objekte. Die Kernfrage, die nämlich nach dem speziellen Bedürfnis des Geldanlegers, wird jedoch davon nicht betroffen.

Die Renditeerwartungen innerhalb der jeweiligen Segmente sind so unterschiedlich, daß sich hieraus keine Klassifizierung ergibt. Wie bereits dargestellt, ist der geplante Anlagehorizont von Bedeutung, wenn Ertragsprognosen angestellt werden. Auch bei dieser Fragestellung werden die Investorenbedürfnisse weitgehend vernachlässigt.

3.2 Bedeutung der einzelnen Anlageformen

Exakte statistische Angaben über die in die einzelnen Anlageformen investierten Summen sind nicht erhältlich. Das resultiert vor allem aus der Bewertungsproblematik des Immobilienbesitzes. Anschaffungskosten können erheblich von den Wiederbeschaffungskosten oder von dem Ertragswert einer Immobilie abweichen. Zudem ist das statistische Material über den Direktbesitz von Immobilien in den neuen Bundesländern immer noch unzulänglich. Selbst bei dem Versuch, eine Abgrenzung von Immobilienaktien vorzunehmen, stößt ein Investor auf Schwierigkeiten.

Immobilienbeteiligungen qua geschlossenem Immobilienfonds haben seit der Wiedervereinigung Deutschlands und dank der steuerlichen Anreize des Fördergebietsgesetzes einen enormen Aufschwung erlebt. Verläßliches Datenmaterial hierüber liegt jedoch noch nicht vor.

Der Boom der letzten Jahre auf dem Immobilienmarkt läßt sich noch am leichtesten an dem Wachstum der offenen Immobilienfonds nachvollziehen. Hierzu folgende Statistik:

Tabelle 1: Mittelaufkommen bei den offenen Immobilienfonds (Nettozufluß)

Jahr	Millionen DM	Anteil am gesamten Mittelaufkommen inländischer Publikumsfonds
1983	1522	39,9 %
1984	758	18,2 %
1985	749	9,0 %
1986	1323	10,2 %
1987	3025	20,5 %
1988	2193	10,6 %
1989	492	3,0 %
1990	– 128	entfällt
1991	2144	15,6 %
1992	6087	entfällt *)
1993	14716	70,8 %
1994	7698	12,2 %
1995	6921	41,3 %

*) Entfällt, da die Gesamtheit inländischer Publikumsfonds einen Nettoabfluß des Mittelaufkommens verzeichnen mußte.

Quelle: Deutsche Bundesbank. Monatsbericht April 1996, Seite 51*; eigene Berechnungen.

Trotz des generellen Wachstumstrends wird deutlich, wie stark die jährlichen Schwankungen der absoluten und relativen Attraktivität offener Immobilienfonds sind.

Insgesamt ist festzustellen, daß sich die Bedeutung der einzelnen Anlageformen kaum verläßlich quantifizieren läßt. Für den privaten Anleger ist es umso wichtiger, sich die relative Attraktivität der jeweiligen Direktanlagen bzw. Immobilienbeteiligungen zu verdeutlichen.

4. Gründliche Vorbereitung der Geldanlage in Immobilien

Gerade ein so komplexes Problem wie die geeignete Zusammensetzung des Vermögens macht es erforderlich, daß potentielle Investoren ihre genauen Zielvorstellungen, die sie mit dem Erwerb von Immobilien verbinden, formulieren. Eine dynamische Betrachtung ist erforderlich: Veränderungen der Ansprüche in den zukünftigen Jahren sollten, wenn möglich, prognostiziert werden. Die Art der auszuwählenden Immobilienanlage hängt auch von der jeweiligen Lebensphase ab.

Der private Geldanleger sollte sich vor der Entscheidung für eine bestimmte Immobilie Rat von Wirtschaftsprüfern, Steuerberatern, Rechtsanwälten oder Notaren einholen. Darüber hinaus bieten vor allem Kreditinstitute und Versicherungen, Hypothekenbanken und Bausparkassen, aber auch Immobilienmakler ihre Expertise an, das infrage kommende Objekt zu prüfen. Gerade in jüngster Zeit haben viele Kreditinstitute und Versicherungen Tochtergesellschaften gegründet, die sich mit der Immobilienberatung und -vermittlung beschäftigen. Das kann als ein Indikator dafür angesehen werden, in welchem Ausmaß professionelle Unterstützung für Immobilienengagements nachgefragt wird.

Als Beurteilungskriterien der Immobilien sollten zunächst nicht die steuerlichen Auswirkungen auf das Gesamtvermögen und -einkommen des Investors analysiert werden. Eine Beurteilung hinsichtlich des Standorts, der Kosten und der Finanzierung, gegebenfalls der Initiatoren und der Planung sowie der Wirtschaftlichkeit aufgrund der nachhaltig zu erzielenden Mieten sowie Instandhaltungs- und Instandsetzungskosten ist Voraussetzung jeder fundierten Anlageentscheidung (vgl. von Heymann 1996, S. 4.).

Direktanlagen erfordern eine ordnungsgemäße Verwaltung. Es stellt sich also die Frage, ob das Objekt in Eigenregie verwaltet werden kann und soll, oder ob es besser ist, einen professionellen Immobilienverwalter einzuschalten. An den Immobilienverwalter werden nicht nur Ansprüche hinsichtlich seines wirtschaftlichen Sachverstands gestellt, auch die technische Betreuung des Besitzes muß sichergestellt sein. Immobilieneigentümer sollten sich im eigenen Interesse und auch im Interesse der Mieter verpflichtet fühlen, das Eigentum zu pflegen.

Geldanlage in Immobilien verlangt nicht nur eine „Bestandsaufnahme des Marktes", also eine genaue Kenntnis der angebotenen Anlageformen einschließlich ihrer wahrscheinlichen Wertentwicklung, sondern auch eine kritische Analyse, ob das, was angeboten wird, auch den Bedürfnissen eines jeden Investors entspricht. Bei unterschiedlichen Anlegern und Anlegerinteressen muß nach individuellen Lösungen gesucht werden.

Für den privaten Geldanleger empfiehlt es sich, das Beratungsangebot der einschlägigen Finanzdienstleister anzunehmen. Investoren sollten sich an renommierte Immobilienexperten wenden und sich auch nicht scheuen, die Meinung von Konkurrenzunternehmen miteinander zu vergleichen. Dadurch lassen sich Fehlentscheidungen zwar nicht vermeiden, in ihren Auswirkungen aber begrenzen.

Literaturverzeichnis

Deutsche Bank (Hrsg.): Baufinanzierung aktuell – Was bringt die neue Eigenheimförderung?, Frankfurt am Main 1995.

Deutsche Bundesbank (Hrsg.): Monatsberichte, Frankfurt am Main, April 1996.

Friedemann, J.: Die Abschreibungen bestimmen die Rendite im Wohnungsbau. In: Frankfurter Allgemeine Zeitung vom 28. 1. 1994, S. 39.

Friedemann, J.: Immobilienmanager erwarten eines der schwierigsten Jahre. In: Frankfurter Allgemeine Zeitung vom 11. 2. 1994, S. 43.

von Heymann, E.: Bankenhaftung bei Immobilienanlagen, 10. Auflage, Frankfurt am Main 1996.

Kern, Marlies.: Portfolio-Management: Anlegerziele und Anlagestrategien. In: Wolfgang L. Brunner/Johann Vollath (Hrsg.): Handbuch Finanzdienstleistungen, Stuttgart 1993, S. 113–130.

o. V.: Die intensive Suche nach Steuervorteilen beschert dem Geschäft eine neue Blütezeit. In: Handelsblatt, 1. 2. 1994, S. 8.

Rath, K. P.: Jetzt ins Eigenheim. In: Capital, Sonderheft Immobilien, Köln 1996, S. 8–11.

Wiemann, H.-U.: Vermögensanlagegeschäft der Banken in den neunziger Jahren. In: Wolfgang L. Brunner/Johann Vollath (Hrsg.): Handbuch Finanzdienstleistungen, Stuttgart 1993, S. 159–173.

Teil II

Formen der Immobilienanlage

Immobilien im Direkterwerb

Wolfgang Kleiber

Standort Deutschland: Die Attraktivität seines Immobilienmarktes

Zusammenfassung

Grundstücksmärkte hängen direkt von der gesamtwirtschaftlichen Konjunktur ab: Investoren werden daher für antizyklisches Verhalten belohnt. Gute Indikatoren des Immobilienzyklus sind die von den Gutachterausschüssen ermittelten Liegenschaftszinssätze, also das Verhältnis von Einnahmen zu Verkehrswert einer Immobilie.

Bei langfristiger Betrachtung des Gesamtmarktes sind die Preise moderat gestiegen. Eine differenzierte Analyse des deutschen Grundstücksmarktes weist jedoch auf eine „Dreiklassengesellschaft" hin: Das erste Drittel, die Bevölkerung in den Ballungsgebieten, ist von überproportionalen Bodenpreissteigerungen betroffen. Das zweite Drittel, das im Umland der Kernstädte lebt, hat von einer relativ niedrigen Basis einen erheblichen Anstieg des Preisniveaus verzeichnet. Das letzte Drittel, außerhalb der Agglomerationsräume, hat kaum Preissteigerungen erfahren.

1. Von den Marxisten lernen?

Um es gleich vorweg zu sagen: Wohl und Wehe der nationalen Grundstücksmärkte stehen in direkter Beziehung zur gesamtwirtschaftlichen Konjunktur eines Landes. Die dafür wichtigsten Indikatoren, wie Veränderungen des Bruttosozialprodukts, der Auftragsbestände, der Kapazitätsauslastung sowie der Gewinn- und Lohnentwicklung, stehen auch für die Lage auf den Grundstücksmärkten. Man muß nicht erst im 37. Kapitel der Pflichtlektüre eines jeden Marxisten (vgl. Marx 1976, S. 627) oder bei anderen sozialistischen Belletristen nachschlagen, um den Grund und Boden als Schlüsselfaktor für Produktion und Dienstleistungen aber auch als Wohnstandort auszumachen. Und in der Tat: Brechen die Preise auf dem Grundstücksmarkt ab, so fällt dies nicht ganz zufällig mit gesamtwirtschaftlichen Rezessionserscheinungen zusammen. Bei Bodenpolitikern, die seit den Zeiten eines Henry George und Adolf Damaschke an stetig steigenden Bodenpreisen leidenschaftlich Anstoß nahmen und sie eilfertig mit „unearned increments" gleichsetzten, mag dann auch nicht die rechte Stimmung aufkommen (vgl. Kleiber, Simon, Weyers 1994, D § 194 Randnummer 4 ff.). Bei alledem verfällt der Bodenmarkt auch noch in einen Winterschlaf, denn erfahrungsgemäß verzeichnet der Bodenmarkt die höchsten Umsatz-

zahlen in Zeiten höchster Preissteigerungsraten. Deshalb von einem „Paradoxon des Bodenmarktes“ zu sprechen, wo sich doch auf anderen Märkten Preissenkungen stets umsatzsteigernd auswirken, wäre eine Verkennung der Ökonomie. Bei zurückgehenden Preisen zuzuwarten, um höhere Preissteigerungsraten durch Verkauf zu realisieren, zeugt aus ökonomischer Sicht eher für die Funktionalität des Bodenmarktes. Diese wird allzu häufig mit „billigen“ Grundstückspreisen gleichgesetzt; dabei besteht ein nicht unwesentliches Kriterium zumindest für die Funktionalität des städtischen Bodenmarktes in seiner Mobilität: Grund und Boden muß dem bauwilligen Investor möglichst rasch zum Zwecke der Realisierung der Planungsentscheidung über die Bodennutzung zugeführt werden.

Dem deutschen Grundstücksmarkt nach Jahren überdurchschnittlicher Preissteigerungen auch weiterhin Attraktivität in einer Zeit zu bescheinigen, wo die Grundstücksmärkte in den USA, in England, in Skandinavien, Frankreich und Belgien zusammenbrechen, läßt ungebrochenen Optimismus erwarten. Ein Optimismus, der aber durchaus nicht aus der Luft gegriffen ist, selbst wenn man die tollen Werbeprospekte großer Immobilienunternehmen einer nüchternen Analyse unterzieht (vgl. Preuß 1992, S. 187). Es gilt, sich zunächst erst einmal ein realistisches Bild vom deutschen Grundstücksmarkt zu machen. Die vorherrschende Einschätzung wird noch immer weitgehend durch schlagzeilenträchtige Preissteigerungsraten der Wachstumsphase bestimmt.

2. Die „Dreiklassengesellschaft“ auf dem Grundstücksmarkt

Der Grundstücksmarkt ist ein Markt der Verkennung und der Vorurteile. Es wird landläufig davon ausgegangen, daß auf dem Grundstücksmarkt enorme Preissteigerungsraten – quasi naturgesetzlich – vorprogrammiert sind. Bodenpolitisch engagierte Zeitgenossen sprechen deshalb Investoren a priori spekulative Momente ab, denn eine Spekulation im eigentlichen Sinne sei ja mit einem Risiko behaftet, das es hier eben nicht gäbe. Tatsächlich zeichnet sich der Grundstücksmarkt selbst in großen Ballungsgebieten im Vergleich zu anderen Anlagegütern – wenn man einmal von den Wertsteigerungen infolge bauplanungsbedingter Umwandlungen absieht – langfristig eher durch eine moderate Preisentwicklung aus: So ist der

Quadratmeter Wohnbauland im Kölner Nobelvorort Marienburg von 25,– DM im Jahre 1914 gerade einmal auf 540,– DM im Jahre 1992 gestiegen, was über den gesamten Zeitraum nach der Zinseszinsrechnung eine das Bild noch beschönigende nominelle Verzinsung von gerade einmal ein Prozent ergibt. Bulwien (vgl. Bulwien 1993) hat für den Zeitraum von 1975 bis 1992 gerade einmal eine Wertentwicklung von 5,27 Prozent für Wohnbauland und von 5,75 Prozent für Gewerbebauland festgestellt. Die von den internationalen Grundstücksmärkten bekannte Erscheinungsform stark nach oben und unten ausschlagender Preisverhältnisse (Oszilierende Grundstücksmärkte zwischen „property boom" und Immobilienkrise) hat sich dabei tendenziell aufgrund der internationalen Verflechtungen ein wenig auch auf die deutschen Grundstücksmärkte übertragen. Die Preisentwicklung auf dem Münchener Grundstücksmarkt mag hierfür beispielhaft sein. Sieht man einmal von den relativ starken Preiseinbrüchen im Jahre 1974 und einem vergleichsweisen moderaten Preiseinbruch im Jahre 1984 ab, so zeichnet sich das Bild von der Preisfront seit etwa 1967 durch ein Wechselbad der ups und downs ab: Phasen der Überhitzung werden nahezu sinusförmig durch Phasen der Preisberuhigung abgelöst, wobei im Unterschied zu vergleichbaren internationalen Bodenmärkten die Negativbereiche (noch) abgeschnitten blieben.

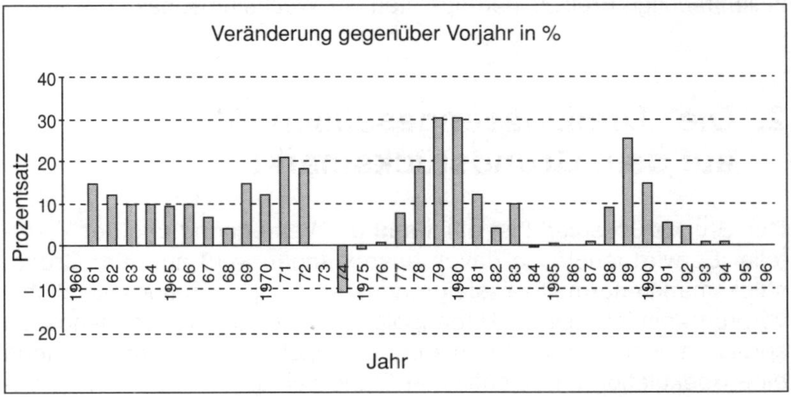

Abbildung 1: Bodenpreisveränderungen auf dem Münchner Bodenmarkt gegenüber Vorjahr

Quelle: Gutachterausschuß für Grundstückswerte in der Stadt München, 1994

Ganz anders stellt sich die Situation auf dem „platten Land" und im weiteren Einzugsbereich der großen Ballungszentren dar. Betroffen sind in den genannten Regionen jeweils etwa ein Drittel der Bevölkerung. In diesem Zusammenhang wird deshalb von einer Dreiklassengesellschaft gesprochen (vgl. Bundesministerium, Baulandbericht 1993).

a) Rund ein Drittel der Bevölkerung auf etwa 10 % der Siedlungsfläche ist von überproportionalen Bodenpreissteigerungen betroffen; allerdings in unterschiedlicher Weise: Wer Eigentum erwerben will, muß von Jahr zu Jahr „tiefer in die Tasche greifen"; wer Eigentümer ist, erfreut sich des Wertzuwachses.
b) Ein weiteres Drittel der Bevölkerung lebt im Umland der Kernstädte, in das sich der Schwerpunkt des Geschehens auf dem Bodenmarkt verlagert („spill over effect"). Dies hat in den hoch verdichteten Umlandgemeinden und verstädterten Räumen von einem entsprechend niedrigeren Preisniveau zu einem erheblichen Preisanstieg geführt, wobei sich das erreichte Preisniveau tendenziell an das angleicht, was in der Vergangenheit in den stadtnäher gelegenen Gebieten gezahlt wurde.
c) Ein weiteres Drittel der Bevölkerung lebt schließlich außerhalb der Agglomerationsräume und wird durch die Baulandmarktprobleme wenig berührt.

Wer auf dem „platten Land" sein Vermögen in Grund und Boden investiert hat, kann sich unter Berücksichtigung der Inflationsrate durch die Wertentwicklung sogar als „bestraft" betrachten. Eine Ausnahme machen die unter dem Buchstaben b) genannten Bereiche im Umland der großen Städte. Hier ist Bewegung auf dem Grundstücksmarkt, weil das Geschehen auf dem Grundstücksmarkt – nachdem die Städte selbst allmählich „zugelaufen" sind, hierhin gedrängt wird. Es sind die Ausweichgebiete für die Normalverdiener, die sich die gestiegenen zentralörtlichen Grundstückspreise nicht mehr leisten können. Diese Grundstückstransaktionen bestimmen auch das Bild der Bundesstatistik. Sie ist nunmehr schon seit Jahren dadurch geprägt, daß baureifes Land preislich keine Veränderungen aufzuweisen scheint:

Dieses Phänomen findet seine Erklärung darin, daß die Bundesstatistik keine echte Preisstatistik, sondern eine Kaufwertestatistik ist, d. h. es gehen nur die tatsächlichen Kaufpreise in die Statistik ein. Da nun aber der Schwerpunkt des Marktgeschehens zentrifugal in das Umland abgedrängt wurde – der Baulandbericht stellt für ein Münchener Beispiel eine Geschwindigkeit von 1 km/Jahr fest – konnte die allgemeine Wertsteigerung dort durch „billigeres" Bauland kompensiert werden.

Jahr	Insgesamt[2)]		Regionen mit großen Verdichtungsansätzen[2)]		Baureifes Land Regionen mit Verdichtungsansätzen[2)]		Ländlich geprägte Regionen[2)]		Industrieland[1)]	Baureifes Land Preisentwicklung in		
										München	Stuttgart	Düsseldorf
	Kaufwert DM/m²	Index 1980 = 100	Kaufwert DM/m²	Index 1980 = 100	Kaufwert DM/m²	Index 1980 = 100	Kaufwert DM/m²	Index 1980 = 100	Kaufwert DM/m²	Index[3)] 1980 = 100	Index[3)] 1980 = 100	Index[3)] 1980 = 100
1980	82,01	100,0	134,9	100,0	63,4	100,0	53,0	100,0	27,02	100	100	100
1981	96,07	117,1	159,0	117,9	75,7	119,4	64,2	121,1	30,52	114	120	112
1982	111,51	136,0	180,9	134,1	85,8	135,3	76,0	143,4	32,23	119	128	120
1983	119,91	146,2	181,4	134,5	94,0	148,3	86,1	162,5	39,03	131	128	117
1984	121,95	148,7	192,5	142,7	90,7	143,1	82,8	156,2	38,98	129	129	123
1985	116,09	141,6	176,9	131,1	85,4	134,7	74,5	140,6	40,10	130	129	121
1986	121,07	147,6	174,3	129,2	89,6	141,3	77,0	145,3	39,49	130	129	123
1987	126,08	153,7	183,6	136,1	94,3	148,7	86,4	163,0	41,11	132	128	117
1988	127,74	155,8	179,7	133,2	96,1	151,6	90,1	170,0	40,35	144	135	115
1989	126,44	154,2	178,8	132,5	95,3	150,3	90,9	171,5	42,25	180	146	123
1990	124,18	151,4	183,1	135,7	92,6	146,1	81,1	153,0	45,50	206	168	133
1991	125,41	152,9	189,9	140,8	94,3	148,7	84,6	159,6	48,49	219	204	145
1992	126,56	154,3	184,6	136,8	99,0	156,2	93,5	176,4	42,45	230	212	158
1993										233		
1994										235		

Abbildung 2: Verkaufswerte für Bauland (im alten Bundesgebiet) nach Angaben der Statistischen Ämter im Vergleich zur Bodenwertentwicklung in ausgewählten Großstädten

Quellen: 1) Statistisches Bundesamt, November 1993.
2) Statistisches Bundesamt, November 1993.
3) Marktberichte der Gutachterausschüsse für Grundstückswerte der jeweiligen Städte, 1993.

Negative Preiseinbrüche, wie sie z. B. in München im Jahre 1974 und mancherorts auch heute (wieder) zu verzeichnen sind, stellen für das Geschehen auf dem deutschen Grundstücksmarkt eher noch exotische Erscheinungsformen dar, wenn man von örtlichen Besonderheiten absieht. Daß dies vorerst auch noch so bleiben wird, dafür sprechen eine Reihe gewichtiger Gründe. Langfristig, d. h. unter Kappung von Preisspitzen zum Ausgleich von Phasen der Preisberuhigung, kann weiterhin mit einem vergleichsweisen moderaten aber stetigen Preisanstieg gerechnet werden. Dies hat auch das internationale Portfolio-Investment erkannt: Der deutsche Grundstücksmarkt ist für diese Akteure deshalb interessant, weil hier mit einer vergleichsweise geringen, dafür aber weitgehend risikolosen Rendite gerechnet werden kann, die in der Vergangenheit zudem durch Währungsgewinne begünstigt war.

Als eine wesentliche Ursache dieser stabilen Verhältnisse kann der föderative Aufbau der Bundesrepublik Deutschland mit einer Vielzahl alternativer Standorte angesehen werden. Hausse und Baisse der konjunkturellen Entwicklung schlagen hier weniger stark zu Buche, als in Ländern, wo sich dies alles in voller Wucht im Megazentrum (Ile de France und Greater London) niederschlägt. Die deutsche Städtelandschaft bewährt sich hier als stabilisierender Schwingungsdämpfer.

Der Vergleich des Anlageguts „Grund und Boden“ mit alternativen Anlagegütern wird wesentlich von den steuerlichen Rahmenbedingungen bestimmt und diese sind in Deutschland unter dem Strich sehr immobilienfreundlich: Während sich die Kapitalverzinsung nicht unerheblich durch die Zinsabschlag- beziehungsweise Kapitalertragsteuer vermindert, besteht für Grundvermögen ein verlockend mildes Steuerklima: Grundvermögen ist bei Einheitswerten, die im Durchschnitt nur noch etwa 8 % der aktuellen Verkehrswerte entsprechen, allemal attraktiv. Grundvermögen ist im Rahmen der Vermögen-, Erbschaft- und Schenkungsteuer privilegiert. Da fällt es auch nicht ins Gewicht, daß zusätzlich zur Vermögensteuer und im Unterschied zur Kapitalanlage eine (geringe) Grundsteuer anfällt; Grundeigentum wird auf lokaler Ebene im Vergleich zum europäischen Ausland – gemessen an den Verkehrswerten – mit dem geringsten prozentualen Anteil besteuert. Es kommt hinzu, daß Veräußerungserlöse im privaten Bereich nach Maßgabe des § 23 EStG steuerfrei sind. Schließlich nimmt Deutschland im Bereich der Umsatzsteuer (Grunderwerbsteuer) eine begünstigte Ausnahmestellung innerhalb der Europäischen Union ein, da hier – wie in

	D	NL	F	I bisher	I zukünftig	GB
Steuerbasis	Veraltete ertragsabhängige Einheitswerte gemäß Hauptfeststellung, im Kataster dokumentiert	Marktwert (frei von Verkaufshindernissen)	Veraltete jährliche Ertragswerte, im Kataster dokumentiert	Veraltete jährliche Ertragswerte, bei Neubauten aktuelle Werte[2]	Aktualisierte Ertragwerte, im Kataster dokumentiert	Wohnen: Dauer des Wohnsitzes Gewerbe: jährliche Ertragswerte Stand: 1.4.1988
Bewertungsverfahren	pro Immobilie	Pauschal: in Stufen von 3.000 Gulden, Referenzimmobilie pro Gebiet	Mittels Referenzimmobilie: grobe Abweichungen individuell	pro Immobilie	(noch offen)	Gewerbe: individuell; i.V.m. Unternehmensbewertungen
Fortschreibung	Soll: alle 6 Jahre Ist: Wert 1964 + 40 %	Soll: } alle 5 Jahre Ist: }	Ist: Boden: Wert 1962 Gebäude: Wert 1972 + Inflationsausgleich	Soll: alle 3 Jahre Ist: Bestand Wert 1939 Neubau: Aktueller Wert + Inflationsausgleich		Gewerbe: Ist: alle 3–5 Jahre. + Inflationsausgleich: (tlw. jährlich)
Festsetzung des Steuersatzes	Gemeinde: Rahmensetzung durch Bund	Gemeinde: Rahmensetzung durch Staat	Gemeinde: Rahmensetzung durch Staat	Staat	Gemeinde: enger staatlicher Rahmen	Staat
Steuersatz[1] (% des Marktwertes)	0,1 – 0,2 %	0,5 – 0,6 %	Gebäudesteuer: 0,2 – 0,3 % Wohnungsteuer: 0,4 – 0,5 %	(einkommensabhängig)	0,3 – 0,5 %	Community Charge: 0,8 – 1,0 % Uniform Business Rate: 35 % der jährl. Ertragswerte (1990/91)
Tatsächliche Kosten für typisches Einfamilienhaus[1] (DM/Jahr)	~ 600,– DM	~ 550,– DM	~ 1.500,– DM		~ 500,– DM	~ 1.200,– DM

[1] Näherungswerte: auf Einzelfälle nicht anwendbar. Es gibt große regionale und lokale Unterschiede. [2] Grundlage für „Lokale Einkommensteuer" ILOR.

Abbildung 3: Lokale Immobiliensteuern im europäischen Vergleich

Quelle: Funktionsweise städtischer Grundstücksmärkte, Schriftenreihe des Bundesministeriums für Raumordnung, Bauwesen und Städtebau, Bonn 1993.

Großbritannien – von einer bisher unbefristeten Ausnahmeregelung Gebrauch gemacht wird. Deutschland und Großbritannien schneiden bei den Transaktionskosten europaweit am günstigsten ab (vgl. Bundesministerium, Funktionsweise 1993).

3. Zwischen Krisenstimmung und Euphorie

Die aufkommende Krisenstimmung auf dem Sektor der Büro- und Verwaltungsimmobilien kündigen nach Jahren der Euphorie mit drastisch gestiegenen Höchstmieten ein Zurückschlagen des Pendels an der Preisfront an. Ursächlich dafür ist nicht staatliches Handeln, etwa im Bereich der Ausweisung und Förderung neuer Gewerbegebiete. Das Problem ist hausgemacht: Es liegt im Verhalten der Investoren begründet, die in den Zeiten wirtschaftlichen Aufschwungs mit erhöhter Nachfrage – verbunden mit extrem hohen Mietpreissteigerungen – diesen Markt immer wieder neu entdecken und in neue Euphorie verfallen. Neue Projekte entstehen in den Köpfen und reifen über einen zähen Planungsvorlauf allmählich in die Realisierung. Bis sie auf den Markt gelangen hat sich die wirtschaftliche Aufschwungsphase verflacht und ist vielleicht sogar in eine Rezession umgeschlagen. Das zusätzliche Flächenangebot fällt dann mit der konjunkturbedingten Leerstandsrate zusammen und führt gerade dieser Tage angebotsseitig zu einem Dopplereffekt. Es ist die aus der Landwirtschaft bekannte Dynamik des Schweinezyklus, denn auch Immobilien lassen sich nicht per Knopfdruck erstellen.

4. Auf den Zeitpunkt kommt es an

Jeder weiß es, doch die wenigsten handeln danach. Gemeint ist eine alte Binsenweisheit, nach der wirtschaftlich vernünftig der handelt, der sich antizyklisch verhält. Leerstände werden in der Phase wirtschaftlicher Gesundung erfahrungsgemäß sehr schnell absorbiert. Wer in der nächsten Aufschwungsphase mit erhöhter Nachfrage „just in time“ mit neuem Büroraum auf den Markt kommen will und am künftigen Höhenflug partizipieren möchte, muß die „Lieferzeit“ seines Gutes bedenken und Jahre im voraus unter Ausnutzung der Baisse handeln. Vor allem der Gewerbeimmobilienmarkt ist sehr dynamisch und gleicht sich den Konjunkturzyklen erfahrungsgemäß sehr schnell an.

Die Parameter für ein antizyklisches Verhalten sind gut:

- Die deutsche Wirtschaft steht weiterhin vor einem gravierenden Umstrukturierungsprozeß. Die Notwendigkeit mag schlaglichtartig damit beschrieben sein, daß noch vor wenigen Jahren die Joghurtindustrie umsatzgleich mit der Computerindustrie war.
- Im Dienstleistungsbereich hinkt die Bundesrepublik Deutschland noch immer ein gewaltiges Stück den Vereinigten Staaten nach. Mit ca. 45 % ist der Dienstleistungsbereich am Bruttosozialprodukt unterentwickelt und wird in den nächsten Jahren auf ca. 65 % ansteigen.
- 1991 gab es in Deutschland knapp neun Millionen Bürobeschäftigte und die Kurve geht steil nach oben.
- Für den Büromarkt Ostdeutschlands wird bis zum Jahr 2004 einen Gesamtbedarf von 54,5 Millionen Quadratmeter geschätzt.
- Die wirtschaftliche Schwächeperiode wird nicht nur in der Bundesrepublik Deutschland, sondern auch in der Europäischen Union und vor allem auch in Osteuropa allmählich überwunden werden. Die deutsche Wirtschaft hat die Chance, ihren geographischen Vorteil zu nutzen. Nachdem für die Immobilienbranche starkem Preiseinbruch im 1. Halbjahr 1995 und vorsichtiger Konsolidierung, hat sich der Markt zu Beginn des Jahres 1996 deutlich belebt.
- Die OECD hat Deutschland und Japan als Nachzügler der weltweiten Rezession mit demzufolge nachhinkenden Erholungserscheinungen ausgemacht.

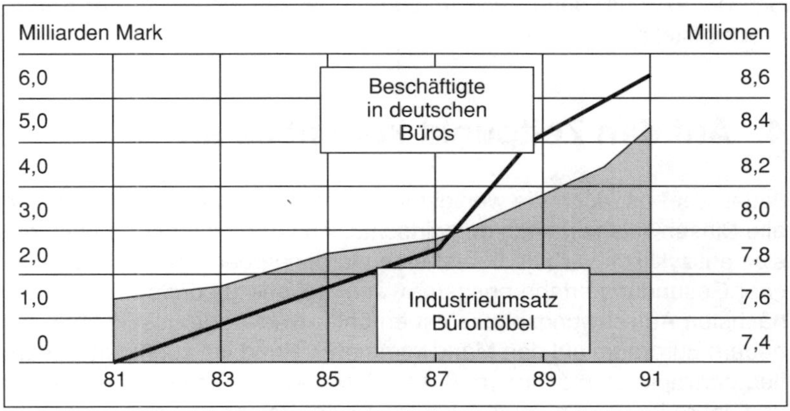

Abbildung 4: Entwicklung der Bürolandschaft

Quelle: Verband der Deutschen Büromöbelindustrie

Noch besser stehen die Aussichten im Bereich der Wohnimmobilien: Hierzu einige Stichpunkte:

- Deutschland wird ein Einwanderungsland bleiben. Nach einer Prognose der GEWOS (IMA, Immobilienmarktanalyse 1993, Hamburg) wird die westdeutsche Bevölkerung bis zum nächsten Jahrzehnt auf 67 Millionen Einwohner anwachsen, um dann auf hohem Niveau vorerst zu stagnieren.
- Wanderungsbewegungen aus „Krisenregionen" innerhalb Deutschlands: die Prognos rechnet allein bis zum Jahre 2000 mit einem Bevölkerungsrückgang von 9,1 % in den jungen und einem Zuwachs von 3,8 % in den alten Ländern.
- Ein neuer Wachstumszyklus mit Produktivitäts- und Beschäftigungssteigerungen mit wieder ansteigenden Wohnflächenzuwächsen.
- Ging man noch Mitte der achtziger Jahre mindestens von einem ausgeglichenen Wohnungsmarkt aus (in der Leerstandsdebatte!), so waren Städte- und Wohnungsbau Ende der achtziger Jahre unerwartet mit der Bewältigung eines jährlichen Bevölkerungszuwachses von einer Million Einwohnern konfrontiert (2,8 Millionen Einwohner im Zeitraum von 1989 bis 1991). Bodenpolitisch nimmt der Baulandmarkt vor allem in den großen Agglomerationsräumen im Hinblick auf den geschätzten Neubaubedarf von 1,5 bis 2,5 Millionen Wohnungen eine dominierende Bedeutung ein.
- Nach Schätzungen der GEWOS werden bei einem jährlichen Zugang von jeweils 400.000 Wohnungen erst im Jahr 2004 ausgeglichene Marktverhältnisse erwartet werden können.
- Es besteht ein Haushaltsbildungsstau. Wiederum nach der Prognose der GEWOS werden in den nächsten zehn Jahren knapp 2,5 Millionen neue Haushalte entstehen; allein in München werden inzwischen 54 % aller Wohnungen von „Singles" bewohnt; nach einer Berechnung der GEWOS werden hier bis zur Jahrtausendwende Quadratmeterpreise von deutlich mehr als 30 DM prognostiziert.
- Bis zum Jahre 2010 wird die Zahl der Privathaushalte nach einer Studie der Bundesforschungsanstalt für Landeskunde und Raumordnung um 3,8 Mio. auf 39 Mio. anwachsen, wobei die deutsche Bevölkerung um 2,5 Mio. abnehmen wird. Um die Wohnungsnachfrage zu decken, müssen in den kommenden Jahren jährlich 470 000 Wohnungen neu gebaut oder grundlegend modernisiert werden, während die Genehmigungs- und Fertigstellungsraten seit 1994 rückläufig sind. Der zu beobachtende Rückgang der Mieten muß deshalb vorübergehender Natur sein.

- Es besteht ein Mobilitätsstau, der sich unter dem Druck längerer Arbeitslosigkeit abschwächen wird.
- Umkehrung der Schrumpfungstendenz in Ostdeutschland noch in den neunziger Jahren. Die Situation auf dem Wohnungsmarkt ist hier nach wie vor durch starke Nachfrageüberhänge gekennzeichnet, die zu Neubaumieten von 20 DM pro Quadratmeter Wohnfläche und auch darüber geführt haben.

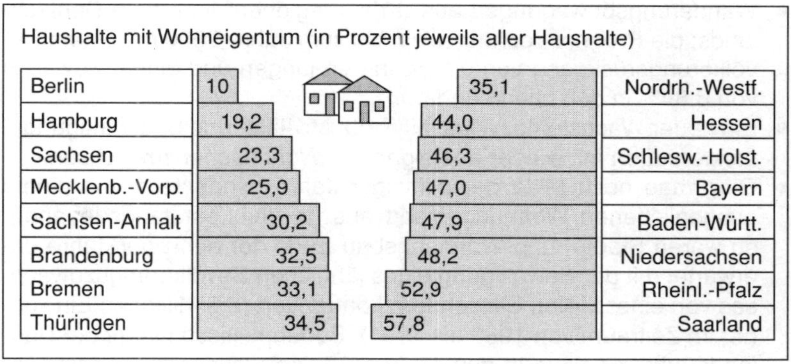

Abbildung 5: Haushalte mit Wohnungseigentum in den Bundesländern
Quelle: ifs, Stand: 1993.

- Die Eigentumsquote ist in der Bundesrepublik Deutschland unterentwickelt. Auf der Wunschliste in Ost- und Westdeutschland steht das freistehende Einfamilienhaus nach wie vor auf der Hitliste ganz oben. Vor allem Eigentumswohnungen werden jedoch als Alternative zum frei finanzierten Wohnungsbau dort an Bedeutung gewinnen, wo die Erstbezugsmieten über den Finanzierungskosten für Eigentumwohnungen liegen.
- Das Geldvermögen der privaten Haushalte in Deutschland wird für das Jahr 1995 auf 4,3 Billionen DM geschätzt. Dem steht eine geringe Eigentumsquote gegenüber, so daß langfristig eine kaufkraftstarke Nachfrage einer Baulandproduktion gegenübersteht, diedurch ein gestiegenes Umweltbewußtsein „gebremst“ wird.
- Langfristig wird auch wieder – wie am Beispiel der Stadt Zürich erkennbar – der Pro-Kopf-Wohnflächenverbrauch steigen.

Die damit insgesamt zu Investitionen stimulierenden Parameter werden derzeit durch ein moderates Zinsklima gestützt. Für die Wertentwicklung ist die Höhe der Kapitalzinsen indessen weitgehend unbedeutend. Ent-

gegen der landläufigen Auffassung, die Zinshöhe sei ein Indikator für die Wertentwicklungen, wird von Fachleuten heute weitgehend übereinstimmend erkannt, daß das Zinsniveau ein „weicher Indikator" mit vergleichsweise geringem Einfluß auf die Verkehrswertbildung ist.

Ausgehend von einem Versorgungsstandard „pro Haushalt eine Wohnung" kommt das IfO bei seiner jüngsten Bauvorausschätzung zu dem Ergebnis, daß allein in den alten Ländern in den neunziger Jahren der Wohnungsbedarf weiterhin rascher steigt als die Zahl der Bestandswohnungen. Die angestrebte „angemessene" Wohnungsversorgung, insbesondere die wohl nur mit staatlicher Hilfe herstellbare Minimalversorgung mit Wohnraum, bedarf nach Meinung des IfO noch auf Jahre hinaus erheblicher Anstrengungen der politisch verantwortlichen Institutionen und aller gesellschaftlichen Gruppen. Ausgehend von den Annahmen einer vom Gesamtverband der Wohnungswirtschaft in Auftrag gegebene Studie besteht bis zum Jahre 2000 ein Bruttowohnbaulandbedarf von rund 60.850 Hektar, das heißt innerhalb der nächsten zehn Jahre müßten rund 6.000 bis 7.000 Hektar Bruttowohnbauland pro Jahr ausgewiesen und bereitgestellt werden, wobei sich dies voraussichtlich auf die großen Stadtregionen in den Verdichtungsräumen konzentriert. Der sich hier ankündende Flächenbedarf nach einer langen Periode der Innenentwicklung läßt die These aufkommen, daß der Städtebau mit der Arrondierung und Verdichtung vorhandener Siedlung nicht mehr allerorts auskommen kann. Zunehmend wird dabei auch die Auf-

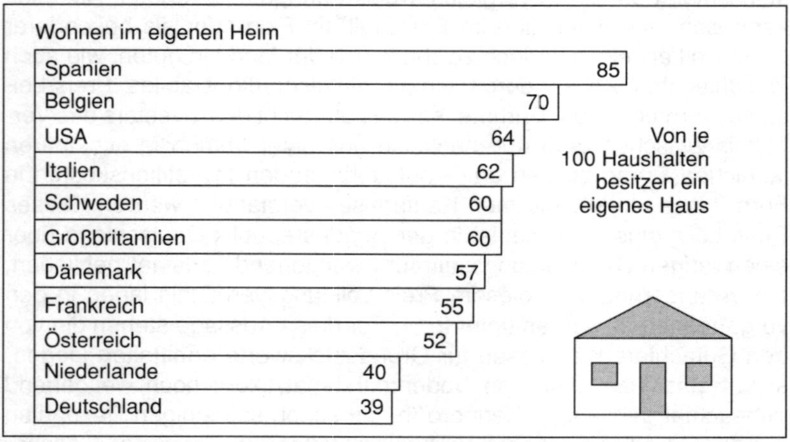

Abbildung 6: Schlußlicht Deutschland: Wohnen im eigenen Heim
Quelle: IfO.

fassung vertreten, daß sich ökologische Belange durch Planung großer neuer Baugebiete in verkehrsgünstigen Lagen, insbesondere an den Rändern von Klein- und Mittelstädten im näheren und weiteren Umland der Großstädte erfolgreicher in den Städtebau integrieren lassen als mit einem sich in kurzen Zeitabständen korrigierenden „Anpappungsstädtebau"; erst allmählich bauen sich die ökologischen Vorbehalte gegen die Siedlungsform Stadt ab, die bei aufgelockerter Bebauung die reichhaltigste Flora und Fauna aufweist (vgl. Reichholf 1993, S. 184, S. 197 und S. 205). Die Bereitstellung von Bauland für Einfamilienhäuser im Umland wird dabei als wirksame Waffe gegen Umwandlungswellen in den Kernstädten gesehen. Auch wenn vor allem im letzten Jahr die Bodenpreissteigerungen gegenüber den Vorjahren wieder rückläufig sind, kündigt sich damit der nächste Preisschub an, wenn durch Ausweisung und Erschließung neuen Baulandes die Schere zwischen Angebot und Nachfrage nicht geschlossen werden kann.

5. Preis-Leistungsverhältnis auf dem Grundstücksmarkt

Für einen sich antizyklisch verhaltenden und vernünftig agierenden Investor zeichnen sich die Verhältnisse auf dem deutschen Grundstücksmarkt durch ein vergleichsweise geringes Risiko aus. Natürlich kann sich eine Investition im Einzelfall als Flop oder als besonderer Glücksfall erweisen, jedoch zeichnet sich der Markt in guten, wie auch in schlechten Zeiten durch ein verhältnismäßig stabiles Preis-Leistungsverhältnis aus. Darunter soll aus der Sicht des Investors das Verhältnis zwischen dem üblicherweise aus einer Immobilie erzielbaren jährlichen Ertrag zu den dafür aufzubringenden Investitionskosten in Form eines marktkonformen Kaufpreises verstanden werden. Dieses Preis-Leistungsverhältnis ist in der Bundesrepublik Deutschland über einen langen Beobachtungszeitraum weitgehend konstant geblieben; die Veränderungen in diesem Preis-Leistungsverhältnis lagen in den vergangenen 20 Jahren unter 2 %. Für diese Aussage stehen die von den Gutachterausschüssen für Grundstückswerte ermittelten Liegenschaftszinssätze, eine von Bodenmarktanalytikern noch weitgehend unbeachtet gebliebene Kenngröße, die schon seit einigen Dezennien auf der Grundlage aller zur Verfügung stehenden Daten des Geschehens auf dem Grundstücksmarkt abgeleitet werden. Diese Liegenschaftszinssätze werden – vereinfacht gesagt – aus dem Verhältnis der

bei ordnungsgemäßer Bewirtschaftung aus einer Immobilie nachhaltig erzielbaren Einnahmen zu dem im gewöhnlichen Geschäftsverkehr erzielbaren Verkehrswert abgeleitet (vgl. Kleiber, Simon, Weyers 1994) und zeichnen damit geradezu seismographisch das Preis-Leistungsverhältnis der Immobilien nach. Die Liegenschaftszinssätze und damit das Preis-Leistungsverhältnis weisen über Jahre eine überraschend hohe Konstanz auf, die auf ein stabiles Verhältnis der Mietentwicklung zur Grundstückspreisentwicklung schließen läßt.

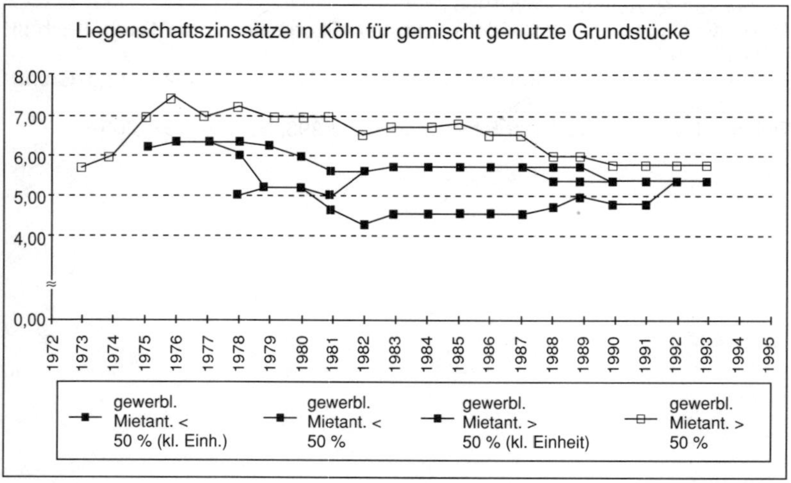

Abbildung 7: Zeitliche Entwicklung der Liegenschaftszinssätze in Köln für gemischt genutzte Grundstücke

Quelle: Gutachterausschuß für Grundstückswerte, Köln.

So betrug der Liegenschaftszinssatz im Jahre 1991 für ein gemischt genutztes Grundstück mit einem geringen gewerblichen Anteil in Köln 5,5 %, in München 3 bis 4 % und in Stuttgart 2,7 bis 3,3 %, für Geschäftsgrundstücke und Fabriken nähern sich die Liegenschaftszinssätze mit 6 bis 7 % dem Kapitalmarktzinssatz zumindest tendenziell an.

Der Grundstücksmarkt bestätigt damit in einer geradezu bestechenden Weise die ricardianischen Theorien: Ideale Voraussetzungen für einen antizyklisch agierenden Investor. Der Bodenmarkt ist für ihn dann am interessantesten, wenn er daniederliegt und die Zeit der Rezession genutzt wird, um das fertige Produkt mit der wirtschaftlichen Gesundung auf den Markt zu bringen. Wer zu spät kommt, den bestraft der Markt.

Literaturverzeichnis

Bulwien, H.: Der Markt für Gewerbeimmobilien, München 1993.

Bundesministerium für Raumordnung, Bauwesen und Städtebau: Baulandbericht 1993 (3. Baulandbericht), Bonn 1993.

Bundesministerium für Raumordnung, Bauwesen und Städtebau, Hrsg.: Funktionsweise städtischer Bodenmärkte in Mitgliedstaaten der Europäischen Gemeinschaft. Schriftenreihe des BMBau, Bonn 1993.

Kleiber, W., Simon, J. und Weyers, G.: Verkehrswertermittlung von Grundstücken, 2. Auflage, Köln 1994.

Marx, K.: Das Kapital, Kritik der politischen Ökonomie, Dritter Band, Buch III, Berlin 1976.

Preuß, K.: Gewerbemieten im Land Berlin. Grundstücksmarkt und Grundstückswert, Neuwied 1992.

Reichholf, J.: Comeback der Biber, München 1993, S. 184, 197, 205.

Hans-Peter Willing

Chancen und Probleme der Immobilienanlagen in den neuen Bundesländern

Zusammenfassung

Nach der Vereinigung Deutschlands hat sich ein Immobilienmarkt im Osten zunächst entwickeln müssen, doch zunehmend wird die Marktpreisbildung realistischer. Besondere Investitionschancen resultieren aus den Sonderabschreibungen (noch bis Ende 1996), aus einem attraktiven Immobilienangebot in guten Lagen aber auch aus der allgemein pessimistisch beurteilten Wirtschaftslage und dem niedrigen Zinsniveau. Diese Chancen müssen mit den Risiken – eventuelle Altlasten, mangelnde Bausubstanz, bestehende Miet- und Pachtverhältnisse und Risiken wegen ungeklärter Rechtsfragen – abgeglichen werden. Das gilt für alle Arten von Investitionsobjekten: Direkterwerb und Fondsbeteiligung, Neu- und Altbau, Gewerbe- und Wohnimmobilien. Auf das Potential der vier bedeutensten Wachstumsregionen, Berlin, Leipzig, Dresden und Erfurt, wird detailliert eingegangen.

1. Der Immobilienmarkt in den neuen Bundesländern

Die deutsche Wiedervereinigung eröffnete in den neuen Bundesländern einen neuen Immobilienmarkt, der die Bezeichnung ‚Markt' zunächst nicht verdiente:

- Durch die Bestimmung im Einigungsvertrag, daß ehemals enteignete Immobilien an die Alteigentümer zurückübertragen werden, ging eine Flut von Anträgen ein, für viele Immobilien von verschiedener Seite. Die Prüfung der Ansprüche nahm erhebliche Zeit in Anspruch; die Entscheidung für viele Immobilien steht heute noch aus. Insgesamt führte diese Situation aber dazu, daß für sehr viele Immobilien und hier insbesondere in den begehrten Innenstadtlagen die Eigentumsverhältnisse ungeklärt waren oder sind.
- Das Grundbuchrecht in der ehemaligen DDR unterschied sich teilweise gravierend von unserem Recht. So waren Grundstücksbelastungen in vielen Fällen nicht im Grundbuch eingetragen.
- Die rechtsberatenden Berufe und die Verwaltungen waren lange Zeit kapazitäts- und ausbildungsmäßig durch die neue Situation überfordert.
- Bauanträgen in den Innenstädten wurde anfangs oftmals stattgegeben; dann bemerkten die Verwaltungen, daß jegliche Stadtentwick-

lungsplanungen fehlten. Hierfür mußten nun zunächst einmal die Grundlagen geschaffen werden. Ausgewiesene Bebauungspläne sind in den Innenstädten heute noch nicht überall gegeben.

- Relativ schnell wurden die komplizierten und auch aufwendigen Baurichtlinien und Bauzulassungsrichtlinien aus dem Westen auf den Osten übertragen.

Dies führte insgesamt dazu, daß das Angebot an Immobilien lange Zeit äußerst gering blieb. Andererseits setzte sofort nach der Wiedervereinigung eine große Nachfrage nach Immobilien sowohl zum Kauf wie zur Miete ein.

- Dienstleister wie Banken und Versicherungen und der Handel, wie z. B. Einzelhandelsketten oder Autohändler, etablierten sich relativ schnell in den neuen Bundesländern und suchten entsprechende gewerbliche, aber für die Mitarbeiter aus dem Westen auch Wohnimmobilien.
- Die Bundesregierung hatte schon früh das Ziel, Investitionen im Osten anzukurbeln. Ein Mittel hierzu waren neben direkten Zuschüssen erhebliche steuerliche Anreize insbesondere in Form von außergewöhnlich hohen Abschreibungssätzen auch auf Immobilien.

Die große Nachfrage in der ersten Euphoriephase stieß auf einen weitgehend leeren Markt, so daß sowohl bei der Vermietung wie beim Verkauf Preise erzielt werden konnten, die deutlich über dem aus dem Westen bekannten Niveau lagen. Bemerkenswert ist in dem Zusammenhang, daß die Substanz und der Zustand der Objekte in der Regel sehr schlecht waren, daß wenig Infrastruktur vorhanden war, und daß die Kaufkraft viel niedriger als im Westen war.

Im Jahr 1994 ist die Euphorie einer merklichen Ernüchterung gewichen. Zum einen liegt das an der allgemeinen weltwirtschaftlichen Lage. Die Firmen beginnen zu sparen und sind nicht mehr bereit, trotz Steueranreizen in neuen Kapazitäten im Osten zu investieren. Mancher Investor mußte einsehen, übereilt gekauft zu haben, zu überhöhten Preisen oder Grundstücke, die noch nicht vollständig rückübereignet waren bzw. Grundstücke, bei denen die zugesagten Baugenehmigungen noch Jahre auf sich warten lassen. So erwies sich oftmals eine Investition im Osten als mit neuen Risiken behaftet und erforderte in vielen Fällen auch ein entsprechend großes finanzielles Durchhaltevermögen.

2. Immobilieninvestitionen im Osten – eine seltene Chance

Der Immobilienmarkt in den neuen Bundesländern entwickelt sich weiter. Das Angebot wird zunehmend größer, die Marktpreisbildung wird zunehmend realistischer. Die Chancen für einen Investor sind „noch" gewaltig:

2.1 Steuervorteile

„Wer zu spät kommt, den bestraft das Finanzamt", diese und ähnliche Sprüche las man in Immobilienanzeigen. Richtig ist, daß die steuerlichen Anreize für Immobilieninvestitionen im Osten so hoch wie niemals zuvor sind.

Die Steuerentlastungen sehen aus wie folgt:

Auf alle Investitionen in Neubauten bzw. Altbausanierungen ohne die Grundstückskosten in den neuen Bundesländern, die bis zum 31.12.1996 beendet werden, kann der Investor 50 % der Bau- bzw. der Renovierungskosten innerhalb der ersten 5 Jahre abschreiben. Hierbei ist es dem Investor freigestellt, ob dieser Betrag insgesamt im ersten Jahr oder auf die ersten 5 Jahre verteilt angesetzt wird. Die normale Abschreibung auf Immobilien von 2 % kann zusätzlich angesetzt werden.

Da die Entwicklung in den ostdeutschen Ländern langsamer als geplant anlief, wurde im letzten Jahr die Frist für Wohnbauten und nach heftigen Diskussionen auch für Gewerbebauten bis zum 31.12.1996 verlängert. West-Berlin allerdings, das bei Bauten, die bis 1994 fertiggestellt werden, den ostdeutschen Ländern gleichgestellt ist, wird ab Anfang 1995 aus dieser Regelung herausgenommen.

Die Konsequenzen für den Investor sollen an einem Zahlenbeispiel verdeutlicht werden. Unterstellt wird dabei eine Investition von DM 1 Million in einen Neubau ohne Ansatz von Grundstückskosten sowie ein Einkommensteuersatz von 50 % (der oftmals durch Kirchensteuer und evtl. den Solidaritäszuschlag noch höher liegt):

Beispiel:

Investitionskosten (ohne Grundstück)	DM	1.000.000
Sonder-Afa im 1. Jahr/in den ersten 5 Jahren	DM	500.000
Normal-Afa in den ersten 5 Jahren	DM	100.000
Gesamt-Afa in den ersten 5 Jahren	DM	600.000
Steuerersparnis in den ersten 5 Jahren	DM	300.000
Einstandskosten nach Steuerersparnis	DM	700.000

Dieses Beispiel zeigt, daß sich insbesondere durch die Sonder-Afa die Einstandskosten bei einem Immobilienkauf deutlich senken lassen. Allerdings sollte sich jeder Investor vor einem Kauf mit seinem Steuerberater besprechen, bis zu welcher Höhe eine Investition im Einzelfall steuerlich sinnvoll ist. Denn die hohe Sonder-Afa führt leicht dahin, daß dem Investor gegenzurechnende anderweitige Einkünfte in entsprechender Höhe fehlen.

Bereits an dieser Stelle soll dringend davor gewarnt werden, sich von Steuervorteilen allzusehr blenden zu lassen. Mancher Immobilienkauf oder manche Beteiligung an einem Bauherrenmodell nur nach dem Gesichtspunkt der Steuersparmöglichkeiten hat schon zum wirtschaftlichen Ruin geführt.

Nach wie vor gelten neben allen steuerlichen Anreizen die wichtigeren Kriterien von Lage und Qualität einer Immobilie. Die Chance auf Wertzuwachs ist immer vorrangig zu sehen – steuerliche Vergünstigungen sollten nur ein zusätzliches Bonbon darstellen. Anleger, die diesen Steuervorteil jedoch überlegt nutzen, haben gerade zum heutigen Zeitpunkt große Chancen.

Wichtig: In diesem Jahr 1996 läuft die 50 %ige Sonderabschreibung in den neuen Bundesländern aus. Ab nächstem Jahr gilt:

Neubauwohnungen

Nur noch 25 % können bei Neubauwohnungen bei Vermietung sofort abgeschrieben werden, dazu kommen 2 % Normalabschreibung pro Jahr. Über 10 Jahre gerechnet sind das 45% und damit ebensoviel wie bei Neubau-Mietwohnungen in den alten Bundesländern. Damit entfällt der Anreiz zum Bau neuer Mietwohnungen im Osten.

Altbau-Modernisierung im Osten

Hier sind nur noch 40 % Sofortabschreibung möglich. Ansonsten bleibt es dabei: In 10 Jahren sind die Kosten für Altbau-Sanierungen komplett abgeschrieben. Das reicht aber gerade, um die Innenstädte zu modernisieren.

Um die bisherige 50%ige Sonderabschreibung zu sichern, konstruieren viele Anbieter in der Branche sogenannte Vorratsmodelle. Anleger zahlen den Kaufpreis oder die Baukosten im voraus. Auch wenn dies steuerlich in Ordnung geht, schafft dies jedoch Gelegenheit für Anlagebetrüger. Bei solchen Konstruktionen muß daher dringend auf den Namen und den Ruf der Anbieter geachtet werden.

2.2 Die Lagen – Chancen für den Investor

Das größer werdende Angebot an Immobilien umfaßt auch zunehmend gute und sehr gute Lagen selbst in den Innenstädten, Lagen, die im Westen selten den Eigentümer wechseln. Dies hat mehrere Gründe:

In vielen Fällen sind die Eigentümer rückübertragener Immobilien Erbengemeinschaften, die unterschiedliche wirtschaftliche Interessen vertreten und daher als geringste gemeinsame Basis den Verkauf beschließen (müssen). Andererseits kommen auf viele der „neuen" Alteigentümer finanzielle Belastungen zu, die sie nicht tragen können. Häuser, die in der ehemaligen DDR unter Zwangsverwaltung gestellt wurden, haben im Laufe der Jahre Minuskonten gebildet, da die Verwaltungs- und Sanierungskosten durch die damaligen geringen Mieterträge nicht gedeckt werden konnten. Bei Mehrfamilienhäusern sind im Laufe von 30 Jahren diese Kosten leicht auf mehrere 100.000 Mark angewachsen. Diese Schulden müssen vor Rückübereignung von dem neuen Eigentümer abgedeckt werden. Zwar gewährt das Finanzministerium in dem Fall Zuschüsse, wenn der Zuschlag DM 150,–/qm überschreitet, doch hat die Praxis gezeigt, daß diese Zuschüsse in der Regel eher größeren Institutionen zukommen.

Viele Eigentümer sind damit quasi gezwungen, ihre Immobilie oftmals auch relativ schnell zu verkaufen. So ergibt sich eine weitere Einmaligkeit in dieser Entwicklung dadurch, daß dem Investor Chancen geboten werden, wie sie nur nach dem 2. Weltkrieg gegeben waren. Häuser in absoluten Bestlagen werden heute als Ruinen bzw. als baufällige Objekte relativ preisgünstig angeboten. Toplagen, die in westdeutschen Städten dem „Normal"-Investor in der Regel unzugänglich sind, kommen zunehmend auf den Markt

2.3 Die Wirtschaftslage – Chancen für den Investor

Deutschland befindet sich in einer Rezession, in der sich Pessimismus breit macht. Diese Rezession hat nun auch die Immobilienmärkte erreicht. Investoren halten sich zurück, u. a. auch die bisher gut verdienenden Investoren aus den Heilberufen auf Grund der Gesundheitsreform. So wandelte sich 1993 und mehr noch im Jahr 1994 der Verkäufermarkt in einen Käufermarkt. Diese Entwicklung ging natürlich zu Lasten der Preise und das führt dazu, daß man heute – in dieser Situation – günstig einkaufen kann.

2.4 Das Zinsniveau

Die Zinsen für langfristige Finanzierungen haben nach dem deutlichen Rückgang in 1996 ein Niveau erreicht, das unterhalb des langfristigen Durchschnitts liegt. Wenn man bedenkt, daß die Finanzierungskosten oftmals bis 90 % der Folgekosten von Immobilieninvestitionen betragen, werden diese vor dem Hintergrund einer immer noch hohen Inflationsrate besonders attraktiv.

3. Die Chancen sind mit Risiken verbunden

Unabhängig vom Risiko, das mit jeder Immobilieninvestition verbunden ist, müssen in den neuen Bundesländern eine Reihe von speziellen Risiken beachtet werden:

3.1 Altlasten

Viele Grundstücke sind „Altlasten"-gefährdet. Die Beseitigung obliegt dem Eigentümer und kann im Einzelfall zu einem erheblichen Aufwand führen, der jede Kalkulation unmöglich macht. Eine Vereinbarung im notariellen Kaufvertrag, nach der der Verkäufer diesen möglicherweise anfallenden Aufwand übernimmt, ist oftmals nicht zu erreichen. Hier sollte in jedem Fall vor Zahlung des Kaufpreises ein entsprechendes Gutachten angefertigt werden.

3.2 Miet- und Pachtverhältnisse

Bestehende Miet- und Pachtverhältnisse sind wesentlich problematischer als bei Westimmobilien. Fast alle Bestandsimmobilien müssen in der Regel umfassend saniert und renoviert werden, was in der Regel nur dann wirtschaftlich vertretbar ist, wenn das Objekt mieterfrei ist. Da die Mieten bekanntermaßen im Osten sehr niedrig sind, ist es oftmals sehr aufwendig, ein Objekt seriös zu „entmieten".

3.3 Substanzrisiken

In der ehemaligen DDR war oftmals kein Geld vorhanden, um Reparaturen durchzuführen, die der Erhaltung der Substanz dienten. Daraus ergeben sich bei Altobjekten Risiken aus möglichen Substanzschäden, deren Beseitigung einen erheblichen Aufwand verursachen kann. Bei Altobjekten sollte grundsätzlich eine Fachfirma zugezogen werden, die vor dem Kauf die üblichen Schwachstellen überprüft. Solche Schäden werden oftmals aber auch erst während der Sanierung festgestellt.

3.4 Risiken aus dem Rechtsbereich

Zu klären sind zunächst die Grundbuchverhältnisse. Ist der Verkäufer als Eigentümer bereits im Grundbuch eingetragen? Diese Situation ist leider häufig nicht gegeben, denn einmal sind Objekte oftmals bereits durch mehrere Hände gegangen, zum anderen sind die Zeiträume zwischen Rückübereignung und Grundbuchberichtigung sehr unterschiedlich: Hier folgen i. d. R. – neben einem aus Sicherheitsaspekten notwendigen späteren Baubeginn – Probleme bei der Valutierung der vom Investor beantragten Finanzierung.

Insbesondere bei geplanten Neubauten sollte geklärt werden, inwieweit ein rechtskräftiger Bebauungsplan vorliegt: Was kann gebaut werden, wie hoch ist der gewerbliche Anteil, Frage der Notwendigkeit bzw. der Ablösung von Tiefgaragenplätzen. Es muß darauf hingewiesen werden, daß gerade in den Innenstädten oftmals wegen der noch nicht abgeschlossenen Stadtentwicklungsplanung Gebiete mit Veränderungssperren belegt sind. Dies führt dazu, daß Grundstücke einmal zunächst nicht bebaut werden können, daß zum anderen auch noch nicht feststeht, in welcher Größenordnung und mit welcher Nutzung später einmal gebaut werden kann.

Wegen der Besonderheit der bei Immobilienverkäufen in den neuen Bundesländern notwendigen Genehmigung nach der Grundstücksverkehrsordnung sollte der Investor seinen Notar ansprechen.

4. Anlagestrategische Überlegungen

Nach der grundsätzlichen Entscheidung, in Ostimmobilien zu investieren, stellen sich dem Investor die grundsätzlichen Fragen nach dem Standort und der Art der Immobilie. Beide Komplexe sollen im folgenden erörtert werden, wobei in beiden Fällen auch die Risiken der Investition beleuchtet werden.

4.1 Der Standort

In den neuen Bundesländern erscheint die Frage nach dem Standort von besonderer Bedeutung. Da der Markt sich erst bildet, ist eine Beurteilung der Frage nach den zukünftigen Wachstumsregionen wichtig.

Als solche erscheinen nach heutigen Erkenntnissen aller Experten das Musterland Sachsen, d. h. Leipzig und Dresden, sowie Erfurt und natürlich auch Berlin. Andere Städte sollten nur nach sorgfältigen Standortanalysen in Erwägung gezogen werden, wobei hier die Frage der Lage innerhalb der Stadt nochmals größere Bedeutung zukommt. Der mögliche Anreiz, hier ggf. billiger einkaufen zu können, darf nicht überbewertet werden. Denn einerseits sind die Baukosten bzw. Umbaukosten z. B. in Leipzig oder in Rostock ähnlich hoch, andererseits sind Wertsteigerungen in Wachstumsregionen sicherer und höher; dies zeigt die Erfahrung aus der Vergangenheit in den westdeutschen Wachstumsregionen. Auf die genannten Wachstumsregionen im Osten soll kurz eingegangen werden:

4.1.1 Immobilienmarkt Berlin

„Berlin, Europas interessantester Immobilienstadtort", „Renner des Jahrtausends", „Goldgräberstimmung in Berlin", „Die Wohnungspreise in Berlin lernen das Laufen", „Berlin vor dem Superboom": Solche und ähnliche Schlagzeilen waren nach der Wende an der Tagesordnung. Dies hatte mehrere Gründe.

Durch die Wiedervereinigung und den Umbruch in Osteuropa wird Berlin mittelfristig zu einer der modernsten Industrie- und Handelsregionen aufsteigen. Berlin liegt im Zentrum, in dem sich die Verbindungslinien von Stockholm bis Triest, von Paris bis nach Warschau und Moskau kreuzen. Aufgrund seiner geographischen Lage erwachsen also der Wirtschaft in Berlin neue Chancen – die Stadt ist für den Westen das Tor zu den Märkten in Ost- und Mitteleuropa und für den Osten der Zugang zum Westen.

Die Entscheidung vom 20. Juni 1991, auch den Regierungssitz nach Berlin zu verlegen, hatte gewaltige Auswirkungen auf den Immobilienmarkt der Spree-Metropole. Die hierfür notwendigen Baulichkeiten für Regierung, Parlament und Staatsapparat, aber in Folge auch von Botschaften, Verbänden, Konzernverwaltungen, werden dem Immobilienmarkt auf viele Jahre Auftrieb geben. Bei einem Bestand von ca. 13 Mio. qm Bürofläche bestand ein extremer Nachfrageüberhang von ca. 10 Mio Quadratmetern. Nach der Entscheidung für Berlin als Regierungssitz versuchten viele Weltfirmen, in Berlin präsent zu sein.

Berlin hatte im Jahre 1990 3,4 Millionen Einwohner. Für das Jahr 2001 wird die Bevölkerung auf insgesamt 5 Millionen geschätzt. Hierdurch sind auch für den Wohnungsmarkt Engpaß-Situationen auf Jahre vorprogrammiert.

Die extreme Nachfragesituation führte zu Preissteigerungen seit der Maueröffnung von teilweise über 200 %. Die Entscheidung, West-Berlin in die Abschreibungsmöglichkeiten einzubeziehen, hatte zur Folge, daß ein Run auf West-Berlin stattfand, während Ost-Berlin nach wie vor als Entwicklungsland gelten muß.

Heute, im Jahre 1996, hat sich die Lage verändert, denn viele Erwartungen sind nicht eingetreten. Die Olympischen Spiele im Jahr 2000 werden nicht nach Berlin kommen. Der Umzug der Bundesregierung zieht sich in die Länge. Seit 1990 gingen in Berlin 170.000 Arbeitsplätze verloren (mehrere 100.000), was vor allem darin begründet ist, daß die ehemalige Berlinförderung wegfiel. Die Preise für Wohnungen und Büros sind kräftig gesunken, wobei Wohn- und Geschäftshäuser ein Minus bis zu 30 % aufweisen, Baugrundstücke sogar bis zu 40 %. Die typischen Berliner Wohn- und Geschäftshäuser, die noch im Jahr 1992 mit der 17-fachen Jahresmiete verkauft werden konnten, werden heute bereits zur 11 bis 12-fachen Jahresmiete angeboten. Auch die einst so begehrten Büros am Kurfürstendamm, für die DM 70,–/Quadratmeter an Miete bezahlt wurde, werden heute für DM 25,–/Quadratmeter angeboten.

Viele renommierte Geschäfte beeilten sich, im Osten in späteren 1a Lagen wie z. B. der Friedrichstraße Geschäfte anzumieten. Es wurden über DM 100,–/Quadratmeter bezahlt. Heute hat man Schwierigkeiten, die Geschäfte mit DM 50,–/Quadratmeter zu vermieten, da die Absatzmöglichkeiten selbst in diesen Lagen stark hinter den Erwartungen zurückblieben.

Konsolidierungsphasen bieten für den erfahrenen Investor stets günstige Einkaufsmöglichkeiten. So kann in Berlin-Mitte der Anleger jetzt manches Büro-Schnäppchen machen. Auch in Top-Wohnlagen wie Dahlem oder Grunewald sind geplante Neubauvorhaben heute günstig zu haben.

Der Investor, der einen langfristigen Wertzuwachs sucht, sollte im Westen Berlins investieren. Da Ende 1994 die Fördermöglichkeiten hier wegfallen, wird der Investor, der zusätzlich Steuersparmöglichkeiten sucht, im Berliner Osten Immobilien erwerben. Hier ist es einfacher, hervorragende Lagen zu vernünftigen Preisen zu erwerben. Aber man sollte sich folgende Risiken vor Augen halten:

- Der Ausbau von Ost-Berlin verläuft schleppender als erwartet.
- Bereits sanierte Bauten im Osten führen ein Inseldasein, da hier die Infrastruktur fehlt. (Schon heute zeigt sich, daß große Geschäfte, die in besten Lagen im Osten Ladenlokale angemietet haben, wieder auf dem Rückzug sind, da sie die Durststrecke nicht durchstehen können oder wollen.)
- Der Zustand der Immobilien im Osten ist in der Regel sehr schlecht, so daß mit hohen Sanierungskosten gerechnet werden muß.
- Aufgrund der niedrigen Mieten im Osten hat ein Investor kaum Einkünfte und benötigt einen entsprechenden finanziellen Background.
- Es erscheint fraglich, ob das Wertentwicklungspotential im Osten Berlins ebenso groß sein wird wie das im Westen. Bereits vor dem Krieg zeigte sich, daß die besseren Wohnlagen im heutigen Westbereich liegen, wie im übrigen in fast allen größeren Städten der Bundesrepublik. Hierin liegt die besonders interessante Perspektive von Potsdam: Zwar ehemalig der DDR zugehörig, liegt es im Berliner Westen und grenzt direkt an die Nobelwohngebiete Wannsee, Grunewald, usw.

4.1.2 Immobilienmarkt Leipzig

„Nicht Berlin, sondern Leipzig ist Favorit in Ostdeutschland". Diese Überschrift konnte man bereits im Dezember 1992 in der Frankfurter Allgemeinen Zeitung lesen. Inzwischen hat sich diese Tendenz noch

verstärkt. Mit rund 560.000 Einwohnern (720.000 in Stadt und Kreis) ist Leipzig die zweitgrößte Stadt der ehemaligen DDR und Mittelpunkt eines der größten industriellen Ballungsgebiete. Europas größter Hauptbahnhof liegt in Leipzig – und dieser soll noch weiter ausgebaut werden. Die Leipziger Messe war schon zu DDR-Zeiten weltbekannt. Leipzig hat als Dienstleistungszentrum eine lange Tradition und gilt heute schon als zweitgrößter Bankenplatz in Deutschland. Die Ansiedlung des Mitteldeutschen Rundfunks ist in Leipzig gesichert. Dies führt zu einem Flächenbedarf von 40.000 Quadratmetern. Auch für westdeutsche Filialunternehmer ist Leipzig die begehrteste ostdeutsche Stadt. Die Einzelhandelsmieten liegen bereits deutlich höher als in Dresden. Leipzig hat somit die besten Aussichten, nach Berlin der wichtigste Platz in den fünf neuen Bundesländern zu werden. Viele Investoren, denen Berlin zu teuer geworden ist, rechnen sich hier bessere Chancen aus.

Das besondere Interesse der Investoren liegt auch an der relativ zügigen Bearbeitung durch die Bauämter. Hier ist Leipzig der eindeutige Vorreiter, während Berlin und Dresden das Nachsehen haben. Am begehrtesten ist natürlich die Innenstadt in dem relativ kleinen Ringgebiet, wobei das Angebot äußerst gering ist und bleiben wird. Nach der Stadtentwicklungsplanung wird hier wohl die Errichtung von Hochhäusern nicht gestattet werden.

Neben dem Ringgebiet sind sowohl für Büros als auch zum Wohnen besonders begehrte Lagen die Stadtteile Gohlis, Schönefeld, Connewitz und Schleusig. Eine Reihe großer Immobilienprojekte sind in Leipzig bereits fertiggestellt, wie z. B. der Neubau der Leipziger Messe in der Gemeinde Seehausen. Hier entstanden ca. 80.000 Quadratmeter Messehallen erstellt werden. In der Nähe befindet sich eine Niederlassung von Quelle bereits im Bau, dem modernsten Versandhaus in Europa, sowie weitere vier Gewerbegebiete. Auf diese Weise wird speziell der Norden Leipzigs in absehbarer Zeit einen enormen Entwicklungsschub erhalten. Aber in Leipzig zeichnet sich mehr als in anderen Städten eine Beruhigung der Preise ab. Es sind in den letzten Jahren 1,5 Mio. Quadratmeter Bürofläche auf den Markt gekommen. Hiervon standen 1995 22 % leer. Im Jahr 1996 rechnet man mit einem Leerstand von einem Drittel aller Neubauflächen. Leipzig hat damit bundesweit den höchsten Leerstand an Büroflächen. Aus diesem Grunde haben sich die Büromieten gegenüber 1991 bereits mehr als halbiert. Auch die Einzelhandelsflächen können nicht mehr zu Spitzenpreisen vermietet werden, da in der Umgebung von Leipzig bereits große Einkaufszentren entstanden sind, wie z. B. der Saalepark im Westen oder

der Sachsenpark im Norden. Aus diesem Grund ist der Gewerbemarkt nur noch in der City reif zum Einstieg.

Auch im Wohnbereich wird enorm gebaut. Es entstehen in den Vororten große Neubausiedlungen. Die Preise von DM 6.000,–/qm in sehr guten Lagen und ca. DM 4.400,–/qm in schlechteren Lagen sind nicht mehr zu erreichen. Im begehrten Stadtteil Gohlis werden heute Neubauwohnungen zum Quadratmeterpreis von DM 4.300,– angeboten. Und die Tendenz ist weiter fallend. Auch die Wohnungsmieten sind von früher DM 20,–/qm auf heute DM 15,–/qm gefallen. Grundsätzlich bleibt Leipzig aber als traditionelle Messe- und Handelsstadt hochinteressant.

4.1.3 Immobilienmarkt Dresden

Dresden als Hauptstadt von Sachsen wird zum Verwaltungszentrum ausgebaut. Aus der geographischen Situation (Dresden liegt neben Leipzig im Ballungsgebiet Sachsens) sowie durch die spezielle Situation als Landeshauptstadt wird sich Dresden zu einer Verwaltungs-, Handels- und auch Versicherungsstadt entwickeln. Dies bildet zwangsläufig den Nährboden für traditionelles Großbürgertum mit gehobenen Ansprüchen.

Daneben ist die Stadtverwaltung bemüht, Dresden wieder zu dem Fremdenverkehrsort zu entwickeln, der er vor der Teilung Deutschlands war. Man will Dresden, das ehemalige Elb-Florenz, wieder in alter Schönheit errichten. Überall wird restauriert. Man ist bestrebt, das alte Stadtbild wieder herzustellen. Auch der Ruf Dresdens als Kulturstadt soll weiter gefestigt werden. Um diese hochgesteckten Ziele zu erreichen, benötigt Dresden Hotels und eine entsprechende Infrastruktur.

Sachsen hat traditionell enge Bindungen mit Hamburg. Ein großer Teil des Osthandels vor allem mit Tschechien und der Slowakei soll per Schiff über die Schiene Hamburg – Dresden laufen. Da die Hamburger von alters her die Stadt Dresden lieben, sind sie schon heute verstärkt an Villen in Nobelgegenden – am sogenannten Elbhang – im Osten der Landeshauptstadt interessiert.

Die Stadtentwicklungsplanung Dresdens war lange für anstehende Investitionen in der Innenstadt ein Hemmschuh. Entsprechend klein blieb das Angebot an baureifen Grundstücken, während andererseits die Investoren Schlange stehen. Dies führte vielfach zu Preisforderungen, die Experten als überhöht ansehen.

Die Dresdner Innenstadt bietet langfristig aber gute Chancen für erfolgreiche Büro- und Einzelhandelsprojekte.

Die Stadt hat vor kurzem eine Bodenleitwertkarte erstellt. Die Werte gelten zwar noch nicht als stabil. Aus den Bodenwerten lassen sich künftige 1a Lagen für Büros ablesen. Es sind die Straße der Einheit und weiter im Süden die Leningrader Straße mit dem Platz gegenüber dem Rathaus. Auch Büros in der Budapester Straße und im Dr. Kölls-Ring dürften sich zu Topprojekten entwickeln. Als Gewerbestandorte sind sowohl die Kettelhoferstraße wie auch Bangewitz interessant.

Die Investitionsrisiken liegen in der großen Zahl von inzwischen genehmigten oder geplanten Objekten. Die Hauptzahl der im Genehmigungsverfahren befindlichen Objekte konzentriert sich ganz überwiegend auf Büroflächen, großflächigen Einkaufszentren und Hotels. Hier scheint sich eine Bedarfsüberdeckung abzuzeichnen. So signalisierte das Stadtplanungsamt für das Hotelgewerbe und für größerflächige Einzelhandelzentren bereits eine mehrfache Überdeckung, wenn man Vergleichswerte aus den alten Bundesländern heranzieht.

Im Wohnungsbereich werden längerfristig Engpaßsituationen erwartet. Dies gilt für Villen in guten Wohnlagen. Man sollte jedoch nicht unbedingt in Dresden am Weißen Hirsch investieren, dort gelten die Preise derzeit als überhöht. Eher sind Villen im Westen Dresdens, in Radebeul zu empfehlen. Hier liegen die Preise deutlich niedriger und die Innenstadt Dresdens ist auch nicht weiter entfernt als vom Weißen Hirsch. Weitere gute Wohnlagen sind Loschwitz, Rochwitz und weiter südlich an der Elbe Klein Schadwitz und Pilnitz.

Die Preise liegen durchweg höher als in Leipzig. Man sollte aber nicht mehr als DM 5.200,–/Quadratmeter für Wohnraum in guten Lagen bezahlen, da auch die Quadratmetermieten mit über DM 20,– langfristig nicht erzielbar sind.

Bei einer Anlagealternative zwischen Dresden und Leipzig kann man Wiesbaden und Frankfurt als Vergleich heranziehen. Leipzig entwickelt sich wie Frankfurt wirtschaftlich dynamischer, die Immobilienpreisentwicklung ist dennoch in Leipzig wie in Dresden positiv zu beurteilen.

So eindeutig wie langfristig mit einem Überangebot im Einzelhandel, bei Hotels und Büroflächen gerechnet wird, zeichnet sich auch der Bedarf an Wohnflächen ab. Und hier wird der Preisverfall wesentlich moderater ausfallen als bei den Gewerbeobjekten.

4.1.4 Immobilienmarkt Erfurt

Eine Studie des Berliner Institutes für Angewandte Sozialwissenschaften zeigt, daß die Thüringische Landeshauptstadt sehr schnell zu einem der gefragtesten Standorte in den neuen Bundesländern geworden ist. Die Gründe für den Aufstieg Erfurts liegen nicht nur in ihrer Funktion als Landeshauptstadt mit der Ansiedlung zahlreicher Landes- und Kommunalbehörden und nun auch des Bundesarbeitsgerichtes. Wichtiger erscheint die verkehrsgünstige Lage zu den westdeutschen Bundesländern.

Seit der Wiedervereinigung sind über 12.000 Unternehmen in Erfurt entstanden, wobei vor allem Dienstleistungs- und Verwaltungsunternehmen ansässig geworden sind. Am Juri-Gagarin-Ring, der Schlachthofstraße und im Umfeld des Landtages und der Landesregierung haben sich bereits klassische Bürostandorte herauskristallisiert. Die Stadt selbst war großzügig im Ausweisen von Gewerbegebieten und Industrieflächen. So konnten in der Nähe der geplanten Autobahn München-Erfurt-Magdeburg z. B. der Büro- und Gewerbepark Bindersleben entstehen. Trotzdem muß darauf hingewiesen werden, daß bereits in den Toplagen des Einzelhandels durch diese Gewerbeparks die ersten Läden leerstehen. Die Büro- und Ladenmieten haben sich auch im Vergleich 1992/93 verschlechtert. So haben sich heute in der Innenstadt Erfurts Monatsmieten je Quadratmeter bei Läden auf DM 100,– und für Büros um DM 22,– bis 25,–/qm eingependelt, wobei die Tendenz eher noch rückläufig ist, was auf größeres Angebot zurückzuführen ist. Investitionen in der Erfurter Innenstadt sind sehr problematisch. Hier wurde der gesamte Stadtkern unter Denkmalschutz gestellt. Grundsätzlich möchten wir vor einem Einstieg in den Büromarkt Erfurt abraten. Es wird sich auf Dauer nicht rechnen.

Ein großer Mangel jedoch besteht weiterhin im Wohnungsbereich. Trotzdem sind auch hier die Preise gefallen. Als besonders gesuchte Wohnlagen sind hier die Standorte südlich der Innenstadt zu betrachten. Doch sollte man auch hier nicht viel mehr als DM 4.000,– pro Quadratmeter bezahlen. Da die Mietpreise auch in Toplagen wie z. B. dem Dichterviertel auf DM 16,–/qm gefallen sind, wobwi die Tendenz weiterhin nach unten zeigt.

4.2 Investitionsobjekte

Eine weitere Entscheidung betrifft die Art der Immobilie, in die investiert werden soll. Grundsätzlich besteht die Möglichkeit, sich mit anderen Investoren über einen offenen oder geschlossenen Immobilienfonds an einem Projekt zu beteiligen, alternativ dazu ist der Direkt-Kauf einer Immobilie zu sehen. Die Vorteile liegen selbstverständlich darin, daß bei Direktanlagen die Wertsteigerungen und auch die Miete ohne Abzüge zufließen. Auf der anderen Seite sind hohe Kapitaleinsätze nötig, es muß sich um Mieter und die Immobilien gekümmert werden oder eine Hausverwaltung bezahlt werden. Bei Verkaufsplänen muß ein Käufer gesucht werden. Dies ist von der Ferne her manchmal nur schwer möglich.

Beim Kauf einer Eigenimmobilie ist zu entscheiden einmal zwischen einer Gewerbe- oder einer Wohnimmobilie, bei letzterer wiederum zwischen einem Neubau bzw. einem Bestandsobjekt in renovierten oder unrenovierten Zustand.

4.2.1 Anlage in Gewerbeimmobilien

Gewerbeimmobilien erbringen in der Regel eine höhere Rendite als Wohnimmobilien. Außerdem ist die Mietvertragsgestaltung im Gewerbebereich für den Eigentümer kalkulierbar zu regeln. Institutionelle Anleger und Fondsinitiatoren konzentrierten sich daher nach der Wiedervereinigung auf die Errichtung von Gewerbeobjekten.

Da innerstädtisch auf Grund fehlender Stadtplanungen und auf Grund kaum gegebener Angebote an entsprechend großen Grundstücken die Errichtung von Gewerbeparks und Einkaufszentren nicht möglich war, wurden innerhalb kürzester Zeit eine Vielzahl derartiger Objekte auf der grünen Wiese in Randlagen und kleinen Nachbargemeinden errichtet. Die ersten dieser Zentren konnten zu überdurchschnittlichen Mietpreisen, wenn auch oftmals nur mit kürzeren Laufzeiten vermietet werden, da das Angebot noch sehr begrenzt war. Doch heute bereits zeigt sich eine Übersättigung ab. Das Angebot an derartigen Flächen steigt laufend. Insofern ist absehbar, daß eine Reihe dieser in Randlagen errichteten Zentren bei Auslaufen der Mietverträge wirtschaftlich kaum sinnvoll weitergeführt werden können.

Die Bevölkerung in klein- und mittelgroßen Städten ist mit Einkaufsmöglichkeiten mehr als versorgt. Es gilt die Faustregel, daß pro Einwohner 1 Quadratmeter Verkaufsfläche ausreicht. Wenn man nun bedenkt, daß einer dieser Gewerbeparks zwischen 12.000 und 15.000 Quadratmeter für ein Wohngebiet mit 15.000 Menschen hat, so ist leicht abzusehen, daß die Nachzügler keine Chance haben werden, diese Gewerbeparks noch zu vermieten.

Es zeigt sich auch, daß die ehemals erzielten hohen Ladenmieten im Osten nicht durch entsprechende Kaufkraft gedeckt sind, einmal wegen der hohen Arbeitslosenquote und der durchschnittlich niedrigeren verfügbaren Einkommen, zum anderen weil die Grundbedürfnisse inzwischen gedeckt sind. Es besteht also in vielen Städten ein ungünstiges Verhältnis von Kaufkraftpotential und Mietpreisindex.

Vor einer Beteiligung an einem Gewerbepark bzw. Einkaufszentrum sollte folgendes geprüft werden:

- Die Regionalstruktur mit Lage, Umfeld, Infrastruktur inklusive der verkehrsmäßigen Erschließung und Entwicklung.
- Zukünftige Wettbewerbssituation durch Einholen von Informationen beim Stadtplanungsamt darüber, welche Zentren noch in Planung sind bzw. bereits genehmigt wurden.
- Überprüfung der (Haupt-)Mieter und insbesondere der Laufzeit der Mietverträge. Die Risiken für den Investor sind dann begrenzt, wenn an der Bonität des bzw. der (Haupt-)Mieter kein Zweifel besteht und die Mietverträge eine Laufzeit haben, die ausreicht, um das Objekt ganz oder zumindest überwiegend abschreiben zu können. Zehn- oder gar fünfjährige Mietverträge deuten darauf hin, daß die Mieter in den Standort langfristig wenig Vertrauen haben.

4.2.2 Investition in Neubauwohnungen

Wohnungen sind rentabler als Büros. Diese Aussage wird von manchen Investoren in den neuen Bundesländern bereits geteilt, da in vielen Städten die Mieten für Wohnungen höher liegen als für Büros. Wohnungen sind überall Mangelware, da die Investoren wegen der höheren zu erwartenden Rendite vorwiegend in Gewerbeparks und Bürogebäude investierten. Der Wohnungsmarkt in den neuen Bundesländern wird mit hoher Wahrscheinlichkeit auf viele Jahre hinaus ein Engpaßsektor bleiben.

Bei einem Kauf von Eigentumswohnungen sollte insbesondere geprüft werden:

- **Die Lage:** Auf die grundsätzliche Bedeutung der Lage wurde weiter oben bereits verwiesen. Dies gilt besonders in für den Investor unbekannte Regionen und erst recht in Regionen, die im Aufbau begriffen sind. Der Investor sollte nicht aus dem Prospekt heraus kaufen, sondern sich einen eigenen Eindruck durch eine Besichtigung verschaffen. Eine Wohnanlage nahe Leipzig kann durchaus 10 km von Leipzig entfernt sein und noch durch einen schlechten Verkehrsanschluß benachteiligt sein. Hier lassen sich auf Dauer keine interessanten Mieten bzw. auch keine Wertsteigerungen durchsetzen. Es empfiehlt sich auch, bei den entsprechenden Behörden Informationen über die zukünftigen Bebauungsplanungen inklusive Infrastrukturmaßnahmen einzuholen.
- **Die Qualität:** Die Qualität der Bauausführung ist im Hinblick auf Folgekosten, den Mietwert und eine spätere Wiederveräußerung von großer Bedeutung. Dies gilt insbesondere für die neuen Bundesländer, in denen auch Wohnungen angeboten werden, die von weniger erfahrenen oder „billigen" Bauunternehmen errichtet werden. Die Errichtung durch einen bekannten Generalbauunternehmer bietet – abgesehen von der Durchsetzung möglicher Gewährleistungsansprüche – eher die Sicherheit auf erforderliche Qualitätsanforderungen, auch wenn der Preis hierdurch etwas höher wird. Andernfalls sollte der Investor Unterlagen über bereits abgewickelte Objekte anfordern. Dies gilt ebenso für Bauträger: Diejenigen, die bereits ähnliche Objekte seriös abgewickelt haben, können mit größerer Wahrscheinlichkeit als solide Partner gelten. Der Investor sollte in jedem Fall die Baubeschreibung, die Teil des notariellen Kaufvertrages sein sollte, einem eigenen Architekten zur Überprüfung geben.
- **Die Vertragsunterlagen:** Bei der Prüfung der Vertragsunterlagen sollte der Investor sehr sorgfältig vorgehen, denn in den neuen Bundesländern tauchen viele Anbieter von Wohnungen auf, die in diesem Geschäft wenig Erfahrung haben. Dies gilt insbesondere für den Kaufvertrag, in dem der Investor in der Regel eine Reihe von Regelungen finden wird, die in Vergleich zu westdeutschen Verträgen ungewöhnlich erscheinen. Der Investor sollte die Vertragsunterlagen samt der Teilungserklärung und dem Verwaltervertrag von einem Notar seines Vertrauens prüfen lassen.
- **Kaufpreis:** Der Investor sollte in seiner Kalkulation nicht von den heute vielfach noch zu erzielenden Mieten, sondern von „Normal"-Mieten vergleichbar mit gleichgroßen westdeutschen Städten aus-

gehen. Entsprechend kann der Kaufpreis dann bei einer geforderten Rendite von 4 % bei dem 25-fachen der Normalmiete liegen. Sollte der Kaufpreis wesentlich höher liegen, hat der Verkäufer – wie vielfach üblich – den möglichen Steuervorteil des Käufers bereits in den Preis eingerechnet. Derartig überhöhte Preise gehen zu Lasten des zukünftigen Wertzuwachses des Käufers. Vor jedem Wohnungskauf sollte man in Ruhe Vergleichsangebote einholen, um so ein Gefühl für die Marktpreise zu bekommen.

4.2.3 Kauf von Sanierungsobjekten

Es ist wohl für viele reizvoll, ein Jugendstilhaus zu besitzen, insbesondere wenn gleichzeitig erhebliche Steuervorteile zu realisieren sind. Dies ist in den neuen Bundesländern heute in hervorragenden Lagen möglich. Doch damit sind besondere Risiken verbunden:

- **Substanzrisiken:** Hierzu sei auch auf 3.3 verwiesen. Eine weitere wichtige Frage, die beim Kauf von Altbauten unbedingt zu klären ist, ist der bauliche Zustand. Beim Modernisieren von Altbauten sorgen nämlich nicht nur die Handwerker, sondern auch Gemäuer und Decken für unliebsame Überraschungen. Wer hier keine finanziellen Reserven gebildet hat, ist schnell mit seiner Liquidität am Ende. Ebenso sollte vorher geprüft werden, inwieweit das Haus unter Denkmalschutz steht, da hier bestimmte Umbauten nicht vorgenommen werden dürfen.
- **Entmietungsrisiko:** Hierzu sei auch auf 3.3.2 verwiesen.
- **Risiken aus dem Rechts- und Genehmigungsbereich:** Hierzu sei auch auf 3.3.4 verwiesen. Zusätzlich gilt es, folgende Risiken zu berücksichtigen:
  - Ist für die geplante Sanierung eine Baugenehmigung erforderlich? Es kann lange dauern, bis eine Genehmigung erteilt wird.
  - Hat der Investor die Anzahl und die Kosten der zukünftig zu errichtenden oder abzulösenden PKW-Abstellplätze richtig in die Kalkulation eingebracht?
- **Marktgerechte Kaufpreise:** Im Einkauf liegt der – spätere – Gewinn! Bei Sanierungsobjekten ist es besonders schwer, festzustellen, inwieweit ein geforderter Kaufpreis marktgerecht ist. Hier muß das Objekt und die Mietsituation eingehend geprüft werden. Um einen Anhaltspunkt für einen marktgerechten Preis zu erhalten, sollte der Investor den Wert anhand vergleichbarer Objekte in vergleichbaren Städten im Westen schätzen. Dann sollten 20–30 % plus Sa-

nierungskosten abgeschlagen werden. Mehr darf das Haus nicht kosten. Generell gilt: Vor überzogenen Preisvorstellungen sei gewarnt. Wertsteigerungen bei Mehrfamilienhäusern sind schon aufgrund der schwierigen und oftmals kostspieligen Entmietung völlig ungewiß. Daher sollte man versuchen, möglichst entmietete Häuser zu erwerben. Diese sind natürlich entsprechend teurer.

Häufig werden in Angeboten künftige Entmietungen in Aussicht gestellt. Ebenso werden künftige gewerbliche Nutzungen in Aussicht gestellt. Falls dies der Fall ist, können wir nur dringend raten, diese Bedingungen in den Kaufvertrag mit aufzunehmen und bei Nichterfüllung dieser Ankündigungen eine entsprechende Preisminderung zu vereinbaren. Gehen die Verkäufer auf diese Regelung nicht ein, sollte der Investor von einem Kauf absehen. Jeder Investor muß bedenken, daß auch in den westdeutschen Städten die Preise für vermietete Wohnungen bis zu 30 % unterhalb von entsprechenden freien Wohnungen liegen.

- **Steuerliche Komponente:** Was die steuerlichen Abschreibungsmöglichkeiten betrifft, so verweisen wir auf die obigen Ausführungen, wonach 50 % der Sanierungskosten innerhalb von fünf Jahren abzugsfähig sind, der Rest der Sanierungskosten kann innerhalb von zehn Jahren abgeschrieben werden. Dazu besteht noch die Möglichkeit, spezielle Zuschüsse zur Sanierung zu erhalten.

4.2.4 Anlage in Immobilienfonds

Für die Anleger, die die Risiken und Mühen einer Direktanlage scheuen oder die nur kleinere Beträge investieren wollen, bietet sich die Form des geschlossenen Immobilienfonds an. Dieser wird ein oder mehrere von vornherein bestimmte Immobilien in das Fondsvermögen aufnehmen. Der Anleger wird indirekt über den Fonds Miteigentümer an diesen Immobilien und hat grundsätzlich die gleichen Abschreibungsmöglichkeiten wie der Direkteigentümer.

Die oben unter den Direktanlagen dargestellten Risiken sollten von einem seriösen Fondsinitiator weitgehend ausgeschlossen werden können. Allerdings sollte sich der Investor nicht darauf verlassen: In jedem Verkaufsprospekt müssen die möglichen Risiken der Investition aufgeführt werden. Diese sollten sorgfältig geprüft werden.

Weiterhin sollte der Kaufpreis überprüft werden. Dies kann leicht dadurch geschehen, daß die Gesamtinvestitionssumme durch die ge-

samte vermietbare Fläche (beide Angaben sind aus dem Prospekt ersichtlich) dividiert wird: So erhält man den Kaufpreis/Quadratmeter. Dieser wird höher liegen als bei einer Direktanlage, da der Initiator, der Vertrieb und weitere Leistungen bezahlt werden müssen. Wenn der Anleger aber damit feststellt, daß der Kaufpreis einer Wohnanlage mit normaler Ausstattung in einer Randlage in Ost-Berlin ca. DM 10.000,–/Quadratmeter kosten soll, so sollte er von einer Beteiligung an einem solchem Fonds absehen.

Als weiteres Risiko ist zu bedenken, daß für diese Beteiligungen kein Markt existiert, d. h. die Beteiligung kann i. d. R. nicht oder oftmals nur mit erheblichen Abschlägen veräußert werden. Um die bestehenden Risiken weiter zu vermindern, bietet es sich vor Beteiligung an einem Immobilienfonds an, die Initiatoren nach anderen bereits aufgelegten Fonds zu fragen und den Ablauf zu verfolgen.

Grundsätzlich kann man also festhalten, daß Eigenbesitz i. d. R. einen höheren Wertzuwachs und einen höheren Ertrag bringt, da Fondskosten wegfallen. Auch kann das Objekt leichter wieder veräußert werden. Andererseits ist jedoch der größere Einsatz an Kapital, an Zeit und Fachwissen gegenüber der Anlage in einem Fonds zu beachten.

5. Empfehlungen an den Geldanleger

Die folgenden Regeln sollten bei Käufen von Immobilien im Osten, in einem Markt, der sich erst bildet, beachtet werden:

- Kaufen Sie keine Immobilie unbesehen, sondern machen Sie sich die Mühe, vor Ort die Lage und das Umfeld zu erkunden. Dies gilt auch bei Beteiligungen an Fonds.
- Lassen Sie Prospekte und Kaufverträge in jedem Fall von einem Steuerberater und Fachanwalt prüfen.
- Bewahren Sie die Prospekte auf jeden Fall auf. Nach dem Verbraucherschutz haben Anleger Anspruch auf Schadensersatz, wenn im Prospekt unwahre oder unvollständige Angaben gemacht wurden oder wenn auf bestehende Risiken nicht deutlich hingewiesen wurde. Der Prospekt stellt nicht nur Werbung dar, sondern ist auch die Grundlage für mögliche spätere Rechtsansprüche des Investors.
- Kaufen Sie keine überteuerten Objekte. Zur Orientierung sollten Sie vor Kauf einer Immobilie eigene Berechnungen anstellen, um Immobilien vergleichen zu können:

- Ermitteln Sie die Quadratmeterkosten des Objektes indem Sie die Gesamtinvestitionskosten durch die Gesamtfläche teilen.
- Errechnen Sie die Mietrendite bzw. den Mietpreisfaktor, indem Sie den Kaufpreis durch die Jahresmiete teilen. Die Nebenkosten dürfen hier nicht berücksichtigt werden. Als Anhaltspunkt kann hier gelten, daß als Rendite beim sozialen Wohnungsbau ca. 2,5 % anzusetzen sind, beim freien Wohnungsbau 3,5 % bis 4 %, bei Büro- und Gewerbeflächen 6–8 %, bei Einkaufszentren 7,5 % bis 10 %.
- Da ein Engagement nur dann lohnend ist, wenn eine Vermietung auch langfristig möglich ist, sollte Ihnen der Vergleich mit einer ortsüblichen Miete sagen, ob der Anbieter realistisch kalkuliert oder nicht. Liegt der prognostizierte Preis deutlich über dem üblichen Niveau, kann auf Dauer nicht vermietet werden. Lassen Sie sich Konkurrenzangebote geben oder informieren Sie sich durch Makler vor Ort.
- Von Immobilienkäufen kurz vor Jahresende kann nur abgeraten werden. Der Investor sollte sich rechtzeitig um entsprechende Vergleichsangebote bemühen, um die o. g. Risiken soweit wie möglich ausschließen zu können.

- Achten Sie beim Kauf einer Immobilie unbedingt darauf, daß die Sanierung bzw. der Bau nicht bereits im Vorjahr abgeschlossen wurde. Ist dies der Fall, kann dem Investor die steuerliche Sonderabschreibung entgehen, wenn sie vom Bauherrn bereits wahrgenommen wurde.
- Als wichtigster Punkt ist hier noch anzumerken: Lassen Sie sich nicht vom Steuervorteil blenden bzw. kaufen Sie keine Steuervorteile, sondern nur eine Immobilie in einer guten Lage mit einer guten Ausstattungsqualität.

Wenn Sie die genannten Regeln beachten, werden Sie kaum zu denen gehören, die durch Immobilienerwerb im Osten Geld verlieren. Insider befürchten, daß demnächst bei einer Reihe von Bauherren wirtschaftliche Probleme auftauchen werden. Ob sich ein Objekt wirklich rechnet, zeigt sich erst nach mehreren Jahren. Bei sorgfältiger Auswahl werden Sie nicht nur ein Objekt besitzen, das im Wert steigen wird, und entsprechende Steuersparmöglichkeiten in Anspruch genommen haben, sondern auch noch die Gewißheit besitzen, am Aufbau Ost mitgewirkt zu haben. Eine Immobilie stellt eine langfristige Investition dar, und auf lange Frist gesehen sind sich alle Experten einig, daß Ostdeutschland der Wachstumsmarkt Deutschlands, wenn nicht gar Europas, ist.

Walter Klug

Selbstgenutztes Wohneigentum: Bauen, Kaufen, Finanzieren

Zusammenfassung

Die Immobilie ist langfristig die beste Kapitalanlage. Gerade selbstgenutztes Wohneigentum rückt in der Prioritätenskala der privaten Vermögensanlage immer weiter nach oben. Steigende Mieten fördern die Entscheidung für Wohneigentum. Eine selbstverantwortliche Altersvorsorge erfordert geradezu entschuldetes Wohneigentum, um den Lebensstandard halten zu können. Wichtig ist es, frühzeitig den Einstieg zum Wohneigentum zu finden und beispielsweise in jungen Jahren mit einem Appartement zu beginnen.

Mit der richtigen Vorbereitung und der Konzentration der Sparkraft auf dieses Ziel „Wohneigentum" ist es auch erreichbar. Die vielfältigen Finanzierungsinstrumente ermöglichen dann eine auf die jeweiligen persönlichen Bedürfnisse zugeschnittene Finanzierung. Die Steuervorteile helfen zudem, gerade die ersten schweren Jahre nach der Investition gut zu überbrücken.

1. Motive für selbstgenutztes Wohneigentum

In den siebziger Jahren galt häufig der Spruch: Der Laie baut, der Fachmann wohnt zur Miete. Dies hat sich inzwischen gedreht. Die „eigenen vier Wände" gewinnen zunehmend an Priorität für die Lebens- und Vermögensplanung. Gründe dafür sind die Entwicklung der gesetzlichen Rentenversicherung, der Mieten und der Immobilienpreise. Sie sprechen mehr denn je für selbstgenutztes Wohneigentum als Ergänzung für die Altersvorsorge. Angesichts der begrenzten Leistungen der gesetzlichen Rentenversicherung wird schuldenfreies Wohneigentum zu einer weiteren tragenden Säule der Altersabsicherung. Eine Studie des Deutschen Instituts für Wirtschaftsforschung (DIW) in Berlin bestätigt, daß mietfreies Wohnen im Alter einen wichtigen Beitrag zur Sicherung des späteren Lebensstandards darstellt. Laut DIW müssen Rentner, die zur Miete wohnen, über 20 % ihres Ruhegeldes als Wohnkosten aufwenden. Gleichaltrige Ruheständler mit Wohneigentum brauchen dagegen nur 5 % dafür auszugeben.

Ein weiterer wichtiger Vorteil für entschuldetes Wohneigentum im Alter ist die Tatsache, daß diese Früchte des Hausvermögens völlig frei von

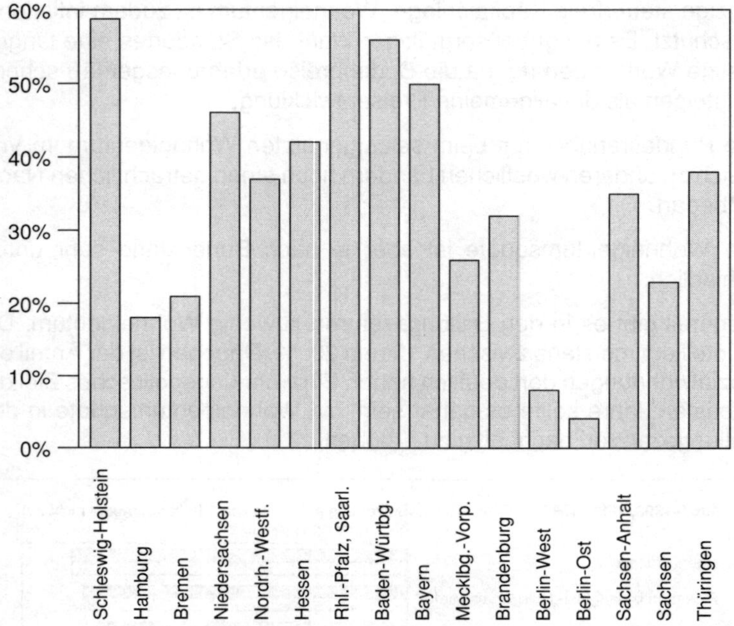

Schleswig-Holstein	59 %	Mecklenburg-Vorpommern	26 %
Hamburg	18 %	Brandenburg	32 %
Bremen	21 %	Berlin-West	8 %
Niedersachsen	46 %	Berlin-Ost	4 %
Nordrhein-Westfalen	37 %	Sachsen-Anhalt	35 %
Hessen	42 %	Sachsen	23 %
Rheinland-Pfalz und Saarland	60 %	Thüringen	38 %
Baden-Würtemberg	56 %		
Bayern	50 %	Durchschnitt in Ostdeutschland (1990)	28 %
Durchschnitt in Westdeutschland (1989)	44 %		

Abbildung 1: Wohneigentum in Deutschland

Quelle: Deutsches Institut für Wirtschaftsforschung, Das Sozio-Ökonomische Panel. Daten aus einem Vortrag von Joachim Frick am 15.3.1991

Einkommensteuerbelastungen genossen werden können. Es ist die einzige steuerfreie Kapitalanlage. Wohneigentum ist zudem inflationsgeschützt. Es bringt bei sorgfältiger Wahl des Standortes eine längerfristige Wertsteigerung, da die Bodenpreise erfahrungsgemäß schneller steigen als die allgemeine Preisentwicklung.

Die Bundesrepublik hat beim selbstgenutzten Wohneigentum im Vergleich zu anderen westlichen Ländern noch einen beträchtlichen Nachholbedarf.

Die Wohneigentumsquote ist aber je nach Bundesland sehr unterschiedlich.

Generell gibt es in den Ballungszentren zuwenig Wohneigentum. Die Quote liegt meistens zwischen 10 und 20 %. Dagegen ist der Anteil der Sozialwohnungen dort deutlich höher. Ein wohnungspolitisches Ziel der nächsten Jahre sollte es daher sein, die Wohneigentumsquote in den Ballungszentren nachhaltig zu erhöhen.

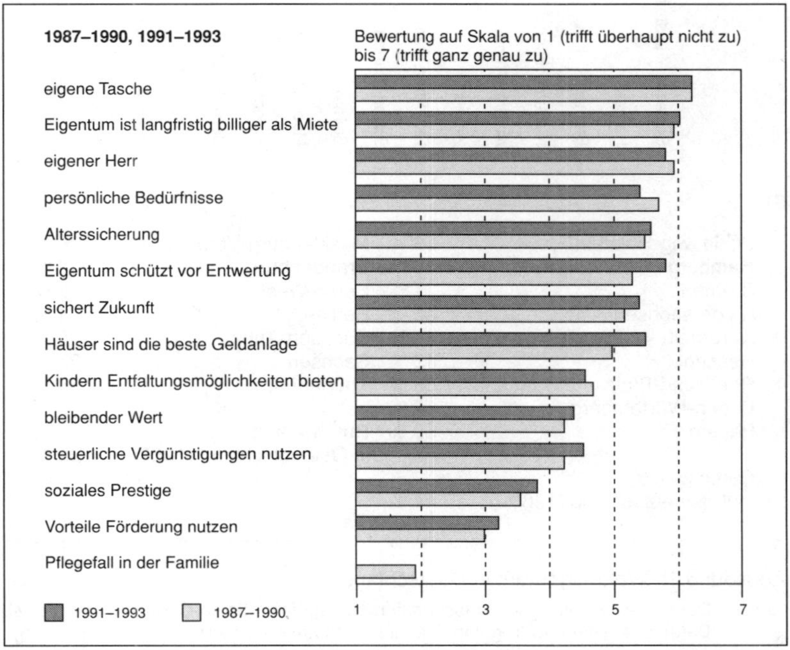

Abbildung 2: Motive des Wohneigentumerwerbs (1987–1990, 1991–1993)
Quelle: Infratest Sozialforschung 6/91

Die Motive für den Erwerb von Wohneigentum sind sehr breit gefächert. Das Ifo-Institut hat untersucht, was die Gründe für die Käufer und Bauherren von Häusern waren. Die Abbildung 2 zeigt, daß es neben rationalen Gründen wie Mietentwicklung und Altersvorsorge auch eine ganze Reihe emotionaler Gründe gibt.

2. Kaufen oder mieten?

Wer in jungen Jahren vor der Überlegung steht, sein Geld in eine eigene Wohnung zu investieren statt zur Miete zu wohnen, wird bei Eintritt in das Rentenalter aller Voraussicht nach über ein höheres Vermögen verfügen, wenn er sich für die „eigenen vier Wände“ entscheidet.

Unter Berücksichtigung der persönlichen Voraussetzungen aber auch der eigenen Annahmen über die zukünftige Entwicklung von Zinsen, Instandhaltungskosten, Mieten, Wertpapierrenditen und steuerlichen Rahmenbedingungen empfiehlt es sich, eine Vergleichsrechnung aufzustellen. Um die Musterrechnung übersichtlich und nachvollziehbar zu machen, sind in der folgenden Abbildung rechnerische Vereinfachungen vorgenommen worden. In diesem Beispiel wird der Eigenheimbesitzer mit einem Vermögen von 615.863 DM nach 30 Jahren besser dastehen als der Mieter mit 491.555 DM.

Eigentumsbesitzer		**Mieter**	
Gesamtpreis des Eigenheimes	340.000 DM	Anfängliche jährliche Miete:	15.000 DM
Finanzierung:		Anstieg der Miete um 2% pro Jahr	
Eigenkapital	75.000 DM		
Fremdkapital	265.000 DM	Anfangskapital und Differenz zur anfänglich höheren Belastung des Eigenheimbesitzers werden in Wertpapieren zu 5% p. a. netto angelegt.	
davon Bausparvertrag	100.000 DM		
davon Hypothek	165.000 DM		
Anfängliche jährliche Belastung:			
davon für Bausparvertrag (5% Zinsen, 7% Tilgung, Laufzeit 11 Jahre)	12.000 DM		
davon für Hypothek (8% Zinsen, 1% Tilgung, Laufzeit 30 Jahre)	14.850 DM		
davon für Instandhaltung (1,5% der Baukosten)	4.125 DM		
davon abzüglich Steuerersparnis (Nach § 10e Einkommensteuergesetz 4 × 6% und 4 × 5% von 330.000 DM. Baukindergeld für ein KInd: 1.000 DM, 8 Jahre. Schuldzinsenabzug maximal 12.000 DM, 3 Jahre.) Bei dem Eigenheimbesitzer handelt es sich nicht um einen Spitzenverdiener, d. h. seine Einkünfte liegen unter 240.000 DM. Somit können die Vorteile des § 10 e Einkommensteuergesetz sowie das Baukindergeld in Anspruch genommen werden.			
Steuersatz: 40%			
Wertsteigerung des Eigenheims: 2% pro Jahr.			
Vermögen nach 30 Jahren:		*Vermögen nach 30 Jahren:*	
Entschuldetes Eigenheim	615.863 DM	Wertpapierdepot	491.555 DM

Abbildung 3: Vergleich Eigenheimbesitzer und Mieter: Cash-Flow für Alternativen Eigenheim bzw. Mietwohnung

Abbildung 3 (Fortsetzung):

Jahre	1	2	3	4	5	6	7	8	9	10	11	12	13	14	15
Mietbelastung	15.000	15.300	15.606	15.918	16.236	16.561	16.892	17.230	17.575	16.926	18.285	18.651	19.024	19.404	19.792
Bausparvertrag Zinsen und Tilgung	12.000	12.000	12.000	12.000	12.000	12.000	12.000	12.000	12.000	12.000	12.000	0	0	0	0
Hypothek, Zinsen und Tilgung	14.850	14.850	14.850	14.850	14.850	14.850	14.850	14.850	14.850	14.850	14.850	14.850	14.850	14.850	14.850
Instandhaltung	4.125	4.125	4.125	4.125	4.125	4.125	4.125	4.125	4.125	4.125	4.125	4.125	4.125	4.125	4.125
abzüglich: Steuerersparnis nach § 10 e EStG. und Baukindergeld	– 8.920	– 8.920	– 8.920	– 8.920	– 7.600	– 7.600	– 7.600	– 7.600	0	0	0	0	0	0	0
abzüglich Steuerersparnis durch Schuldzinsenabzug	– 4.800	– 4.800	– 4.800	0	0	0	0	0	0	0	0	0	0	0	0
Summe der jährlichen Belastung bei Eigenheim	17.255	17.255	17.255	22.055	23.375	23.375	23.375	23.375	30.975	30.975	30.975	18.975	18.975	18.975	18.975
Vorteil des Mieters	2.255	1.955	1.649	6.137	7.139	6.814	6.483	6.145	13.400	13.049	12.690	324	– 49	– 429	– 817
Verzinsung des Anfangskapitals und des anfänglichen Vorteils bei Miete inklusive Zinseszins	3.863	4.154	4.444	4.973	5.578	6.198	6.832	7.481	8.525	9.604	10.718	11.270	11.834	12.426	13.047
Summe der Zinseinkünfte	416.555														

Abbildung 3 (Fortsetzung):

Jahre	16	17	18	19	20	21	22	23	24	25	26	27	28	29	30
Mietbelastung	20.188	20.592	21.004	21.424	21.852	22.289	22.735	23.190	23.653	24.127	24.609	25.101	25.603	26.115	26.638
Bausparvertrag Zinsen und Tilgung	0	0	0	0	0	0	0	0	0	0	0	0	0	0	0
Hypothek, Zinsen und Tilgung	14.850	14.850	14.850	14.850	14.850	14.850	14.850	14.850	14.850	14.850	14.850	14.850	14.850	14.850	14.850
Instandhaltung	4.125	4.125	4.125	4.125	4.125	4.125	4.125	4.125	4.125	4.125	4.125	4.125	4.125	4.125	4.125
abzüglich: Steuerersparnis nach § 10 e EStG. und Baukindergeld	0	0	0	0	0	0	0	0	0	0	0	0	0	0	0
abzüglich Steuerersparnis durch Schuldzinsenabzug	0	0	0	0	0	0	0	0	0	0	0	0	0	0	0
Summe der jährlichen Belastung bei Eigenheim	18.975	18.975	18.975	18.975	18.975	18.975	18.975	18.975	18.975	18.975	18.975	18.975	18.975	18.975	18.975
Vorteil des Mieters	– 1.213	– 1.617	– 2.029	– 2.449	–2.877	– 3.314	– 3.760	– 4.215	– 4.678	– 5.152	– 5.634	– 6.126	– 6.628	– 7.140	– 7.663
Verzinsung des Anfangskapitals und des anfänglichen Vorteils bei Miete inklusive Zinseszins	13.699	14.384	15.103	15.859	16.651	17.484	18.358	19.276	20.240	21.252	22.315	23.430	24.602	25.832	27.123

3. Bedarfs- und Belastungsanalyse

Wer Wohneigentum erwerben will, dem stehen verschiedene Möglichkeiten zur Wahl. Er kann bauen, ein Haus oder eine Eigentumswohnung kaufen und evtl. modernisieren. Mitentscheidend für die Wahl und den Erfolg des Vorhabens ist es, die Wohnvorstellungen aller Familienmitglieder so weit wie möglich zu berücksichtigen. Als sinnvoll erweisen wird sich dabei, die Wohnwünsche frühzeitig zu kennen und mit den individuellen finanziellen Verhältnissen zu koordinieren.

Im Vordergrund könnten Wünsche zum Objekt, zum Raumangebot, zur Außenanlage, zur Infrastruktur und zur Lage stehen. Die einzelnen Aspekte können dabei Fragen zum Haustyp, zur Größe des Objektes, des Grundstückes, Lage und Gestaltung der Räume betreffen, aber auch die Einkaufs- und Freizeitmöglichkeiten sowie das schulische Angebot.

Um sich seine finanziellen Möglichkeiten, also seine monatliche Belastbarkeit, zu verdeutlichen, sollte der Immobilieninteressent möglichst frühzeitig und exakt planen, sonst läuft er Gefahr, sich in der Planungsphase auf ein finanzielles Abenteuer einzulassen. Für eine Belastbarkeitsanalyse ist es daher sinnvoll, eine Art Vergleichskonto zu erstellen, bei dem auf der Habenseite das monatlich verfügbare Einkommen und auf der Sollseite die (großzügig) ermittelten Ausgaben für Lebenshaltung und Bewirtschaftung stehen. Die Differenz beider Summen ergibt den Rahmen für eine Finanzierung. Eine Orientierungshilfe bietet die Abbildung 4.

A. Einnahmen

1. Monatliche Nettoeinkommen	
– des Darlehensnehmers	DM ....
– des Ehegatten/Familienmitglieds	DM ....
2. Sonstige regelmäßige monatliche Einkünfte, die nachhaltig erzielt werden z.B.	
– Mieteinnahmen	DM ....
– Rente	DM ....
– Kindergeld	DM ....
3. Zwischensumme	DM ....
Summe A (Zwischensumme × 12) = Einnahmen pro Jahr	DM ....

B. Ausgaben (pro Jahr)

1. Lebenshaltungs- und Bewirtschaftungskosten	
– Versicherungsbeiträge	DM ....
– Autokosten (Benzin, Reparatur, Reifen, Versicherung)	DM ....
– Ausgaben für Bewirtschaftung (Strom, Wasser, Heizung, Gemeindeabgaben, Gartenpflege, Grundsteuer)	DM ....
– Telefon-, Porto-, TV-, Radiogebühren	DM ....
– Ausgaben für Hobby, Sport, Freizeit, Feste	DM ....
– Verpflegung (Kantine, Essengehen)	DM ....
– Zeitungen, Bücher, Zeitschriften	DM ....
– Bekleidung, Schuhe, Wäsche	DM ....
– Körperpflege, Friseur	DM ....
– Schuhe, Lehrmaterial, Fahrgeld, Beiträge	DM ....
– Taschengeld, Unterhaltszahlungen	DM ....
– Rücklagen-Sparraten (Urlaub, Pkw, Möbel)	DM ....
– Lebenshaltung pro Woche × 4 × 12	DM ....
– (Klein-)Kreditverpflichtungen	DM ....
– Sonstiges	DM ....
2. Mehraufwand für Betriebskosten der Immobilie	DM ....
Summe B	DM ....

(Anmerkung: Bei Ausgaben werden Beiträge zur Eigenkapitalbildung für ein Objekt (z.B. Bausparbeiträge) nicht angesetzt, da sie später für die Immobilie zur Verfügung stehen.)

C. Obere Belastungsgrenze

Summe A	DM ....
·/· Summe B	DM ....
Jährlich für Zinsen und Tilgung verfügbarer Betrag	DM ....

(Steuervorteile nicht ansetzen, sie sind als Reserve zu berücksichtigen.)

Abbildung 4: Checkliste Belastbarkeitsanalyse

4. Vorbereitungsphase auf die Immobilie

Der erste Schritt zur eigenen Immobilie sollte sehr frühzeitig mit einer systematischen Planung getan werden. Schuldzinsen, die auf die eigene Wohnung entfallen, sind als steuerliche Werbungskosten nicht absetzbar. Lediglich vor Bezug entstandene Kosten sind bis zum Betrag von 3 500 DM absetzbar. Somit empfiehlt sich folgende Finanzierungsstrategie für selbstgenutztes Wohneigentum:

- hohen Anteil an Eigenkapital einsetzen,
- niedrige Darlehenszinsen anstreben,
- möglichst schnell entschulden.

Dies wird umso wichtiger, je höher der eigene Spitzensteuersatz ist. Gerade bei dieser Finanzstrategie ist eine Eigenkapitalbildung über den frühzeitigen Abschluß eines Bausparvertrages besonders sinnvoll. Damit wird der Grundstein für ein eigenes Haus rechtzeitig gelegt und der Anspruch auf eine günstige Finanzierung gleich auf mehrfache Weise gesichert. Durch die Sparleistung wird Eigenkapital – und das oft mit staatlicher Unterstützung – gebildet.

Empfehlenswert ist eine Bausparsumme über etwa 40 % der später geschätzten Kosten für ein Haus oder eine Wohnung. Mit dem Abschluß sollte die gesamte Sparkraft auf dieses Bausparkonto konzentriert werden, um sich den Anspruch auf das günstige Darlehen zu sichern. Durch Sondereinzahlung – beispielsweise aus Steuerrückzahlungen – läßt sich die Zeitspanne bis zur Auszahlung des Darlehens zum Teil beträchtlich verkürzen. Im folgenden wird als Beispiel für den ersten Finanzierungsbaustein ein Bausparvertrag genauer beschrieben:

Finanzierungsbaustein: **Bausparvertrag**

	Beispiel	Persönliche Daten
Voraussichtliche Kosten von Haus oder Wohnung	300 000 DM	...... DM
Davon z.B. 40 % als Bausparsumme	120 000 DM	...... DM
anzusparendes Eigenkapital (Bausparguthaben)	60 000 DM	...... DM

Das Bausparguthaben wird beispielsweise angespart durch

• Sonderzahlungen (bei Beginn)	7 000 DM	...... DM
• jährliche Einmalzahlungen von	2 000 DM	...... DM
• vermögenswirksame Leistungen (monatlich)	78 DM	...... DM
• monatliche Zahlungen von	383 DM	...... DM

Wie schnell man über das Bauspardarlehen verfügen kann, hängt von der Höhe der Einzahlungen ab. In diesem Beispiel ist das Bausparguthaben nach etwas mehr als 8 Jahren angespart. Mit dem Bausparvertrag sind etwa 40 % der Kosten abgedeckt. Für die verbleibenden 60 % der Kosten bieten sich individuelle Finanzierungen über eine Bank an.

Bei der Wahl der Bausparkasse kommt es darauf an, ein Institut auszusuchen, das ein flexibles Produkt bietet – auch im Hinblick auf die steuerliche Situation des Bausparers – und zudem eine auf die Zuverlässigkeit der Zuteilung ausgerichtete Geschäftspolitik betreibt.

Wegen seiner besonderen Bedeutung für die private Wohnungsversorgung wird Bausparen staatlich gefördert. Diese Förderung sollte aber nur ein Entscheidungskriterium sein. Viel wichtiger noch als die Förderung sind die Vorteile des zinsgünstigen Bauspardarlehens. Die staatliche Förderung betrifft die Sparzulage für vermögenswirksame Leistungen, die Wohnungsbauprämie, sowie die Möglichkeit, Bausparbeiträge als Sonderausgaben steuerlich abzusetzen.

5. Gesamtkosten

Nach einer Phase der Vorbereitung auf den Immobilienerwerb, in der ausreichend Eigenkapital gebildet werden kann, beginnt die konkrete Planungsphase. Ein zentrales Thema ist die realistische Ermittlung der Gesamtkosten. Hierbei gilt es, je nach Objektart die in diesem Zusammenhang entstehenden Kosten aufzulisten und als Grundlage für die Finanzierungsrechnung zu nehmen. Bei den Gesamtkosten ist nach Art des Objektes zu unterscheiden:

- Neubau (mit Architekt),
- Neubau (schlüsselfertiger Kauf),
- Kauf eines Fertighauses,
- Kauf eines bestehenden Objektes (mit/ohne Modernisierung),
- Kauf einer Eigentumswohnung.

Je nach Objektart treten verschiedene Kostenarten auf. Generell wird zwischen vier Teilen der Gesamtkosten entschieden:

5.1 Kosten des Grundstückes

Die Kosten des Baugrundstückes unterteilen sich in die Bereiche

- Grundstückswert,
- Erschließungskosten,
- Erwerbs- und Nebenkosten:
  - Grunderwerbssteuer,
  - Maklerkosten,
  - Grundbuchkosten.

Die Grundstückskosten ergeben sich aus dem Markt. Eine Orientierung für die Vertretbarkeit des Marktpreises besteht durch den jeweiligen Gutachterausschuß der Stadt oder der Gemeinde. Dort können Interessierte die marktüblichen Preise der Grundstücke der einzelnen Regionen erfragen. Beeinflussend ist die Qualität des Baulandes. Zu beachten ist, daß nur auf Gelände aus einem offiziell verabschiedeten und damit rechtskräftigen Bebauungsplan auch tatsächlich gebaut werden kann. Bauerwartungsland ist hierfür (noch) nicht geeignet.

Ferner sind die Erschließungskosten zu beachten. Bei neuerschlossenen Grundstücken ergeben sich diese aus den Kosten für die Kanalisation, des Straßenbaus, der Beläge der Gehwege, der Straßenbeleuchtung, der Parkbuchten, der Kinderspielplätze in diesem Areal sowie der Versorgungsleitungen mit Wasser und Elektrizität. Die Kosten können bei der Gemeinde erfragt werden.

Als Erwerbs- und Notarkosten sind anzusetzen:

- An Erwerbskosten fallen grundsätzlich immer 2 % Grunderwerbsteuer an. Etwaige Maklerkosten sind von Bundesland zu Bundesland unterschiedlich, ebenso die Frage, ob der Käufer oder der Verkäufer sie zahlt. Generell kann mit 5 % Maklerprovision zzgl. der gesetzlichen Mehrwertsteuer kalkuliert werden.

- An Notar- und Gerichtskosten werden 1–2 % angesetzt. Die Gerichtskosten (für die Eintragung in das Grundbuch etc.) sind geringer, wenn das Haus eine bestimmte Größe (Wohnfläche) nicht überschreitet.

5.2 Reine Baukosten

Die reinen Baukosten sind natürlich abhängig von der Art des Objektes. Grundlage bildet die DIN 276.

Zu den reinen Baukosten werden nur die Kosten von Leistungen gerechnet, die zur Errichtung des Gebäudes erbracht werden. Dabei wird zwischen den Um- und Ausbauarbeiten differenziert.

Bei Neubau mit eigenem Architekten ergeben sich die reinen Baukosten aus einem Erfahrungswert pro Kubikmeter umbauten Raum, d. h. zur Ermittlung der Gesamtkosten wird die Gesamtanzahl der Kubikmeter umbauter Raum mit einem Kubikmeterpreis multipliziert. Der Kubikmeterpreis orientiert sich an der Qualität der Ausstattung.

Er liegt per Dezember 1995 bei folgenden Werten:

- einfache Ausstattung 335 bis 430 DM
- gute Ausstattung 415 bis 535 DM
- besonders komfortable Ausstattung 450 bis 595 DM

Bei den reinen Baukosten ist noch zu unterscheiden nach Haupt- und Nebengebäuden. Wenn z. B. eine Garage oder Anbauten erstellt werden, dann sind hierfür spezielle Kostensätze erforderlich. Für Garagen gibt es oft Festpreise. Bei Anbauten sind entsprechend der oftmals minderen Qualität auch mindere Kubikmeterpreise anzusetzen.

Ferner sind bei den reinen Baukosten die Kosten für besondere Bauteile zu berücksichtigen. Beispielsweise werden Balkone nicht nach Kubikmeter, sondern nach Sonderpreisen berechnet. Die gesamten Kostenelemente ergeben die „reinen Baukosten".

5.3 Baunebenkosten

Zu den Baunebenkosten zählen folgende Positionen:

- Architektenhonorar,
- Honorar für Fachingenieurleistungen (z. B. Statik, Wärmebedarfsrechnung, Vermessung etc.),
- Verwaltungsleistungen (z. B. für Baugenehmigungen),
- Finanzierungskosten (Zinsen während der Bauzeit sowie Disagien).

Die Position Baunebenkosten ist der am häufigsten unterschätzte Kostenfaktor. Sie ist oftmals Quelle für Finanzierungslücken, die sich für viele Bauherren als problematisch erweisen. Generell sind für Baunebenkosten etwa 15–20 % der reinen Baukosten anzusetzen (Pauschalwert).

Im Detail ist z. B. für Architekten- sowie Ingenieurleistungen die Honorarverordnung für Architekten und Ingenieure maßgebend. Bei den Architektenleistungen ist zudem zu berücksichtigen, in welchem Umfang der Architekt tätig wird (nur Planung und Ausschreibungen oder auch Bauüberwachung etc.).

Ein weiterhin vielfach unterschätzter Faktor der Gesamtkosten sind unter der Rubrik der Baunebenkosten die Finanzierungskosten. Dabei wird unterschieden nach Geldbeschaffungskosten (Disagio einer Finanzierung) und Zinsen während der Bauzeit. Die Zinsen während der Bauzeit sind zu den Gesamtkosten zu rechnen, weil während dieser Phase regelmäßig auch Mietkosten zu tragen sind. Es ist deshalb dem Bauherren nicht zuzumuten, parallel noch Zinsen zu übernehmen. Deshalb sieht die DIN 276 vor, daß die Bauzeitzinsen den Kosten zugeschlagen und dadurch mitfinanziert werden. Beide Positionen sind – soweit sie bei selbstgenutztem Wohneigentum vor Bezugsfertigkeit entstehen – aus steuerlichen Gründen von Interesse.

5.4 Außenanlagen

Unter den Kosten der Außenanlagen, die pauschal mit etwa 5 % der reinen Baukosten veranschlagt werden, sind anzusetzen:

- Herstellung der Entwässerungs- und Versorgungsanlagen vom Hausanschluß bis zur Grundstücksgrenze für Abwasser, Wasser, Gas und Strom;

- Anlage von Terrassen, Hofbefestigungen, Wege und Einzäunung;
- Anpflanzungen von Gartenanlagen.

5.5 Besonderheiten je nach Objektart

Die detaillierten Kosten für einen Neubau mit einem Architekten sind Richtschnur auch für alle anderen Objektarten. Bei dem schlüsselfertigen Kauf eines Neubaus ist eine Kostenspezifizierung nicht nötig. Hier ist der Kaufpreis Grundlage. Was aber zu berücksichtigen ist, sind bei den Baunebenkosten die Zinsen während der Bauzeit und Geldbeschaffungskosten. Bei einem Fertighaus sind zunächst die Grundstückskosten wie üblich zu berücksichtigen. Ferner sind die Kellerkosten häufig nicht im Kaufpreis für das Fertighaus enthalten. Bauzeitzinsen sind relativ gering, da ein Fertighaus in kurzer Zeit aufgestellt wird. Allerdings sind die Geldbeschaffungskosten (Disagien) aus steuerlichen Gründen interessant und anzusetzen. Bei allen Absprachen zum „Festpreis" ist darauf zu achten, daß auch alle Leistungen enthalten sind. Oft fehlen Teile wie innere Erschließung, Außentreppen oder Blitzableiter.

Beim Kauf eines bestehenden Objektes mit anschließender Modernisierung ist hinsichtlich der Kosten besondere Vorsicht geboten. Der Kauf bestehender Häuser nimmt in der Zukunft deutlich zu. Sie werden vielfach gleichzeitig umgebaut oder modernisiert. Während der Kaufpreis feststeht, sind die Modernisierungskosten nur sehr schwer einzuschätzen. Es gibt nur sehr wenige Unternehmen, die bereit sind, bei bestehenden Häusern Festpreismodernisierungen durchzuführen. Deshalb trägt das Risiko hier allein der Käufer. Die Kostenstrukturen ergeben sich aus der Checkliste in Abbildung 5:

A. Kaufpreis

• gemäß notariellem Kaufvertrag inklusive	
– Wert des Gebäudes	DM ....
– Grundstückskostenanteil	DM ....
– Kosten der Außenanlagen	DM ....
	= DM ....

B. Erwerbskosten

• Notar- und Grundbuchamtsgebühren	DM ....
• Grunderwerbssteuer (2% vom Kaufpreis)	DM ....
• Maklerprovision	DM ....
• Sonstige Gebühren	DM ....
	= DM ....

C. Baunebenkosten

• Kreditnebenkosten	DM ....
	= DM ....

D. Sonstiges

• Garage, Stellplatz etc., soweit nicht im Kaufpreis enthalten	DM ....
• noch bestehende Forderungen des Objektes	DM ....
• sonstige Kosten	DM ....
	= DM ....

E. Zusatzkosten durch Modernisierung

1. Baukosten	
• Kosten der Umbau-, Instandsetzungs- und Modernisierungskosten	DM ....
• Materialkosten für Eigenleistungen	DM ....
2. Baunebenkosten	
• Architektenhonorar	DM ....
• Behörden und Verwaltungsgebühren	DM ....
• Kreditnebenkosten	DM ....
3. Alternativ	
• Modernisierungskosten DM ...... je qm	DM ....
Summe = Gesamtkosten	= DM ....

Abbildung 5: Checkliste der Gesamtkosten für ein bestehendes Objekt zuzüglich Modernisierung

Beim Kauf einer Eigentumswohnung ist der Kaufpreis des Bauträgers die Berechnungsgrundlage. Hier kommen – je nach Zahlungsplan – Finanzierungskosten hinzu. Zu beachten sind ferner die Sonderwünsche hinsichtlich der Ausstattung. Bei der „Musterung“ können noch erhebliche Beträge investiert werden.

5.6 Kostenüberschreitungen

Die wichtigste Grundlage für die Realisierung eines Eigenheimes ist die Einhaltung der geplanten Kosten. Die meisten Probleme entstehen dadurch, daß die Kosten überschritten werden. Ursachen hierfür können sein:

- bestimmte Kosten werden von vornherein vergessen oder zu niedrig angesetzt,
- während der Bauzeit steigen die Kosten z. B. durch zeitliche Verzögerung (wetterbedingt, mangelhafte Ausführung der Arbeiten etc.),
- unvorhergesehene Preissteigerungen,
- individuelle Entscheidungen des Bauherren: die geplante Ausstattung wird nachträglich erheblich höher angesetzt und dadurch kostenmäßig gesteigert.

6. Finanzierung

Die Finanzierung spielt oft die Schlüsselrolle auf dem Weg zum Wohneigentum. Oftmals handelt es sich um die höchste Investition im Leben des Bauinteressenten. Als grundlegende Voraussetzung einer erfolgversprechenden Finanzierung muß das Finanzierungsgespräch mit den Kreditgebern angesehen werden. Günstig ist es, wenn der Kunde bereits einige Grundkenntnisse der Finanzierung besitzt. Seitdem Schuldzinsen nur noch für vermietete Objekte absetzbar sind, ist bei der Finanzierung eine neue Strategie für selbstgenutztes Wohneigentum angezeigt. Die frühzeitige Eigenkapitalbildung, niedrige Darlehenszinsen und schnelle Entschuldung gewinnen besonders an Gewicht. Die niedrigsten Darlehenszinsen sind beim Bausparen möglich. Es ist ein geschlossenes Finanzierungssystem, das vom Auf und Ab am Geld- und Kapitalmarkt völlig unabhängig ist.

Die Zinsgestaltung bietet unter diesen aktuellen steuerlichen Gesichtspunkten folgende Vorteile:

- In der Ansparzeit sind nur die Guthabenzinsen (i. d. R. 2,5 %) zu versteuern. Sie sind häufig aufgrund der Freibeträge sogar steuerfrei.
- Für die spätere Finanzierung sind niedrige Darlehenszinsen (i. d. R. nicht über 5 %) von besonderem Vorteil, da Schuldzinsen steuerlich nur unter gewissen Umständen und nur bis zu maximal 12.000 DM pro Jahr absetzbar sind.

Die für den Immobilienerwerb aufzuwendenden Finanzmittel werden in Fremd- und Eigenkapitalmittel aufgeteilt. Angesichts der Vielfältigkeit des Kreditmarktes existieren mehrere Möglichkeiten der Kreditaufnahme mit unterschiedlichen Konditionen.

Eine „optimale" Finanzierungsformel, die allgemein Gültigkeit besitzt, kann nicht präsentiert werden, da unterschiedliche persönliche Einstellungen zu bewerten sind. In vielen Fällen hat sich jedoch bewährt, wenn 20 % der Gesamtkosten durch Eigenmittel, 20 % durch Bauspardarlehen und 50 % durch eine erstrangige Finanzierung mit einer Hypothek und/oder einem Bankdarlehen gedeckt werden.

6.1 Eigenmittel

Eigenmittel werden generell in zwei Rubriken unterteilt: Eigenkapital und Eigenkapitalersatzmittel.

Ein ebenso systematisches Vorgehen wie bei der Gesamtkostenermittlung ist bei der Zusammenstellung der vorhandenen Ressourcen des Eigenkapitals anzustreben. Obwohl die Höhe des benötigten Kredits von der Höhe des einsetzbaren Eigenkapitals abhängt, sollte letzteres vorsichtig ermittelt werden. Einerseits darf nur das real existierende – sprich verfügbare – Eigenkapital berücksichtigt werden. Andererseits sollte der Immobilienerwerber keinesfalls auf eine Reserve in ausreichender Höhe verzichten.

Eigenkapital wird in folgende Positionen unterschieden:

a) Sofort verfügbare Geldmittel.
b) Nicht sofort verfügbare Geldmittel.
c) Erlöse aus zu veräußernden Immobilien und Vermögenswerten.

d) Bezahltes Grundstück, das zum Bauvorhaben verwendet werden soll.
e) Sonstige geldwerte Leistungen, die im Zusammenhang mit dem Immobilienerwerb stehen (bezahlte Gebühren, Honorare und Baumaterialien etc.).

Bei den Punkten b) und c) muß in Form eines Risikoabschlags berücksichtigt werden, daß das jeweilige Objekt oder die Vermögenspapiere nicht rechtzeitig oder zum vorgesehenen Preis verkauft werden können.

Das Eigenkapital sollte ein fester Bestandteil einer Finanzierung sein und ca. 20–25 % der Gesamtkosten betragen.

Zu den Eigenkapitalersatzmitteln zählen insbesondere die Eigenleistungen sowie dem Bauherrn persönlich zustehende Darlehen.

Eigenleistungen sowie Nachbarschaftshilfen sind im Eigenheimbau häufig anzutreffen. Die dadurch eingesparten Kosten können als Eigenmittel berücksichtigt werden. Zu bedenken ist allerdings, daß der Bauherr bzw. seine Verwandten und Nachbarn auch fachlich in der Lage sein müssen, die Arbeiten auf dem geforderten Qualitätsniveau durchzuführen. Vielfach überschätzen sich Bauherren auch bei ihren Möglichkeiten. Deshalb ist bei dem Ansatz von Eigenleistungen als Eigenkapitalersatz eine kritische und zurückhaltende Betrachtung angezeigt.

Bei Darlehen, die dem Bauherren unter gewissen Umständen persönlich zustehen, handelt es sich um Familienzusatzdarlehen der öffentlichen Hand. Hier gibt es bundeseinheitlich zinslose Darlehen in Abhängigkeit von der Anzahl der Kinder:

– 1 Kind	2.000 DM
– 2 Kinder	4.000 DM
– 3 Kinder	7.000 DM
– für jedes weitere Kind	5.000 DM

Diese Darlehen sind in den ersten Jahren mit 1 % p. a., danach mit maximal 2 % p.a. zu tilgen. Auf diese Darlehen besteht ein Rechtsanspruch. Ferner können noch besonders günstige Arbeitgeberdarlehen als Eigenkapitalersatzmittel einbezogen werden.

6.2 Fremdmittel

Die Wahl der richtigen Finanzierungsmittel ist mit ausschlaggebend dafür, ob die Entscheidung für die eigene Immobilie nachhaltig richtig war oder zu einem Alptraum wird. Entsprechend sorgfältig und von fachlicher Expertise begleitet sollte auch die Auswahl der Finanzierungsmittel sein.

Je nach Interessenlage gibt es verschiedene Entscheidungskriterien:

Interessenlage	*Konsequenz*
– möglichst niedriger monatlicher Aufwand	– hohe Gesamtkosten
– Zinssicherheit für die gesamte Laufzeit	– frühzeitiger Abschluß eines Bausparvertrages
– niedrige Gesamtkosten	– schnellere Entschuldung und damit höherer monatlicher Aufwand
– Flexibilität bei den Kreditzinsen	– Risiko erheblicher Zinssteigerungen

Abbildung 6: Entscheidungskriterien

Als Baukredite kommen in den meisten Fällen für den Kreditsuchenden die Annuitätendarlehen oder Festdarlehen in Betracht. Annuitätendarlehen werden laufend getilgt (d. h. in Raten zurückgezahlt); Festdarlehen werden dagegen nicht laufend getilgt, sondern durch Kopplungsprodukte wie Bausparverträge, Kapitallebensversicherungen oder Sparpläne ganz oder teilweise am Ende der jeweiligen Darlehenslaufzeit zurückgeführt.

6.2.1 Bausparvertrag

Das Bauspargeschäft darf nur von Bausparkassen betrieben werden. Der Bauinteressent kann zwischen 22 privaten und 13 öffentlichen Bausparkassen wählen. Alle Bausparverträge laufen über eine bestimmte Bausparsumme. Je nach gewähltem Tarif sind davon 40 oder 50% Ansparung durch den Bausparer zu leisten. Die Differenz bis zur Bausparsumme wird von der Bausparkasse als günstiges Darlehen zur Verfügung gestellt. Hierauf hat der Bausparer einen Rechtsanspruch.

Der Bausparvertrag ist eine der vielseitigsten und populärsten Anlage- und Finanzierungsformen für selbstgenutztes Wohneigentum in der Bundesrepublik. Dies ist auf die vielfältigen Einsatzmöglichkeiten und die damit verbundene Verbesserung der Wohnqualität zurückzuführen. Der Bausparvertrag steht dem Bausparer zur Finanzierung aller wohnwirtschaftlichen Maßnahmen zur Verfügung. Insbesondere

- zum Bau oder Kauf eines Eigenheimes, eines Mehrfamilienhauses oder einer Eigentumswohnung,
- der Finanzierung des Erwerbs eines Baugrundstückes zur Errichtung eines Hauses,
- dem Umbau, der Modernisierung oder Instandhaltung eines bereits erworbenen Objektes,
- der Auszahlung von Miterben,
- dem Erwerb eines eigentumsähnlichen Dauerwohnrechtes,
- der Ablösung oder Umschuldung von Belastungen, die im Zusammenhang mit einer der vorgenannten Maßnahmen entstanden sind und
- zur Finanzierung von Erschließungskosten für ein Grundstück.

Die Tarifangebote der einzelnen Institute wurden in den vergangenen Jahren systematisch weiterentwickelt und dem neuen Bedarf angepaßt. Während vor Jahren noch Standardtarife mit einer 40 prozentigen Mindestansparung und einer Guthabens- bzw. Darlehensverzinsung von 2,5 bzw. 4,5 % im Vordergrund standen, hat sich das Angebot der Bausparkassen Ende der achtziger Jahre gewandelt.

Im Zuge der Tarifinnovationen werden heute meist im Rahmen eines Tarifs verschiedene Möglichkeiten angeboten. Flexibilität steht im Vordergrund. Damit kann der jeweilige Bedarf des Kunden individuell gedeckt werden. Es gibt meistens drei Ebenen für die Wahl der Konditionen:

• Guthabenszinsen:	2 % bzw. 2,5 %,	3 % oder 4 %,	4,5 %.
• Darlehenszinsen:	4 % bzw. 4,5 %,	5 % oder 6 %,	6,5 %.

Ferner kann der Kunde zwischen mehreren Geschwindigkeiten wählen. Das bedeutet, daß heute der Kunde die Zuteilungsfristen aktiv selbst beeinflussen kann. Damit kann eine kurz-, mittel- oder langfristige Zuteilung vom Kunden gesteuert werden. Dies erfolgt über sog. Bewertungszahlfaktoren. Die folgende Tabelle zeigt beispielhaft alternative Finanzierungsmodelle auf:

Tabelle 1: Alternative Finanzierungsmodelle

Interessenlage	*langfristig*	*mittelfristig*	*kurzfristig*
Monatlicher Aufwand	4,0 ‰	6,0 ‰	8,0 ‰
Darlehenszins	4,5 %	4,5 %	4,5 %
Darlehensgebühr	2,5 %	2,5 %	2,5 %
effektiver Zins	5,25 %	5,67 %	6,08 %
Darlehenslaufzeit (J/M)	14/8	8/8	6/2

Bauspardarlehen sind in der Regel außerordentlich günstig. Die Konditionen sind über die gesamte Laufzeit festgeschrieben. Zudem ist wichtig, daß schon bei Abschluß des Bausparvertrages die Konditionen für zukünftige Kreditaufnahmen fest vereinbart werden.

Allerdings ist der monatliche Aufwand zur Tilgung der Bauspardarlehen vergleichsweise hoch. Dies unterstützt aber eine schnelle Entschuldung.

Mit dem Bausparvertrag fest verbunden ist bei nahezu allen Instituten eine obligatorische Risikolebensversicherung. Damit wird das Bauspardarlehen zum Schutze der Familie des Darlehensnehmers versichert. Die Risikolebensversicherung bezieht sich jeweils auf die Restschuld am Jahresanfang. Aufgrund des Gruppenvertrages sind die Beiträge äußerst niedrig. Versichert werden Darlehen meist bis 150.000 DM. Bis zu diesen Summen wird weder eine Gesundheitsbefragung noch eine Untersuchung durchgeführt.

6.2.2 Bankdarlehen und Hypotheken

Bankdarlehen und Hypothekendarlehen werden als Annuitätendarlehen und auch als Festdarlehen ausgereicht. Bei den Konditionen spielen die Refinanzierungsmöglichkeiten der Kreditinstitute eine entscheidende Rolle. Bei den Konditionen kann gewählt werden zwischen variablen Sätzen und Zinsfestschreibungen von einem bis zu zehn Jahren, teilweise sogar von fünfzehn Jahren. Welche Variante die beste ist, läßt sich nicht pauschal erklären. Es können jedoch folgende Grundsätze angewendet werden:

- In Zeiten allgemein hoher Zinsen bzw. bei zu erwartenden fallenden Zinsen ist eine kurze Zinsbindung oder variable Zinsvereinbarung vorteilhaft.

- In Zeiten eines niedrigen Zinsniveaus bzw. bei zu erwartenden steigenden Zinsen ist eine lange Zinsbindung sinnvoller.

Die nachfolgende Abbildung 7 dokumentiert die Entwicklung der Zinssätze der letzten 20 Jahre, die die obigen Grundsätze bestätigen:

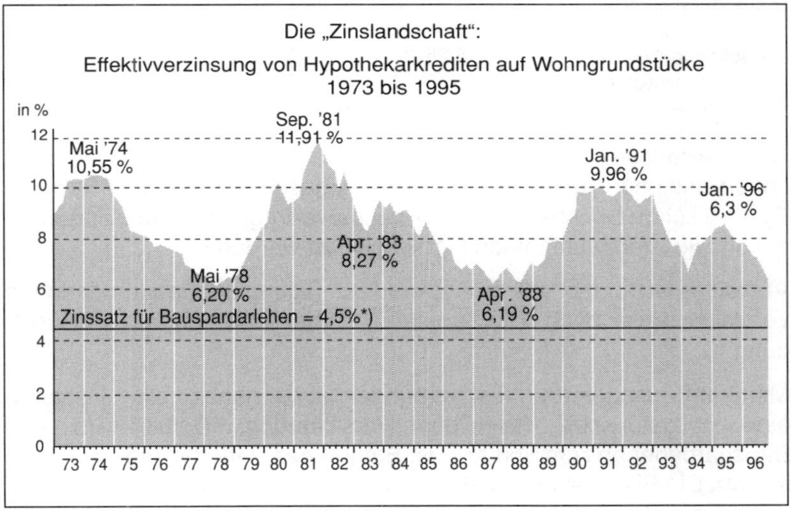

Abbildung 7: Entwicklung der Zinssätze seit 1973

Quelle: Monatsberichte Deutsche Bundesbank; 5 Jahre Zinsfestschreibung

Bei der Wahl der Zinsbindung ist aber auch zu berücksichtigen, daß die Belastung langfristig tragbar sein muß. Alle Zinsen, die nicht festgeschrieben sind, stellen zwar gewisse Chancen dar, bilden aber auch ein Risikopotential. Deshalb sind grundsätzlich Zinsfestschreibungen anzustreben.

Vorteile der Zinsfestschreibungen sind:

- Unabhängigkeit von den Schwankungen des Geld- und Kapitalmarktes.
- Gute Kalkulationsgrundlage in dem vereinbarten Zeitraum, da die monatliche Belastung aus dem Kapital „lange" exakt zu berechnen ist.
- Bei sehr langer Bindung des Zinssatzes treten wenige Belastungssprünge für den Darlehensnehmer auf. Dadurch wird das Risiko verringert.

Nachteile der Zinsfestschreibung sind:

- Im allgemeinen höherer Zinssatz, mit dem das ausgeschaltete Zinsrisiko kompensiert wird.
- Sondertilgungen sind nur nach Ablauf der Zinsbindungsfrist möglich.

Vorteile der variablen Zinsanpassung sind:

- Im allgemeinen niedriger Zinssatz.
- Sondertilgungen (zum Beispiel durch Erbschaft, Zuteilung eines Bausparvertrages) zur Verminderung der Restschuld sind generell möglich.

Nachteile der variablen Zinsanpassung sind:

- Völlige Abhängigkeit von den Geld- und Kapitalmarktbedingungen.
- Gefahr, daß ein Zinsanstieg sehr viel schneller als eine Zinssenkung aus dem Darlehensvertrag weitergegeben wird.
- Schlechte Kalkulationsgrundlage, da sowohl die Höhe als auch der Zeitpunkt der Zinsanpassung nicht prognostiziert werden können.
- Anzahl der Belastungssprünge ist nicht bestimmbar.

Bewährt hat sich ein Fristenmix. Um Risiken und Chancen besser zu mischen, sind viele Kunden dazu übergegangen, bei den Zinsfristen Staffelungen zu vereinbaren, d. h. ein Teil des Kreditvolumens wird z. B. auf fünf, ein Teil auf acht und ein Teil auf zehn Jahre fest finanziert. Dadurch ist bei eventuellen Erhöhungen niemals zu einem Zeitpunkt die gesamte Darlehenssumme anzupassen.

6.2.3 Kombinationsfinanzierung

Die Darlehen können anstelle einer laufenden Tilgung auch mit Tilgungsaussetzung vereinbart werden (sog. Festdarlehen). Hierbei erfolgt die Rückzahlung aus einem Kopplungsprodukt wie Bausparvertrag oder Lebensversicherung. Für das selbstgenutzte Wohneigentum ist nur die Kombination mit einem Bausparvertrag vertretbar. Sofern die steuerliche Absetzbarkeit gegeben ist (z. B. bei vermieteten Objekten) kommt auch die Kombination mit einer Lebensversicherung in Betracht.

Für alle, die die Bausparvorteile nutzen möchten aber nicht frühzeitig einen Bausparvertrag abgeschlossen haben, ist die vielfach unter dem

Begriff „Bankvorausdarlehen“ angebotene Kombinationsfinanzierung interessant.

Hierbei wird das Bankdarlehen nicht laufend getilgt. Statt dessen werden Ansparraten (= wirtschaftliche Tilgung) auf den Bausparvertrag geleistet. Das Bankdarlehen wird in mehreren Schritten durch zugeteilte Bausparverträge zurückgeführt.

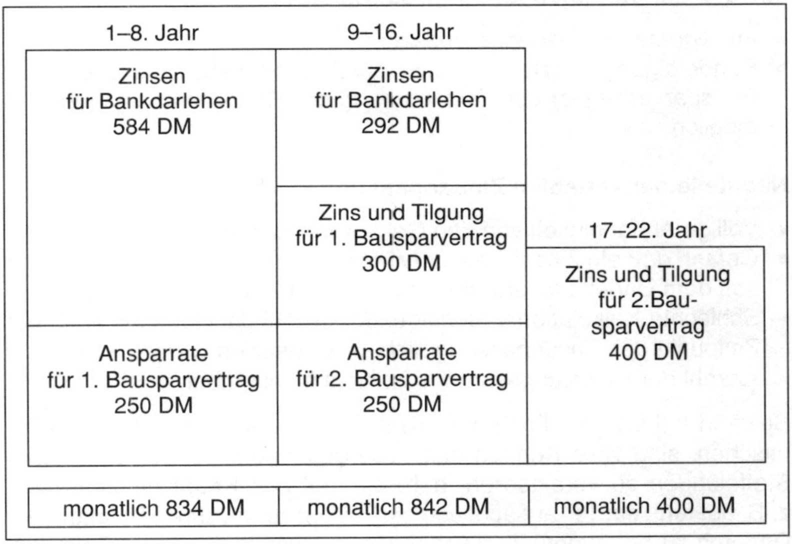

Abbildung 8: Beispiel einer Kombinationsfinanzierung über 100 000 DM, Nominalzins 7 % p.a. (Rückzahlung durch zwei laufende Bausparverträge über je 50 %, Ansparrate 3 % p.a. der Darlehenssumme.)

Die Vorteile dieser Kombination liegen besonders dann vor, wenn die Zinsbindung für das eigentliche Darlehen hinreichend lange (d. h. bis zur Ablösung durch die zugeteilten Bausparverträge) gewährleistet ist. In diesem Fall besteht neben der guten Kalkulationsbasis auch die Möglichkeit, das Risiko einer Zinsänderung einzugrenzen oder sogar auszuschließen. Alle weiteren positiven Aspekte des Bausparens wurden bereits genannt.

6.2.4 Lastenberechnung

In der Lastenberechnung wird der laufende monatliche Aufwand für das selbstgenutzte Wohneigentum zusammengestellt. Er setzt sich zusammen aus den Kapitalkosten inklusive Tilgung zuzüglich eventueller Ansparraten für Bausparverträge sowie den Betriebskosten für das Haus. Erfahrungsgemäß sind hierfür 3,50 DM pro qm Wohnfläche und Monat anzusetzen. Der monatliche Aufwand kann in den ersten Jahren durch Steuervorteile gemindert werden.

	Zinsen (Kosten)	*Tilgung (Vermögen)*	*Gesamt*
• Hypothek/Bankdarlehen			
– Zinsen	DM		
– Tilgung		DM	DM ....
• Bankvorausdarlehen			
– Zinsen	DM		
– Ansparrate Bausparvertrag		DM	DM ....
• Bauspardarlehen			
– Gesamtaufwand			DM ....
– Zinsen	DM		
– Tilgung		DM	
• Gesamtaufwand	DM	DM	DM ....
• Betriebskosten (Pauschal rd. 3,50 DM pro qm Wohnfläche monatl.)			DM ....
• Wohnkosten insgesamt pro Jahr			DM ....

Anmerkung: Die Steuervorteile sollten als Reserve behandelt werden. Sinnvoll ist es, etwa 8–10 Jahre nach Bezug mit der Bildung einer Instandhaltungsrücklage (etwa 20,– bis 30,– DM pro qm Wohnfläche jährlich) zu beginnen.

Abbildung 9: Checkliste für die Lastenberechnung pro Jahr

Da die Steuervorteile (Eigenheimzulage, Baukindergeld) nach acht Jahren auslaufen, ist bei der Entscheidung über selbstgenutztes Wohneigentum der Steuervorteil nur subsidiär anzusehen. Obwohl Steuererleichterungen die Attraktivität des Eigenheims erheblich steigern können, darf eine Finanzierung keinesfalls nur mit Hilfe der Steuervorteile möglich sein. Ansonsten könnten sich im Darlehensverlauf bei Wegfall der Steuervorteile und bei eventuellen Zinsanpassungen erhebliche Schwierigkeiten ergeben.

Günter Haber und Michaela Hellerforth

Immobilienanlagen: fremdgenutzter Wohnungsbau

Zusammenfassung

Für den privaten Investor gibt es unterschiedliche Formen der Geldanlage in fremdgenutzten Wohnungsbau. Grundsätzlich ist festzustellen, daß der Markt gespalten ist: Privatinvestoren können sich entweder als Bauherr – zumeist von mehrgeschossigen Gebäuden – oder als Käufer – zumeist einer fremdgenutzten Eigentumswohnung – engagieren. Nach der Streichung steuerlicher Vorteile sogenannter Bauherrenmodelle hat der Immobilienkauf von Bauträgern an Bedeutung gewonnen.

Investoren müssen ihre Kaufentscheidungen unter äußerst komplexen Anlagebedingungen – insbesondere im Hinblick auf das Miet- und Steuerrecht – treffen. Daher ist es quasi eine Verpflichtung der Politik, Investitionen in Wohnimmobilien über steuerliche Anreize rentabel zu machen.

1. Differenzierung der Fiktion eines Marktes für fremdgenutzten Wohnungsbau

Bereits in einem Gutachten aus dem Jahr 1982 hat der wissenschaftliche Beirat des Bundesministeriums für Wirtschaft zu den Problemen der Wohnungswirtschaft eine Neuorientierung der Art vorgeschlagen, daß die Vertragsfreiheit zwischen Mieter und Vermieter sowie „freie Preisbildung statt steuerpolitischer Interventionen im Wohnungssektor" (Bundesministerium für Wirtschaft [1983] S. 1128) beinhaltet. Gleiche Ansätze zeigen die Vorschläge der Expertenkommission Wohnungspolitik (Expertenkommission Wohnungspolitik [1994]). In diesem Gutachten wird insbesondere kritisiert, daß der hohe Mieterschutz zu Anpassungen im Investitionsverhalten führe mit der Konsequenz eines verringerten Angebots an Neubauwohnungen, das als Preis des hohen Schutzniveaus interpretiert werden kann (Expertenkommission Wohnungspolitik [1994] S. 163 f.). Da eine völlige Liberalisierung des Mietrechts politisch nicht durchsetzbar ist, wird als Gesamtlösung eine wesentliche „Entschärfung und Vereinfachung des derzeitigen Systems unter Aufrechterhaltung des grundsätzlichen Geltungsanspruchs des Mieterschutzes" (Expertenkommission Wohnungspolitik [1994] S. 171) vorgeschlagen.

Bisher ist weder eine Reform gemäß dem Gutachten aus dem Jahr 1982 durchgesetzt worden, noch ist zu abzusehen, daß eine solche

aus den Vorschlägen der Expertenkommission von 1994 resultieren wird.

Zunächst stellt sich die Frage, wie der Markt für fremdgenutzten Wohnungsbau zu definieren ist. Generell unterscheidet man die Eigen- bzw. Selbstnutzung und die Fremdnutzung. Bei der Fremdnutzung kann man danach differenzieren, ob die angebotene Wohnung selbst hergestellt oder gekauft worden ist, wobei Kauf aus dem Bestand oder von einem Immobilienunternehmen, wie einem Bauträger oder Privatanbietern möglich ist.

Ein besonderes Merkmal des Wohnungsmarktes ist die Heterogenität der Anbieter von Wohnungsnutzung, welche – der Heterogenität des Gutes entsprechend – unterschiedliche Investitionsmotive haben, die von der (teilweisen oder späteren) Selbstnutzung und der Vermögensanlage (private Haushalte) über die Versorgung der Mitarbeiter (Werkwohnungsbau, Gebietskörperschaften) reichen bis zu Gewinnerzielungsmotiven (Wohnungsunternehmen). Die Grenzen zwischen den Motiven sind fließend; es können auch soziale Absichten vorliegen.

2. Eine alternative Spezifikation des Marktes für private Immobilienanlagen

2.1 Definition der privaten Investoren

Versucht man eine Systematisierung der Gruppe der privaten Investoren, denkt man zunächst an die typischen Kleinanleger, die z. B. eine oder wenige Eigentumswohnungen oder eine Einliegerwohnung im eigenen Haus besitzen. Darüber hinaus gibt es große (Privat-)Kapitalanleger und Unternehmenseigner der Immobilienwirtschaft, die aus steuerlichen, aber auch aus haftungsrechtlichen Motiven ihre Wohnungsbestände im Privatvermögen halten. Dabei kann es sich sowohl um selbsterstellte Wohnungen als auch um gekaufte handeln, wobei die selbsterstellten entweder gleich aus dem Kapitalanlagemotiv projektiert worden sind oder wegen Absatzschwierigkeiten in den Eigenbestand genommen wurden. Diese Gruppe zeigt aufgrund der Art ihres Geschäftsbetriebs und dessen Organisation eher Merkmale eines Unternehmens als die von Privatanlegern.

Ein anderes Unterscheidungsmerkmal – für diese Untersuchung jedoch ohne Bedeutung – ist ob die Immobilien eigen- oder fremdbestandsverwaltet werden (Kühne-Büning [1994] S. 82 ff.).

Weitere Anbieter- bzw. Anlegergruppen sind Immobilienfonds, Investmentfonds, Versicherungen bzw. institutionelle Kapitalanleger und Unternehmen, die z.B. Werkwohnungsbau betreiben.

Hier werden jedoch nur die privaten Kapitalanleger betrachtet, m.d.E., daß im Privatvermögen gehaltene Wohnungsbestände der Bauunternehmen oder der dienstleistenden Unternehmen der Immobilienwirtschaft dazu zählen. Die so definierten Privatanbieter leisten einen häufig unterschätzten Beitrag zur Wohnungsversorgung durch fremdgenutzten Wohnungsbau. Damit korrespondiert ein noch weitgehend unausgelotetes Potential von Investitionen und bisher unerkannten Marktdeterminanten, die von rein unternehmerischen Motiven abweichen können, da sie in hohem Maße subjektive Entscheidungen entfalten, in Bezug auf Beruf und Familie oder Altersversorgung, aber auch bezüglich persönlicher Präferenzen und Lebensvorstellungen.

2.2 Wohnungsbestand der privaten Investoren

Um den Wohnungsbestand der privaten Investoren näher zu erfassen, ist zunächst eine Betrachtung der Eigentumsstruktur insgesamt erforderlich. Die neuesten verfügbaren Zahlen ergeben sich aus den hochgerechneten Ergebnissen der 1 %-Gebäude- und Wohnungsstichprobe vom 30.09.1993. Abbildung 1 zeigt eine Aufschlüsselung der Wohngebäude nach Eigentümern und der Anzahl der Wohneinheiten. Dabei wird deutlich, daß Einzelpersonen die meisten Wohngebäude besitzen, und zwar sowohl Eigenheime (8.652.300) als auch Zweifamilienhäuser (2.655.500) und Mehrfamilienhäuser, d.h. Wohngebäude mit drei und mehr Wohneinheiten (1.187.800). Insgesamt halten sie 12.505.500 Wohnungen bzw. 82,9 % des gesamten Wohnungsbestandes der Bundesrepublik, davon 10.879.500 (86,9 %) in den alten Bundesländern und 1.626.000 (13,1 %) in den neuen Bundesländern einschließlich Ost-Berlin. Weitere 5,6 % der Wohngebäude sind im Eigentum von Erben- oder Personengemeinschaften, und 1,9 % gehören Eigentümergemeinschaften, so daß rund 90,5 % aller Wohngebäude im Eigentum von natürlichen Personen, d.h. Einzelpersonen, Ehepaaren, Erben- oder sonstigen Personengemeinschaften stehen. Den Gemeinden bzw. kommunalen Wohnungsunternehmen, dem Bund, den Ländern

oder sonstigen juristischen Personen des öffentlichen Rechts gehören weitere 3,7 % des Wohnungsbestandes, den Wohnungsbaugenossenschaften und Wohnungsbauunternehmen 4,3 % und den übrigen Unternehmen, also Kreditinstituten, Versicherungsunternehmen, sonstigen Unternehmen, Immobilienfonds, Treuhandanstalt, Kirchen oder sonstigen Organisationen ohne Erwerbscharakter 1,5 %.

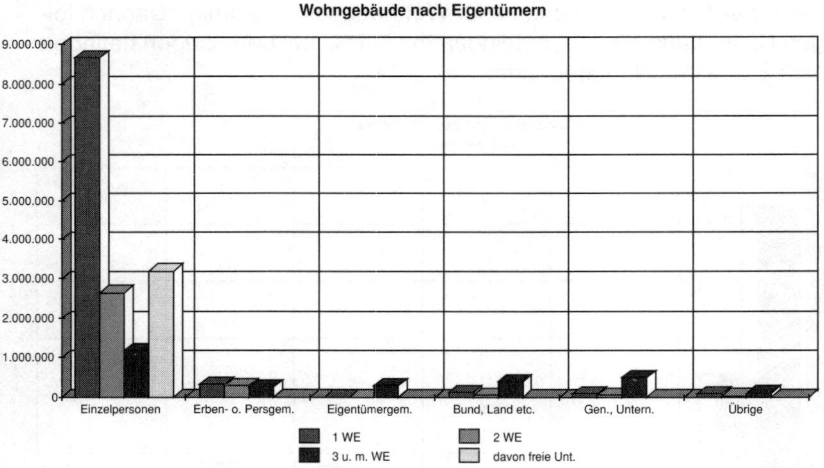

Abbildung 1: Wohngebäude nach Eigentümern
Quelle: Statistisches Bundesamt [1995] S. 15, eigene Berechnungen

Aufgrund der oben angedeuteten Tatsache, daß ein Teil der Wohnungsunternehmen Wohnungsbestände im Privatvermögen halten, ist bei der Anlegergruppe „Einzelpersonen" eine weitere Aufgliederung eingeführt worden, bei der diese Unternehmensausgliederungen berücksichtigt sind. Dabei handelt es sich ungefähr um 2,3 Mio. WE, wobei davon auszugehen ist, daß die meisten davon Wohngebäude mit 2 oder mehr WE sind. Insoweit ergibt sich ein differenzierteres Bild der Investorengruppe „Einzelpersonen". Die in der Abbildung ausgewiesen Genossenschaften und Unternehmen umfassen überwiegend rechtlich selbständige kommunale Unternehmen.

Es zeigt sich die Bedeutung der Einzelpersonen oder Ehepaare als Investorengruppe im Wohnungsbau insgesamt, aber auch im fremdgenutzten. Betrachtet man nämlich nur die Wohngebäude mit zwei oder mehr Wohneinheiten (WE), so zeigt sich, daß diese Investorengruppe

auch hier eine Spitzenposition besitzt: Abbildung 2 stellt eine Aufschlüsselung der Wohngebäude mit 2 bzw. 3 und mehr WE nach Eigentümergruppen dar. 67,2 % (3.843.300) dieser Wohngebäude gehören Einzelpersonen oder Ehepaaren. 9,3 % (541.000) sind im Eigentum von Erben- oder Personengemeinschaften, und 5 % gehören Eigentümergemeinschaften. D. h., es befinden sich 81,5 % im Eigentum natürlicher Personen. 9,4 % (552.200) sind im Eigentum von Wohnbaugenossenschaften oder Wohnungsunternehmen. Danach folgen Bund, Länder und Gemeinden mit 7,5 %, bei den übrigen befinden sich 2,3 % der Wohngebäude.

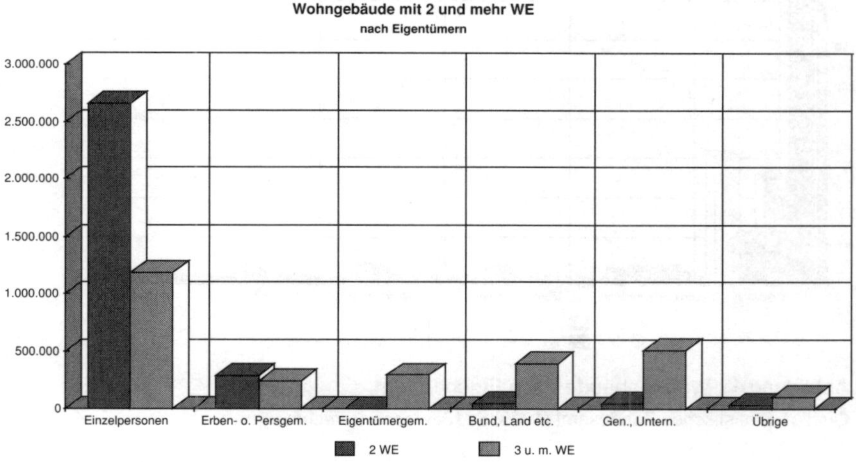

Abbildung 2: Wohngebäude mit 2 und mehr WE
Quelle: Statistisches Bundesamt [1995] S.15

Probleme der genauen statistischen Zuordnung resultieren daraus, daß es sich bei Wohngebäuden mit 2 Wohneinheiten i.d.R. um Zweifamilienhäuser handelt, in denen die Eigentümer selbst wohnen und eine weitere Wohnung vermietet haben. Gleiches kann für Häuser mit drei oder mehr Wohneinheiten gelten. Insofern kann aus diesen Zahlen nicht eindeutig auf die absolute Zahl der fremdgenutzten Wohneinheiten geschlossen werden.

Demgegenüber ermöglichen die Statistiken, die nach Eigentümer- und Mietwohnungen unterscheiden, keinen eindeutigen Hinweis auf die Eigentümerstruktur. Deutlich wird in Abbildung 3, daß die knapp 2,3 Mio.

Eigentumswohnungen in Westdeutschland nur zu 43,12 % selbstgenutzt und zu 56,88 % vermietet sind. Das korrespondiert mit der mit der Heterogenität der Privatanbieter bzw. ihren subjektiv beeinflußten Investitionsmotiven. Im Zusammenhang mit Abbildung 1 und 2 bzw. der Tatsache, daß natürliche Personen den Hauptanteil an Wohnungen besitzen, ergibt sich auch daraus ihre Bedeutung für den fremdgenutzten Wohnungsbau. Betrachtet man nur die Wohnungen, die 1988 und später gebaut wurden, so liegt der Anteil des vermieteten Wohnungsneubaus bei 63,8 %. Je neuer die Eigentumswohnungen in Westdeutschland, desto höher ist der Anteil der vermieteten. Unabhängig davon, daß keine eindeutige Zuordnung der Eigentümergruppen der fremdvermieteten Eigentumswohnungen möglich ist, muß aufgrund ihrer starken Stellung davon ausgegangen werden, daß Privatpersonen auch im Mietwohnungsbau eine führende Position innehaben.

Aufgrund der relativen Symmetrie der Investitionen im selbstgenutzten und fremdgenutzten Wohnungsbau ist anzunehmen, daß diese Struktur im besonderen auf Erbfälle zurückzuführen ist. Erben neigen dazu, eher ihre eigene Wohnung neu zu erstellen, während bei der Mietwohnung in Modernisierungen investiert wird. Die Zerstörungen im Zweiten Weltkrieg haben demnach die zu erwartenden Immobilieninvestitionen einer Generation privater Anbieter zu einem guten Teil absorbiert (Bulwien [1989] S. 24 ff.).

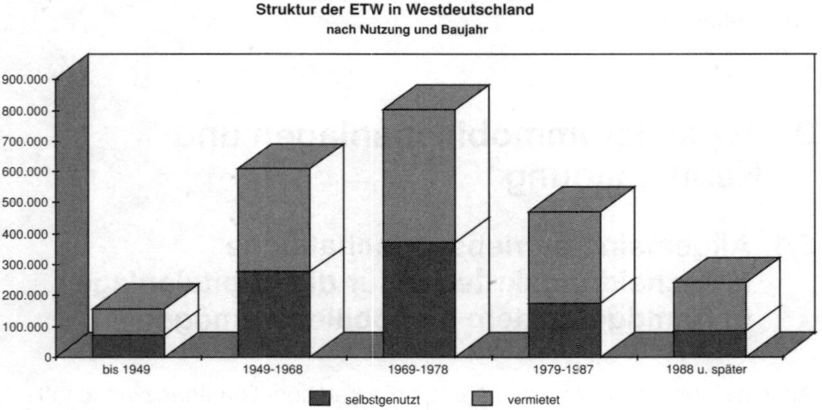

Abbildung 3: Struktur der ETW in Westdeutschland

Quelle: Statistisches Bundesamt [1995 a] S. 88–89

Außerdem verdient die nicht aus den bundesweiten Statistiken hervorgehende regionale Unterschiedlichkeit der Quoten der Selbstnutzung bzw. der Kapitalanlage in fremdgenutzten Wohnungsneubau eine Beachtung. Gemäß dem Bundesbauministerium soll der Anteil des echten Mietwohnungsbaus z.Z. bei etwa 30 % des Eigentumswohnungsbaus liegen. Für Bayern wird dieser Anteil in den Ballungszentren auf über 70 % geschätzt, insgesamt auf ca. 55 %, wie in Baden-Württemberg. Für Nordrhein Westfalen gelten eher Prozentzahlen zwischen 40 und 45 %. In den norddeutschen Bundesländern liegt der Anteil des Mietwohnungsneubaus niedriger, da die Entwicklung hin zur Eigentumswohnung als Kapitalanlage erst in neuerer Zeit in Gang gekommen ist. In den neuen Bundesländern liegt der Anteil des fremdgenutzten Wohnungsbaus demgegenüber bei 98 %, was hauptsächlich auf die besonderen Steuervergünstigungen zurückzuführen ist. Diese lagen in einer Höhe, die sonst nur durch die mittlerweile abgeschafften Bauherrenmodelle erreicht werden konnten. Insgesamt ist jedoch damit zu rechnen, daß auch in Ostdeutschland der Anteil selbstgenutzten Wohnungsneubaus zunehmen wird, und zwar vorwiegend in der Form von Einfamilienhäusern. Eine derartige Entwicklung wird aber weitere 10 bis 15 Jahre dauern. Insgesamt läßt sich festhalten, daß die Privatanleger nicht zuletzt aufgrund der Nachwirkungen der Bauherrenmodelle, aber auch aufgrund weitgehender Steuervergünstigungen für Kapitalanleger im Mietwohnungsbau, einen modernen Teilbestand des Marktes anbieten. Eine Entwicklung, die auch durch die Wohnungsbauinvestitionen Privater in den neuen Bundesländern weiterhin Auftrieb bekommt.

3. Typik der Immobilienanlagen und Kapitalbildung

3.1 Allgemeine betriebswirtschaftliche Entscheidungskriterien für die Kapitalanlage in fremdgenutztem Immobilienvermögen

Auch bei Immobilienanlagen stehen die traditionellen finanzwirtschaftlichen Entscheidungskriterien Sicherheit, Liquidität und Rentabilität in einem Zielkonflikt (Hahn [1975] S. 30; Perridon/Steiner [1988] S. 13). Deshalb ist zur Beurteilung einer Anlageform zunächst eine Betrach-

tung dieser Kriterien erforderlich (vgl. h.u.i.f.: Hellerforth [1996]), bevor auf die Wertsteigerungshoffnung und die steuerlichen Besonderheiten näher eingegangen wird.

Sicherheit

Die Sicherheit einer Kapitalanlage drückt sich aus in möglichst weitgehendem Schutz vor teilweisem oder totalem Verlust. Es geht somit um die Werterhaltung und die Unabhängigkeit von Tageskursschwankungen. Trotz der kriegsbedingten Zerstörung der Bausubstanz und der Belastung durch Abgaben an den Lastenausgleichsfonds hat in Deutschland die Immobilie weniger an Wert verloren als Kapitalanlagen in Geldform. Die Entwicklung des Immobiliensubstanzwerts lag langfristig immer über der Erhöhung der Lebenshaltungskosten, obwohl Immobilienpreise in Rezessionsphasen oft stark sinken. Zur Zeit spielen bei dem Sicherheitsmotiv insbesondere Ängste vor einer möglichen Inflation durch Einführung einer einheitlichen europäischen Währung eine große Rolle. Gegen das Risiko restriktiver Mietengesetzgebung, einer Ausdehnung der Besteuerung oder gegen einengende Nutzungsvorschriften (z.B. der Stadtplanungssituation) ist – unabhängig von der Art der Immobilienkapitalanlage – keine Absicherung möglich. Diese gesetzlichen Eingriffsfaktoren führen entsprechend zu einer Risikoerhöhung, die zudem nur in geringem Maß zu kalkulieren ist, was auch mit der Langfristigkeit der Immobilienanlagen zusammenhängt.

Liquidität bzw. Liquidierbarkeit

In diesem Zusammenhang kann Liquidität hauptsächlich als Eignung eines Vermögensobjektes verstanden werden, selbst als Zahlungsmittel akzeptiert zu werden oder in ein solches umgewandelt werden zu können, ohne daß ein Disagio fällig wird. Der konventionelle Immobilienerwerb weist gegenüber anderen Anlageformen wie Wertpapieren und Gold eine schlechtere Liquidierbarkeit auf, weil funktionsfähige Sekundärmärkte fehlen und es keinen einheitlichen Marktpreis gibt. Insbesondere beim direkten Immobilienerwerb können Kaufverhandlungen Zeit in Anspruch nehmen und die Erwerbsnebenkosten bis zu 7 % des Kaufpreises betragen. Hinzu kommt, daß die Kaufpreiszahlung i.d.R. erst nach Erfüllung der mit der Eintragung verbundenen langwierigen Formalitäten erfolgt. Wegen des starken konjunkturellen Einflusses ist ein Verkauf nicht jederzeit mit Gewinn möglich, gleiches gilt jedoch auch für andere Anlageformen. Die Liquidität kann aber durch die

Aufnahme eines Darlehens, welches durch eine Grundschuld oder Hypothek abgesichert ist, gesteigert werden, soweit freie Beleihungsräume bestehen und der Anleger bereit ist, die Sollzinsen zu tragen. Diese können als Kosten der Liquidität gelten. Insoweit besteht ein Vorteil gegenüber anderen Sachwertanlagen wie Antiquitäten oder Kunstgegenständen, die auf Märkten angeboten werden, auf denen die persönliche Wertschätzung eine größere Rolle spielt. Liquidierungskosten ergeben sich aber auch bei Geldanlagen, wenn vor Fälligkeit gekündigt wird oder bei Anleihen und Aktien, soweit diese zu einem ungünstigen Zeitpunkt verkauft werden.

Rentabilität

Die Rentabilität als Maß der Verzinsung des eingesetztes Kapitals, auch als Investmentzins bezeichnet, ergibt sich aus dem Ergebnis im Verhältnis zum eingesetzten Kapital. Bei der Direktinvestition in Immobilien sind Renditebeeinflussungen durch Mieterhöhungen realisierbar, die für Wohnimmobilien (§§ 5 WiStG; 302 a StGB; MHG) – insbesondere im Sozialen Wohnungsbau (§ 8 I WoBindG) – stärker eingeschränkt sind als für Gewerbeimmobilien. Auf der Kostenseite sind Einsparungen insbesondere durch weitgehende Nebenkostenumlegung möglich. Die Rentabilität kann durch Leerstände oder Zahlungsschwierigkeiten der Mieter verschlechtert werden, weshalb ein Immobilienmanagement zur Werterhaltung erforderlich ist. Die Rentabilität der Immobilienanlagen wird ebenfalls durch die Besteuerung in erheblichem Maß beeinflußt.

Die Miete als der Renditebestandteil, der monatlich zufließt, kann im Zusammenhang mit der Entwicklung von Preisen bzw. Lebenshaltungskosten in den alten Bundesländern betrachtet werden (Abbildung 4, Basisjahr 1991).

Dabei ergibt sich, daß der Mietindex seit dem Basisjahr 1991 immer über dem Lebenshaltungsindex liegt. Im Zeitraum 1994/95 sind mehr als 1 Mio. Wohnungen neu gebaut worden. Entsprechend ist die Anspannung auf den Wohnungsmärkten erheblich zurückgegangen. Dies zeigt sich bei einem Vergleich der Mietsteigerungsraten gegenüber den Vorjahreswerten bzw. der Entwicklung der Mieten einschließlich kalter Nebenkosten, die der Mietindex darstellt. Diese Steigerungsraten lagen 1993 bei 5,9 % und sanken 1994 auf 4,6 %. 1995 betrugen sie 2,2 %. Damit lagen sie noch 1,7 % über der allgemeinen Inflationsrate. Auf die Marktentspannung weisen eher die Erst- und Wiedervertragsmieten hin, da sie ohne Zeitverzögerung bei Preisänderungen reagie-

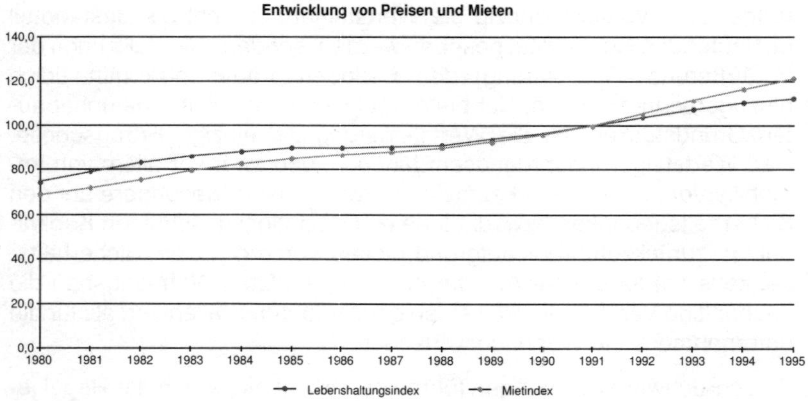

Abbildung 4: Entwicklung von Preisen und Mieten
Quelle: BT-Drck.13/4254 S.26

ren. Sie lagen Angaben des RDM zufolge Anfang 1996 um ca. 5 % unter dem Vorjahresniveau.

Trotz der so beschriebenen Entspannung ist mittelfristig eher mit einer Konsolidierung auf hohem Niveau als mit einem Abwärtstrend zu rechnen, da Wohnraum auch gemäß der gerade veröffentlichten „Raumordnungsprognose 2010“ (BfLR [1996]) weiter gefragt bleibt. Dies u.a. wegen der günstigen Zinsen, des weiterhin zu erwartenden Bevölkerungsanstiegs insbesondere durch den positiven Zuwanderungssaldo, wegen des Trends zu kleineren Haushalten und steigender Lebenserwartung. Andere Studien geben vorsichtigere Bedarfprognosen ab, wie z.B. das Eduard-Pestel-Institut (Eduard-Pestel-Institut [1996] S.1ff.), die regional mit einem Nachfragerückgang im Geschoßwohnungsbau rechnen, insbesondere da die Steigerungsrate der Haushalte jährlich nur zwischen 150.000 und 200.000 liegen soll, so daß insgesamt in den nächsten 10 Jahren nur 390.000 WE pro Jahr gebaut werden müßten. Für die neuen Bundesländer werden sogar Wohnungsüberhänge prognostiziert, die allerdings Abrisse zur Folge hätten, da viele unsanierte Altbauten und Plattenbauten nicht mehr vermarktbar seien. Deshalb sind Prognosen nur unter Beachtung der regionalen quantitativen und qualitativen Wohnbestände möglich.

In der Praxis wird den laufenden Erträgen der Immobilie oft eine (erwartete) Wertsteigerung hinzugerechnet. Da die Miete nämlich für den Immobilienwert maßgeblicher Faktor ist, kann gemäß dem Realisie-

rungs- bzw. Vorsichtsprinzip die Wertsteigerung nicht als Bestandteil der laufenden Rentabilität gesehen werden, sondern allenfalls nach der Veräußerung (Realisierung) den Periodenerträgen diskontinuierlich hinzugerechnet werden. Nur bei ertraglosen Immobilien, wie unbebauten Grundstücken, ist die Wertsteigerung die einzige Ertragsquelle. Daß Wertsteigerungsprognosen dennoch, und zwar vor allem von Immobilienfonds, gesondert aufgestellt werden, ist insbesondere auf den Sicherheitsgedanken bzw. die Idee einer inflationsgeschützen Kapitalanlage zurückzuführen. Aufgrund dieses Vorsorge- bzw. Sicherheitsdenkens hat für private Anleger in fremdgenutzten Wohnungsbau die nachhaltige Veräußerlichkeit einen ganz anderen Stellenwert als für die unternehmerische Wohnungswirtschaft.

Diese Buchwertsteigerungen führen bei Privatanlegern in der Regel jedoch nicht zu Veräußerungen. Es besteht nämlich zum einen die Hoffnung auf weitere Wertsteigerungen, außerdem haben Immobilien aus der Sicht der meisten Kleinanleger einen besonderen Stellenwert, der durch die Realisierung von Bucherträgen nicht abgegolten werden kann. Diese herausragende Relevanz des Gutes Immobilie hängt auch mit der Hoffnung auf eine zusätzliche Altersvorsorge und dem Schutz vor Inflation zusammen. Aber auch unter ökonomischen Aspekten ergibt sich aufgrund der 3-Objektgrenze für die Veräußerung größerer Bestände eine Steuerpflicht, so daß aus diesen Gründen ebenfalls von einer Veräußerung abgesehen wird.

Bezüglich der Rendite in Form der Miete sollte noch ein anderer Aspekt Beachtung finden: Obwohl die Mietpreissteigerungen in den letzten 20 Jahren und in den neuen Bundesländern seit 1991 regional verschieden über 200 % lagen, war es nicht das Auftreten eines Wohnungsengpasses, der seit Mitte der achtziger Jahre die Mietpreisspirale in Gang gesetzt hat, da diesem die Mietgesetzgebung entgegensteht. Die Kalkulation mit einem mittelfristig bleibenden Überhang der Nachfrage nach Mietangeboten ist deshalb darauf zu gründen, daß dem gutgeschützten Mieter auch bei höherem Einkommen u.U. der ökonomische Anreiz fehlt, die Mietwohnung aufzugeben (Erlenbach [1991] S. 241).

Selbst ohne Betrachtung der nunmehr eingeschränkten steuerlichen Möglichkeiten ist eine Gesamtrechnung der Investition in fremdgenutzten Wohnungsbau für private Anleger ohne Berücksichtigung der Wertsteigerung des Objektes nicht durchzuführen, wie die verschiedenen in der Praxis und Literatur gebräuchlichen Faustformeln veranschaulichen. Bei der Effektivzinsberechnung wird die Relation von Nominalzins und Auszahlungszeit z. B. an die Laufzeit der Tilgung gebunden

(Hamann [1992] S. 147 f.). Im Gegenbeispiel sind nicht die Finanzierungskosten, sondern die Mindestverzinsung der Investition Sollgröße der Kapitalwertmethode eines institutionellen Investors (Platz [1993] S. 67, 87).

Somit kann das Resümee gezogen werden, daß mit den steuerlichen Begünstigungen des Wohnungsbaus die wahren Kosten des Wohnens zwar verschleiert werden, auf der anderen Seite ist aber auch ein positiver Ansatz gegeben, um den spezifischen Markt privater Kapitalanlagen bezüglich des Marktsegments Mietwohnungen zu sichten. Denn es liegt hier das am vollständigsten entwickelte Segment auf der Anbieterseite vor, da neben Modernisierung und Neuerstellung auch der Kauf von Wohnungen stattfindet. Insofern sind – neben den verstärkt aktiv gewordenen Wohnungsunternehmen – private Anleger die einzige Anlegergruppe, bei denen der Kauf eine nennenswerte Rolle spielt und deren Wohnungsbestand in der Vergangenheit stärker gewachsen ist, als sie selber Wohnungen gebaut haben (Ulbrich [1991] S. 291). Der Nettozuwachs wird, da man die Abgänge aus dem relativ hohen Altbaubestand mit berücksichtigen muß, noch erheblich größer sein.

3.2 Werterhaltung bzw. Wertsteigerung

Neben den regelmäßigen Ertragserwartungen aus der Miete hat für die Investition in Immobilien insbesondere die Hoffnung auf eine Steigerung des Kapitalwertes eine besondere Bedeutung. Diese realisiert sich als zusätzliche Rendite jedoch erst bei Verkauf des Objektes. I.d.R. gilt: Je sicherer die Kapitalwertsteigerung erscheint, desto niedriger ist das Risiko, mit der Konsequenz einer niedrigeren geforderten Anfangsrendite. Gerade langfristig ist die Wertsteigerungserwartung einer der wichtigsten Entscheidungsgründe für den Immobilienkauf. Diese Vermutung hat sich bisher bestätigt, wie die Abbildung 5 zeigt, die die Wertentwicklung von Eigentumswohnungen pro Quadratmeter Wohnfläche in den Jahren 1976-1995 in ausgewählten Großstädten widerspiegelt (Bulwien [1996] S. 4 ff.; VDM- und RDM Preisspiegel).

Die Barerträge von Grundstücken liegen weltweit prozentual niedriger als die Zinsen bzw. die Annuität der Baudarlehen, d.h., bei einer 100 %-Beleihung des Gebäudes müßte der Investor laufend Bargeld nachschießen (Knapp [1989] S. 17). Wenn aber die Inflation mit in die Betrachtung eingeschlossen wird, erhält der Hypothekengläubiger fortlaufend Zahlungen in stärker entwertetem Geld, wobei das Tempo dieser

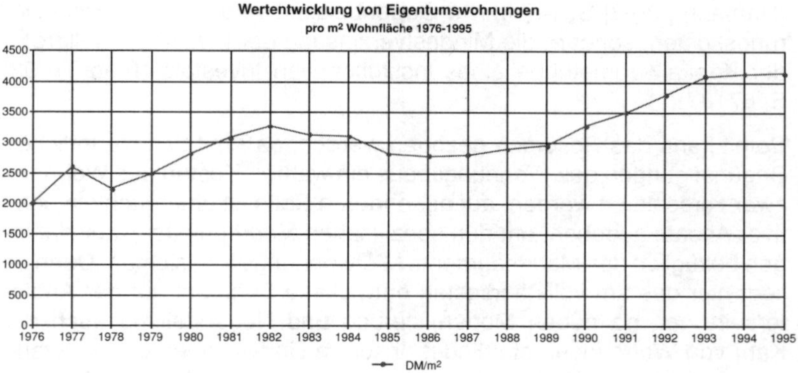

Abbildung 5: Wertentwicklung von Eigentumswohnungen

Entwicklung von der Höhe der Inflationsrate abhängig ist. Soweit die Verkehrswerte der Immobilie demgegenüber laufend steigen, und zwar unter Berücksichtigung der tatsächlichen Gebäudeabnutzung schneller als die Inflationsrate, ergibt sich – solange nicht realisiert wird – ein Buchgewinn. So stieg der seit 1914 laufend ermittelte Baukostenindex im Durchschnitt stets doppelt so schnell wie der Lebenhaltungskostenindex.

Obwohl der Preis von Immobilien maßgeblich von den Erträgen bzw. der Rendite abhängt, ist ein weiterer Preisbildungsfaktor das gesamte Preisniveau von Immobilien. Wenn aufgrund gestiegener Baukosten das Kosten/Ertragsverhältnis nicht mehr stimmt, reduziert sich die Neubautätigkeit ceteris paribus, bis die einsetzende Wohnungsverknappung – innerhalb der gesetzlichen Grenzen- zu Mietsteigerungen bzw. Renditeverbesserungen führt.

Private Immobilienanleger spekulieren auf Wertsteigerungen bzw. haben Wertsteigerungsphantasien, weshalb sie bereit sind, im Vergleich zu anderen Anlageformen niedrigere Renditen in Kauf zu nehmen. Der mögliche Wertzuwachs aufgrund der Inflation ist dabei rechnerisch umso höher, je größer der Fremdkapitalanteil und damit der Leverage-Effekt des Fremdkapitals ist. Soweit sich der nominelle Wertzuwachs und die Inflation in gleichen Raten bewegen, gelingt lediglich eine Werterhaltung (Knapp [1989] S. 19).

Aufgrund sich ändernder Wohnwünsche bzw. Ausstattungsstandards entziehen sich Wertsteigerungen weitgehend exakten Berechnungen. Die Werterhaltung bzw. Wertsteigerung ist nämlich insbesondere von

Investitionen, und zwar sowohl von der laufenden Instandhaltung als auch von Modernisierungen, Renovierungen und Sanierungen abhängig (Hellerforth [1996 a]). Die Preisentwicklung von Immobilien erfolgt zudem in Schüben und in Abhängigkeit von dem jeweiligen räumlichen und sachlichen Teilmarkt. (Knapp [1989] S.21), wie z.B. deutlich wird an der Stagnation bzw. kurzfristigen Wertminderung von Immobilien Mitte der achtziger Jahre (vgl. Abb. 5). Ob eine Werterhaltung bzw. Wertsteigerung möglich ist, kann somit nur langfristig beurteilt werden. Eine weitere Komponente der potentiellen Wertsteigerung ist ein über die Nutzungsdauer des Gebäudes hinausgehender erheblicher Anstieg des Bodenwertes (Jenyon [1996] S.10).

Viele Investoren halten vermietete Eigentumswohnungen als Instrument der privaten Altersversorgung zusätzlich zur gesetzlichen oder betrieblichen Rente bzw. zur Lebensversicherung. Dieses Erwerbsmotiv resultiert aus der Sorge um den Lebensunterhalt und Lebensstandard im Rentenalter (Hildenbrandt [1996] S.8).

Ein Motiv, welches mit der Sicherheit der Kapitalanlage und den steuerlichen Aspekten korrespondiert ist das des Vererbens: Immobilienanlagen waren zum einen bislang steuerlich begünstigt, wenn der Erbfall eintritt und zum zweiten bieten sie den Schutz, daß bis zum Erbfall das erarbeitete Vermögen nicht durch die Inflation stark reduziert ist. Damit korrespondiert in negativer Hinsicht, daß die Erbschaft- und Schenkungsteuern aufgrund des Einheitswerturteils des Bundesverfassungsgerichts angehoben werden.

Einwände, die auf einen Einbruch der Preisentwicklung hinweisen, haben aufgrund der Langfristigkeit der Anlage nur insoweit Bedeutung, als eine zeitweilige Stagnation oder Rückentwicklung der Immobilienpreise, insbesondere im Zusammenhang mit den günstigen Hypothekenzinsen ein Kaufsignal andeutet, nicht jedoch das Ende einer Wertentwicklung nach oben.

Für die Zukunft sind bezüglich der Wertsicherheit weiterhin positive Signale gesetzt, und zwar aufgrund einer anhaltenden Wohnungsnachfrage auf hohem Niveau, wie die „Raumordnungsprognose 2010" (BfLR [1996] S. 1 ff.) darlegt. Neben einem Haushaltszuwachs und einer Wohnflächenzunahme je Haushalt, die insbesondere aus Aufholeffekten in den neuen Bundesländern, aber auch aus weiteren Zuwanderungen resultiert, wird eine nachhaltige Nachfrage nach Geschoßwohnungen erwartet. Denn Zuwanderer wollen erst mittelfristig Wohneigentum erwerben und fragen zunächst einmal Mietwohnungen nach.

3.3 Das Investitionsmodell übergreift Investorengruppen: Bauherren- und Bauträgermodell

Interessant bei der Herausbildung der Erwerbsformen der privaten Kapitalanleger ist das sich zunehmend entwickelnde Austauschverhältnis zwischen freien Wohnungsunternehmen und Kleinkapitalanlegern, denn nicht nur im sozialen, sondern auch im freifinanzierten Wohnungsbau ist die Bauherreneigenschaft weitgehend auf die freien Wohnungsunternehmen übergegangen. Diese Verhältnisse sind auch das Ergebnis unternehmerischer Konzepte, welche die steuerliche Begünstigung der Erstellung fremdgenutzten Wohnraums mit dem Institut des Wohneigentums verbunden haben.

Nach den Einschränkungen der steuerlichen Attraktivität der Bauherrenmodelle vor allem durch die immer höheren Anforderungen an die Bauherreneigenschaft des Erwerbers (z.B. BFH v. 21.12.1981, BStBl. 1982 II, S. 330 ff.; BFH U. v. 23.06.1982, BStBl. 1982 II S. 700 ff.; BFH U. v. 14.11.1989, DB 1990, S. 154), hat die Anbietergruppe der freien Wohnungsunternehmen den Hauptanteil des Eigentumswohnungsbaus übernommen. Dem entspricht die Tatsache der Ausgliederung eines Teils der erbauten oder erworbenen Bestände in das Privatvermögen der Unternehmenseigner. Dies ist auch deshalb bemerkenswert, weil im Geschoßwohnungsbau, abgesehen von Eigentumswohnungen, die privaten Kapitalanleger mit Abstand den größten Teil der Wohnungen erstellen. Außerdem weisen vermietete Eigentumswohnungen eine von allen anderen Arten der Wohnungsvermietung auffällig abweichende Baualtersstruktur auf, da sie zu einem großen Teil seit Anfang der siebziger Jahre entstanden sind, wie auch Abbildung 3 veranschaulicht; ein Anhaltspunkt für die Typenbildung der privaten Anlagen im fremdgenutzten Wohnungsbau. Dabei ist anzumerken, daß die Bautätigkeit insgesamt von 803.800 WE in den Jahren 1969 bis 1978 auf 470.000 WE zwischen 1979 und 1987 bzw. nach 1988 sogar auf 243.100 WE zurückgegangen ist. Demgegenüber ist der Anteil der vermieteten Eigentumswohnungen im Verhältnis zu den selbstgenutzten prozentual gestiegen und zwar von 53,72 % zwischen 1969 und 1978 auf 62,60 % zwischen 1979 und 1987 bzw. 63,84 % nach 1988.

3.4 Die Typik der Anlagen Privater

An die Stelle der Modellformen wie Bauherren-, (Erst-)Erwerber-, Mietkauf-, Sanierungs-, Generalübernehmer- und NATO-Modelle sind rechtlich durchsichtigere Modelle des Kaufs vom Bauträger getreten. Auch diese haben das gemeinsame Merkmal der weitgehenden Entlastung des Anlegers von der technischen Bau- und Renovierungsabwicklung (Brych/Pause [1989] S. 163), sie zeichnen sich aber durch eine übersichtlichere Vertragsgestaltung und Sicherheit hinsichtlich der Kosten aus. Läßt man die Vermietung von Einliegerwohnungen aus Finanzierungsgründen bei Eigenheimen außer Betrachtung, so ergibt sich ein zweigeteilter Markt der privaten Vermietungen, denn auf der einen Seite fungiert der private Wohnungseigentümer als Bauherr meist mehrgeschossiger Gebäude, auf der anderen Seite als Käufer einer i.d.R. fremdgenutzten Eigentumswohnung.

Das sogenannte „Wohnungseigentum", das in den fünfziger Jahren fast in allen Rechtssystemen entstand, erhält in Deutschland zusätzliche Determinanten, auch bei den verschiedenen Bauherrenmodellen, mit dem Hauptzweck, relativ preisgünstig mietfreies Wohnen zu ermöglichen und durch die Gewährleistung der weniger schwierigien Vermietbarkeit und Veräußerlichkeit auch wirtschaftlich vollwertiges Eigentum breit zu streuen. Diese bedingen, daß „die Schaffung fremdvermieteten Wohnraums ... nicht die Investition in Immobilien [betrifft, d.Verf.] sondern in Immobilien als Kapitalanlage" (Wagner/Loritz [1993] S. 18).

Eine Analyse des Trends, der von der Motivation des Anlegers, Abschreibungsmöglichkeiten und Rendite zu erhalten, zur sogenannten „Sorglosimmobilie" führte, hat die Konsequenz, daß sich daran, daß die Immobilien für die Kapitalanleger nur in der Anfangsphase über Steuerersparnisse rentabel sind, wenig geändert hat.

Heute besteht der Markt für steuerorientierte Immobilienkapitalanlagen aus den (geschlossenen) Fonds, d.h. nicht mehr aus Anlageformen, die auf den Erwerb und die Vermietung individuellen Eigentums gerichtet sind (Schlag [1995] S. 45 ff.). Solche Fonds haben einen nahezu boomartigen Aufschwung durch die 1991 entstandenen „50 %-Modelle" auf dem Gebiet der ehemaligen DDR erlebt. Die Sonderabschreibung ist durch § 4 I S. 3 FördG bis zum 31.12.1996 verlängert worden.

4. Bedeutung der Besteuerung für die Immobilienanlage

4.1 Steuerliche Aspekte als wesentlicher Beeinflussungsfaktor der Rendite

Steuerliche Investitionsanreize prägen die Wohnungspolitik und damit die Wohnungswirtschaft der Nachkriegszeit. Entsprechend kann eine Aufschlüsselung des Wohnungsmarktes dadurch erreicht werden, daß man die oben definierten Kapitalanleger bezüglich ihres steuerorientierten Investitionsverhaltens betrachtet.

So lassen sich sämtliche Finanzierungskosten wie Disagio, Grundschuldeintragungen und die Zinsen steuerlich geltend machen. Bei ausreichender Bonität, hohem Spitzensteuersatz und einer geeigneten Objektauswahl kann es gelingen, die Zinsen völlig mit den Mieteinnahmen und der Steuerersparnis zu kompensieren. Inbesondere bei weitgehender Finanzierung oder Vollfinanzierung ist der effektive Eigenkapitaleinsatz sehr gering. Auch zukünftige Investitionen für Renovierungen und Modernisierungen sind steuerlich begünstigt (Hildenbrandt [1996] S. 8.). Wegen des progressiven Einkommensteuersatzes ergibt sich mit steigendem Einkommen ein höherer Steuervorteil bei der Vermietung.

Dabei sind für den Anleger zwei Aspekte von besonderer Bedeutung. Zum einen ist der Verkaufserlös von Immobilien, die im Privatvermögen gehalten werden steuerfrei, soweit die Drei-Objektgrenze nicht überschritten (Grütering [1985] S. 1917 f.) und die Spekulationsfrist (§ 23 EStG) nicht unterschritten wird. Außerdem spielen die Abschreibungen (AfA) im Bereich der Kapitalanlage eine bedeutende Rolle.

Hinzu kommt noch die steuerliche Sonderbehandlung der Immobilie bei der Erbschaft- und Schenkungsteuer sowie bei der Vermögensteuer. Diese Vorteile werden sich aufgrund des Bundesverfassungsgerichtsurteils zumindest mindern oder sich in Nachteile umkehren. Nachteile dieser Art werden in Zukunft insbesondere für die Anleger erwartet, die mehr als drei oder vier Wohnungen halten. Bezüglich der Erbschaftsteuer besteht die wohnungspolitische Notwendigkeit einer moderaten Regelung, die für die Zukunft des Mietwohnungsbaus bzw. der Immobilie als Kapitalanlage von existentieller Bedeutung ist. Wie in den Abbildungen 1 und 2 angedeutet, sind die privaten Kapitalanleger die größte Investorengruppe in Wohnungseigentum in Deutschland, und

weitere Geldgeber sind nicht erkennbar. Es würde die Marktstabilität gefährden, wenn es bei Erbfällen zu Notverkäufen käme, da so die Erbgarantie ausgehöhlt würde. Insoweit sollte auf die Einführung eines marktkonformen Ertragswertverfahrens hingewirkt werden, das sich auf die Nettomiete statt auf die Rohmiete als Bewertungsbasis stützt, denn der in der Rohmiete enthaltende Anstieg der Mietnebenkosten hat keinen Einfluß auf den Gebäudewert.

4.2 Substitution von Marktmechanismen durch die Struktur der Besteuerung

Bezüglich der degressiven Abschreibung ist festzustellen, daß von ihr ein marktregulierender Effekt dergestalt ausgeht, daß bei Veräußerungen auf die lineare Afa übergegangen werden muß, es sei denn, daß der Verkäufer keine oder nur lineare Afa geltend gemacht hat bzw. die degressive Afa sowieso nach einigen Jahren ausläuft. Besonders auffallend wird dieser Effekt, wenn man die Abschreibung in den alten und den neuen Bundesländern miteinander vergleicht: Abbildung 6 zeigt, daß sich die anfänglichen Vorteile durch die Sondergebietsabschreibung nach § 4 FGG, die jeweils im ersten Jahr vollständig in Anspruch genommen wird, nach 9 Jahren in Nachteile umkehren. Es wird deutlich, daß sich ein anfänglicher Abschreibungsvorteil im Zeitablauf in einen Nachteil umkehrt. Dabei soll nicht verkannt werden, daß sich nur eine Steuerstundung ergibt. Diese führt aber zu Zins- und Liquiditätsvorteilen.

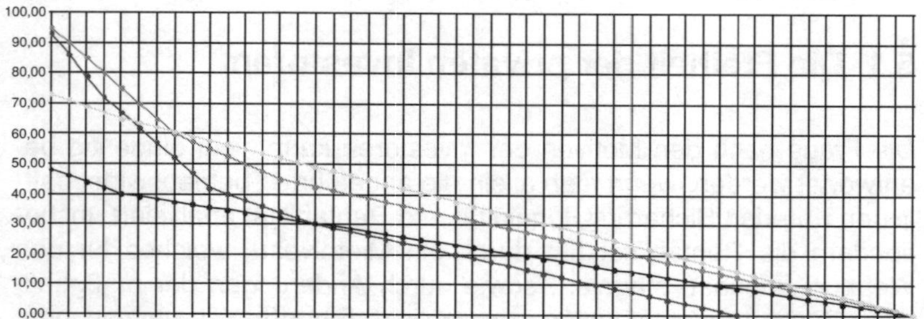

Abbildung 6: Vergleich der Abschreibungsmethoden

Die Darstellung der Restbuchwertentwicklung ermöglicht aber vor allem Aussagen darüber, in welch hohem Maße die Privatanleger von einer Einschränkung der Abschreibungsmöglichkeiten betroffen sind. Dies gilt bezüglich der Änderung der degressiven Abschreibungsmöglichkeiten nach § 7 V EStG sowohl für den Abschreibungszeitraum als auch für die Abschreibungssätze. Sowohl in der Anfangsphase der Investition, in der statt 4 Jahre 7 % und 6 Jahre 5 %, nur noch 8 Jahre 5 % und 6 Jahre 2,5 % abgeschrieben werden können, als auch über die Dauer der Investition ist ein Renditefaktor weggefallen, der für einige erst den Anstoß zur Investition in Wohnungsneubau gegeben hat. Ähnliches gilt für die neuen Bundesländer, in denen die Einschränkung bezüglich des Wohnungsneubaus jedoch erst ab dem 01.01.1997 Gültigkeit hat.

Wie bereits erwähnt, sind die Kosten für Fremdkapital, auf das der größte Teil der wohnungswirtschaftlichen Investitionen angewiesen ist, höher als die Liquiditätsüberschüsse aus Immobilien. Deshalb wird häufig ein Disagio in Anspruch genommen, das bei der Geldanlage in fremdgenutzten Wohnungsbau nicht zu den Anschaffungs- sondern zu den Werbungskosten gezählt wird und neben den Abschreibungen steuermindernd geltend gemacht werden kann. Mit dem Abschlag der Disagiofinanzierung wird ein niedrigerer Kapitalzins gekauft, was sich in der Übertragung dieses Modells auf den Erwerb im selbstgenutzten Wohnbau (Eeckhoff [1984] S. 324 ff., 415 ff., 346 ff., 477 ff.) manifestiert.

5. Investitionskontexte statt Investitionsrahmen

5.1 Die Freiheit der privaten Investoren

Die Frage nach den Motiven der Investoren kann nicht eindeutig beantwortet werden, wenn man allein die angeführten betriebswirtschaftlichen Kriterien Sicherheit, Liquidität und Rentabilität analysiert. Insbesondere die Rentabilität hat durch ein Mietniveau, welches für den Wohnungsneubau stagniert, sowie durch Änderungen der maßgeblichen Besteuerungstatbestände erhebliche Einbußen zu verzeichnen. Demgegenüber gewinnt jedoch das Motiv der Sicherheit erhöhte Bedeutung, da aufgrund finanzieller Engpässe bei den Rentenversicherungen, aber auch aufgrund von Inflationsängsten, die insbesondere

mit dem Plan einer europäischen Währungsunion zusammenhängen Unsicherheiten bezüglich der Zukunft bestehen.

Dennoch bleibt die Erwartung weiterer Wertsteigerungen auch zukünftig ein wichtiges Anlagemotiv. Nur so läßt sich erklären, daß Investoren bereit sind, niedrige Renditen in Kauf zu nehmen. Allein die Reduktion der degressiven Abschreibung nach § 7 V EStG bedeutet für den Investor eine Verringerung der Anfangsrendite von ca. 7,7 % auf rund 3,9 %. Sollte ein Ausgleich über die Miete erfolgen, müßte diese um 52 % erhöht werden. Da eine derartige Mieterhöhung am Markt nicht durchsetzbar ist, ergibt sich gerade für die Kapitalanleger mit hohem Grenzsteuersatz ein Attraktivitätsverlust.

Beobachtungen des Wohnungsmarktes ergeben auch, daß langfristige Prognosen zur Entwicklung der Wohnungsnachfrage auf die Investitionsentscheidungen nur geringen Einfluß haben (Eeckhoff [1989] S. 27). Daraus kann als „wichtige wohnungspolitische Folgerung“ eine psychologische Regel abgeleitet werden, die besagt, daß das Bild des Wohnungsmarktes von den „Phasen der Immobilienpreissenkung oder gar des Preisverfalls und damit des Zusammenbruchs der Wertsteigerungserwartungen“ (Eeckhoff [1989] S. 24) ähnlich geprägt wird wie Engpässe der Wohnungsversorgung. Dies sollte zu einer kritischen Auseinandersetzung mit den Aussagen führen, daß die Anlageprojekte seit Mitte der siebziger Jahre am Markt vorbeigebaut seien; und sie gebührt den aktuellen Warnungen, die davon ausgehen, der Gipfel des Wohnungsbedarfs sei erreicht und es sei mit starken Preisverfällen und Renditeeinbußen aufgrund von Mietsenkungen zu rechnen. Dies erscheint vor allem bei dem Zustand der Mietwohnungen in den neuen Bundesländern eine stark vereinfachende Aussage. Es kann nahezu als Schicksal der Wirtschaftsprognosen gelten, daß die kurzfristige wirtschaftspolitisch orientierte Sicht weniger komplexe und markante Wachstumszyklen erfaßt als die rückschauende längerfristige Betrachtung.

5.2 Die Verpflichtung auf Rentabilität

Bezüglich der langfristigen Projektierung von Immobilien erstaunt es generell, daß in der Diskussion immer wieder auf kurzfristige Prognosen abgestellt wird. Ebenso fehl am Platz erscheinen die kurzfristigen Änderungen der degressiven Abschreibungsmöglichkeiten, die in den Jahresteuergesetzen fast schon zur Mode werden. Immobilien sind

Sachwertanlagen par excellence, weshalb ein Vergleich mit reinen Geldanlagen nur mit Einschränkungen möglich ist, insbesondere weil sie sich nicht zur kurzfristigen Spekulation eignen, sondern ab Zeiträumen von 10 Jahren interessant werden (Hildenbrandt [1996] S. 8). Gleichzeitig treten aber bei Inanspruchnahme degressiver Abschreibungen häufig nach 5 bis 10 Jahren die ersten Renditeeinschränkungen auf. Die gleichen Aussagen sind auch für Mehrfamilienhäuser einschlägig, wenn auch mit anderen Größenordnungen, so daß u.a. aufgrund von economies of scale die Gestaltungsmöglichkeiten steigen und die anteiligen Kosten der einzelnen Wohnungen bei gleicher Miete unter denen einer Eigentumswohnung liegen (Hildenbrandt [1996] S. 8).

Entsprechend muß auch die Wirtschaftspolitik beginnen, in Kontexten, genauer nach der Weberschen Formulierung des Kaufes „vergemeinschaftend kraft realer Interessenbeziehungen“ (Weber (1972) S. 382) zu denken.

Die Entwicklung der Rechtsprechung zur Prospekthaftung weist in diese Richtung, da sie zu einem dem Börsenhandel vergleichbaren Schutz für Investoren führt, die ihr Geld in fremdgenutztem Wohnungsneubau anlegen. Die gewährten Steuervergünstigungen haben gerade dazu gedient, die Kreditierung von der Vornahme der Kapitalanlage abzuschotten, auch wenn das Kreditinstitut die Finanzierung regelmäßig in Absprache mit dem Projektentwickler abstimmt. Inzwischen geht die Rechtsprechung davon aus, daß eine Pflicht zur Übernahme gemeinsamer Verantwortung vorliegt, die im Sinne des Anlegerschutzes zu verstehen ist (Peter [1988] S. 110 ff.).

Ähnliche Verpflichtungen geht der Staat bei der Festlegung der Anlagebedingungen insbesondere im Miet- und Steuerrecht ein, weil es mit der bloß formalgesetzlichen Gewährleistung des Eigentums als Verfügungsmacht und Privatnützigkeit nicht getan ist. Aus dem dichten Regelungskomplex entsteht die Forderung nach Rentabilität der Anlage im fremdgenutzten Wohnungsbau als Vorgabe für die Politik.

Literaturverzeichnis

BfLR (Bundesforschungsanstalt für Landeskunde und Raumordnung: [1996], Raumordnungsprognose 2010, Bonn 1996.

Bulwien, H./Schultes, W.: [1989], Wirtschaftlichkeit und Mietpreisentwicklung bie freifinanzierten und älteren Mietwohnungen, Schriftenreihe Wohnungsmarkt und Wohnungspolitik des Bundesministeriums für Raumordnung, Bauwesen und Städtebau, Heft 07.009, Bonn 1980.

Bulwien u. Partner (Hrsg.): [1996], Miet- und Preisentwicklung von Wohn- und Gewerbeimmobilien in ausgewählten Großstädten im Zeitraum 1975 bis 1995, Unterförhing 1996.

Bundesministerium für Wirtschaft (Hrsg.): [1983], Gutachten vom Januar 1981 bis Juni 1983, Band 11, Göttingen 1983.

Eduard-Pestel-Institut (Hrsg.): [1996], Die Entwicklung des deutschen Wohnungsmarktes bis zum Jahr 2005, Hannover 1996.

Expertenkommission Wohnungspolitik: [1994] Wohnungspolitik auf dem Prüfstand, im Auftrag der Bundesregierung, Bonn 1994.

Eeckhoff, J.: Wohnungsbaufinanzierung unter wechselnden wirtscahftlichen Bedingungen, in: DLK, 35. Jg. 1984, Heft 11, S.334-338, Heft 13, S.415-420, Heft 14, S.436-444, Heft 15, S.474-477.

Erlenbach, E. (Hrsg.): [1991], Geld und Anlage 93, Frankfurt am Main 1992.

Falk, B. (Hrsg.): Gewerbeimmobilien, Landsberg 1987.

Falk, B. / Haber, G. / et al.: (Hrsg.): Fachlexikon der Immobilienwirtschaft Köln, erscheint im Juli 1996.

Grütering, H.: [1985], Private Vermögensverwaltung oder gewerblicher Grundstückshandel, in: BB, 40.Jg./1985, S.1970-1975.

Hahn, O.: [1975], Finanzwirtschaft, München 1975.

Hamann, H.: [1992], Immobilienkauf als Geldanlage, München 1992.

Hellerforth, M.: [1996], Kapitalanlagen, in: Falk, B. / Haber, G. / et al.: Fachlexikon der Immobilienwirtschaft, Köln, erscheint im Juli 1996.

Dies.: [1996 a], Werterhaltung, in: Falk, B. / Haber, G. / et al.: Fachlexikon der Immobilienwirtschaft, Köln, erscheint im Juli 1996.

Hildenbrandt, E.: [1996], Eigentumswohnungen lohnen sich nach zehn Jahren, Rentabilität durch langfristige Wertsteigerung, in: IZ, Nr. 10 v. 04.05.1996, S.8.

Jenkins, H. (Hrsg.): Kompendium der Wohnungswirtschaft, München 1991.

Jenyon, B.a., et. al.: [1996], Warum wird in Immobilien investiert?, in: IZ, Nr.10 v. 04.05.1996, S.4.

Knapp, R.: [1989], Immobilien als Kapitalanlage, Düsseldorf 1989.

Kühne-Büning, L., et al.: [1994] Grundlagen der Wohnungs- und Immobilienwirtschaft, 3. A., Frankfurt 1994.

Perridon, L./Steiner, M.: [1988], Finanzwirtschaft der Unternehmung, 5. A., München 1988.

Peter, O.: [1988], Die Stellung der Banken bei der Finanzierung von Immobilienkapitalanlagen, Berlin 1988.

Platz, J.: [1993], Immobilienmanagement, 3. A., Wiesbaden 1993.

Schlag, A.: [1995], Innovative Formen der Kapitalanlage in Immobilien, Kiel 1995.

Statistisches Bundesamt: [1995], Bautätigkeit und Wohnungen, 1 %-Gebäude- und Wohnungsstichprobe 1993, Fachserie 5, Heft 1 Gebäude und Grundstücke, Struktur und Nutzung, Wiesbaden 1995.

Statistisches Bundesamt: [1995 a], Bautätigkeit und Wohnungen, 1 %-Gebäude- und Wohnungsstichprobe 1993, Fachserie 5, Heft 2, Wohneinheiten und Wohnungen, Sturktur und Nutzung, Wiesbaden 1995.

Ulbrich, R.: [1991], Die Bauherren als Anbieter, in: Jenkins, H. (Hrsg.): Kompendium der Wohnungswirtschaft, München 1991, S.291-311.

Wagner, K. R. / Loritz, K.-G.: [1993], Konzeptionshandbuch der steuerorientierten Kapitalanlage, Band 1, Immobilienanlagen, Bauherrenmodelle, München 1993.

Weber, M.: (1972), Wirtschaft und Gesellschaft, 5. A., Tübingen 1972. S.382.

Bernd Falk

Gewerbeimmobilien: Ein differenzierter Markt

Zusammenfassung

Die wichtigsten Anlagemöglichkeiten in Gewerbeimmobilien, wie Handelsimmobilien, Büroimmobilien, Senioreneinrichtungen, Gewerbeparks, Hotels, Boarding-Häuser sowie mehrfunktionalgenutzt Immobilien werden aufgeführt, wobei auf die unterschiedlichen Standorte, die verschiedenen Betriebsformen und Betriebstypen, aber auch auf die stark differierenden Renditeerwartungen eingegangen wird.

Zur Beurteilung einer Immobilie und zur Erleichterung der Anlageentscheidung werden einzelne Kriterien wie die Vermögensrechnung, mietrechtliche und steuerliche Aspekte sowie die Finanzrechnung, dargestellt. Wie differenziert der Gewerbeimmobilienmarkt jedoch ist, wird zunächst anhand der jetzigen Marktsituation der einzelnen Investitionsstandorte in Deutschland kurz aufgezeigt.

1. Einführung

Die Anlage in Gewerbeimmobilien hat sich in den vergangenen Jahren in Westdeutschland und zunehmend auch in Ostdeutschland insbesondere wegen ihrer lukrativen Rendite, ihrer steuerlichen Vorteile und der freien Mietvertragsgestaltung als attraktive langfristige Anlageform erwiesen. Die Gründe für diese überaus positive Entwicklung liegen in der großen Wirtschaftskraft der Bundesrepublik, in der hochentwickelten Infrastruktur dieses Wirtschaftsraumes und dessen stabilen politischen und wirtschaftlichen Rahmenbedingungen sowie in der zentralen Lage Deutschlands innerhalb Europas. Hieraus ergibt sich für den privaten Kapitalanleger ein interessantes Betätigungsfeld, welches aber durch die vielseitigen Anlagemöglichkeiten und der damit verbundenen Unübersichtlichkeit des Marktes von privaten Anlegern im Vergleich zu den institutionellen Anlegern nur wenig genutzt wird.

2. Aktuelle Marktsituation

Ein erhebliches Ungleichgewicht besteht derzeit zwischen Angebot und Nachfrage nach Gewerbeimmobilien, wobei das Angebot in der

Regel überwiegt. Eine Ausnahme bildet die Nachfrage nach höherwertigen Standorten, der nur ein begrenztes Flächenangebot gegenübersteht. Insofern kann die Situation auf dem Kapitalmarkt derzeit zwar besser als auf dem Vermietungsmarkt, doch insgesamt auch nur als befriedigend eingeschätzt werden. Bedingt durch die wirtschaftliche Rezession fragen expandierende Unternehmen deutlich weniger nach Räumlichkeiten in Gewerbeimmobilien nach. Dennoch läßt sich aufgrund einer positiven Wertentwicklung „gesunder" Immobilien erkennen, daß der gewerbliche Immobilienmarkt keinen Einbruch erleiden und das Vertrauen der Investoren in die Immobilie als rentierliche Anlage nicht geschmälert wird. Auch eine relativ hohe Geldwertstabilität sowie das stark gefallene Zinsniveau lassen die Nachfrage nicht erlahmen.

2.1 Das Angebot

Das Angebot an Immobilien-Anlagemöglichkeiten ergibt sich einerseits aus dem Bestand an vorhandenen Immobilien, die eine gewerbliche Nutzung möglich machen und andererseits aus rechtlich und finanziell realisierungsfähigen Planungsvorhaben. Das Angebot an Gewerbeimmobilien besteht dabei aus den gesamten, bereits vorhandenen Flächen, d.h. aus der Summe von bereits genutzten und leerstehenden Flächen.

Bei der Formulierung des Angebotes an Immobilien-Anlagemöglichkeiten sollte man neben den Planvorhaben und vermietbaren Flächen, d.h. leerstehenden Flächen, auch die bereits gewerblich genutzten Flächen einbeziehen, da dort durch Nutzerwechsel ein Flächenangebot entstehen kann und unter Umständen eine neue gewerbliche Nutzung möglich wird.

Das Angebot an Immobilien-Anlagemöglichkeiten zu charakterisieren bedeutet, die gewerblichen Anlagemöglichkeiten nach Immobilienarten, Standorten und Renditekriterien zu unterscheiden. Unabhängig von der Immobilienart sind Angebote für gute innerstädtische Standorte sehr eingeschränkt, da nur noch wenige Flächen und Baulücken vorhanden sind. Die Zurückhaltung der Gemeinden bei der Neuausweisung von Bauland, langwierige und komplizierte Genehmigungsverfahren wie auch Verzögerungen durch Nachbareinsprüche machen die Realisierung von gewerblichen Objekten an bestimmten Standorten immer schwieriger.

Bei Einzelhandels-Großobjekten, die in der Regel auf der „grünen Wiese“ entstanden sind, ist nach einer ablehnenden Haltung der zuständigen Genehmigungsbehörden in den alten, nunmehr auch in den neuen Bundesländern Zurückhaltung zu erkennen. Nach einer Phase der Planungs-Euphorie für Shopping-Center, SB-Warenhäuser und Fachmarktzentren in den neuen Bundesländern ist auch dort eine verschärfte Konkurrenz-Situation zwischen Peripherie und innerstädtischem Einzelhandel zu verzeichnen. Durch das knappe Angebot in den Innenstädten der neuen Bundesländer wurden nach der Wende die Geschäftslokale der Fußgängerzonen zu überhöhten Preisen vermietet. Weiterhin entwickelt werden in Groß-, Mittel- und Kleinstädten Einzelhandelsimmobilien wie Einkaufs-Passagen und Galerien.

Ein großer Flächenüberhang hat sich durch zahlreiche spekulativ errichtete Bürogebäude ergeben. So ist zumindest in diesen Städten eine Konsolidierungsphase erreicht, die Investitionen in weitere Büroflächen fraglich machen. Bei gemischt-genutzten Objekten in weniger zentralen Lagen besteht derzeit ein größeres Angebot und auch Gewerbeparks konnten ein starkes Wachstum, insbesondere in den neuen Bundesländern, verzeichnen. Insgesamt betrachtet besteht im gewerblichen Immobilienmarkt ein begrenztes Angebot an qualitativ und wirtschaftlich attraktiven Objekten bzw. Angeboten in präferierten Standortlagen.

2.2 Die Nachfrage

Obgleich in den letzten Jahren die Käufer unter keinem Anlagedruck standen, kann man die gegenwärtige Nachfrage-Situation als lebhaft bezeichnen. Trotz der höheren Abschreibungsmöglichkeiten für gewerbliche Immobilien und der Bevorzugung des Fördergebietes, wurde nach erster Euphorie aufgrund der Standort-Vorteile wieder mehr in Westdeutschland investiert. Insgesamt bleibt die Nachfrage für Objekte in 1a-Lagen auf dem hohen Niveau der Vorjahre bestehen. Aufgrund fehlender Flächen in den Zentrenlagen verlagert sich ein Teil der Nachfrage auf gute Randlagen bzw. Stadtteillagen. Zu den Hauptinteressenten zählen neben den offenen und geschlossenen Immobilienfonds auch Versicherungen und Pensionskassen. Für private Investoren mit kleineren Anlagevolumina sind eher die regionalen und lokalen Märkte interessant, bei denen durch Marktkenntnis vergleichsweise gute Kapitalanlagen untergebracht werden können. Aufgrund rückläufiger Ren-

diten hat sich das Interesse seitens der Privatpersonen und ausländischen Unternehmen etwas verringert. Durch die stattgefundene Marktbereinigung mit bis zu 30 % niedrigeren Einstandspreisen sind zur Zeit akzeptable Renditen zu erzielen, sofern die Vermietung der Immobilie zu angemessenen Marktkonditionen gewährleistet ist. Neben den zu erzielenden Renditen besteht ein zusätzliches Wertzuwachs-Potential von nominal 7% bis 9% (real: 3% bis 5 %).

Gesucht werden von Investoren derzeit langfristig vermietbare Objekte mit einem hohen Ausstattungsgrad, die sich zudem in sehr guter Lage befinden und mit einer guten Infrastruktur versehen sind. Die nachhaltig erzielbaren Mieten stellen das Anlagekriterium Nummer 1 dar.

Besonders nachgefragt werden derzeit nachfolgend aufgeführte Immobilien-Objekte:

- Büroflächen in Top-Lagen und guten Stadtteillagen (mit „Adresse" und Corporate-Identity);
- etablierte Einkaufszentren, Galerien, Passagen;
- gemischt-genutzte Gebäude in zentraler und guter Stadtteillage;
- Fachmarktzentren und Gewerbeparks;
- Immobilien mit kurzfristig hohen Abschreibungsmöglichkeiten (Fördergebietsgesetz);
- Boarding-Häuser und Senioreneinrichtungen;
- attraktive unbebaute, aber entwicklungsfähige Grundstücke und
- zur Umnutzung bzw. zum Flächenrecycling anstehende Grundstücke oder Gebäude in zukunftsträchtigen Lagen.

3. Investitionsstandorte in Deutschland

Der Investitionsstandort Deutschland ist gekennzeichnet durch seine zentrale Lage im Herzen Europas und besitzt damit gute Ausgangspunkte für den EG-Binnenmarkt. Im internationalen Vergleich verfügt Deutschland über eine gewachsene Export-Intensität, die selbst durch die außerordentlich starke Aufwertung nur wenig beeinträchtigt wurde. Mit der Wiedervereinigung wurde auch das Bindeglied zu den osteuropäischen Märkten hergestellt, da diese zunehmend an Bedeutung gewinnen. Im Vergleich zu den meisten anderen westeuropäischen Ländern verfügt die Bundesrepublik über mehrere wirtschaftlich attraktive Regionen, die im Nachfolgenden kurz dargestellt werden.

3.1 Alte Bundesländer

Die alten Bundesländer lassen sich in die Großräume Hamburg, Rhein-Main-Gebiet, Rhein-Ruhr-Gebiet, Stuttgart und München aufteilen.

Hamburg gehört nach Berlin zu den deutschen Großstädten, die ökonomisch am stärksten von der Wiedervereinigung profitiert haben. Hinzu kommt die günstige Lage als Drehscheibe für Handel und Verkehr zwischen Skandinavien, West- und Osteuropa. Die skandinavischen Länder sind als EU-Mitglieder noch näher an Hamburg herangerückt; so daß der Warenaustausch mit ihnen sich weiter intensivieren wird, was für den Groß- und Außenhandelsplatz „Nummer eins" in Deutschland besonders bedeutsam ist. Hinsichtlich des langfristigen Wirtschafts- und Beschäftigungswachstums nimmt das Rhein-Main-Gebiet mit der Metropole Frankfurt unter den deutschen Bürozentren einen Spitzenplatz ein. Als international geprägter Standort ist Frankfurt am Main zugleich die Wirtschafts-, Finanz- und Verkehrsmetropole Deutschlands.

Die Landeshauptstadt Düsseldorf hat sich in den vergangenen Jahren weitestgehend von der benachbarten Ruhrgebietsregion abgekoppelt. Aufgrund der relativ hohen Bedeutung der Sektoren Handel, Kreditinstitute und Dienstleistungen in der Landeshauptstadt verlief die wirtschaftliche Entwicklung relativ stabil. Bei den in Nordrhein-Westfalen vertretenen Zukunftsbranchen wie Telekommunikation und Umwelttechnik steht die Stadt allerdings bei Ansiedlungen im Wettbewerb zu anderen Wirtschaftszentren des Ruhrgebietes.

Die Attraktivität des Raumes München für High-Tech-Unternehmen erwächst insbesondere daraus, daß in der Münchener Wirtschaft schon eine fortgeschrittene Integration von produzierender Wirtschaft und industriellen Dienstleistungen hergestellt werden konnte. Investiert wird in Zukunft vor allem in Bereichen, wo spezialisierte Dienstleistungen mit hochwertigen Produkten eine netzwerkartige Symbiose eingehen. Auch das Image der Stadt als Medien-, Messe- und Kulturzentrum bietet weitere Entwicklungspotentiale für die Zukunft.

Die Stuttgarter Region und Wirtschaft hat gegenwärtig mit Wachstumsproblemen wegen ihrer industrielastigen Branchenstruktur zu kämpfen. Von seiten der positiven Standortfaktoren wie hochqualifizierte Arbeitskräfte, anwendungs-orientierte Wissenschaft und Forschung gehen derzeit kaum Impulse auf die Wirtschaftstätigkeit aus. Wachstumspotentiale für den Ballungsraum Stuttgart kommen insbesondere aus

dem Dienstleistungssektor sowie aus dem verarbeitenden Gewerbe.

In den alten Bundesländern zählen zu den bevorzugtesten Anlageregionen derzeit nach wie vor mit weitem Abstand das Rhein-Main-Gebiet, gefolgt vom Rhein-Ruhr-Gebiet sowie an dritter Stelle die Stuttgarter Region.

Neben den Großräumen existieren eine Reihe weiterer attraktiver Mittelzentren mit erheblicher Wirtschaftskraft, die insbesondere für den privaten Kapitalanleger wegen seiner räumlichen Nähe zu den Objekten interessant sind. So ergibt sich für den privaten Investor in Deutschland aus diesem regional breit gefächerten Markt für gewerbliche Immobilien eine erstaunliche Vielfalt an Standorten, die eine zusätzliche Erweiterung in den neuen Bundesländern durch die Wiedervereinigung fand.

3.2 Neue Bundesländer

In den neuen Bundesländern haben sich neben einer Vielzahl kleinerer Mittel- und Oberzentren, wie Rostock, Schwerin, Magdeburg, Frankfurt/Oder, Erfurt usw., drei Großräume, Berlin, Leipzig und Dresden herauskristallisiert. Innerhalb Deutschlands gilt der Berliner Raum als die favorisierte Anlageregion für nationale und internationale Investoren und Projektentwickler. Neben der Entscheidung zum Regierungsumzug nach Berlin tragen auch die Standort-Vorteile wie z.B. die Nähe zu den aufstrebenden Volkswirtschaften Osteuropas sowie die zukünftige Rolle als Verkehrsdrehscheibe zum positiven Image der Region bei. Auch in den technologischen Wachstumsmärkten liegen Chancen für den Industrie- und Dienstleistungs-Standort Berlin, der über ein besonderes Potential industrie-relevanter Forschungseinrichtungen verfügt. Leipzig avanciert in den neuen Bundesländern zur Stadt der Messen und des Handels. Neben der Leipziger Messe tragen auch die neu angesiedelten Medienbetriebe zur Entwicklung als Kongreß- und Tagungsstätte bei. Der Raum Leipzig bildet derzeit zusammen mit Dresden einen wichtigen Wachstumsschwerpunkt in den neuen Bundesländern. Impulse gehen vor allem von der Bauwirtschaft aus, wobei eine Verlagerung der Wachstumsdynamik auf das verarbeitende Gewerbe und die Dienstleistungen erforderlich ist. Dresden ist hingegen als Industriezentrum mit den Zweigen Mikroelektronik, Medizintechnik, Flugzeugbau, Elektro-, Spezialwerkzeug- und Verpackungsmaschinenbau sowie der pharmazeutischen Industrie bekannt. Eine erhebliche Anzie-

hungskraft dürfte der Standort in Zukunft durch die Ansiedlung technologie-intensiver Branchen erhalten.

Generell bleibt festzustellen, daß sich nach der Öffnung der Mauer die Immobilienmärkte in den neuen Bundesländern nach einer ersten Phase der Euphorie in der Zwischenzeit konsolidiert haben.

4. Anlagemöglichkeiten in Gewerbeimmobilien

Gewerbeimmobilien weisen ein sehr breites Spektrum verschiedenster Nutzungen und Typen auf, und sind damit wesentlich vielschichtiger und komplexer als Wohnungsimmobilien. Aufgrund dieser umfangreichen Bandbreite wird im Nachfolgenden lediglich auf die wichtigsten Arten von Gewerbeimmobilien, wie Handelsimmobilien, Büroimmobilien, Senioreneinrichtungen, Gewerbeparks, Hotels und Boarding-Häuser sowie mehrfunktional-genutzte Immobilien, eingegangen.

4.1 Handelsimmobilien

Die Anlage in Handelsimmobilien hat durch die Wiedervereinigung auf der Investorenseite deutlich an Bedeutung gewonnen. Der gesamte Einzelhandels-Umsatz erreichte in 1995 mit ca. DM 745 Mrd. einen Anteil von ca. 26% des Brutto-Inlandsproduktes. So bilden Handelsimmobilien auch nach wie vor einen Schwerpunkt bei der Anlage in Gewerbeimmobilien. Wie kaum eine andere Gewerbeimmobilie bietet sie ein facettenreiches Spektrum unterschiedlicher Betriebsformen und -typen.

Die kleinste Betriebsform der Handelsimmobilien mit einer Verkaufsfläche ab 4 m^2 sind die Fach- und Spezialgeschäfte. Die Standorte dieser am häufigsten vorkommenden Betriebsform finden sich hauptsächlich in den gewachsenen Stadtzentren bzw. Stadtteilzentren, sind aber auch sehr häufig innerhalb von gemischt-genutzten Objekten vertreten. Ihren festen Bestandteil haben diese Geschäfte auch in Shopping-Centers, da sie sehr stark von der Agglomeration von Einzelhandelsbetrieben leben.

Für Kapitalanleger eignen sich bei den Immobilien des Lebensmittel-Einzelhandels insbesondere die Betriebstypen Lebensmittel-Discounter, Lebensmittel-Supermarkt wie auch Verbrauchermärkte. Der Le-

bensmittel-Discounter ist ein auf umschlagstarke Artikel konzentriertes Selbstbedienungsgeschäft und spricht seine Verbraucher über eine Niedrigpreispolitik an. Die Größe der Discountermärkte liegt zwischen einer Verkaufsfläche von 400 m^2 bis 1.000 m^2.

Der Lebensmittel-Supermarkt ist ein Selbstbedienungsgeschäft mit einer Verkaufsfläche von mindestens 400 m^2 bis maximal 1.200 m^2, das Lebensmittel einschließlich Frischware führt; der vorgesehene Flächenanteil für Non-Food liegt unter 25 %. Während kleinere Typen der Lebensmittel-Supermärkte in gemischt-genutzten Gebäuden liegen, kommen größere Supermärkte mit bis zu 1.200 m^2 Verkaufsfläche oft an verkehrsgünstigen Standorten auch als alleinstehende Objekte mit Pkw-Stellplätzen vor.

Verbrauchermärkte und SB-Warenhäuser weisen eine Verkaufsfläche von mindestens 1.500 m^2 auf, wobei der Anteil der Lebensmittel zumeist weniger als 50% ausmacht. Zusätzlich zu den Lebensmitteln bietet dieser Betriebstyp auch noch Ge- und Verbrauchsgüter des kurz-, mittel- und langfristigen Bedarfs an. Die Standorte der Verbrauchermärkte liegen aufgrund ihrer Größe § 11 Abs. 3 Baunutzungsverordnung) in ausgewiesenen Sondergebieten bzw. in Kerngebieten.

SB-Warenhäuser sind Einzelhandels-Großbetriebe, die sowohl Lebensmittel als auch ein umfangreiches Sortiment an Ge- und Verbrauchsgütern des kurz-, mittel- und langfristigen Bedarfs aufweisen, wobei die Verkaufsfläche zwischen 5.000 m^2 bis hin zu 50.000 m^2 betragen kann. Dieser Betriebstyp hat sich seinen Namen durch den Standort auf der „grünen Wiese“ geschaffen, wobei eine sehr gute Erreichbarkeit für den Individualverkehr mit einem entsprechend großen Angebot an Parkplätzen für die Akzeptanz solcher Standorte entscheidend ist. Nur der Vollständigkeit halber seien hier die Kauf- bzw. Warenhäuser erwähnt, die als Kapitalanlage für private Investoren aufgrund ihrer Größe in der Regel nicht in Betracht kommen.

Für Kapitalanleger weniger interessante Anlagemöglichkeiten des Lebensmittel-Einzelhandels sind der SB-Markt bzw. SB-Laden. Der überwiegend in ländlichen Regionen vorkommende SB-Laden ist ein Einzelhandels-Geschäft mit weniger als 200 m^2 Verkaufsfläche, das Lebensmittel in Selbstbedienung anbietet. Ein SB-Markt weist eine Verkaufsfläche von 200 m^2 bis 400 m^2 auf, wobei auch Frischware sowie integrierte Non-Food-Waren in Selbstbedienung angeboten werden.

Die gegenwärtig aktuellste Form des Handels und auch ein interessantes Feld für Kapitalanleger stellt der sogenannte Fachmarkt dar. Die

Verkaufsfläche beträgt in den meisten Fällen nicht mehr als 1.000 m^2. Ausnahme bilden hier lediglich die Bau- und Gartenmärkte, Elektro-Fachmärkte und Spielwarenmärkte mit einer Verkaufsfläche von 3.000 m^2 bis hin zu 10.000 m^2. Fachmärkte liegen zumeist in dezentraler, verkehrsorientierter Lage und weisen ein breites und tiefes Sortiment zumeist einer Branche auf. Fachmärkte bieten für Investoren eine sehr gute Rendite, da einerseits die Investitionskosten relativ günstig sind und andererseits entsprechende mietvertragliche Regelungen, z.B. durch Umsatzbindung, neben der Grundmiete weitere Wertentwicklungs-Chancen bieten.

Bei der Betriebsform Shopping-Center hat sich ein Wandel vollzogen, so ist das sogenannte regionale Shopping-Center in eine Stagnationsphase getreten. Auf der anderen Seite nimmt die Bedeutung eines kleineren Einkaufszentren-Typs mit einer Geschäftsfläche von etwa 3.000 m^2 bis 8.000 m^2 ständig an Bedeutung zu. Dieser kleinere Typ wird gegenwärtig in der Bundesrepublik Deutschland in der Gestalt von Einkaufs-Passagen, Galerien und Einkaufshöfen auch in Klein- und Mittelstädten errichtet.

Seit der Etablierung in Deutschland haben sich die Einkaufszentren ständig weiterentwickelt. Insbesondere dem höheren Anspruchsniveau der Verbraucher an die Sortimentspolitik sowie an die architektonische Gestaltung der Einkaufszentren wird bei der Projektierung neuer Objekte und bei der Sanierung älterer Einkaufszentren Sorge getragen. Zu den entscheidenden Erfolgsfaktoren zählen Standort und Management der Einkaufszentren, ein adäquater Mieter- und Branchen-Mix sowie eine Verkaufsfläche von mindestens 3.000 m^2 pro Ebene. Sind diese Erfolgskriterien gewährleistet, stellt der Kauf von Einkaufszentren eine außerordentlich interessante Kapitalanlage dar.

Die Renditen für Handelsimmobilien fallen in den verschiedenen Einzelhandelslagen sehr unterschiedlich aus. In Spitzenlagen werden Renditen von 4,75% bis 5,25% erzielt. In zentralen Lagen liegen die Renditeerwartungen bei 6,25% und in zweitklassigen Lagen können sogar bis zu 7,5% Rendite erzielt werden. Zwischen 7% und 8,5% erzielen Supermärkte, je nach Qualität der Lage. Fachmarkt-Zentren sind aufgrund ihrer nach wie vor überdurchschnittlich hohen Renditen, die zwischen 5% und 8% liegen, äußerst attraktive Investitions-Objekte.

Die oftmals höheren Renditen bei Handelsimmobilien gegenüber Wohn- bzw. Büroraum sind zum einen durch einen schnelleren Verschleiß, und zum anderen durch deutlich höhere Risiken hinsichtlich

der Vermietbarkeit oder der Konkurrenzfähigkeit des Objektes bedingt. Aufgrund der höheren Risiken sollte der private Kapitalanleger eine Markt- und Standort-Analyse zur Erleichterung der Investitionsentscheidung erstellen lassen. Ferner sind für eine erfolgreiche Kapitalanlage die Zukunftsperspektiven der Betriebsform sowie die Qualität des Mieters ausschlaggebend. Von entscheidender Bedeutung ist auch der Realitätsbezug der Mieten, denn wenn diese im Vergleich zum erzielten Umsatz zu hoch angesetzt sind, kann nach Ablauf der Mietdauer das Objekt sehr schnell leerstehen.

Eine Kapitalanlage in Handelsimmobilien stellt gegenüber anderen Formen ein geringeres Risiko dar, weil der Markt für Handelsimmobilien konstanter ist. Im Zusammenhang mit dem technischen Fortschritt und der moralischen Abnutzung einer derartigen Immobilie achtet der Mieter zumeist selbst auf die Attraktivität seiner Ladeneinheit und übernimmt oftmals derartige Kosten. Für eine einzelhandels-genutzte Immobilie in der 1a-Lage erzwingt die Einzigartigkeit des Standortes eine langfristige Wertsteigerung, welche die Gesamtrendite oft über die von anderen Immobilienarten hebt.

4.2 Büroimmobilien

Eine interessante Anlagemöglichkeit für private Investoren stellt die Büroimmobilie dar, da sie in ihrer Verwaltung vergleichsweise einfach zu handhaben ist. Die Standort-Qualität für Büroimmobilien einzuschätzen ist innerhalb weniger Tage möglich, da die Nachfrage- und Angebots-Situation über die wichtigsten Büromärkte in der Bundesrepublik anhand der Marktberichte der führenden überregionalen Maklerunternehmen relativ schnell und umfangreich Transparenz verschafft. Aber auch die sich nicht so schnell ändernden Standorte, die stark differierenden Investitionsvolumen pro Objekt, die zwischen ca. DM 1 Mio. und DM 1 Mrd. liegen, und last but not least die Performance können die Büroimmobilien zu einer durchaus attraktiven Anlageform werden lassen.

Die Büromärkte unterliegen erfahrungsgemäß sehr starken Veränderungen hinsichtlich des Angebotes und der Nachfrage, wobei die fast beliebige Vermehrbarkeit der Büroflächen zu dem wirtschafts-theoretischen Phänomen des „Schweinezyklus" geführt hat. Die unterschiedlichen Konjunkturphasen stellen in einem Rhythmus von drei bis vier Jahren den größten Einfluß auf diesen Zyklus dar. In konjunkturell gu-

ten Phasen steigt die Nachfrage sehr stark an, da die nachfragenden Unternehmen meist sehr kurzfristig disponieren.

Aufgrund der geringen Angebots-Elastizität kommt es dann zu stark steigenden Mietpreisen. Die ansteigenden Mietpreise führen nach einem bestimmten Zeitraum zu einem verstärkten Angebot am Markt. Trifft dieses auf eine wirtschaftliche Schwächeperiode, sind die Nachfrager überproportional vertreten, mit der Folge stark fallender Mietpreise sowie Leerständen. Vorgenommene Mietnachlässe können einen nicht vorhandenen Bedarf der Unternehmen nur wenig stimulieren, d.h. die Nachfrage zeigt sich hierbei sehr unelastisch. Insofern ist eine Abschätzung der Phasenlänge eines Zyklusses relativ schwierig. Für einen Investor kommt es deshalb entscheidend auf den Zeitpunkt der Anlage in Büroimmobilien an. Bei der Planung eines neuen Bürogebäudes sollte sich der Investor zunächst über die Größe des Objektes im Klaren sein. Die Größe des Objektes sollte immer im Verhältnis zu der vermietbaren Fläche stehen, die in einem Jahr innerhalb der Region auch absorbiert wird. Zu den weiteren Objektkriterien für eine Büroimmobilie zählen insbesondere:

- die Zentrumslage;
- attraktive und moderne Flächen mit Verkehrsanbindung;
- das Standort- und Objekt-Image;
- die flexible Nutzbarkeit effizienter Flächen;
- die langfristige Vermietbarkeit der Flächen und
- die gute Bonität der Mieter.

Sofern eine maximale Bebauung des Grundstückes kein großes Risiko für die Vermarktung bedeuten würde, so ist eine volle Inanspruchnahme der möglichen bebaubaren Fläche auch sinnvoll. Sollen demgegenüber Flächen in einem Teilmarkt angeboten werden, in dem das geplante Objekt einen sehr großen Flächenanteil am Gesamtmarkt einnehmen würde, so wäre eine Plazierung der geplanten Mietflächen sehr viel risikoreicher.

Bei Neubauten von Büroimmobilien sollte das Gebäude nicht viel tiefer als 13 m werden, wenn man von einer überwiegenden Einzelbüro-Nutzung ausgeht. Diese optimale Tiefe von Bürogebäuden ergibt sich aus einer Raumtiefe von 5,20 m und einem Flur von 1,50 m und einem Einzelbüro auf jeder Seite des Flurs. Wird diese Raumtiefe überschritten, so bedeutet das für den Mieter, daß er für Flächen bezahlen muß, die er nicht nutzen kann.

Bei der Planung eines wirtschaftlichen Bürogebäudes ist ebenfalls auf das Achsmaß zu achten. Dieses liegt in der Regel bei einem Raster zwischen 1,25 m und 1,50 m. Ein größeres Achsmaß z.B. von 1,80 m würde zwar die Kosten für Fenster, Heizkörper und Beleuchtung geringer ausfallen lassen, erschwert jedoch die Vermietung der Flächen, da der Mieter wieder mehr Flächen anmieten müßte, um die gleiche Anzahl von Mitarbeitern unterzubringen.

Die Geschoßhöhe eines Gebäudes richtet sich nach optischen als auch nach baurechtlichen Gesichtspunkten. Größere Flächen (z.B. Großraumbüros) wirken unangenehm, falls die Decke zu niedrig ist. Die Arbeitsstättenrichtlinien geben Hinweise auf die Höhe von Räumen bei unterschiedlichen Flächengrößen. Die lichte Höhe bei Räumen bis 50 m^2 muß mindestens 2,50 m betragen, bei Räumen von 50 m^2 bis 100 m^2 2,75 m und bei Räumen von mehr als 100 m^2 mindestens 3,00 m lichte Höhe.

Bürogebäude in den Top-Innenstadtlagen und in solchen Lagen, wo der Lärmpegel sehr hoch ist, werden in der Regel mit einer Vollklima-, Teilklimaanlage oder mit einer Be- und Entlüftung ausgestattet. Auch Bürohochhäuser werden mit Klimaanlage oder mindestens mit einer Be- und Entlüftung ausgestattet, da es wegen der Auswirkung des Windes nicht möglich ist, die Fenster zu öffnen. Die Installierung einer Klimaanlage bzw. einer Be- und Entlüftungsanlage sorgt für wesentlich höhere Errichtungskosten für solche Bürogebäude, da neben den eigentlichen Kosten der Klimaanlage auch zusätzliche Kosten durch größere technische Räume und Lüftungsschächte entstehen. Ferner erhöhen sich die Betriebskosten des Gebäudes, wobei die Mieter normalerweise nur in den Top-Lagen bereit sind, die daraus resultierenden höheren Miet- bzw. Nebenkosten zu tragen.

Mit der zunehmenden Technisierung bei Büroarbeitsplätzen, wie Anschlüsse für PC, Telefax, Telex, ISDN etc., ist es bei Bürohaus-Neubauten sinnvoll, Doppelböden einbauen zu lassen, da dieses von vielen Mietern als vorteilhaft angesehen wird. Der Einbau von Doppelböden oder mindestens von Hohlraumböden ist bei Top-Innenstadt-Neubauten unbedingt erforderlich. In den meisten dezentralen Lagen der Großstädte und in kleineren Städten reicht es jedoch immer noch aus, Bodenflurkanäle oder eine Kombination von Fensterbankkanälen mit Bodenflurkanälen anzubieten.

Generell sollte bei der Planung von modernen Bürohäusern das Hauptaugenmerk auf ein Höchstmaß an Flexibilität in der Flächen-

struktur gelegt werden. So muß gewährleistet sein, daß die Aufteilung der Büroräume geänderten Anforderungen eines Nutzers ohne größeren Aufwand angepaßt werden kann. Auch sollte es möglich sein, je nach Wunsch des Nutzers, sowohl kleine in sich abgeschlossene Büroeinheiten als auch größere Einheiten gestalten zu können. Je flexibler Büroimmobilien gestaltet sind, desto leichter ist eine spätere Neuvermietung der Immobilie.

Die Attraktivität einer Büroimmobilie ist für die Vermarktung sehr ausschlaggebend. Am wichtigsten sind die ersten Eindrücke, nämlich die Eingangshalle und die Aufzüge, vor allem aber die Fassade, Der repräsentative Standort im Zentrum einer Stadt ist gefragt und nicht mehr das Bürohaus in dezentraler Lage. Gleichzeitig sollen Parkmöglichkeiten sowie eine Anbindung an öffentliche Verkehrsmittel vorhanden sein.

Infolge der zunehmenden Technisierung und Innovation auf dem Feld der Architektur und Gebäudetechnik sowie der sich ändernden Tätigkeitsanforderungen und Organisationskonzepte sollte ein zukünftiges Bürohaus mit dem Ziel: „einen Lebensraum Büro" zu bieten, variabel sein und durch einen ästhetischen Reiz überzeugen. Es muß in das Corporate-Identity-Konzept eines Unternehmens einzubinden sein, den ökologischen Anforderungen gerecht werden sowie eine intelligente Gebäudegestaltung und Ausstattung vorweisen.

Neben den klassischen Büroformen wird es künftig möglicherweise gänzlich neue Formen geben. Dazu zählen wird die Telearbeit bzw. das sogenannte „virtuelle Büro". Desweiteren spricht man über Formen eines „intelligent office" sowie eines „fraktalen Büros".

Die Renditen für Büroflächen liegen in Spitzenlagen um 5%. Sie steigen dann in zentralen Lagen auf 5,5% bis 6,5% an. In dezentralen Lagen können sogar bis zu 7% erreicht werden.

Die Büroimmobilie stellt trotz einiger Unsicherheiten bezüglich des Marktzyklusses bei Bürogebäuden eine durchaus sinnvolle Investition für private Investoren dar. Stimmen Objekt und Standort überein, ist nur mit geringen Mietausfällen zu rechnen. Der Verwaltungsaufwand hält sich im Gegensatz zu Shopping-Centers und Gewerbeparks zumeist in engen Grenzen. Büroimmobilien stellen somit eine vergleichsweise sichere Kapitalanlage mit kalkulierbarem Risiko dar.

4.3 Senioreneinrichtungen

Im Markt für gewerbliche Immobilien haben bislang Senioreneinrichtungen eine nachrangige Stellung eingenommen. Jedoch werden sie in den nächsten Jahren zunehmend an Bedeutung gewinnen, da Prognosen davon ausgehen, daß der Anteil der Bevölkerung älter als 60 Jahre in 20 Jahren bei 25% und in 50 Jahren vermutlich bereits bei 35% liegen wird. Über 600.000 ältere Menschen leben nach den Berechnungen des Kuratoriums „Deutsche Altenhilfe" in rund 5.800 Heimen. Diese Zahl repräsentiert lediglich einen Anteil von 5% der über 65-jährigen Menschen.

Grundsätzlich unterscheidet man bei den Senioreneinrichtungen folgende Arten nach dem Grad der angebotenen Versorgungsleistungen:

- Altenwohnung,
- Altenwohnheim,
- Altenkranken-/-pflegeheim,
- Altenwohnstift.

In einem Altenwohnheim werden mehrere in sich abgeschlossene Altenwohnungen zusammengefaßt. Die Selbständigkeit des Bewohners steht im Vordergrund. Die Ausstattung und Einrichtung der Wohnungen ist auf die Bedürfnisse älterer Menschen ausgelegt und bietet die Möglichkeit, im Bedarfsfalle zusätzliche Verpflegung, Betreuung und vorübergehende Pflege zu erhalten.

Beim Altenheim handelt es sich um eine Einrichtung, in der alte Menschen wohnen, die nicht zur Führung eines eigenen Haushaltes imstande sind und die voll versorgt und betreut werden müssen. Die Ausstattung der Unterkünfte und Personalbesetzung sind auf die älteren Menschen auszurichten.

Bei einem Altenpflegeheim handelt es sich um eine Einrichtung, bei der chronisch Kranke und pflegebedürftige alte Menschen Unterkunft, Verpflegung und Betreuung erhalten. Das Hauptaugenmerk wird auf die Pflege von älteren Menschen gelegt, wobei dies zusätzliche Anforderungen an die Bauausstattung und die Personalbesetzung beinhaltet.

Das Altenwohnstift bietet heimbedürftigen oder heimwilligen alten Menschen, die in der Regel bei der Aufnahme nicht pflegebedürftig sind, eine Unterkunft in abgeschlossenen Wohneinheiten mit einer teilweisen Eigenversorgung. Normalerweise wird den Bewohnern die Haushaltsführung abgenommen und zusätzlich Service- und Pflegeleistun-

gen in Anspruch genommen. Gesellschaftliche und kulturelle Veranstaltungen sorgen in Gemeinschaftseinrichtungen für Anregung und Unterhaltung. Zusätzlich werden medizinische Hilfen angeboten und Maßnahmen im sozialen und rehabilitativen Bereich runden das Angebot des Altenwohnstiftes ab.

Seniorenwohnheime sollten ihre Standorte möglichst zentrumsnah in ruhiger und grüner Atmosphäre haben. Es sollte die Möglichkeit zu Spaziergängen im Grünen, zum Einkaufsbummel in der Innenstadt und zum Besuch von öffentlichen und kulturellen Einrichtungen bestehen. Ferner ist die Anbindung an leistungsfähige öffentliche Verkehrsmittel von Bedeutung.

Die Herstellungskosten für einen Heimplatz liegen – je nach Ausstattung – zwischen DM 130.000,– und DM 220.000,–. Die Kosten der Unterbringung hängen von der Art des Wohnraumes bzw. von der Inanspruchnahme von Dienstleistungen ab. Die Tagessätze liegen in Altenheimen mit geringem Aufwand an Dienstleistungen zwischen DM 60,– und DM 80,–. Sofern eine umfassende Betreuung und Versorgung des Heimbewohners stattfindet, werden zwischen DM 70,– bis DM 150,– verlangt.

Für die wirtschaftliche Betreibung einer Senioreneinrichtung ist ein Minimum von etwa 60 bis 80 Einheiten im allgemeinen erforderlich. Eine Dimensionierung von ca. 100 bis 150 Einheiten gilt als ausgesprochen wirtschaftlich. Die Renditen für Seniorenheime liegen zwischen 5,5 % bis 7,0 %.

Die Kapitalanlage in Seniorenheime könnte sich bei der zukünftigen Entwicklung der Altersstruktur der Bewohner in der Bundesrepublik durchaus positiv entwickeln. Jedoch sollte der Investor berücksichtigen, daß es sich um eine sogenannte „sensible" Management-Immobilie handelt, bei der der Qualität des Betreibers eine entscheidende Bedeutung zukommt. Als Betreiber von Senioreneinrichtungen kommen in Betracht:

- öffentlich-rechtliche Träger:
  Länder, Landkreise, Gemeindeverbände; Anstalten und Stiftungen, denen die Rechtsfähigkeit zuerkannt ist; kirchliche Einrichtungen;
- Verbände der Freien Wohlfahrtspflege:
  Diakonisches Werk, Innere Mission, Deutscher Caritasverband, Deutscher Paritätischer Wohlfahrtsverband, Deutsches Rotes Kreuz, Zentrale Wohlfahrtsstelle der Juden in Deutschland;
- freie gemeinnützige Träger:
  Organisatoren, die einem Verband der Freien Wohlfahrtspflege angehören; Organisationen, denen steuerlich die Gemeinnützigkeit an-

erkannt ist, ohne daß sie Mitglied in einem Verband der Freien Wohlfahrtspflege sind, und
- private Träger.

Lediglich die privaten Träger arbeiten gewinnorientiert. Ob alle Betreiber sozial-humanitäre Leistungen erbringen und die zugrundegelegte Ertragskalkulation nachhaltig und auf Dauer sichern, wird die Zukunft zeigen.

4.4 Gewerbeparks

Der Gewerbepark ist ein meist von privaten Investoren planmäßig entwickeltes, einer durchdachten Nutzungskonzeption unterworfenes, größeres Gewerbegebiet, das unter einem einheitlichen Namen bekannt gemacht wird. Für die Einhaltung der Konzeption ist eine Gesamtverwaltung verantwortlich, die vertraglich zwischen den Nutzern (Mietern) und der Verwaltung des Gewerbeparks vereinbart wird.

Bei der Entwicklung von Gewerbeparks wird versucht, Büro- und Lagerbauten mit interessanter Architektur in ansprechender, parkähnlicher Umgebung unterzubringen. Gleichzeitig sollte der Mieter-Mix so abgestimmt werden, daß sich Synergieeffekte ergeben können. In gut konzipierten Gewerbeparks werden grundsätzlich sogenannte störende Betriebe, von denen Umweltbelastungen wie Lärm, Staub etc. ausgehen können, nicht untergebracht. Als Ergänzung sollten im Gewerbepark Basiseinrichtungen wie Dienstleistungs-Unternehmen (Steuerberater, Banken, Reisebüros, etc.), Gastronomie, Sporteinrichtungen, Lebensmittelmärkte, etc. vorhanden sein. Auch das Image des Gewerbeparkes ist von wesentlicher Bedeutung, welches sich in dessen Namensbezeichnung, Bekanntheitsgrad und der Architektur sowie der parkartigen Gestaltung innerhalb des Gesamt-Objektes ausdrückt.

Die Größe des Gewerbeparkes bestimmt sich zunächst von den Möglichkeiten innerhalb des Marktgebietes. Jedoch sollte das Grundstück ausreichend groß sein, um nicht Einflüssen einer Nachbarschaftsbebauung ausgeliefert zu sein. Letztendlich ist auch ein qualifiziertes Management aus den Mieteinnahmen zu finanzieren, was ebenfalls eine Mindestgröße voraussetzt. Insofern dürften Grundstücksflächen in einer Größenordnung von 100.000 m^2 bis 300.000 m^2 besonders prädestiniert sein, da bei Gewerbeparks unter 100.000 m^2 die oben genannten Anforderungen in der Regel nicht erfüllt werden können. Nach

Auffassung von Fachleuten wird eine Überbauung der Grundfläche von etwa 40% bis 45% als sehr gute Relation zwischen bebauter und unbebauter Fläche angesehen.

Die Etablierung eines Gewerbeparkes sollte innerhalb eines ausreichend großen Marktgebietes liegen, besonders prädestiniert sind deswegen vor allem die bundesdeutschen Großräume sowie sonstige Groß- und Mittelstädte von ausreichender Zentralität für die Entwicklung derartiger Objekte. Innerhalb dieses Marktgebietes ist die Anbindung an das überregionale (Autobahnen) und regionale (Bundesstraßen) Verkehrsnetz von großer Bedeutung, wobei die Leistungsfähigkeit dieses Verkehrsnetzes ausschlaggebend ist. Zwingende Notwendigkeit stellt in vielen Fällen die Anbindung an die Eisenbahn dar. Insbesondere sind auch störende Einflüsse in der Umgebung zu untersuchen. Sinnvoll ist z.B. ein ausreichender Abstand zu Wohngebieten, und auch der Zu- und Abfahrtsverkehr sollte nicht durch Wohngebiete führen. Negative Einflüsse auf den Gewerbepark gehen sowohl von Müllhalden, Altlasten aber auch von der Nähe eines Flugplatzes (Lärmentwicklung) aus.

Eine attraktive und vielfältige Architektur des Gewerbeparkes ist ein wesentliches positives Kriterium. So sollte das äußere Erscheinungsbild nicht durch größere Parkflächen und Lieferhöfe beeinträchtigt werden. Lichthöfe sollten auf die Rückseiten der Gebäude gelegt und Parkflächen durch Sichtschutzwälle, -mauern oder Bepflanzungen aus dem Sichtfeld genommen werden. Bei der architektonischen Gestaltung sollte ferner die Möglichkeit flexibler Raumaufteilung Berücksichtigung finden, um den Wünschen der zukünftigen Nutzer Rechnung zu tragen. Die Gebäude sollten insbesondere bei Auszug des Erstnutzers mit möglichst geringen Umbaukosten einer neuen Nutzung zugeführt werden können. Auch die Gestaltung der Grünflächen sollte durch gute Landschaftsarchitekten vorgenommen werden, da diese neben der Architektur das Erscheinungsbild eines Gewerbeparkes prägt.

Die Etablierung eines qualifizierten Managements hat insbesondere zur Aufgabe, für die technische Unterhaltung der Anlagen und Immobilien Sorge zu tragen, die Mieter zu betreuen, die Wiedervermietung zur Disposition stehender Flächen vorzunehmen sowie Werbung für den Gewerbepark zu betreiben. Die Mietverträge dienen hierbei als Basis für die Steuerung des Gewerbeparkes, da in ihnen die Rechte und Pflichten der Mieter klar definiert werden. Ferner ist eine Regelung über die Nutzung der Gemeinschaftsanlagen zu treffen und Sonderkosten für Sondernutzungen festzulegen.

Das Konzept des Gewerbeparkes führt tendenziell zur Akzeptanz höherer Mieten. Durch die Vielzahl verschiedener Branchen und Betriebe werden Synergieeffekte für den einzelnen Mieter freigesetzt und auch die parkähnliche Außengestaltung führt dazu, daß sich Mieter mit höherwertigen Dienstleistungen bzw. Produkten niederlassen. Für den Investor resultieren aus den höheren Mieten letztendlich höhere Renditen. Diese liegen etwa bei 7 % bis 8 %. Bedingt durch die Projektgröße ist der Entwickler ferner in der Lage, den Standort zu „machen". Zudem lassen sich Leerstände bei Vorhandensein eines qualifizierten Managements auf ein Minimum (unter 5 %) reduzieren.

Gewerbeparks werden zukünftig aufgrund ihrer interessanten Renditen von Anlegern nachgefragt werden. Das Angebot an guten Objekten wird voraussichtlich hinter der Nachfrage zurückbleiben.

4.5 Hotels und Boarding-Häuser

Hotels werden in Zukunft tendenziell an Bedeutung gewinnen, da die Reisetätigkeit im privaten ebenso wie im geschäftlichen Bereich zunehmen wird. Unternehmen führen zunehmend mehr Konferenzen, Seminare und Tagungen durch.

Ein Hotel ist ein Beherbergungsbetrieb mit gehobenem Ausstattungs- und Bedienungskomfort, der – gewöhnlich in einem größeren, repräsentativen Gebäude – gewerblich Logie, Verpflegung und sonstige Dienstleistungen für den vorübergehenden Aufenthalt auf Reisen befindlicher Ortsfremder zur Verfügung stellt. Der Begriff Hotel ist in der Regel erst auf Betriebe mit mindestens 20 Gästezimmern mit voll ausgerüsteten Sanitärzellen anwendbar. Die Immobilie stellt bei einem Hotel nur den äußeren Rahmen dar. Das Entgelt für Übernachtungen ist somit größtenteils ein Ausgleich für geleisteten Service und nur zum kleineren Teil ein Nutzungsentgelt für die Immobilie. Eine Unterteilung von Hotels kann im Hinblick auf Standorte, Zielgruppen, Ausstattung oder Service vorgenommen werden:

- zielgruppen-orientiert:
  z. B. Passantenhotel, Tagungshotel, Ferienhotel, Kurhotel, Seminarhotel;
- standort-orientiert:
  z. B. City-Hotel (in Top-Innenstadtlagen), Stadthotel, Landhotel, verkehrsorientiertes Hotel (z.B. an Autobahnen, Bahnhöfen, Flughäfen);

- ausstattungs-orientiert:
  z. B. Hotel-Pension, Hotel Garni, Vollhotel, Suite-Hotel, Hometel;
- service-orientiert;
  z. B. Luxus (5 Sterne), Commercial (4 Sterne), Economy (3 Sterne), gutbürgerlich (2 Sterne), einfach (1 Stern).

Neben dieser Gliederung gibt es noch Sondertypen, wie z.B. das Sporthotel, das Ferienhotel, das Motel, etc.

Eine Sonderform des Übernachtungsgewerbes ist das Boarding-Haus. Hierbei handelt es sich um die Vermietung mehr oder weniger großer Appartements für eine Aufenthaltsdauer, die in der Regel zwischen einem Tag und drei Jahren liegt. Sie sind komplett eingerichtet und enthalten eine Kochgelegenheit. Die angebotenen Serviceleistungen sind in den einzelnen Häusern sehr unterschiedlich. Während einzelne Boarding-Häuser nur reinen Komplett-Service anbieten, kann der Kunde bei anderen Häusern Service- und Zusatzleistungen frei bestimmen.

Die Standortwahl bei einem Hotel zählt mit zu den entscheidenden Kriterien bei Planung oder Erwerb. Insbesondere muß es über eine gute Verkehrsanbindung verfügen, d.h. gut auffindbar und zugänglich sein. Weiterhin muß es repräsentativ sein, von hohem Wohnwert geprägt und möglichst kontinuierlich frequentiert werden.

Boarding-Häuser sind hingegen ausschließlich in attraktiven Großstädten und hier in bevorzugten Wohnlagen im Übergangsbereich zur verdichteten gewerblichen Nutzung aufzufinden. Insbesondere in der Nähe von Messegebieten findet diese Art der Beherbergungs-Immobilie seinen Standort.

Als Kennziffer rechnen Experten bei Stadthotels für 2 Sterne-Hotelzimmer mit einer Brutto-Geschoßfläche (BGF) von ca. 35 m^2 einschließlich aller Nebenanlagen, ein 4 Sterne-Hotelzimmer erfordert 50 m^2 bis 55 m^2, während ein Luxuszimmer erst ab einer Fläche von etwa 65 m^2 beginnt. Der Investitionsaufwand einschließlich Grundstück, Einrichtung, Finanzierung und Nebenkosten für ein komplett betriebsfertiges Hotelzimmer der 2 Sterne-Kategorie dürfte heute etwa zwischen DM 150.000,– bis DM 180.000,– netto liegen, für die 3 Sterne-Kategorie bis zu DM 220.000,– und für ein 4 Sterne-Objekt bis zu DM 300.000,–.

Generell sollte der Grundstücksaufwand 20 % des Investitionsvolumens nicht überschreiten. Eine Ausnahme bilden hier nur die allerbesten Innenstadtlagen. Die Renditen liegen bei gut konzipierten, neugebauten Stadthotels zwischen 6,5 % und 8,0 % bezogen auf das einge-

setzte Netto-Investitionsvolumen. Die Belegungsraten sollten bei einem Stadthotel bei mehr als 60% der Betten liegen, um optimale wirtschaftliche Ergebnisse zu erzielen. Der Netto-Umsatz pro Gästezimmer liegt bei einem 2 Sterne-Hotel bei etwa DM 100,–, während für ein Innenstadt-Hotel der 4 Sterne-Kategorie etwa DM 160,– bis DM 180,– anzurechnen sind. Global kann davon ausgegangen werden, daß der Netto-Umsatz pro Jahr wenigstens 30% des Investitionsaufwandes erreichen sollte und daß ein Hotelzimmer in einem Vollhotel etwa das tausendfache seines Übernachtungspreises als Investitionsaufwand kosten wird. Die Gewinn-Schwelle wird bei Stadthotels bei einer Zimmerbelegung von etwa 55% erreicht.

Bei Boarding-Häusern liegt der Break-even-Point in der Regel erheblich niedriger, bisweilen sogar unter 40% der Belegungsquote. Dieses liegt an einer stark abweichenden Kostenstruktur insbesondere im Personalwesen. Etablierte Boarding-Häuser weisen eine durchschnittliche Auslastung von über 90% aus und je nach Standort und Ausstattungs-Qualität schwanken die monatlichen Mieteinnahmen zwischen DM 20,– und DM 35,– pro Quadratmeter Wohnfläche.

Die Betriebsführung von Hotels wird in der Regel mittels Pachtvertrag an eine Betreibergesellschaft (Hotelketten wie Arabella, Steigenberger, Holiday Inn, Arcade, etc.) übertragen. Dieses ist bei ausreichender Bonität des Betreibers die sicherste Vertragsform für einen Kapitalanleger. Dadurch zeigt sich aber auch, daß der Erfolg eines Hotels sehr stark vom Betreiber abhängig ist. Bei Boarding-Häusern hingegen haben sich überregional tätige Betreiber noch nicht herauskristallisiert und werden bislang in Deutschland ausschließlich als Eigenbetriebe oder im Verbund mit abhängigen Betriebsgesellschaften geführt.

4.6 Mehrfunktional-genutzte Immobilien

Ein besonders interessantes Feld der Kapitalanlage in Gewerbeimmobilien bieten die mehrfunktional-genutzten Immobilien. Im Gegensatz zu monofunktionalen Gewerbeimmobilien, in denen ein oder mehrere Mieter demselben Tätigkeitsbereich nachgehen, sind generell unter mehrfunktionalen Immobilien alle diejenigen zu verstehen, deren Mieter bzw. Nutzer unterschiedliche Funktionen ausüben. Sie umfassen damit ein weit breiteres Spektrum verschiedener Typen. Im engeren Sinne könnte die mehrfunktionale gewerbliche Immobilie als „reine" Gewerbeimmobilie angesehen werden, sofern es sich bei den Mietern

ausschließlich um Gewerbemieter handelt. Von gemischt-genutzten Immobilien spricht man häufig, wenn neben den gewerblichen auch Wohneinheiten vorhanden sind. Innerhalb dieser Immobilie sind je nach Funktion die unterschiedlichen Anforderungen der Mieter hinsichtlich Standort, Gestaltung, Funktionalität innerhalb des Objektes, Verkehrsanbindung, Parkierung, etc. zu berücksichtigen. Die folgende Darstellung der unterschiedlichen Typen mehrfunktionaler Gewerbeimmobilien soll einen Überblick über das breite Spektrum vermitteln:

- Das „typische" mehrfunktionale innerstädtische Geschäftshaus, in dem Einzelhandel, Gastronomie, sonstige Dienstleistungen sowie Büros, Praxen und eventuell Wohnungen untergebracht sind.
- Innerstädtische Einkaufspassagen, Galerien, Einkaufshöfe mit Büros und/oder Praxisräumen mit oder ohne kommerzielle Parkhäuser bzw. Tiefgaragen.
- Kommerziell genutzte Parkhäuser mit Ladenzeilen, Freizeiteinrichtungen (Bowling/Kegeln, Fitneß, etc.), Büros, Praxen, z. B. um das Parkhaus zur Straßenseite hin zu kaschieren oder die Rentabilität zu verbessern etc.
- Bürohäuser mit Ladenzeile, Einkaufspassage, Gastronomie und/oder kommerziell genutzte Parkanlage.
- Hotels in Verbindung mit einer Ladenpassage, Kongreßzentrum, Boarding-Haus, Büroetage, etc.
- Freizeitanlagen in Verbindung mit Hotels oder Bungalows, Einzelhandels-Einrichtungen, Gastronomie.
- Innerstädtische und stadtperiphere mehr- oder multifunktionale Einkaufszentren (z. B. Einzelhandel in Verbindung mit Freizeiteinrichtungen, sonstige Dienstleistungen, Büroetagen, Hotel, Kongreßzentrum etc.).

Die Anforderungen an den Standort für mehrfunktionale Gewerbeimmobilien sind sehr differenziert und komplex anzusehen, da sie gleichermaßen den unterschiedlichen Ansprüchen der verschiedenartigen Nutzer(-gruppen) gerecht werden soll. Die typischen Standorte für mehrfunktionale Gewerbeimmobilien liegen insbesondere in den sogenannten Mischgebieten und Kerngebieten sowie eigens hierfür ausgewiesenen Sondergebieten. Ein innerstädtischer Einzelhandels-Standort erfordert vor allem eine akzeptable Fußgängerfrequenz, gut erreichbare Parkmöglichkeiten sowie nach Möglichkeit die Nähe zu anderen attraktiven Einzelhandelsanbietern. Hingegen erwarten Nachfrager nach Büroräumen aus Repräsentationsgründen primär eine gute Büro-„Adresse".

Spezifische Anforderungen der verschiedenartigen Nutzergruppen müssen bei der baulichen Konzeption berücksichtigt werden. So sollten u.a. separate Eingänge bzw. Treppenhäuser bei Einrichtungen vorhanden sein, die nicht den Ladenschlußzeiten unterworfen sind. Gastronomische Betriebe und Freizeitbetriebe in Einkaufszentren sollten tagsüber in das Objekt integriert sein, abends hingegen muß eine Abtrennung vom Einkaufsbereich über einen getrennten Zugang erfolgen. Ferner ist eine Entlüftungsvorrichtung bei z.B. gastronomischen Betrieben mit extremer Geruchsentwicklung erforderlich, damit andere Mieter nicht belästigt werden.

Deckenbelastbarkeit, spezielle innerbetriebliche Sicherheitsanforderungen (z.B. für Banken) und eine repräsentative Eingangsgestaltung sind den jeweiligen Anforderungen der Mieter anzupassen. Bei der Plazierung der Anlieferungszonen für den Einzelhandel ist darauf zu achten, daß eine Lärmbelästigung für die Wohnungsmieter verhindert wird. Häufig sind auch getrennte Treppenhäuser erforderlich, da der Publikumsverkehr von Gewerbemietern oftmals von Wohnungsmietern als störend empfunden wird und andererseits bestimmte Gruppen von Wohnungsmietern (z.B. soziale Randgruppen) das Repräsentationsbedürfnis von Gewerbemietern stören.

Die Zusammensetzung der verschiedenen Mieter sollte eine gegenseitige Verträglichkeit sicherstellen. Zusätzlich könnten Synergieeffekte freigesetzt werden, wenn darüber hinaus ein fruchtbares Miteinander erfolgen kann. Ein Beispiel hierfür wäre das typische Ärztehaus, bei dem im Erdgeschoß die Ansiedlung einer Apotheke, eines Augenoptikers, eines Reformhauses etc. sinnvoll wäre und in den oberen Geschossen Arztpraxen untergebracht sind. Im Gegensatz kann sich natürlich auch der negative Eindruck eines Mieters auf das Gesamt-Objekt in der Folge auswirken, daß dessen Image erheblich beeinträchtigt wird. Auch kann eine hohe Mieterfluktuation dieselbe Wirkung auslösen. Generell stellt die unterschiedliche Nutzung bei mehrfunktionalen Gewerbeimmobilien für den Eigentümer eine Risikostreuung dar, da z.B. Handelsbetriebe wesentlich schneller veralten als dies z.B. bei Büros oder Praxen der Fall ist.

Mehrfunktional-genutzte Immobilien sind relativ komplizierte Immobilien und sind den sogenannten sensiblen Gewerbeimmobilien hinzuzurechnen. Bereits kleine und mittelgroße Objekte erfordern den Einsatz eines qualifizierten Managements. Um für die hohen Grundstücks- und Baukosten (in der Regel in der Innenstadt) eine entsprechende Rentabilität darstellen zu können, ist die optimale Ausnutzung der erlaubten Ge-

schoßflächenzahl (GFZ) und Baumassenzahl (BMZ) erforderlich. Üblicherweise bringen Läden mit Einzelhandelsnutzung speziell im Erdgeschoß den höchsten Mietertrag, wobei sich in den Obergeschossen der Mietpreis bei der Nutzung als Büro, Praxis oder auch bei Läden gegenüber dem Erdgeschoß deutlich reduziert. Höhere Geschosse können zumeist nur als Büros, Praxen oder Wohnungen genutzt werden.

Mehrfunktional-genutzte Immobilien bedürfen einer klaren Konzeption sowie des richtigen Standortes, da dieser Immobilientyp nicht nur dem baulichen Verschleiß, sondern auch einer konzeptionellen Erosion unterworfen ist. Sie gehören jedoch zu den zukunftsträchtigen Immobilientypen, sofern die o.g. Voraussetzungen gegeben sind.

5. Beurteilungskriterien zur Anlageentscheidung

In vielen Bereichen sind die Märkte heute durch einen verstärkten Verdrängungswettbewerb auf der Anbieterseite geprägt. Dieses verlangt auf seiten der Privatanleger die Zurechtlegung eines persönlichen Konzeptes für eine individuelle Anlagestrategie (Projektidee und -philosophie), die wesentlich von der Einkommens- und Vermögenslage, dem Lebenszyklus und der Mentalität bzw. dem Risikoprofil abhängt. Von ganz entscheidender Bedeutung bei der Beurteilung von Gewerbeimmobilien ist immer noch der Standort. So sollte sich der private Investor bei fehlender Fachkenntnis durch objektive Fachinstitute aussagefähige Markt- und Standort-Analysen erstellen lassen. Wenn diese auch keinen Absolutheitsanspruch für die Richtigkeit ihrer Ergebnisse in Anspruch nehmen können, so bieten diese doch wesentliche Fakten und Anhaltspunkte, die bei einer Investitionsentscheidung hilfreich sind.

Bei der Beurteilung der Gewerbeimmobilie sind ferner die vollständigen Erwerbskosten, der Verkehrswert, der Nettoertrag, die Nettorendite sowie die Relation Kaufpreis zu Nettomiete zu errechnen und zu beurteilen. Diese Daten reichen jedoch keineswegs aus, denn die Gewerbeimmobilie unterliegt neben dem rein technischen Verschleiß zusätzlichen exogenen Erosionserscheinungen wie dem Auftauchen attraktiver Konkurrenz-Objekte, Verkehrsveränderungen, etc.

Ein besonderes Augenmerk sollte auf die Ausgestaltung der gewerblichen Mietverträge gelegt werden, da diese im Gegensatz zu den woh-

nungswirtschaftlichen Verträgen sehr individuell ausgestaltet werden können. Die Mieterträge stellen die Haupteinnahmequelle einer Immobilie dar. Deshalb sollte bei der Ausgestaltung der Mietverträge besonderes Augenmerk auf die Miethöhe aber auch auf die vertragliche Ausgestaltung der avisierten Mietanpassung gelegt werden. Hierfür bestehen Möglichkeiten in der Vereinbarung einer Staffelmiete, einer Umsatzmiete oder aber auch einer indexierten Miete. Im Zusammenhang mit dem Abschluß des Mietvertrages ist auch der Mieter selbst auf seine Bonität, Seriosität und Kooperationsbereitschaft zu prüfen.

Neben den mietrechtlichen Aspekten sollte der Investor bei der Anlage in Gewerbeimmobilien auch auf steuerliche Aspekte achten. Die Wiederentdeckung der Immobilie für den Kapitalanleger durch besondere Steueranreize (z.B. Sonderabschreibungsmöglichkeiten nach § 4 Fördergebietsgesetz) beeinflussen die Rendite nicht zuletzt auch durch Liquiditätszuschüsse in Form gesparter Einkommensteuer. Bei Immobilien werden im Gegensatz zu anderen Kapitalanlagen Wertsteigerungen außerhalb der sogenannten Spekulationsfrist (zwei Jahre zwischen An- und Verkauf) steuerlich nicht erfaßt.

Bei der Kapitalanlage in Gewerbeimmobilien sollte der private Investor eine Finanzrechnung erstellen, die für jede Vermögensposition die zugehörigen jährlichen Einnahmen und Ausgaben und als Saldo den Kassenüberschuß (Finanzergebnis) des betreffenden Jahres enthält. Insbesondere sollte der Investor bei der Prüfung des Finanzierungsmodells darauf achten, ob nicht über heruntersubventionierte Zinsen (Disagio) oder durch befristete Mietgarantien für eine relativ kurze Laufzeit eine günstige Überschußrechnung aufgemacht wird.

Sollte es sich um ein Objekt mit zahlreichen Mietern und unterschiedlichen Entscheidungsträgern handeln, so ist auch eine Überprüfung des Nutzungskonzeptes erforderlich. Ferner sollte der Investor bereits vor dem Kauf einer Gewerbeimmobilie überlegen, wie es um eine mögliche Wiederverkäuflichkeit des Objektes bestellt ist. Neben den o.g. Beurteilungskriterien gibt es noch eine Reihe weiterer Kriterien, die für eine umfassende Beurteilung komplizierter Gewerbeimmobilien erforderlich ist. Bei einer nicht nur oberflächlichen Überprüfung sollte gegebenenfalls auf die Einschaltung von Experten (Steuerberatern, Immobilienbewertern, Finanzierungsexperten etc.) nicht verzichtet werden. Gegebenenfalls sollte ein interdisziplinäres Gutachterteam eingesetzt werden.

Literaturempfehlungen

DHI-Deutsches Handelsinstitut GmbH (Hrsg.): Handel aktuell '95, Köln 1995.
Falk, Bernd (Hrsg.): Immobilien-Handbuch, Stuttgart 1985.
Falk, Bernd (Hrsg.): Gewerbe-Immobilien, 6. Auflage, Landsberg/Lech 1994.
Falk, B./Wolf, J.: Handelsbetriebslehre, 11. Auflage, Landsberg/Lech 1992.
Gerlach, H./Hyronimus, J./Schwatlo, W./Tewes, D./Völker, H. (Hrsg.): Die Gewerbeimmobilie als Kapitalanlage, 3. Auflage, Freiburg i.Br. 1992.
Heuer, B. (Hrsg.): Erfolgreiches Vermarkten von Gewerbeimmobilien, 18. Aktualisierungs- und Ergänzungslieferung, Kissing 12/1993.

Marie-Therese Krings-Heckemeier und Ulrich Pfeiffer

Wohnimmobilien für Senioren

Zusammenfassung

In der Bundesrepublik ist die Altersschichtung aus den Fugen geraten. Der sich heute schon abzeichnende Alterungsprozeß wird sich in Deutschland in Zukunft fortsetzen. Es wächst langsam eine Generation in die dritte Lebensphase, die ganz anders geartete Vorstellungen über das Wohnen und Leben im Alter hat. Die Ergebnisse verschiedener Forschungen (vgl. empirica 1995, 1993, 1992 und 1990), die sich mit der Wohn- und Lebenssituation der heute und zukünftig älteren Menschen beschäftigen, sind deutlich: Es besteht eine große Diskrepanz zwischen Wohnungswünschen und -plänen einerseits und Marktangeboten für die Zeit nach der Berufstätigkeit andererseits. In der Wohnungswirtschaft hat sich ein neuer Markt herauskristallisiert: der Seniorenmarkt. Viele zukünftige Ruheständler würden im Alter umziehen, wenn die Angebote attraktiver wären. Für attraktive Wohnangebote ist auch die Spar- und Finanzierungsbereitschaft hoch.

1. Demographische Veränderungen

1.1 Veränderte Altersstruktur

Heute sind ca. 16,5 Millionen Menschen 60 Jahre und älter. Bis zum Jahre 2030 wird sich diese Gruppe um etwa 50% erhöhen. Weil auf den Baby-Boom der fünfziger und sechziger Jahre ein langanhaltender Rückgang der Geburten folgte, verläuft die Zunahme der Älteren parallel zu einem Rückgang der Kinderzahl (vgl. Abbildung 2). So sank in den alten Bundesländern die Netto-Reproduktionsrate 1970 erstmals unter 1 und erreichte Mitte der 80er Jahre sogar Werte um 0,60 (vgl. Statistisches Bundesamt 1992, S. 70). Folglich geht die Zahl der Kinder der wachsenden Gruppe der über 59jährigen allmählich zurück. Bedenkt mant, daß gleichzeitig die Erwerbsquote der Frauen, die in der Regel die privaten Hilfen für ältere Menschen übernehmen, steigt, dann wird klar, daß in Zukunft die Fähigkeit der Familien, Leistungen zugunsten der älteren Generation zu erbringen, stark abnehmen wird.

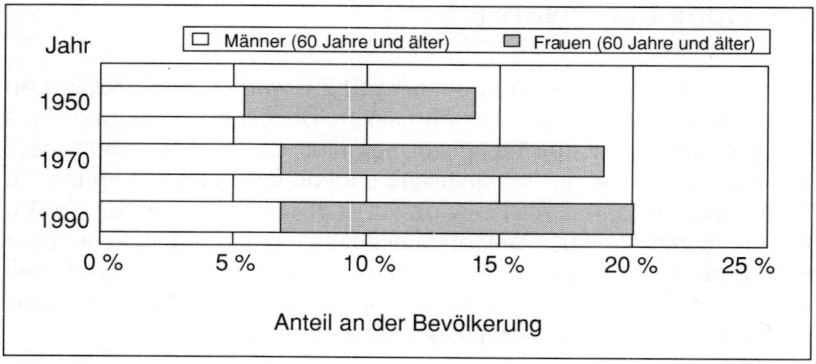

Abbildung 1: Anteil der 59jährigen an der Gesamtbevölkerung in Deutschland 1950–1990 (Alte Bundesländer)

Quelle: Statistisches Bundesamt (Hrsg.): Lange Reihe zur Wirtschaftsentwicklung 1992, empirica.

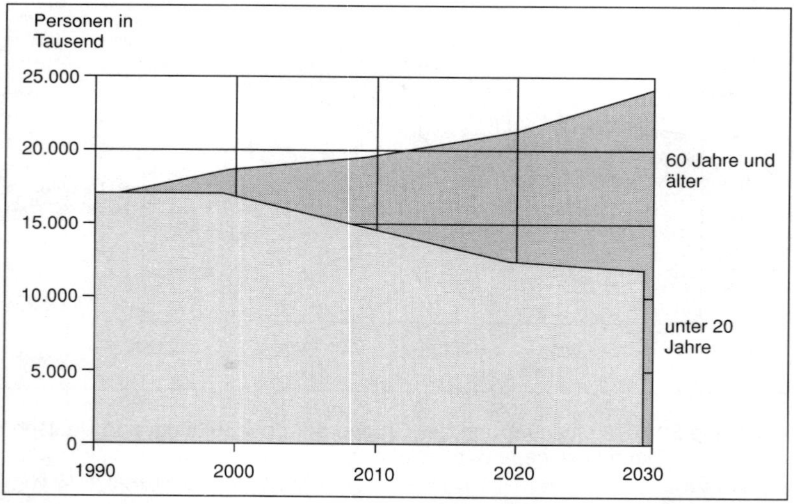

Abbildung 2: Verschiebung der Alterstruktur in Deutschland 1990 – 2030 (inkl. Neue Bundesländer)

Quelle: Statistisches Bundesamt (Hrsg.): Entwicklung der Bevölkerung bis 2030. In: Wirtschaft und Statistik 4/1992, empirica.

Anmerkung: Die in der Graphik dargestellte Prognose beruht auf der 7. koordinierten Bevölkerungsvorausschätzung des Statistischen Bundesamtes. Wir vermuten, daß die Zahl der Zuwanderer bei der vorliegenden Prognose unterschätzt wird, so daß die Bevölkerungszahl insgesamt weniger zurückgeht als hier unterstellt wird.

1.2 Hohe Lebenserwartung

Aufgrund der gestiegenen Lebenserwartung werden mehr Menschen älter, und diese Lebensphase währt länger. Die Lebenserwartung eines Neugeborenen ist in den letzten 20 Jahren um ca. 5 Jahre angestiegen. Männer haben eine durchschnittliche Lebenserwartung von knapp 73, Frauen von 79 Jahren. Als Folge davon ist in den letzten Jahren der Anteil der älteren Alten überproportional angestiegen. Die Quote der über 69jährigen wird, im Unterschied zu dem Anteil der 60-70jährigen, weiterhin stärker ansteigen (vgl. Abbildung 3). Da die Hochaltrigen überproportional zunehmen, wächst die Hilfsbedürftigkeit.

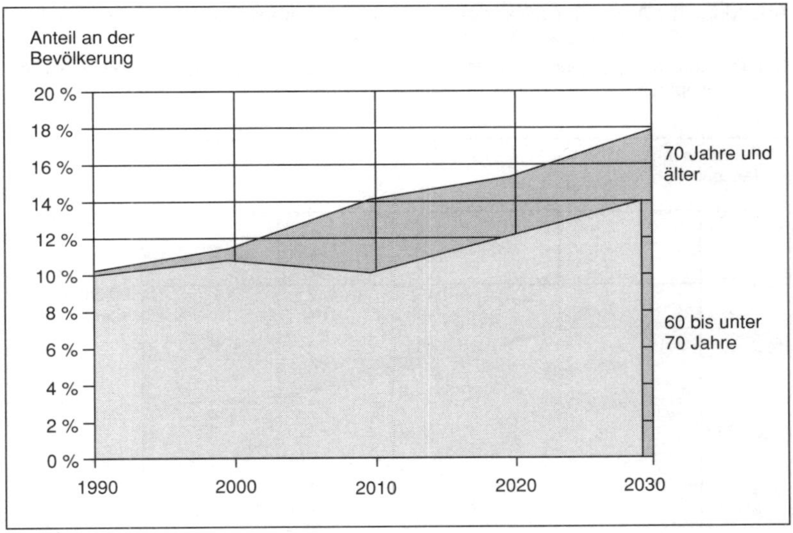

Abbildung 3: Zusammensetzung der Gruppe der über 59jährigen in Deutschland (inkl. neue Bundesländer)

Quelle: Statistisches Bundesamt (Hrsg.): Entwicklung der Bevölkerung bis 2030. In: Wirtschaft und Statistik 4/1992, empirica.

2. Konsequenzen für die aktive dritte Lebensphase

2.1 Risiken für das „Weiterleben wie bisher"-Modell

Zur Zeit lebt noch der weit überwiegende Teil der älteren Menschen in Deutschland in einer „normalen" Wohnung. Weniger als 5% der über 65jährigen leben in Einrichtungen der Altenhilfe. Dieser Trend, weder beim Auszug der Kinder noch bei der Pensionierung bzw. Verrentung oder dem Tod eines Ehegatten aus der jeweiligen Familienwohnung in eine kleinere Wohnung umzuziehen, besteht seit etwa den sechziger Jahren. Das Beibehalten der Familienwohnung ist eine Folge der erhöhten Eigentumsbildung und im Bereich der Mietwohnung eine Folge von hohen Einkommenssteigerungen, günstig verlaufenden realen Mietentwicklungen und neuen Sozialleistungen wie dem Wohngeld. Das Weiterleben in der bisherigen Wohnung wird allerdings in Zukunft an massive Grenzen stoßen.

- Knapper werdende Hilfen durch Kinder-Familien: Rückgang der Kinderzahl und steigende Erwerbsquote der Frauen.
- Paralleler Alterungsprozeß in den angestammten Nachbarschaften mit der Folge verringerter Möglichkeiten für informelle Nachbarschaftshilfen: Angestammte Nachbarschaften „vergreisen" (in der Regel in der Phase der Familiengründung zugezogen).
- Schlechte Ausstattung der angestammten Wohnung für die dritte Lebensphase: Fehlen altengerechter Ausstattungskriterien (Wohnungen für jüngere Haushalte erbaut).
- Überforderung älterer Menschen durch „zu große" Wohnungen: Passive Wohnflächensteigerung pro Kopf bei älteren Bewohnern (Beibehalten der großen Familienwohnung).
- Verschärfte Versorgungsprobleme und steigende Isolierung im Alter: „Ausdünnung" der angestammten Nachbarschaften und zunehmende Hochaltrigkeit.
- Im Unterschied zu den Belastungen der Eigentümer, die im Alter nach weitgehender Entschuldung zurückgehen, steigen die Mietbelastungen im Alter bezogen auf das Einkommen erheblich an.

2.2 Erhöhte Mobilitätsbereitschaft bei den zukünftigen Senioren

Weil das „Weiterleben wie bisher"-Modell erhebliche Risiken hat, wächst die Mobilitätsbereitschaft bei den zukünftigen Ruheständlern (heute 45-65jährige). Die meisten von ihnen haben schon Erfahrungen mit ihren Eltern gemacht, die es in der Regel versäumt haben, sich rechtzeitig mit dem Gedanken der Vorsorge für das Wohnen im Alter auseinanderzusetzen. Mit zunehmendem Alter sind die Eltern, auch wenn sie nicht direkt zum Pflegefall werden, auf die Hilfeleistungen anderer angewiesen. Die Kinder-Familien wollen bzw. können diese Hilfe nicht leisten, sei es aus beruflichen Gründen oder weil sie nicht in der Nähe der Eltern leben. Weil eine frühzeitige Planung fehlt, tritt die „Notsituation" plötzlich auf, und die Eltern sind nicht in der Lage, allein eine Lösung zu organisieren. Die Kinder, die sich um „professionelle" Hilfe bemühen, sind oft gezwungen – in der Regel gegen den Willen der Eltern –, zu der letzten „Notlösung", dem Altenheim, greifen zu müssen. Auf manche Kinder-Familien kommen außerdem erhebliche finanzielle Zusatzbelastungen zu.

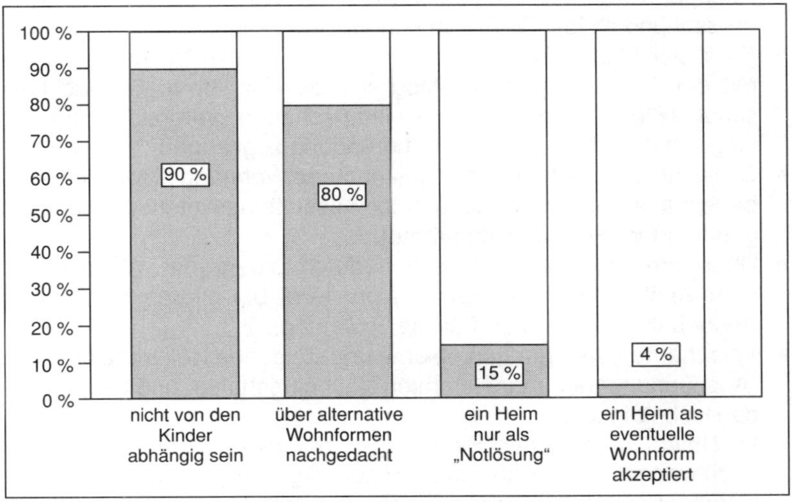

Abbildung 4: Erhöhte Mobilitätsbereitschaft bei den zukünftigen Ruheständlern (45- bis 65jährige)

Quelle: empirica: Altersgerechtes Wohnen. Antworten auf die demographische Herausforderung, LBS (Hrsg.), Bonn 1993.

Vor dem Hintergrund dieser Erfahrungen lehnen es 90% rigoros ab, sich im Alter auf die Kinder zu verlassen. Um den Druck zu vermeiden, den sie heute oft empfinden, weil sie sich um die eigenen Eltern kümmern müssen, wollen sie die Gestaltung ihres Lebens im Alter selbst, und zwar möglichst früh, in die Hand nehmen. Ein anderer Grund ist die Erfahrung, die einige mit den konventionellen Alteneinrichtungen machen, in denen die Eltern oder andere Verwandte und Bekannte untergebracht sind. Man will auf alle Fälle vermeiden, eines Tages selbst auf eine solche Lösung angewiesen zu sein. Nur 4% akzeptieren für sich das Heim als eventuelle Wohnform für die dritte Lebensphase und 15% erwägen es für den „Notfall".

3. Wohnformen für eine aktive dritte Lebensphase

Die agilen Senioren und künftigen Ruheständler stellen Überlegungen an und diskutieren mit Freunden und Bekannten über altengerechte Wohnmodelle. 80% haben sich bereits Gedanken über alternative Wohnformen gemacht (vgl. Abbildung 4). Die Vorstellung, nochmals umziehen zu müssen, wird nicht als Übel gesehen, obwohl die Bindungen an die Nachbarschaft in der Regel hoch sind. Im Gegenteil: Die zukünftigen Ruheständler und meisten der jüngeren Senioren sind in ihrem Leben schon häufiger umgezogen. Sie wünschen sich für das Alter eine Wohnsituation, die ihren Vorstellungen vom aktiven dritten Lebensabschnitt entgegen kommt. Auch wenn die Vorstellungen vom Wohnen im Alter individuell unterschiedlich sind, so lassen sich einige allgemeine Bedarfstrends formulieren:

- Kein Wohnstandort auf der „grünen Wiese", sondern eine sozialräumliche Verflechtung mit dem „normalen" Leben wird gewünscht.
- Die Eigenständigkeit des Wohnens hat höchste Priorität.
- Serviceleistungen sollen nicht als verpflichtende Totalversorgung, sondern je nach Bedarf in Anspruch genommen werden können.

3.1 Bevorzugte Wohnformen für die dritte Lebensphase

Erstaunlich ist die hohe Änderungsbereitschaft der persönlichen Lebenssituation sowie die Bereitschaft zum Wohnungswechsel im Alter.

In vielen Fällen kann man von einer Art „Alterspubertät" sprechen. Es wird eine Abenteuerlust und ein Erlebnishunger sowie ein neues Interesse an sich selbst und an den eigenen Empfindungen artikuliert. Der Wechsel in eine neue Wohnung und ein entsprechendes neues soziales Umfeld wird als ein Umsteigen in eine neue Rolle begriffen. Dieser Vorgang wird von den meisten als positiv bewertet. Für viele war das Berufs- und Familienleben durch Pflichten und Routinen bestimmt. Wünsche und Sehnsüchte werden auf die „pflichtentlastete" Phase des Alters projiziert. Allerdings besteht auch die Einsicht, daß man allein kaum in der Lage ist, das Leben im Alter in allen Situationen meistern zu können. Aus diesem Grund bevorzugen viele für die dritte Lebensphase eine gemeinschaftsorientierte Wohnform. Dahinter steckt die Vorstellung, daß man eher mit anderen gemeinsam, in einer kooperativen Wohngruppe oder aber in professionell organisierten Wohnanlagen die Schwierigkeiten des Alltagslebens bewältigen kann (vgl. Abbildung 5).

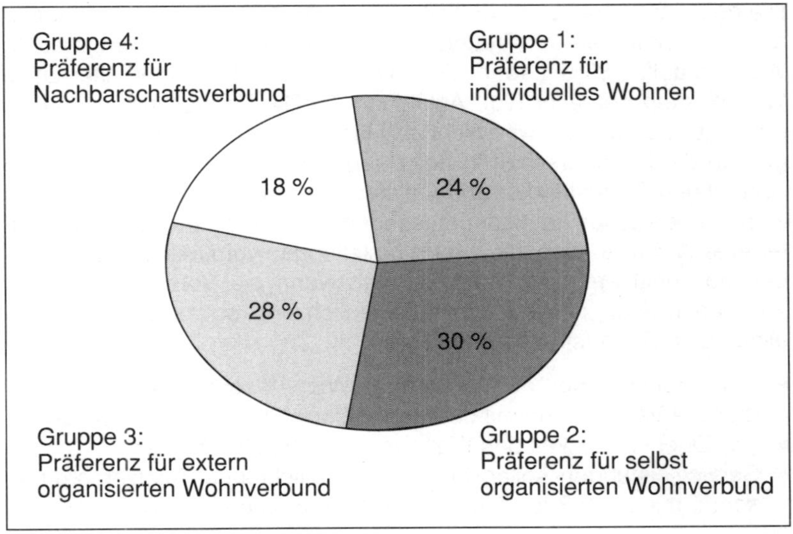

Abbildung 5: Gewichtung der zukünftigen Nachfragegruppen (45- bis 65jährige)

Quelle: empirica: Altersgerechtes Wohnen, Antworten auf die demographische Herausforderung, LBS (Hrsg.), Bonn 1993.

- **Gruppe 1:** Präferenz für individuelles Wohnen. Charakteristisch ist der ausgeprägte Wunsch, von anderen unabhängig zu sein sowie das Vertrauen des einzelnen, auch mit zunehmender Hilfsbedürftigkeit den Wohnalltag allein und individuell gestalten zu können. Aus dieser Einstellung und Absicht folgt, daß sehr „pflegeleichte" Wohnungen gewünscht werden, die viel Zeit für Freizeitaktivitäten lassen. Die Bereitschaft, Verpflichtungen gegenüber Mitbewohnern einzugehen, bleibt gering. Der Wohnstandort soll über eine günstige Infrastrukturausstattung verfügen, damit im Bedarfsfall Dienstleistungen individuell organisiert werden können.

- **Gruppe 2:** Präferenz für selbst organisierten Wohnverbund. Charakteristisch ist der Wunsch, die Wohnsituation aktiv in die Hand zu nehmen und den Wohnalltag gemeinsam mit selbst ausgewählten Wohnpartnern zu organisieren, wobei eine weitgehende Eigenständigkeit beibehalten werden soll. Notwendige Dienstleistungen sollen z.T. durch gegenseitige Hilfe abgedeckt werden, wobei die Hilfe von „Profis" ergänzend hinzukommen sollte. Besondere Anforderungen an Wohnangebote sind: Rückzugsmöglichkeiten in den eigenen privaten Wohnbereich, Gemeinschaftsräume, die architektonisch so gestaltet sind, daß eine freiwillige, kooperative Gemeinschaft gefördert wird.

- **Gruppe 3:** Präferenz für extern organisierten Wohnverbund. Charakteristisch ist die klare Erwartung, daß sich nur in einem größeren Wohnverbund die Alltagsangelegenheiten – insbesondere die Probleme mit zunehmender Hilfsbedürftigkeit – bewältigen lassen. Der von „Profis" organisierte Wohnverbund wird dem selbst organisierten vorgezogen, um weitgehende Unabhängigkeit von den Mitbewohnern zu wahren. Besondere Anforderungen an Wohnangebote sind: „Richtige" Wohnung ohne Reglementierung, Gemeinschaftsangebote ohne „Kommunikationsverpflichtung", Dienstleistungsangebote, die auf verschiedene Arten von Zwischenstufen der Hilfsbedürftigkeit abgestimmt sind.

- **Gruppe 4:** Präferenz für Nachbarschaftsverbund. Charakteristisch ist der Wunsch, in einem größeren Wohnverbund autonomes Wohnen mit der Integration in eine Mehrgenerationennachbarschaft zu verbinden. Hilfeleistungen sollen im Rahmen eines „lockeren" Nachbarschaftsverbunds, der eine Mischung von selbst organisierter Nachbarschaftshilfe und „professionellen" Serviceleistungen darstellt, geregelt werden. Besondere Anforderungen an Wohnangebote: Überschaubare Nachbarschaft als Rahmen für wechselseitige

Nachbarschaftshilfe und flankierende „professionelle“ Serviceleistungen, die dezentral und nachbarschaftsorientiert angeboten werden.

3.2 Konventionelle Wohnangebote für Senioren

Da der Zeitraum, in dem der ältere Mensch größere Hilfe bzw. Pflegeleistung beansprucht, in der Regel nur kurz ist, die dritte Lebensphase als solche jedoch mit zunehmend höherer Lebenserwartung lang, ist die Verbindung von selbständigem Wohnen und flankierenden Serviceleistungen für den Bedarfsfall die adäquate Lösung. Die am Markt vorwiegend angebotenen Lösungen richten sich überwiegend an Personen, die in hohem Maße auf die Eigenständigkeit des Wohnens verzichten und eine „Rund-um-Betreuung“ erhalten:

- Die Wohnformen Altenwohnheim, -heim und -pflegeheim gewähren Sicherheit für den „Notfall“, regulieren aber aus Sicht der potentiellen Nutzer das Leben der Bewohner zu stark und schränken somit ihre Eigenständigkeit ein. Außerdem werden sie als „Altenghettos“ empfunden, weil man nur mit Gleichaltrigen zusammenwohnt und das oft ohne Anbindung an durchmischte Nachbarschaften.

- Die „Altenwohnung“ als akzeptiertes Alternativangebot steht nur für Ältere zur Verfügung, die aufgrund ihres Einkommens berechtigt sind, Sozialwohnungen zu beziehen (1.920,- DM für 1 Person bzw. 2.780,- DM für 2 Personen pro Monat). Sie bietet nur eingeschränkte Sicherheit. Bei zunehmender Gebrechlichkeit und wachsendem Pflegebedarf wird ein Umzug in entsprechende Einrichtungen erforderlich. Eine Integration in „normale“ Nachbarschaften besteht i. d. R. nicht, weil die Altenwohnungen meist in Altenwohnhäusern, in denen nur Gleichaltrige leben, zusammengefaßt werden.

- Auch die für die Wohlhabenderen unter den Älteren angebotenen Wohnformen (Wohnstifte und Seniorenresidenzen) schränken die Eigenständigkeit der Bewohner zu stark ein. Wer sich für eine solche Einrichtung entscheidet, muß sich in der Regel schon zu einem Zeitpunkt pauschal versorgen lassen, in dem er noch für sich selbst sorgen und aktiv sein kann. Außerdem ist er aufgrund der hohen Kosten für die Rund-um-Versorgung gezwungen, seinen Wohnraum flächenmäßig stark einzugrenzen (die Pauschalpreise liegen auf den Quadratmeter Wohnfläche umgerechnet bei ca. 100,– DM).

3.3 Service-Wohnen, ein markt- und bedarfsgerechtes Wohnangebot für Senioren

Wohnangebote für Senioren kommen dem Bedarf der Zielgruppe entgegen, wenn ‚Eigenständigkeit so lange wie möglich' und ‚Hilfeleistung so früh und nur so viel wie nötig' gewährt werden. Die Förderung von Eigeninitiative und Sebstbestimmung sollte statt eines „bevormundenden" Betreuens der Bewohner im Vordergrund stehen. Service-Wohnen ist eine Konzeption, die die Lücke zwischen ‚Eigenständigkeit ohne Sicherheit' und ‚Sicherheit ohne Eigenständigkeit' schließt. Verschiedene Kombinationen von Wohn- und Serviceangeboten sind denkbar:

a) Eigenständige Wohnungen in Wohnprojekten mit flankierendem Serviceangebot. Service-Vertrag mit Dienstleistungsanbietern (Unterscheidung zwischen Pauschalvertrag für Grundversorgung und zusätzlichen Dienstleistungsangeboten).
b) Eigenständige Wohnungen in Wohnprojekten mit integriertem Serviceangebot. Anbindung eines Service-Vertrags bei Eigentümern. Integrierter Wohn-/Service-Vertrag bzw. Mietvertrag und getrennter Service-Vertrag für Mieter.

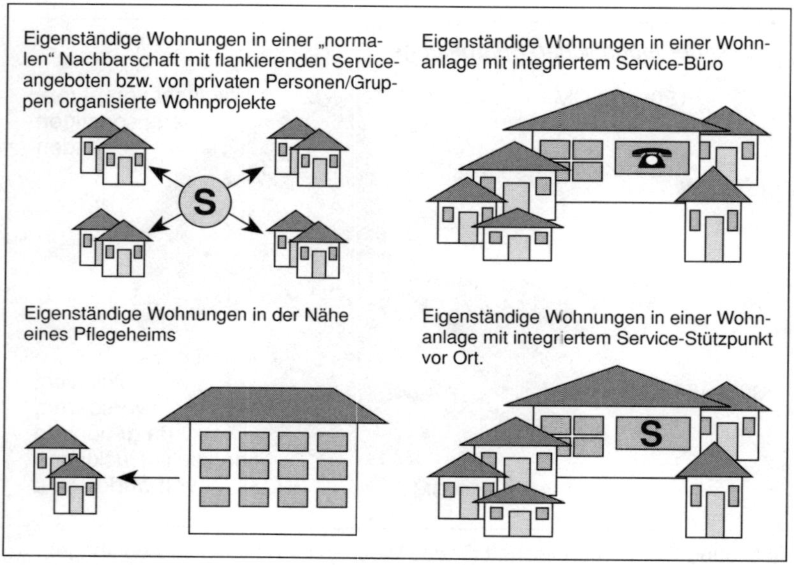

Abbildung 6: Wohnkonzeptionen des Service-Wohnens

c) Eigenständige Wohnungen, angebunden an ein Pflegeheim bzw. an eine Seniorenresidenz (Satellitensystem: Planung von altengerechten Wohnprojekten im Umkreis größerer Einrichtungen mit entsprechenden Vorhaltungen für Serviceleistung), Service-Vertrag wie bei a) oder b).

3.4 Nachfrage nach privatfinanzierbaren Wohnformen für Senioren

In Zukunft werden Instrumente wie z. B. die Pflegeversicherung nicht ausreichen, um die spezifischen Bedürfnisse hinsichtlich eines sicheren und selbstbestimmten Wohnens im Alter zu erfüllen. Eine Pflegeversicherung kann als Transfersystem zwar Finanzierungsquellen für die wachsenden Pflegeleistungen erschließen, langfristig jedoch wird sich das schwierige realwirtschaftliche Problem zeigen, daß auch dafür entsprechende Kapazitäten aufgebaut werden müssen.

Das Vertrauen in die kollektiven Sicherheitssysteme ist bei vielen Menschen beeinträchtigt worden. Hinzu kommt bei Mietern die Sorge um die künftige Verfassung des Mietwohnungsmarktes (Mieterhöhungen,

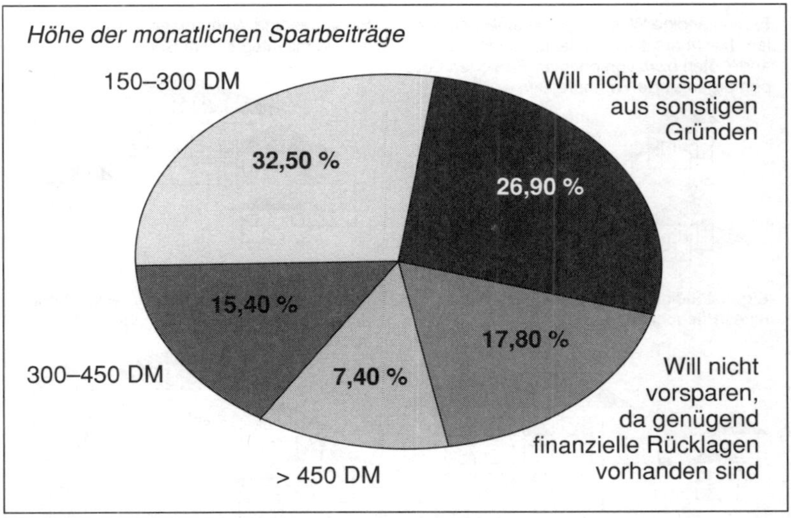

Abbildung 7: Sparbereitschaft für das Wohnen im Alter (45- bis 65jährige)

Quelle: empirica: Handbuch für Investoren, Altersgerechtes Wohnen, LBS (Hrsg.) Bonn 1995.

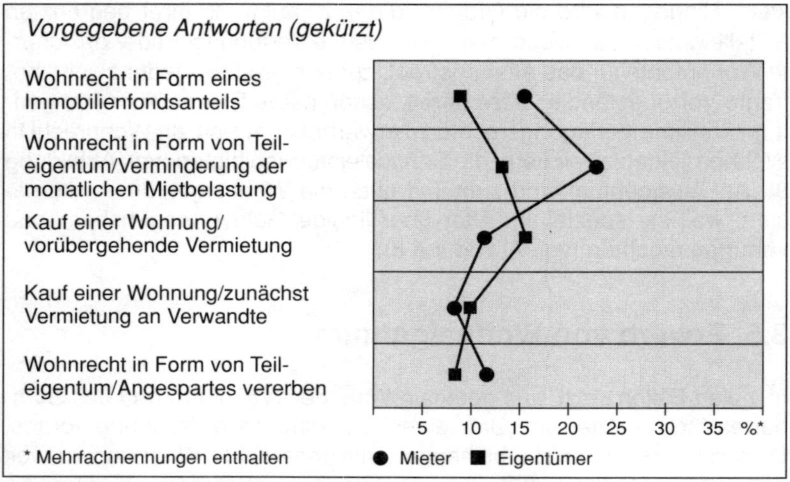

Abbildung 8: Erwerb von Eigentum und eigentumsähnlichen Verfügungsformen: Eigentümer und Mieter im Vergleich (in Prozent)

Quelle: empirica: Handbuch für Investoren. Altersgerechtes Wohnen, LBS (Hrsg.), Bonn 1993.

Umwandlung in Eigentumswohnungen, Verdrängungen). Dies mag zu einer ausgeprägt hohen Bereitschaft zur Eigenverantwortung für die dritte Lebensphase beitragen. Bei der Befragung der Vorruheständler in den alten Bundesländern haben mehr als die Hälfte die Bereitschaft geäußert, schon in ihrer jetzigen Lebenssituation für das Wohnen im Alter zu sparen (vgl. Abbildung 7). Es sind auch zunehmend mehr Wohneigentümer, die nach alternativen Wohnformen, die Sicherheit gewähren, Ausschau halten. Die Betreffenden befürchten, daß durch die Kosten für eventuell anfallende Pflegeleistungen (bei Unterbringung in einem Pflegeheim), ihr Vermögen (in der Regel in Form von Wohneigentum angelegt) ganz aufgebraucht wird bzw. eventuell die finanziellen Ressourcen gar nicht ausreichen werden.

Aufgrund der veränderten Rahmenbedingungen wächst das Potential an Spar- und Finanzierungsbereitschaft für ein selbstbestimmtes und sicheres Wohnen im Alter. Das Bedürfnis, das Wohnen im Alter abzusichern, kann am ehesten durch Wohneigentum garantiert werden. Jedoch ist die Gruppe der Personen, die im Alter von 50 Jahren oder noch später zum ersten Mal Wohneigentum erwirbt, ohne über zusätzliche finanzielle Mittel aus Förderungen oder Erbschaften zu verfügen, relativ

klein. Hingegen wird die Gruppe, die u. a. aufgrund ihrer begrenzten Mittel eigentumsähnliche, zeitlich befristete Verfügungs- oder gesicherte Wohnrechte für das Alter anstrebt, zunehmen. Etwa jeder zweite befragte Vorruheständler wäre bereit, schon heute Eigentum bzw. eigentumsähnliche Verfügungsrechte zu erwerben, um sich ein Wohnrecht in Wohnprojekten zu sichern, die Serviceleistungen bieten (vgl. Abbildung 8). An Teileigentum sind zum Teil auch die Wohneigentümer interessiert, weil sie speziell im Alter über liquide Geldvermögensbestände verfügen möchten (vgl. Abbildung 8).

3.5 Erwerb von Wohneigentum

In vielen Fällen setzt eine optimale Wahl der Wohnform und des Standortes für das Alter ein „Umsteigen" auf eine neue Wohnung voraus. Dies gilt z. B., wenn die bisherige familiengerechte Wohnung zu weit entfernt von städtischen Zentren liegt und nur mit dem Pkw bequem erreicht werden kann. Der Erwerb von Wohneigentum bietet für solche Anpassungen die sicherste und stabilste Grundlage. Finanzielle Aufwendungen, um im Alter eine altengerechte Wohnung zu erwerben, können drei Gruppen erbringen:

- **Gruppe der Vorsorger:** Das sind einmal die Haushalte, die während der Erwerbstätigkeit mit Hilfe eines entsprechenden Einkommens Vermögen ansammeln und damit zusätzlich zur eigenen Familienwohnung eine „Zweitwohnung" für das Alter erwerben, die eventuell zunächst vermietet wird. Unter der Voraussetzung, daß es entsprechende Wohnangebote auf dem Markt gibt, erwirbt der Vermögensanleger mit dem Kauf einer altengerechten Wohnung in einem größeren Projekt mit Serviceangeboten ein Anwartschaftsrecht auf eine Wohnung dieser Anlage. Solange der Betreffende kein Interesse hat, die Wohnung, die er gekauft hat, selbst zu nutzen, wird sie vermietet. Das Anwartschaftsrecht kann jederzeit geltend gemacht werden. Die nächst freiwerdende Wohnung kann zur Miete übernommen werden. Im günstigsten Fall ist es auch möglich, direkt in die eigene Wohnung einzuziehen, oder aber man kann später umziehen. Beim Kauf einer solchen Eigentumswohnung gelten die normalen Bedingungen, wie sie auch sonst bei der Bildung von Wohneigentum anzutreffen sind. Diese heute bundesweit schon häufig praktizierte Form der Vorsorge für das Wohnen im Alter hätte den positiven Effekt, daß in der Phase hoher Einkommen steuerliche Vorteile aus der Vermietung geltend gemacht werden können.

- **Gruppe der Umsteiger:** Die zweite Gruppe, die Wohneigentum im Alter erwerben kann, sind Eigentümerhaushalte, die entweder im Alter das schon vorhandene Wohneigentum veräußern und gegen eine altengerechte Wohnung eintauschen oder zusätzlich eine altengerechte Wohnung erwerben. Das bisherige Objekt kann verkauft oder vermietet werden. Bei Vermietung wird eine Neufinanzierung erforderlich. Diese Gruppe nimmt als Lösung statistisch zu. Eine Auswertung der EVS (Einkommens- und Verbrauchsstichprobe) verdeutlicht, daß es bei den über 60jährigen in einer statistisch relevanten Zahl von Fällen zu Transaktionen von Immobilienvermögen kommt.
- **Gruppe der Erben:** Dies sind Haushalte, die aufgrund einer (späten) Erbschaft über entsprechende finanzielle Ressourcen verfügen, um im Alter noch Wohneigentum erwerben zu können. Auch hier legen die statistischen Informationen der EVS die Vermutung nahe, daß diese Gruppe an Relevanz gewinnt. Solche Erbschaften können in Zukunft dazu führen, daß altengerechtes Wohneigentum ohne zusätzliche bzw. mit geringeren Ansparprozessen erworben wird. Die Mittel aus Erbschaften werden als Eigenkapital eingesetzt, oder sie werden, je nach Höhe der Erbschaft, das Ausmaß der Fremdfinanzierung ganz oder teilweise überflüssig machen.

3.6 Erwerb von Immobilienfondsanteilen

Der geschlossene Immobilienfonds ist eine Lösung, bei dem man sich auch unterhalb der Schwelle des Volleigentums ein dauerhaftes Wohnrecht für das Alter sichern kann. Im Unterschied zum Kauf einer Eigentumswohnung ist es bei dem Erwerb eines Immobilienfondsanteils nicht erforderlich, daß der Wert einer vollen Wohnung erworben wird. Der Käufer erwirbt gleichzeitig mit einem Fondsanteil, der eine Mindestquote überschreiten muß, eine Anwartschaft für eine altengerechte Wohnung mit Serviceangeboten. In dem Moment, wo der Betreffende von seiner Anwartschaft Gebrauch macht, zahlt er Miete und erhält weiter die Rendite, die sein Fondsanteil abwirft. Dies funktioniert allerdings nur, wenn die Unternehmensgruppe in größerem Umfang Anlage- und Beteiligungsangebote für altengerechte Wohnprojekte mit Serviceleistungen anbietet. Der Käufer erwirbt mit dem Fondsanteil für ein bestimmtes Projekt das Belegrecht für ein Projekt seiner Wahl.

Für den Erwerber eines Immobilienfondsanteils ergeben sich grundsätzlich keine wesentlichen Unterschiede zum Erwerb von Volleigentum. Geschlossene Immobilienfonds haben den Vorteil, daß Sonderabschreibungen, die das Einkommensteuerrecht bei Immobilien gewährt, hier auch teilweise mobilisiert werden können. Bei geschlossenen Immobilienfonds sind drei Angebots- bzw. Anwartschaftsstufen vorstellbar:

- **1. Stufe:** Erwerb eines Immobilienfondsanteils in einer Einrichtung, die schwerpunktmäßig auf Sicherheit setzt. Die Angebote richten sich an die Zielgruppe, die im Prinzip die individuelle Wohnlösung präferiert und sich nur für den Notfall absichern möchte. Der Anleger erwirbt einen „normalen" Fondsanteil. Die Investititonssumme, die er aufzubringen hat, wirft eine entsprechende Rendite ab. Der Anreiz besteht darin, daß man sich mit dem Kauf des Fondsanteils nicht nur für eine Vermögensanlage entschieden hat. Zusätzlich ist mit dem Erwerb des Fondsanteils der Anreiz verbunden, auch als Pflegefall Anrecht auf einen Platz in einer Wohnanlage nach Wahl zu haben, die Wohn- und Pflegemöglichkeiten bis zum Tode garantiert.

- **2. Stufe:** Der Anleger erwirbt einen Fondsanteil an einer Wohnanlage, die das eigenständige Wohnen in den Vordergrund stellt und Serviceangebote als flankierende Maßnahme vorsieht. Auch hier erhält der Erwerber mit dem Kauf des Fonds eine Anwartschaft auf eine Wohnung in einem Projekt des Unternehmens, das er selbst auswählen kann. Diese Immobilienfonds wenden sich an die Zielgruppe, die in Erwägung zieht, im Alter die angestammte Wohnung aufzugeben und gegen eine attraktivere Wohnung einzutauschen.

- **3. Stufe:** Es wäre möglich, die Wohnangebote nicht nur mit Serviceleistungen, die Sicherheit bieten, zu verbinden. Eine zusätzliche Anbindung attraktiver Freizeitangebote (eventuell auch über Fondsanteile abzusichern) wäre denkbar. Damit könnte dem besonderen Bedürfnis der zukünftigen Ruheständler, die dritte Lebensphase aktiv zu gestalten, entgegengekommen werden.

Ein Teil der Gruppe, die solche Fondsanteile erwirbt, wird möglicherweise von dem Wohnrecht nicht Gebrauch machen. Es ist auch denkbar, reine Vermögensanleger zu gewinnen, die ihr Geld lediglich in einem soliden Objekt mit besonderer Zukunftschance anlegen wollen. Es ergibt sich allerdings ein Problem bei zu kleiner Stückelung wegen der damit steigenden Verwaltungskosten. Werden die Anteile jedoch in relativ frühem Alter erworben, dann besteht auch bei kleiner Stückelung nicht

das Risiko, daß es zu einer Übernachfrage nach Wohnrechten durch die Anteilseigner kommt, da die durchschnittlichen Halteperioden der Vermögensanteile weit höher sein dürften als die jeweilige Wohndauer.

Aus der Sicht der Anleger ist der Vorteil der kleinen Stückelung mit dem Nachteil verbunden, daß Immobilienfondsanteile weniger fungibel sind. Wird z. B. die Absicht, eine Wohnung zu beziehen, aufgegeben, dann dürfte es schwieriger sein, einen Fondsanteil zu veräußern als z. B. eine Eigentumswohnung zu verkaufen. Die Fungibilität dürfte sich jedoch mit zunehmender Nachfrage nach altengerechten Wohnprojekten erheblich erhöhen, insbesondere dann, wenn die Wohnangebote entsprechend attraktiv sind.

3.7 Erwerb von Sicherheitsrechten

Ersparte Geldvermögen, die für den Erwerb von Volleigentum nicht ausreichen, können produktiv im Sinne eines sicheren Wohnens im Alter eingesetzt werden. Folgende Sicherheitsrechte für den potentiellen Interessenten sind denkbar: Anwartschaft für eine altengerechte Wohnung mit Dienstleistungsangeboten, Sicherheit gegenüber Kündigung sowie Preissicherheit.

Prinzipiell kann unterschieden werden zwischen der Möglichkeit, die Finanzierung als Darlehen oder als „verlorenen" Zuschuß zur Verfügung zu stellen. Leistet der potentielle Nutzer einen „verlorenen" Zuschuß, dann sind seine Wohnkonditionen bei gleichen Beträgen und bei gleichem Einzahlungszeitpunkt günstiger als bei einer Darlehensanzahlung, bzw. er leistet für ein gleiches Ergebnis geringere Beträge.

Als Träger eines solchen Systems empfiehlt sich eine gemeinnützige kommunale Wohnstiftung, in die die Wohnanwärter möglichst frühzeitig Geldbeträge einzahlen, die für die Finanzierung von Neubauten oder für den Kauf von Wohngebäuden verwandt werden. Es muß sichergestellt werden, daß aus den Sparleistungen der Anwärter und Nutzer sowie aus den laufenden Erträgen ein ausreichendes Wohnungsangebot zum Selbstkostenpreis entsteht. Umgekehrt ist sicherzustellen, daß keine Überexpansion erfolgt mit dem Ergebnis, daß die Nutzer aus den Mieten Wohnungen mitfinanzieren, die für die Allgemeinheit bereitgestellt werden. Rechtlich erhält der Wohnsparer ein Anwartschaftsrecht auf ein (schuldrechtliches) Dauerwohnrecht für einen künftig vereinbarten Zeitpunkt. In dem Vertrag werden außerdem die künftigen Bedingungen der Kostenermittlung ex ante vereinbart.

Literaturverzeichnis

empirica: Handbuch für Investoren. Altersgerechtes Wohnen, Studien zur Wohnungs- und Vermögenspolitik. Bundesgeschäftsstelle der Landesbausparkassen im Deutschen Sparkassen- und Giroverband e.V. (Hrsg.), Bonn 1995.

empirica: Altersgerechtes Wohnen. Antworten auf die demographische Herausforderung, Studien zur Wohnungs- und Vermögenspolitik. Bundesgeschäftsstelle der Landesbausparkassen im Deutschen Sparkassen- und Giroverband e. V. (Hrsg.), Bonn 1993.

empirica: Diskrepanz zwischen Zukunftsplänen und Angebot. Konsequenzen für die Schaffung altengrechter Wohnformen. Landesbausparkasse Hannover (Hrsg.), Bonn 1992.

empirica: Ältere Menschen. Wohn- und Lebensbedingungen und ihre Änderungsbereitschaft. Landesbausparkasse Hannover (Hrsg.), Bonn 1990.

Statistisches Bundesamt (Hrsg.): Statistisches Jahrbuch für die Bundesrepublik Deutschland 1992, Wiesbaden.

Statistisches Bundesamt (Hrsg.): Lange Reihe zur Wirtschaftsentwicklung 1992.

Statistisches Bundesamt (Hrsg.): Entwicklung der Bevölkerung bis 2030. In: Wirtschaft und Statistik 4/1992.

Robert S. Orr

Internationale Immobilien-anlagen: Höheres Risiko – größere Chancen?

Zusammenfassung

Zur Formulierung einer internationalen Strategie für Immobilien-Investitionen ist solides Research unbedingt erforderlich. Der Investor sollte in einem strategischen Planungsprozeß seine genaue Zielsetzung und gegebenenfalls das entsprechende Akquisitionsprogramm erarbeiten. Als wesentliche Kriterien einer internationalen Immobilien-Investition gelten Lage, Architektur, Flexibilität, Fungibilität, Ausstattung und Technik sowie insbesondere auch professionelles Immobilien-Management.

Trotz eines vereinigten Europas bleiben die Immobilienmärkte lokale Märkte. Insofern weisen die verschiedenen nationalen Märkte auch unterschiedliche Positionen im Immobilien-Zyklus auf. Daraus folgt, daß durch eine Portfolio-Strategie flexibler Anpassung die mit Immobilienanlagen verbundenen Risiken minimiert werden können, wenn mit richtigem Timing internationale Diversifizierung in Erwägung gezogen wird.

1. Grundlegende Fragen

Machen wir uns zunächst mit den Grundlagen des Themas vertraut. Die Antworten auf die Fragenkomplexe sind zunächst allgemein formaler Natur und können als Basis quasi jeder Form von Immobilien-Investition gelesen werden.

1.1 Die Basis: Research

Das Risiko ist immer die Kehrseite einer Chance – und vice versa. Für die Immobilienanlage gilt dies wie für alle anderen Bereiche der Wirtschaft. Dieses Grundprinzip in Zweifel zu ziehen, hieße, die Wirtschaft auf den Kopf stellen. Freilich: auf die Umstände kommt es an. Denn ein höheres Risiko beinhaltet nicht immer notwendig auch eine größere Chance. Erst die Abwägung von Risiken und Chancen, die Analyse des Möglichen auf Basis des aktuell Wirklichen, kurz: eine solide Research-Arbeit gestattet die Ausformulierung einer internationalen Anlage-Strategie.

Natürlich sind in einem quasi tollkühnen Investitionsakt, im Ergreifen einer Chance ohne Abwägung der Risiken also, „Schnäppchen" nicht

auszuschließen. In der Realität werden sie jedoch eher die Ausnahme bleiben. Die Wahrscheinlichkeit, daß das Risiko des Scheiterns sich als konkrete Wirklichkeit manifestiert, ist in solchen Fällen groß. An einer grundlegenden strategischen Orientierung des Portfolios führt folglich kein vernünftiger Weg vorbei.

1.2 Voraussetzungen strategischer Planungen

Für jeden Investor ist es unabdingbar erforderlich, sich die Kriterien internationaler Immobilienanlagen deutlich vor Augen zu führen. Diese Kritierien werden hier einmal als Fragen formuliert:

- Sind die vorhandenen politischen bzw. volkswirtschaftlichen Systeme stabil und ausgereift?
- Gibt es einen liquiden Immobilien-Markt?
- Ist eine mittel- bis langfristige Finanzierung möglich?
- Ist die Landeswährung konvertibel?
- Gibt es zuverlässige Immobilienberater vor Ort?

Gerade der letzten Frage gilt besonderes Augenmerk, denn internationale Investoren sind mit den örtlichen Märkten selten vertraut und deshalb notwendig auf Beratung durch Dritte angewiesen.

Die detaillierte Kenntnis dieser Kriterien erst erlaubt eine solide Beurteilung der Ausgangssituation, gestattet dadurch eine verläßliche Abwägung von Risiken und Chancen. Datenmaterial dieser Art bildet die unabdingbare Voraussetzung für eine strategische Planung internationaler Immmobilien-Investitionen. Damit aber bei weitem noch nicht genug. Beim Überqueren einer Landesgrenze werden sowohl Nutzer als auch Investoren mit einer Vielzahl unterschiedlicher Gesetze und Vorschriften konfrontiert:

- Rechtstitel: z. B. Erbbaurecht oder Volleigentum?
  Welche Rechte haben Dritte?
- Mietverträge: Dauer, Pflichten des Vermieters bzw. des Mieters? Gesetzlich unbeschränkte Mieterhöhungen oder Gleitklauseln?
- steuerliche Aspekte;
- Bau- und Planungsgesetze.

Bei allen diesen Dingen gibt es international erhebliche Unterschiede. Auch darauf gilt es, in der strategischen Planung Rücksicht zu nehmen. Steuerliche Aspekte und ein Vergleich mit Alternativanlagen sind weiterhin zu berücksichtigen.

1.3 Die strategische Planung

Nach Abschluß dieser grundlegenden Vorarbeiten kann die strategische Planung beginnen. Die folgenden sieben Kriterien mögen als Anhaltspunkte für den konzeptionellen Prozeß der Strategieentwicklung dienen:

- Präzise Formulierung der Zielsetzung,
- Abklärung der aktuellen finanziellen Performance,
- Festlegung der Zielmärkte,
- Erwägung einer Diversifikations-Strategie,
- Festlegung der Maßnahmen,
- Zeitplanung,
- Realisierung (z. B. Akquisitionsprogramm).

2. Inhaltliche Kriterien einer internationalen Immobilien-Investition

Die Suche nach einem qualitativ hochwertigen Objekt ist die Grundlage einer jeden Immobilien-Investition – die internationale schert aus diesem prinzipiellen Anspruch durchaus nicht aus. Im Gegenteil: Gerade bei einer Immobilien-Investition im Ausland erscheint es geraten, die Qualität einer Immobilie nach allen Regeln internationaler Standards zu hinterfragen.

Als Qualitätskriterien können die folgenden sechs Punkte gelten:

- Lage,
- Architektur und Qualität der Bauweise,
- Ausstattung und Technik,
- Fungibilität und Management.

Die ersten fünf Aspekte dieser Aufzählung bedürfen keines weiteren Kommentars. Im Zusammenhang mit der Internationalität gilt es jedoch, noch einmal gesondert auf die Notwendigkeit eines professionellen Immobilien-Managements zu verweisen. Exakt damit steht und fällt die Performance eines Objekts und damit der Gewinn für den Investor. Deswegen gilt: Je geographisch weiter weg das Investitions-Objekt, desto zuverlässiger muß das Management sein.

Betrachten wir uns nun zunächst allgemein und dann im Detail die Kriterien für die Entwicklung tragfähiger Immobilienmärkte.

2.1 Die Entwicklung von Immobilienmärkten

Abbildung 1 auf Seite 162 verdeutlicht im Längsschnitt die Kriterien für die Entwicklung von Immobilienmärkten. Ein voll entwickelter und ausgereifter Markt ist immer an einen hohen Wirtschaftsanteil im tertiären Sektor gebunden.

2.2 Typologie europäischer Investment-Märkte

Abbildung 2 auf Seite 163 zeigt anhand ausgewählter Beispiele eine Typologie europäischer Investment-Märkte.

3. Die historische Dimension internationaler Immobilien-Investments

Erst seit ca. drei Jahrzehnten gibt es so etwas wie einen internationalen Immobilien-Anlagemarkt. Ende der 60er Jahre bzw. Anfang der 70er waren es vor allem britische Investoren, die sich besonders in Europa, den USA und in Australien engagierten und damit für eine erste Investment-Welle gesorgt hatten.

Später in den 70er und zu Beginn der 80er Jahre haben niederländische Institutionen regelmäßig in anderen europäischen Ländern sowie in Nordamerika investiert. Gleichzeitig engagierten sich auch eine Reihe von Investoren-Gruppen aus Ländern des mittleren Ostens (z. B. Abu Dhabi, Saudi-Arabien oder Kuwait) in Europa und Nordamerika. Mitte der 80er Jahre waren es japanische Investoren, die für spektakuläre Akquisitionen in den USA, London und Paris sorgten.

Die späten 80er Jahre (1988 bis1991) waren dominiert von den skandinavischen Investoren, die den europäischen Anlagemarkt quasi unter sich aufteilten.

Seit Beginn der 90er Jahre ist eine verstärkte Auslandsinvestitionstätigkeit vor allem von französischen, ostasiatischen, amerikanischen und

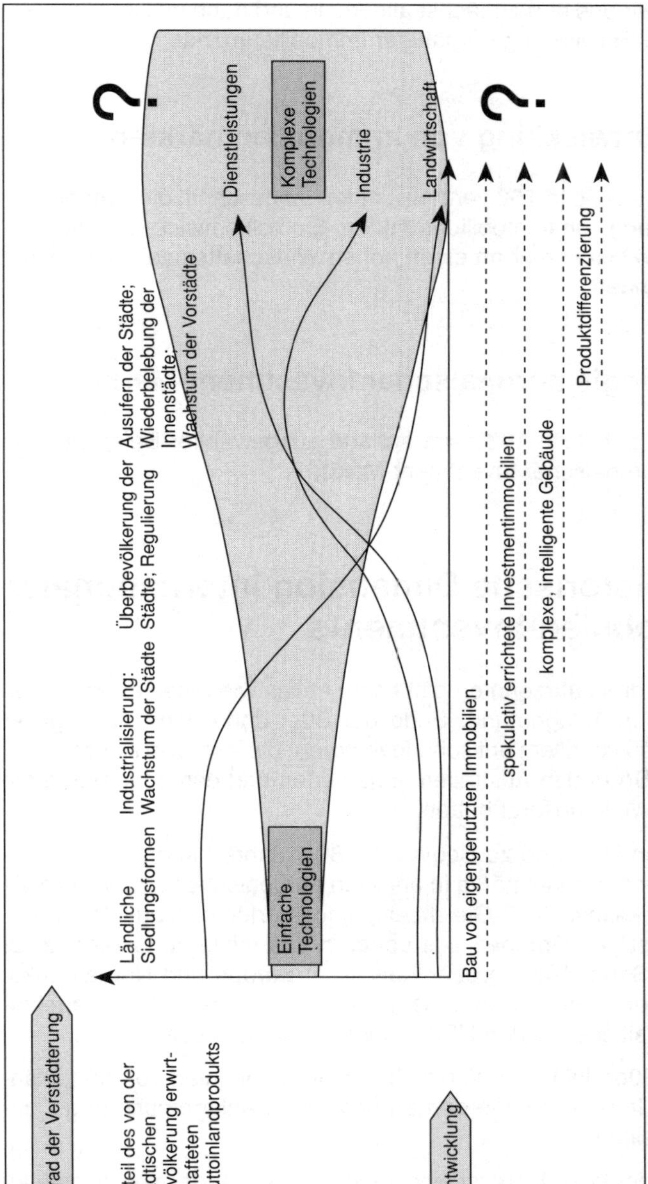

Abbildung 1: Die Entwicklung von Immobilien-Märkten

Charakteristika der Märkte	Bauvorhaben zumeist in öffentlicher Hand.	Investitionen im Anfangsstadium. Bauauftragsmöglichkeiten.	Wachsende Investmentmärkte. Aktive Entwicklungsmärkte.	Kleinere Investment-Märkte.	Etablierte Investment-Märkte mit begrenzter Liquidität.	Hochentwickelte Investment-Märkte mit hohem Umsatzvolumen.	
Investmentchancen	Wenig oder kaum Möglichkeiten für öffentliche Aufträge an internationale Investoren.	Kaum neue Bauvorhaben. Problematisch für internationale Unternehmen, jedoch erste Anzeichen internationalen Interesses.	Entwicklung entsprechend lokaler Anforderungen. Hoher Eigennutzeranteil in alten Bestandsobjekten.	Neue qualitativ hochwertige Objekte im Zentrum. Minimale Dezentralisierung übergeordneter Funktionen.	Neue Objektentwicklungen mit internationalem Standard. Dezentralisierung von Gewerbeobjekten.	Intelligente Gebäude. Finanzzentren. Objektentwicklungen von globalem Interesse.	
Beispiele	Belgrad Bukarest Sofia	Moskau Sankt Petersburg	Bordeaux Budapest Marseille Prag Rom Turin Warschau	Barcelona Genf Helsinki Kopenhagen Lyon Madrid Mailand Nizza Stockholm Stuttgart Wien Zürich	Hamburg Manchester München Rotterdam Amsterdam Birmingham Berlin	Brüssel Frankfurt Paris	London

Abbildung 2: Typologie europäischer Immobilien-Investmentmärkte

deutschen Investoren festzustellen. Speziell aus Deutschland waren es vor allem einige geschlossene Immobilienfonds, die in den USA und Kanada in Immobilien investierten. Auch einige amerikanische Developer versuchten in den 80er Jahren, mit mehr oder weniger Erfolg, ihr professionelles Developer-Know-how in Europa zu verkaufen. Seit 1993 sind es deutsche offene Immobilienfonds sowie Privatinvestoren, die sich in London und den Niederlanden stark engagiert haben.

Überhaupt gilt: Deutschland und die USA bieten weltweit die interessantesten Steuervergünstigungen für den im jeweiligen Land steuerpflichtigen Investor. Dies gilt noch immer, obwohl Steuervergünstigungen in Deutschland seit 1994 sukzessive abgebaut werden.

4. Das Beispiel Europa

Jeder Immobilienmarkt hat seine ihm spezifische eigene Dynamik. So weisen die Immobilienzentren Europas durchaus unterschiedliche Entwicklungs- und Reifegrade auf. Dennoch läßt sich an Europa als konkretem Beispiel, gerade des höchst komplexen und mit einer gewaltigen Expansionsdynamik ausgestatteten Marktes wegen, allgemein der Frage nach den immobilen Aspekten und speziell der Orientierung am Interessenshorizont eines Investors in erhellender Deutlichkeit nachgehen.

Die Vereinigung Europas ändert an der „immobilen" Eigengesetzlichkeit seiner verschiedenen Märkte wenig. Diese Eigengesetzlichkeit wird schon ganz offensichtlich beim Blick auf einen scheinbar banalen Sachverhalt: Gebäude haben keine Mobilität. Wirtschaftsprodukte jeder Art, Geld und Kapital, Menschen und damit Arbeitskräfte können sich bewegen bzw. bewegt werden. Grenzen waren für diese Mobilität in der Vergangenheit überwindbare Hindernisse, und die schiere europäische Grenzenlosigkeit wird diese Mobilität bis zu einem gewissen Grad ganz sicherlich forcieren. Zwischen den im eigenen Land produzierten Gütern und den eingeführten gibt es schon lange keinen Unterschied mehr, der gemeinsame europäische Markt existiert für den Verbraucher bereits.

Für Immobilien, das Wort drückt es schon aus, gilt dies alles nicht. Trotz eines vereinigten Europa werden die Immobilienmärkte regionale, ja, mehr noch: lokale Märkte bleiben. Einen gemeinsamen europäischen Immobilienmarkt wird es, kann es nicht geben können. Die „immobile"

Geschichte der Vereinigten Staaten von Amerika verdeutlicht dies nachdrücklich: New York ist eben nicht San Francisco und Washington läßt sich nicht mit Chicago vergleichen.

Für den alten Erdteil gilt das gleiche. Trotz der Vereinigung der Staaten Europas wird der Markt für Immobilien etwa in Frankfurt immer seine Besonderheiten behalten und wird nur bedingt mit den Immobilienmärkten der anderen Immobilien-Hauptstädte Europas vergleichbar sein.

Dieser Spezifika zum Trotz lohnt es sich – auch für Immobilienexperten – einen Blick auf die Vereinigung Europas zu richten und nach den Einflüssen eines gemeinsamen europäischen Marktes auf die Immobilienwirtschaft zu fragen.

Zunächst einmal wäre in diesem Zusammenhang darauf hinzuweisen, daß die Entwicklung des gemeinsamen europäischen Marktes ein Prozeß ist und kein Ereignis. Dies gilt für den gewerblichen Immobilienmarkt genauso wie für alle anderen Wirtschaftsbereiche. Viele Maßnahmen zur Bildung eines europäischen Marktes sind bereits wirksam, die Realisierung anderer wird noch lange Zeit in Anspruch nehmen.

Die Mitgliedstaaten der EG haben sicherlich ein sehr unterschiedliches Tempo bei der Realisierung dieser Maßnahmen an den Tag gelegt. Im Immobilienbereich waren die Niederländer und Großbritannien unter den ersten EG-Ländern, die den einschlägigen Institutionen die Investition in ausländische Immobilien gestattet haben. Erst in jüngerer Zeit haben wir eine vermehrte grenzüberschreitende Investitionstätigkeit durch deutsche oder französische Institutionen erlebt. Deutschland und Italien haben diesen freien Kapitalfluß zum Teil erst 1991 gestattet. Zum Ende des Jahres 1992 war dieser freie Kapitalfluß für in- und ausländische Investitionen europaweit zulässig.

Die Entwicklung des gemeinsamen europäischen Marktes hat einen indirekten, aber nachweisbar entscheidenden Einfluß auch auf andere europäische Staaten. Ein spektakuläres Beispiel liefern die Schweden. Im Herbst 1988 wurde der freie Kapitalfluß und damit verbunden die Investition in ausländische Immobilien gestattet. In weniger als drei Jahren investierten schwedische Institutionen und private Investoren einige 100 Milliarden Schwedenkronen in Immobilien in anderen europäischen Ländern.

Die Schweizer, ein anderes Beispiel, blieben demgegenüber zurückhaltend. Dem Druck der eigenen Institutionen mußte man sich auch bei den Eidgenossen beugen, so dürfen seit Anfang 1992 institutionelle

Anleger bis zu fünf Prozent ihres Kapitals in ausländische Immobilien investieren. Nach dem gescheiterten Versuch per Volksabstimmung im Sommer 1995 das Gesetz über ausländische Immobilieninvestitionen in der Schweiz aufzulockern („Lex Friedrich"), bleibt die Schweiz für die meisten ausländischen Investoren eine „geschlossene Gesellschaft".

Trotz dieser Entwicklungen wird es europaweit keinen gemeinsamen, vor allem keinen einheitlichen Markt für gewerbliche Immobilien geben. Die Unterschiede sind nach wie vor gravierend. Genehmigungsverfahren, Mietvertragsgestaltungen, Steuern, Verfügbarkeit von Kapital oder Grundstücken und Gebäuden sind von Land zu Land und von Stadt zu Stadt sehr unterschiedlich. So liegen die Kaufnebenkosten in Frankreich bei mindestens 20%, in Belgien bei 16 bis 17%, in Deutschland bei 6% und in Großbritannien bei weniger als 3%. Für Investoren ist die Festlegung der jeweils geeignetsten Form der akquirierenden Gesellschaft (z. B. holländische B.V., luxemburgische SA usw.) von besonderer steuerlicher Bedeutung.

Unter anderem diese Unterschiede sind es, die Jones Lang Wootton dazu veranlaßt haben, einen „Investor's Guide" für die wichtigsten europäischen Länder herauszugeben, der all diese Besonderheiten berücksichtigt. Ein Beispiel aus diesem Führer ist ein Vergleich zwischen den Mietbedingungen in den verschiedenen Staaten Europas (siehe Abbildung 3).

5. Immobilien-Zyklen

Alle Immoblienmärkte dieser Welt befinden sich mit schöner Regelmäßigkeit in unterschiedlichen zyklischen Stadien. Diese „Immobilienzyklen" dauern in der Regel 7 bis 8 Jahre und markieren die Aufschwungsphase bis hin zur „Überhitzung". So hat der deutsche Markt für gewerbliche Immobilien 1985 erste Anzeichen eines Aufschwungs gezeigt, gegen Ende 1991 fing er an, sich deutlich abzukühlen.

Durch Research-unterstützte Analysen ist es heute durchaus möglich, Trends bzw. den jeweiligen Stand eines Marktes in einem Zyklus zu erkennen. International denkende Investoren haben damit die Chance, die starken Schwankungen in einem einzelnen Markt weitgehend auszugleichen. Das Geheimnis sind intelligente regional und national gestreute Immobilienportfolios. Deutsche Investoren konnten zum Beispiel 1993/94 die Talsohle des britischen Immobilienmarktes erkennen

Land	Mietvertrags-dauer	Mietzahlungsmoda-litäten/Kaution	Mietanpassungen	Recht auf Vertrags-erneuerung	Vermittlungsprovision/ zahlbar durch
Belgien	9 Jahre mit beider-seitigem Kündigungs-recht nach 3 Jahren	vierteljährlich/ 6 Monate	jährlich an Lebens-haltungskosten-Index	nein	15% der jährlichen Miete/ Vermieter
Deutschland	5 bis 10 Jahre	monatlich/3 Monate	jährlich an Lebens-haltungskosten-Index	nein	2 1/2 bis 3 Monatsmieten/ Vermieter oder Mieter
Frankreich	9 Jahre mit Kündi-gungsoption seitens des Mieters nach 3 Jahren	vierteljährlich/ 3 Monate	jährlich an Baukosten-Index	automatische Verlängerung für 9 Jahre	15% der jährlichen Miete/ Vermieter und/oder Mieter
Großbritannien	früher 25 Jahre, heute 5, 10 oder 15 Jahre üblicher	vierteljährlich/ nicht üblich	normalerweise alle 5 Jahre an Marktwert, jedoch ausschließlich nach oben	normalerweise automatisches Recht auf Vertragserneuerung, vorausgesetzt formelle Kündigung ist erfolgt	7–10% der jährlichen Miete/ üblicherweise wird jede Miet-partei von einem Makler beraten und muß diesen auch bezahlen
Italien	6 Jahre mit Verlän-gerungsoption auf weitere 6 Jahre	vierteljährlich/ 3 Monate	jährlich an Lebens-haltungskosten-Index, aber beschränkt auf 75% der Steigerung	nein	10% der jährlichen Miete/ Vermieter und/oder Mieter
Niederlande	5 Jahre mit 5jähriger Verlängerungs-option	vierteljährlich/3 Monatsmieten inkl. Nebenkosten und Mehrwertsteuer	jährlich an Lebens-haltungskosten-Index	nein, es sei denn, der Mieter hat den Vertrag nicht selbst gekündigt. In diesem Fall ist ihm ein Schutz von mindestens zwei Monaten garantiert	12–16% der jährlichen Miete/ Vermieter oder Mieter
Polen	1, 5, 7 oder 10 Jahre	monatlich/ 1–3 Monate	jährlich an Lebens-haltungskosten-Index	nein	1–2 Monatsmieten/ Vermieter oder Mieter
Spanien	3–5 Jahre	monatlich/2 Monate	jährlich an Lebens-haltungskosten-Index	nein, außer Vertrag ist vor April 1995 abgeschlossen	12% der jährlichen Miete/ Vermieter oder Mieter
Tschechien	3–10 Jahre	monatlich/ 3–6 Monate	jährlich an deut-schen Lebenshal-tungskosten-Index	nein	2 Monatsmieten/ Vermieter oder Mieter

Abbildung 3: Standardmietbedingungen für Büros mit mehreren Mietern

– und als Investitionschance bei geringem Risiko nutzen. Offene Immobilienfonds haben in erster Linie von dieser Strategie profitiert. Die große Mehrheit dieser Investitionen hat sich bereits heute vom Timing her als sehr kluge Entscheidung herausgestellt. Die langfristige Performance wird freilich erst über einen Zeitraum von 10 bis 15 Jahren erkennbar werden.

Die „Immobilienuhr" mag verdeutlichen, in welcher Phase ihres Immobilienzyklus' sich die jeweiligen regionalen Investmentmärkte befinden (siehe Abbildung 4).

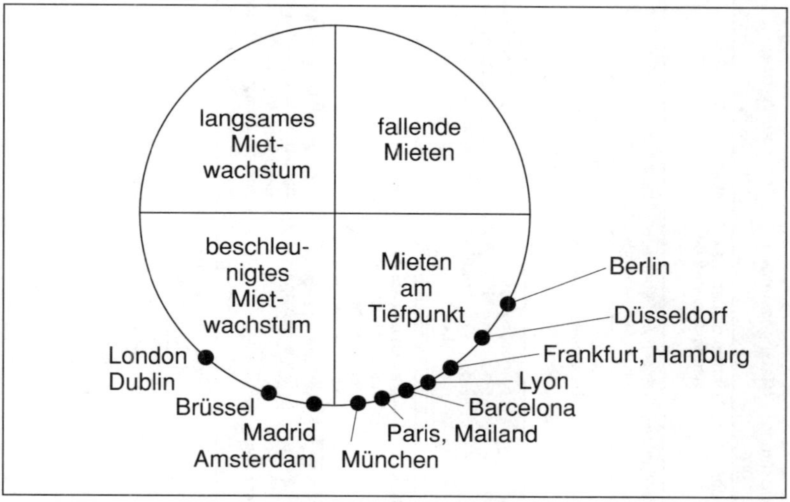

Abbildung 4: Kurzfristiger Immobilien-Mietpreis-Zyklus (Dezember 1995)

Anmerkungen:

- Diese Abbildung verdeutlicht nach Einschätzungen von Jones Lang Wootton die Positionen verschiedener Büroimmobilienmärkte im Mietpreis-Zyklus per Dezember 1995.
- Aus dieser Abbildung können Prognosen über künftige Entwicklungen nicht abgelesen werden, denn die Märkte befinden sich immer in Bewegung und verändern sich mit unterschiedlichen Geschwindigkeiten in unterschiedliche Richtungen.
- Trotzdem hilft diese Art der Analyse bei einem Vergleich der jeweiligen Märkte untereinander.
- Aus der jeweiligen Position der Märkte kann nicht notwendigerweise auf die Anlage- beziehungsweise Entwicklungsperspektiven geschlossen werden.

6. Portfolio-Strategie flexibler Anpassung

Internationalität bedeutet im Anlagegeschäft für Immobilien prinzipiell eine Risikominimierung bei gleichzeitiger Vergrößerung der Chancen. Allerdings sollte eine Portfolio-Strategie flexibler Anpassung an die jeweiligen Marktgegebenheiten verfolgt werden – unter professionell Research-gestützter Analyse und professionellem Management eines jeden Investitions-Objekts. Beides gilt generell für alle Objekte auch im eigenen Land, umso mehr freilich gilt es für investive Engagements im Ausland.

Gerhard A. Watzinger

Immobilienkauf in den USA

Zusammenfassung

Der Immobilienkauf ist eine der größten Investitionen, die sowohl Privatpersonen, als auch institutionelle Investoren im Laufe ihres Lebens tätigen und dennoch werden gerade hier die meisten und fatalsten Fehler gemacht. Dieser von vielen Faktoren beeinflußte Kauf wird um so schwieriger, wenn er im Ausland vorgenommen wird. Dennoch ist gerade in den USA dieser Vorgang wesentlich strukturierter, transparenter und teilweise einfacher als in Deutschland. Der Schlüssel zum Erfolg liegt im Beachten einiger Grundregeln und der Grundkenntnis amerikanischer Finanzierungs- und Steuertechniken. Mit diesem Wissen ist die Voraussetzung für einen erfolgreichen Kauf einer amerikanischen Immobilie gegeben.

1. Der Immobilienmarkt in den USA – im Vergleich zu Deutschland

Grundsätzlich ist es einfacher, in den USA eine Immobilie zu erwerben als in Deutschland. Aufgrund der hohen Mobilität der Amerikaner werden prozentual wesentlich mehr Häuser gekauft und verkauft. Der Entscheidungsprozeß verläuft auch wesentlich schneller, da die Bindung zu Immobilien nicht so stark ausgeprägt ist wie in Europa.

Bei näherer Betrachtung stellt sich aber heraus, daß trotz dieses legeren Umgangs mit Immobilien gravierende Unterschiede rechtlicher, steuerlicher und prozeduraler Natur vorhanden sind. Gerade diese Problematik verleitet viele Deutsche, Immobilien vorschnell zu kaufen. Hier passieren deshalb die meisten Fehler mit langfristigen Konsequenzen, die mit entsprechender Kenntnis vorab vermieden werden könnten.

Die englische Sprache ist dabei nicht der Haupthinderungsgrund, sondern die Strukturen des Marktes, die Funktionen der Beteiligten und das Einschätzen des Wertes einer Immobilie, der nicht mit deutschen Maßstäben zu vergleichen ist.

Der Erwerb einer Immobilie in den USA ist auch für fast jeden Ausländer möglich, bedenken Sie aber, daß es Sie deshalb nicht zum unbegrenzten Aufenthalt berechtigt. Dies ist ein völlig separater Prozeß durch die Einwanderungsbehörde, unabhängig von jeglichem Immobilienerwerb!

2. Der Kaufvorgang

2.1 Ablaufphasen

Der zeitliche Ablauf beim Kauf einer Immobilie verläuft generell in der nachfolgenden Struktur.

- **Suche**

  Das entsprechende Objekt wurde nach bestimmten von Ihnen gewählten Kriterien gefunden.

- **Angebot**

  Nun wird vom Käufer an den Verkäufer ein offizielles Angebot abgegeben. Oftmals wird dabei verlangt, daß ca. 0,3–1 % der Angebotssumme auf ein Treuhandkonto (Escrow) bei der Bank oder beim Makler hinterlegt wird. Dies soll die Ernsthaftigkeit des Angebotes unterstreichen.

- **Verhandlung**

  Ähnlich einem Ping-Pong-Verfahren wird der Kaufpreis zwischen Käufer und Verkäufer verhandelt. Ist ein Makler eingeschaltet, läuft die Verhandlung meistens über den Makler.

- **Vertrag (vorläufig)**

  Ist der Preis verhandelt, kommt es zum Vertrag. Dieser Vertrag enthält üblicherweise eine Anzahl von Klauseln, die bei Nichterfüllung zur Ungültigkeit des Vertrages führen – meist zu Gunsten des Käufers. Spätestens hier muß zwischen 0,3–1 % der Kaufsumme treuhänderisch hinterlegt werden.

- **Erfüllung des Kaufvertrages**

  Klauseln

  Überprüfung der genannten Klauseln, Einholen verschiedener Genehmigungen, z.B.

  - Bankdarlehen muß genehmigt werden
  - Überprüfung, ob dem Verkäufer das Objekt überhaupt rechtmäßig gehört
  - Hausinspektion, ob versteckte Mängel vorhanden sind (Bausubstanz, Geräte, Ungeziefer, ...)

  Wird eine dieser Klauseln nicht erfüllt, z.B. die Bank gewährt kein Darlehen, dann ist der Vertrag ungültig und das treuhänderisch ge-

haltene Geld bekommt der Käufer vollständig zurück – oder es wird nachverhandelt und der Käufer erzielt einen besseren Preis wegen z. B. vorhandener Mängel.

Bank

Parallel dazu wird mit der Bank verhandelt (wenn erforderlich!). Die legt sich ihrerseits meist auf Konditionen fest, die maximal 60 Tage gelten. Verstreichen diese Tage ohne gültigen Vertragsabschluß, muß mit der Bank neu verhandelt werden. Meistens genügt aber ein Zeitraum von 60 Tagen.

Appraisal

Parallel dazu wird ein Gutachten von der Bank oder eines von Ihnen beauftragten Gutachters erstellt *(appraisal)*, welches den Wert des Objektes bestätigt. Dies ist auch eine Sicherheit für den Erwerber, daß er nicht überteuert gekauft hat. Desweiteren wird eine technische Inspektion des Hauses durchgeführt, um versteckte Mängel festzustellen.

Title Insurance

Dies ist eine Besonderheit in den USA. Eine *Title Insurance* ist eine Versicherung für den Käufer, die dann eintritt, wenn sich zu einem späteren Zeitpunkt herausstellt, daß das Objekt beispielsweise, dem Verkäufer nicht ganz lastenfrei gehört hat.

- **Closing**

  Abschluß des Vertrages – Grundschulden werden gelöscht *(liens)* – Zahlung der gesamten Summe – Übergabe der Schlüssel/Urkunde – das Objekt gehört jetzt Ihnen.

2.2 Makler

Immobilientransaktionen werden in den USA im allgemeinen über einen Makler abgewickelt *(Real Estate Broker* oder *Realtor)*. Der privat-zu-privat Verkauf repräsentiert nur einen sehr geringen Anteil sämtlicher Transaktionen. Folglich findet man in jeder interessanten Region eine Unzahl von registrierten Maklern, die ihre Dienste anbieten. Zum Beispiel sind in der Urlaubsregion *Collier County* in Florida ca. 5.000 Makler registriert bei einer gesamten Einwohnerzahl von ca. 250.000. Nur 2.200 Makler sind dabei in der Maklerkammer vertreten (ähnlich dem Ring Deutscher Makler in Deutschland).

Unter dieser unendlichen Menge von Maklern befinden sich natürlich auch eine große Anzahl von schwarzen Schafen, die schnell ein paar Dollar verdienen wollen oder auch nur einfach nicht genügend qualifiziert sind, diesen Beruf auszuüben. Es wird deshalb dringend empfohlen, einen örtlich bekannten Makler aufzusuchen. Meistens ist diese Information in Rathäusern und *Tourist Offices* erhältlich. Es ist immer gut, mehrere Institutionen zu befragen, um zu sehen, ob ein Immobilienmakler oder eine Immobilienorganisation besonders oft genannt wird.

Der potentielle Erwerber sollte nachfragen, ob der Makler lizensiert ist (bei großen Maklern ist dies immer der Fall) und ob er MLS *(Multiple Listing Service)* -Zugriff hat.

Die auf den ersten Blick größten Unterschiede sind allerdings die Kommission und die Vorgehensweise des Maklers.

- **Kommission**

  In den USA wird die Kommission für eine erfolgreiche Vermittlung immer vom Verkäufer und nicht vom Käufer bezahlt. Indirekt bezahlt der Käufer natürlich immer, da er derjenige ist, der die Geldsumme bezahlt. Die Kommissionen sind auch relativ hoch, jedoch wie alles in den USA verhandelbar.

Eigentumswohnungen	ca. 4–8 % vom Kaufpreis
Einfamilienhäuser	ca. 4–8 % vom Kaufpreis
Farmland, Bauland, etc.	ca. 5–15 % vom Kaufpreis.

- **Vorgehensweise des Maklers**

  Im Gegensatz zu den Chancen in Deutschland wird in den USA zwischen dem Makler, der die Interessen des Käufers vertritt *(Buyer's Broker)* und dem, der die Interessen des Verkäufers vertritt *(Seller's Broker)* unterschieden.

  So kommt es oft vor, daß Sie als Käufer mit Ihrem Makler auf die Suche nach einem Objekt gehen und später zwischen Ihnen und Ihrem Makler und dem Verkäufer und seinem Makler die Verhandlungen stattfinden. Die Kommission bleibt die gleiche und muß zwischen den Maklern aufgeteilt werden. Bei Ihrem ersten Kauf ist dieser Vorgang mit zwei Maklern auch anzuraten (aber bitte nur mit professionellen und seriösen Maklern!).

Dies ist natürlich nur ein Beispiel, wie die Suche nach einem Objekt aussehen könnte. Natürlich können Sie auch über Zeitungsanzeigen, angebrachte Schilder *(for sale)* oder anderweitige Informationen an die

entsprechenden Objekte herankommen. Die Erfahrung vieler Erstinvestoren zeigt aber, daß der Zugriff auf die oben benannte Datenbank sehr nützlich ist. Seriöse Makler haben auch direkten Zugriff auf wichtige Daten, die maßgeblich beim Kauf sind, wie

- Preisentwicklung der Umgebung,
- vergleichbare Objekte,
- Bauplanungen in der ausgewählten Gegend,
- Zuzugstrends,
- Nachbarschaft und
- Kaufpreis des Objektes, den der Verkäufer bei seinem Erwerb bezahlte.

Die Immobilienmakler werden deshalb einen offiziellen schriftlichen Auftrag vom Auftraggeber (Buyer und Seller) verlangen. Es muß darauf geachtet werden, daß er zeitlich limitiert ist.

3. Die Suche nach dem Objekt

Eine Investition in Immobilien in den USA verläuft nach ähnlichen Prinzipien und ungeschriebenen Grundregeln wie in Deutschland. Wichtig ist nur, daß man diese kennt und konsequent bei der Auswahl des Objektes anwendet. Unabhängig von der Art der Investition wird nachfolgend aufgeführt, wie Sie Schritt für Schritt vorgehen, um die entsprechende Immobilie zu erwerben.

Achten Sie jedoch darauf, daß jeder Vorgang individuelle Eigenarten haben kann, die vom jeweiligen Bundesstaat oder der zu diesem Zeitpunkt gültigen Gesetzgebung abhängen. Kontaktieren Sie deshalb in jedem Fall einen lokalen und vor allem unabhängigen Spezialisten (z.B. Anwalt), der Sie über Feinheiten und die aktuelle Gesetzeslage umfassend informiert.

Falls Sie Probleme mit der englischen Sprache haben, scheuen Sie nicht davor, einen lokalen Dolmetscher zu beauftragen, der Ihnen bei den Gesprächen hilft. Oftmals werden gerade hier Sprach-schwierigkeiten ausgenutzt, um diese zum Nachteil des Käufers und Vorteil des Verkäufers auszubauen. Vergessen Sie nicht, daß der finanzielle Gewinn einer Investition meistens im Einkauf und nicht im Verkauf liegt. Das Einsparen eines Beraters kann später ein Vielfaches mehr kosten.

Als gute Erfahrung hat sich auch gezeigt, von Anfang an eine vertrauensvolle Person an seiner Seite zu haben, die eindeutig Ihre Interessen vertritt. Dies sollte ein unabhängiger Anwalt oder Immobilienberater sein, der allerdings neben seiner Beratungstätigkeit kein Interesse an der betreffenden Immobilie haben sollte (z. B. Erhalt einer Provision aus dem Kauf).

Nachfolgend erhalten Sie ein paar einfache Grundregeln, die Sie in jedem Fall und unabhängig von der Art der Immobilie unbedingt beachten sollten. Auch wenn Sie teilweise offensichtlich und einfach erscheinen, werden sie zum späteren Zeitpunkt durch die vielen lokalen Eindrücke vergessen, ignoriert oder verdrängt. Nehmen Sie deshalb die folgenden Regeln als Ihren wichtigsten Grundsatz beim Erwerb Ihrer Immobilie.

- **Zielsetzung**

  Bevor Sie mit dem Erwerb beginnen, schreiben Sie auf eine Seite die genauen Vorstellungen Ihres Wunschobjektes, z. B. Südwest Lage, mindestens 150 m^2, nähe eines Einkaufszentrums, Swimmingpool, Strandnähe, etc.

  Im Laufe Ihrer Suche werden Sie mit so vielen Eindrücken und Meinungen von anderen konfrontiert, daß Sie Gefahr laufen, von Ihren Vorstellungen unbewußt total abzuweichen. Dies kann nur dadurch verhindert werden, indem Sie sich regelmäßig über Ihre eigenen Vorstellungen Gedanken machen und erst dann Ihre ursprünglich schriftlich verfaßten Vorstellungen verifizieren. Hinterfragen Sie dabei jede Vorstellung mehrmals – ist es wirklich wichtig für mich, nützt mir dieser Umstand auch in der Zukunft, brauche ich wirklich diese Größe usw.

- **Lage**

  Wie in Deutschland, so ist auch in den USA die Lage des Objektes von maßgeblicher Bedeutung. Es ist wahrscheinlich sogar der wichtigste Punkt bei der Auswahl eines Objektes. Der Standort entscheidet darüber, welchen Werterhalt, welche Vermietbarkeit, Verkaufsmöglichkeit oder Konjunkturabhängigkeit das Objekt hat. Wenn Sie z.B. auf der Suche nach einem Ferienhaus in Florida sind, lassen Sie sich nicht durch die eventuelle Schönheit des Hauses blenden, sondern schauen Sie sich genau die Umgebung an – Sicherheit, Kriminalität, Pflege öffentlicher Anlagen, Nähe zum Meer usw.

  Regel ist hier – kaufen Sie nicht das teuerste und schönste Objekt in der Umgebung, sondern kaufen Sie in der teuersten und schönsten Gegend das Objekt am unteren Ende des Preisgefüges.

Die Umgebung bestimmt den Preis, nicht das Objekt selbst, und wenn die nachbarschaftlichen Häuser, Appartements oder Grundstücke gleich oder höherwertig sind, ist es fast ein Garant für Werterhalt oder Wertsteigerung Ihres Objektes.

- **Zeit**

  Lassen Sie sich Zeit mit dem Erwerb, kaufen Sie nicht überstürzt. Deutsche Vorstellungen sind nicht abbildbar. Häufigster Fehler ist die Einschätzung des Preises. Fast alle Objekte sind erheblich preiswerter als vergleichbare Objekte in Deutschland. Auch wenn ein Objekt preiswert erscheinen mag, kann es für amerikanische Verhältnisse überteuert sein. Dieser Umstand ist Verkäufern und Maklern nur allzu bekannt.

- **Vergleich**

  Sehen Sie sich so viele Objekte wie möglich an und vergleichen Sie. Aufgrund der guten Organisation des amerikanischen Immobilienmarktes (speziell durch den MLS – *Multiple Listing Service*) können Sie jederzeit schnell und umfassend sämtliche Informationen über ein Objekt erhalten, z. B. auch den Kaufpreis der Objekte in der Nachbarschaft oder den Kaufpreis Ihres Objektes, den der Verkäufer ursprünglich gezahlt hat. Dies ist ein großer Vorteil bei der Auswahl im Vergleich zum deutschen Markt.

  Sehen Sie sich auch bewußt Objekte unterhalb und oberhalb Ihrer Preisvorstellung an. Nur so können Sie beurteilen, ob sich Ihr Objekt in der richtigen Preislage befindet. In den USA ist die Preisgestaltung im allgemeinen weniger klar und übersichtlich als in Deutschland. Objekte, die nur 200 Meter voneinander entfernt sind, können sich im Preis um ein Viertel unterscheiden. Nur der intensive Preisvergleich mit den Häusern der Nachbarschaft gibt Ihnen ein Gefühl dafür.

- **Verhandeln**

  Die amerikanische Mentalität ist in diesem Bezug der arabischen sehr ähnlich – es wird intensiv verhandelt. Der Gesetzgeber und das Freiheitsprinzip der Vereinigten Staaten erlauben hier eine maximale Freiheit.

  Verhandeln Sie Kaufpreis, Erwerbskosten, Maklerkommissionen, Bankkonditionen, Versicherungsgebühren, Vertragsaufbau etc. Fast alles kann verhandelt werden. Hier lassen sich teilweise signifikante Einsparungen beim Erwerb erzielen.

4. Die Bewertung des Objektes

Die schwierigste Frage bei der Auswahl eines Objektes unabhängig davon, ob es eine reine Kapitalanlage oder ein Objekt zur Eigennutzung ist, wird die Einschätzung des Kaufpreises sein. Hier entsteht auch die größte Unsicherheit beim Käufer, der meistens mit den lokalen Gegebenheiten nicht so vertraut ist, sprachliche Schwierigkeiten hat und oftmals unter Zeitdruck steht.

Der größte Fehler, den man bei deutschen Investoren beobachtet, ist der Versuch, deutsche Verhältnisse auf amerikanische abzubilden. Dies ist in keinem Bundesstaat und bei keiner Investitionsart möglich. Generell kann gesagt werden, daß in den USA sämtlicher Immobilienbesitz wesentlich preiswerter ist als ein vergleichbarer in Deutschland. Dies verleitet nur allzuoft schnell zuzugreifen, um sich ein vermeintliches 'Schnäppchen' nicht entgehen zu lassen. Genau dieser Fehler wird bei den meisten Ferienobjekten in Kalifornien oder Florida gemacht, wo Sie schöne Einfamilienhäuser bereits für $ 150.000 bekommen können.

Eine absolute Regel zur Preisbestimmung gibt es nicht, aber verschiedene Methoden, um Überteuerungen festzustellen und eine bestmögliche Investitionsrechnung aufzustellen.

Zur Schätzung eines Objektes kann es auch sehr hilfreich sein, wenn man einen Fachmann, den sogenannten *appraiser* zu Hilfe nimmt. Es gibt verschiedene unabhängige Vereinigungen in den USA, die landesweit spezialisierte Gutachter vereint. Sie finden diese unabhängigen Vereinigungen im Telefonbuch *(Yellow Pages)* unter dem Kapitel *Real Estate* oder *Appraiser*. Rufen Sie dort an oder vereinbaren Sie einen Termin mit einem für Ihr Objekt spezialisierten *appraiser* (z. B. für Eigentumswohnungen, Farmland, etc.).

Diese Experten fertigen dann für Sie ein unabhängiges Gutachten über Zustand, Rentabilität und Preis an. Dies ist ein guter Anhaltspunkt für die Einschätzung des realen Wertes eines Objektes. Beachten Sie dabei aber, daß hier nach formalistischen Regeln vorgegangen wird und übergeordnete Punkte oftmals nicht zur Geltung kommen. Jede Investition enthält ein finanzielles und unternehmerisches Risiko, welches nur Sie einschätzen können. Desweiteren muß immer von Annahmen ausgegangen werden, um eine Einschätzung durchführen zu können. Die Entwicklung des Immobilienmarktes z.B. kann nur geschätzt, nicht aber mit absoluter Sicherheit vorausgesagt werden. Lassen Sie also

unbedingt auch gesunden Menschenverstand walten, wenn Sie ein Objekt schätzen. Ein Appraiser ist nur ein bestmöglicher Anhaltspunkt, aber kein Garant.

Solche Gutachten sind relativ preiswert. Einfache Expertisen für Appartements und Einfamilienhäuser bekommen Sie zwischen $ 300 und 500, komplexere Gutachten für Investitionen in Einkaufszentren und Bürohäusern können zwischen $ 2.000 und $ 4.000 kosten. Lassen Sie sich auf alle Fälle vorab ein schriftliches Angebot geben.

Wenn Sie beabsichtigen, Ihr Objekt über eine Bank zu finanzieren, ist es sogar Pflicht, dieses Gutachten für das Finanzinstitut erstellen zu lassen.

Zur Beurteilung des Wertes eines Objektes gibt es verschiedene wissenschaftliche, mathematische und subjektive Methoden. Die verbreitesten Methoden sind:

- die **Vergleichsmethode** – Objekte, Marktdaten, historische Preisentwicklungen werden in Relation gestellt und verglichen;
- die **Rentabilitätsmethode** – Investitionshöhe, Zeitfaktoren, zu erwartende Erlöse werden in Relation gestellt und bewertet;
- der **Baukostenansatz** – die Kosten des Neubaus werden zur Beurteilung evaluiert.

Wenn Sie mit einem unabhängigen *appraiser* arbeiten, fragen Sie unbedingt nach der Methode seines Verfahrens. Während die Rentabilitäts- und Baukostenansatzmethode einen wissenschaftlichen Charakter hat und oftmals globale, wichtige Komponenten ignoriert, verwendet die Vergleichsmethode viele subjektive Faktoren, die man in Geld ausgedrückt vielfach interpretieren kann. Wer ganz sicher gehen will, läßt sich zwei bis drei Gutachten nach verschiedenen Methoden erstellen und vergleicht die einzelnen Ergebnisse.

4.1 Vergleichsmethode

Die Methode eignet sich bei der Wertschätzung von Wohnungen, Ein- und Mehrfamilienhäusern und Bauland.

Statistische, empirische und subjektive Daten werden verglichen, um in einem Gesamtbild zu einer Preisbestimmung zu gelangen.

- Vergleich des erzielten Verkaufspreises bei ähnlichen Objekten in einer ähnlichen Umgebung
  (siehe Grundregister – *County Property*)

- Bewertung der Gewichtungsfaktoren wie
  - Bausubstanz,
  - Qualität der Verarbeitung,
  - Qualität der Einrichtung (z.B. Küchengeräte, etc.),
  - allgemeiner Abnutzungszustand,
  - regelmäßige Wartungskosten,
  - zu erwartende Reparaturen,
  - Gartenanlagen,
  - Parkmöglichkeiten,
  - Grundrißplan (großzügig – verwinkelt, ...) und
  - Baujahr.

  Jeder dieser Faktoren bedeutet entweder Auf- oder Abschlag vom Preis, wobei Sie entscheiden müssen, was für Sie speziell am Wichtigsten ist.

- Analyse des Standortes
  - **Preisniveau** der umliegenden Häuser. Ist der Baustil aller Häuser/Appartements in der gesuchten Gegend ähnlich oder besteht ein Mix aus modernen und alten Objekten?
  - **Bevölkerungsniveau** in der Umgebung. In den USA ist eine Separierung nach Einkommensklasse und Bildungsniveau sehr oft zu beobachten – deshalb auch das Vorhandensein der klassischen 'Slums'.
  - Höhe der Grundsteuer *(property tax)*. Sie ist meist ein Indiz für die Qualität der Wohnsiedlung – hohe Grundsteuer bedeutet gute Pflege öffentlicher Anlagen, gut ausgestattete Polizei, gute Schulen, niedrige Grundsteuer entsprechend geringere Wohnqualität.
  - Welche **Freizeitmöglichkeiten** wie Golfplatz, Tennisanlagen, etc. gibt es?
  - Ist es ein **Ferienort**, d.h. außerhalb der Saison Geisterstadt, in der Saison übervölkert oder permanent bewohnt?
  - Geplante **Verkehrswege** – sind Autobahnen *(highways)*, Flughäfen geplant, speziell in aufstrebenden Gemeinden?
  - Ist es eine **wachsende Region** mit Bevölkerungszuzug und wahrscheinlichem Anstieg des Preisniveaus oder eine schrumpfende Region mit Bevölkerungsschwund und wahrscheinlichen Preissenkungen?

- Wie hoch ist die Anzahl der Häuser/Wohnungen, die zum Verkauf stehen? Besteht ein Überangebot, befindet man sich in einem **Käufermarkt**, d.h. es existiert ein Potential für Kaufpreissenkungen. In den USA kann sich eine Gegend im Käufermarkt befinden und die Nachbargegend im Verkäufermarkt.
- Wo sind **Industriestandorte/Gewerbegebiete** geplant?
- In **welche Richtung dehnt sich die Stadt** aus?
- Wo befindet man sich mit seinem Objekt in fünf Jahren?
- Leben **Persönlichkeiten** des öffentlichen Lebens in diesem Ort (Film- und Sportstars)? Dies hat teilweise enormen Einfluß auf die Kaufpreisentwicklung!

Die Bestimmung des Kaufpreises nach der Vergleichsmethode ist natürlich eine sehr subjektive Methode, die auch von den individuellen Bedürfnissen des Investors abhängt. Trotzdem ist sie bei Eigentumswohnungen und Einfamilienhäusern einer rechnerischen Methode vorzuziehen, da sie einen globalen Blick auf ein Objekt wirft und nicht mathematisch errechnet wird.

4.2 Rentabilitätsmethode

Mit dieser Methode sollten die Immobilien bewertet werden, die Erträge erwirtschaften müssen.

Zur Bestimmung einer Rendite eines Objektes werden Kaufpreis und laufende Kosten in Relation gesetzt zu den erwarteten laufenden Erträgen.

Bei diesem Prozeß ist generell zu großer Vorsicht zu raten, da der amerikanische Immobilienmarkt wesentlich volatiler ist als der deutsche, d.h. es kommt regelmäßig zu größeren Schwankungen, die von vielen Faktoren abhängen, welche von Ihnen nicht beeinflußt werden können. Dennoch kann eine Investition sehr lukrativ sein, wenn Sie zum richtigen Zeitpunkt das richtige Objekt kaufen. Hohe Volatilität bedeutet, Sie können ungleich höhere Gewinne, aber auch ungleich höhere Verluste erzielen als auf dem deutschen Markt.

Um ein strukturiertes Vorgehen zu skizzieren, müssen vorab ein paar amerikanische Begriffe definiert werden.

- **Annual Gross Income:** Jährliche Bruttoeinnahmen durch das Objekt, wie Miete, Pacht, Kommissionen etc.

- **Annual Total Expenses:** Jährliche Ausgaben für das Objekt, wie Personal, Pflege, Wartungsarbeiten, etc. Wichtig ist, daß die Schuldzinsen und Tilgung eines Darlehens bei diesem Wert noch nicht mitgerechnet werden.
- **Net Annual Income:** Jährlicher Nettojahresüberschuß *Annual Gross Income* abzgl. *Annual Total Expenses.*
- **Capitalisation Rate:** Renditeprozentsatz – je höher die Rate, desto höher das Risiko der damit verbundenen Investition.
- **Present Value:** gegenwärtiger Wert ergibt sich aus der Division des *Net Annual Income* durch die *Capitalisation Rate.*

Beispiel

Was ist der Wert eines Appartementhauses?

Annual Gross Income durch Mieten ist:			$ 240.000
Annual Total Expenses durch Wartung, Personal, etc. ist:			$ 100.000
Net Annual Income	= $ 240.000 – $ 100.000	=	$ 140.000

Die geplante Rendite (Capitalisation Rate) soll 8,75 % sein.

Wert des Objektes	= $ 140.000 : 0,0875	=	$ 1.600.000

Erst jetzt darf man die Aufwendungen für Zins (interest) und Tilgung (principal) in die Rechnung miteinfließen lassen und sein Eigenkapital (equity) bestimmen. Der kritische Faktor ist die zu erwartende Rendite – je höher man die Rendite erwartet, desto weniger darf das Objekt kosten.

Für eine präzise Rechnung benötigen Sie immer einen Experten, der für Sie aktuelle Bankkonditionen und steuerliche Betrachtungen in diese Rentabilitätsrechnung einbezieht.

4.3 Baukostenansatz

Diese Bewertungsmethode eignet sich für sämtliche bereits fertiggestellte Objekte, wie Häuser, Farmen, Appartementkomplexe, jedoch nicht für einzelne Appartements.

Zunächst werden die Kosten ermittelt, die beim Neubau des selben oder eines ähnlichen Objektes entstehen würden. Bei alten Gebäuden

hat diese Methode weniger Sinn, da Ursprungskosten auf heute nicht mehr abbildbar sind. Objekte, die nicht älter als fünf Jahre sind, eignen sich für diese Methode.

Bei der Ermittlung der Kosten müssen folgende Werte festgestellt werden:

- Wert eines gleichen oder ähnlichen Grundstückes vs. Status heute,
- Erschließungskosten für das Grundstück,
- Baukosten eines ähnlichen Objektes,
- Neuwert der Einrichtung (Bäder, Küche, etc.),
- Baugenehmigungskosten.

Zusammenfassend ist zu sagen, daß jede der drei vorgestellten Methoden ihre spezifischen Vor- und Nachteile hat, ein exakter Wert aber niemals ermittelt werden kann. Bei erfahrenen *Appraisern* ist zunehmend zu beobachten, daß alle drei Methoden zugleich in Betracht gezogen werden.

5. Die steuerliche Betrachtungen

Steuerliche Aspekte beim Kauf von Immobilien durch Deutsche werden in fast allen Fällen mit niedriger Priorität betrachtet. Dennoch können gerade hier die größten Überraschungen auftreten und erhebliche finanzielle Nachteile entstehen. Die steuerliche Komponente sollte in jedem Fall am Anfang eines Erwerbs abgeklärt werden. Spätere Änderungen von Tatsachen, die Einfluß auf die Besteuerung haben, sind in den USA nur sehr schwer möglich.

Unabhängig davon ob Ihr Investment gewerblicher oder privater Natur ist und unabhängig von Ihrer persönlichen Einkommensbesteuerung, müssen Sie sich mit dem Thema Steuern befassen. Gerade in den USA werden Steuervergehen wesentlich härter bestraft als in Deutschland.

Es gibt einen Grundsatz des amerikanischen Fiskus zur Besteuerung von Grundbesitz, der besagt, daß sämtlicher amerikanischer Grundbesitz in den USA nach geltendem Steuerrecht versteuert werden muß, unabhängig von der persönlichen Situation des Investors, d.h. unabhängig davon, ob Sie in den USA einkommenssteuerpflichtig sind oder nicht.

In jedem Fall wird dringend empfohlen, daß Sie einen Steuerfachmann zu Rate ziehen, der Sie über die Konsequenzen des aktuell geltenden Rechts aufklärt und der Ihnen hilft, ein für Sie optimales Konzept zu entwerfen.

Die Steuerarten unterteilen sich wie folgt:

- **Real Estate Tax:** die Besteuerung des Wertes des Grundvermögens.
- **Capital Gain Tax:** die Besteuerung des Gewinnes, den Sie aus dem Verkauf oder der Vermietung von Immobilien erwirtschaften.
- **Estate Tax:** die anfallenden Erbschaftssteuern in Ihrem Todesfall.

Die nachfolgenden Punkte geben Ihnen einen generellen Überblick zur Besteuerungsproblematik.

- Jede Person, die in den USA geduldet wird, kann Grundbesitz erwerben, unabhängig davon, ob Sie amerikanischer Staatsbürger oder Ausländer ist.
- Alle Staatsbürger der Vereinigten Staaten und alle Personen, die ihren Wohnsitz in den USA gemeldet haben, werden aufgrund ihres weltweiten Einkommens besteuert.
- Sind Personen nicht in den USA gemeldet, haben aber amerikanischen Grundbesitz (z. B. Ferienwohnungen und Ferienhäusern von Deutschen), so wird nur dieser oder anfallende Gewinne aus diesem besteuert.
- Ein Ausländer wird in den USA einkommenssteuerpflichtig, wenn er eine *Green Card* (ähnlich des deutschen Sozialversicherungsausweises) besitzt oder sich körperlich innerhalb eines Jahres mehr als 183 Tage im Land aufhält.
- Amerikanische Staatsbürger und einkommenssteuerpflichtige Ausländer sind erbschafts- und schenkungssteuerpflichtig für ihr weltweites Vermögen und weltweiten Immobilienbesitz.
- Sind Personen nicht in den USA einkommenssteuerpflichtig, so sind sie nur erbschafts- und schenkungssteuerpflichtig für ihr Vermögen und ihren Immobilienbesitz in den USA.
- Einkünfte, die aus der Vermietung von Eigentumswohnungen oder Häusern entstehen, sind grundsätzlich in den USA einkommenssteuerpflichtig.
- Der amerikanische Fiskus unterscheidet generell zwischen Abschreibungs- und Freibetragsmöglichkeiten von ansässigen und ausländischen Personen. Klären Sie deshalb unbedingt vorher ab, ob Sie als ansässig eingestuft werden.

- Ist der Besitzer einer Immobilie eine ausländische Gesellschaft, so entfällt die Erbschafts- und Schenkungssteuerpflicht.

5.1 Real Estate Tax

Diese Steuerart umfaßt die Besteuerung des Grundvermögens. Diese von Eigentumsverhältnissen unabhängige Steuer wird meist auch nur *property tax* genannt. Am besten läßt sich diese Steuer mit der deutschen Grundvermögenssteuer vergleichen, wobei Höhe und Verwendung dieser Steuergelder unterschiedlich ist. Für den Käufer kann sie ein guter Hinweis auf die Wertigkeit seiner Investition oder die Qualität der Umgebung sein.

- Die *property tax* basiert auf dem Verkehrswert des Objektes. Dieser ist in der Regel niedriger als der eigentliche Preis, den Sie beim Erwerb zahlen. Der Verkehrswert wird offiziell von dem lokalen Regierungsbezirk oder der Stadt festgelegt. Sie selbst haben darauf kaum Einfluß.
- Der Verkehrswert in den USA ist dem deutschen Einheitswert sehr ähnlich. Er wird allerdings regelmäßiger und individueller angepaßt und ist auch prozentual höher als in Deutschland. Fragen Sie also immer nach dem aktuellen Verkehrswert Ihres Objektes. Bei Kauf eines Objektes besteht immer eine gewisse Wahrscheinlichkeit, daß in diesem Zusammenhang der Verkehrswert erneut überprüft und veranlagt wird. Sie bekommen darüber im Steueramt beim *tax assessor* Auskunft.
- Die *property tax* wird jährlich erhoben. Sie können aber optional monatlich, viertel- oder halbjährlich zahlen.
- Die *property tax* beträgt zwischen 0,5 Prozent und 4 Prozent und ist von dem jeweiligen Bundesstaat und Regierungsbezirk abhängig. Große Städte wie New York und Los Angeles haben allerdings ihre eigenen Sätze, die 10 Prozent erreichen können. Farm- und Bauerwartungsland haben dagegen eher niedrigere Steuersätze.
- Landwirtschaftlich genutztes Land (Farmland) kann dagegen nach dem Ertragswert ermittelt werden. Überprüfen Sie, ob es in Ihrem speziellen Fall einen Steuervorteil geben könnte.
- Die *property tax* kann steuerlich abgesetzt werden.
- Wenn Sie eine Immobilie innerhalb einer Steuerperiode kaufen, so wird die bereits angefallene (und bereits bezahlte) Steuer pro rata temporis im Kaufpreis verrechnet.

- Im Unterschied zu Deutschland hat die *property tax* einen klar definierten Verwendungszweck. Der Regierungsbezirk oder die Stadt finanziert damit die lokale Wasserversorgung, den öffentlichen Straßenbau, die öffentlichen Schulen und die lokale Polizei. Sind Sie auf der Suche nach einem Einfamilienhaus oder einem Appartement, so ist ein hoher Steuersatz nicht unbedingt ein Nachteil, sondern kann ein Indiz für eine höhere Wohnqualität sein.
- Bei Nichteinhaltung der Steuerzahlungen und der vorgegebenen Fristen, die bis zu einem zusätzlichen Jahr gehen können, laufen Sie Gefahr, daß Ihr Objekt zwangsversteigert wird *(foreclosure)*.
- Bei Erwerb einer Immobilie sind Sie verpflichtet, dem lokalen Steueramt die neuen Eigentumsverhältnisse mitzuteilen (über Anwalt oder Makler). In manchen Fällen erledigt dies auch die *title insurance* in ihrer notariellen Funktion.
- Nach einer Meldung an das Steueramt bekommen Sie für deutsche Verhältnisse relativ schnell den entsprechenden Steuerbescheid. Sorgen Sie dafür, daß der Steuerbescheid an die richtige, permanente Adresse gesandt wird. Amerikanische Steuerbehörden versenden allerdings nicht mit Luftpost, d.h. die Angabe einer deutschen Adresse ist genauso unwirksam wie das Nichterhalten in den USA.
- Die Bezahlung der *property tax* ist ebenfalls unterschiedlich zur deutschen Denkart. Sie wird entweder von der Bank, bei der Sie ein Hypothekendarlehen aufgenommen haben, ausgeführt, oder Sie senden einen Barscheck (nur amerikanische Schecks) an das Steueramt. Überweisungen sind nicht üblich und können zu Mißverständnissen führen.

5.2 Capital Gain Tax

In diesem Abschnitt wird die Besteuerung des Gewinnes, den Sie aus dem Verkauf oder der Vermietung von Immobilien erwirtschaften, beschrieben.

Die steuerliche Veranlagung von Einkommenssteuer in den USA hängt von Ihren persönlichen Umständen ab. Jedoch gibt es zwei Arten von Steuern, die unabhängig von ihrem Hauptsteuerland erhoben werden – die Versteuerung des Mehrgewinnes aus Kauf und Verkauf einer Immobilie und die Versteuerung von Einnahmen aus Vermietung und Verpachtung, denn amerikanische Immobilien unterliegen grundsätzlich der Besteuerung nach amerikanischem Recht.

Aufgrund eines sehr detaillierten Doppelbesteuerungsabkommens müssen Sie die in den USA versteuerten Werte in Deutschland nicht mehr versteuern. Inzwischen herrscht auch reger Datenaustausch zwischen dem deutschen Finanzamt und dem amerikanischen *IRS*, so daß Mißbrauch weitgehend ausgeschlossen wird.

- Erhalten Sie Einnahmen aus regelmäßiger oder unregelmäßiger Vermietung (z. B. einer Ferienwohnung), so müssen Sie beim amerikanischen Finanzamt *(IRS)* eine Steuererklärung einreichen. Es ist zu empfehlen, daß dies von einem amerikanischen Steuerberater durchgeführt wird. Wird es nicht gemacht, so können Sie der Steuerhinterziehung schuldig befunden werden. Erkundigen Sie sich nach den Stichtagen der Anmeldung und den nicht versteuerbaren Minimaleinnahmen.
- Da sich die Erklärung auf Einnahmen aus Vermietung und Verpachtung beschränkt, sind sämtliche der Immobilie zuzuordnende Kosten ebenfalls absetzbar (sehr ähnlich zum deutschen Steuerrecht).
- Wenn Sie über einen Vermietungsagenten gehen, ist dieser sogar gezwungen, 30 Prozent der Mieteinnahmen zurückzubehalten, es sei denn, die nötigen Unterlagen sind beim Finanzamt registriert. Das amerikanische Steueramt möchte damit sicherstellen, daß Steuern von Ausländern auch wirklich gezahlt werden.
- Ein absoluter Vorteil ist die Abschreibung von Darlehenszinsen. Egal, ob Sie eine Immobilie vermieten oder selbst nutzen, Sie können die gesamten Darlehenszinsen voll absetzen. Dies ist einer der Gründe, weswegen Amerikaner fast immer ein Darlehen aufnehmen, selbst wenn sie sich Barzahlung leisten könnten.

Wenn Sie etwas geschickt rechnen, können Sie die Kosten (d. h. volle Darlehenszinsen und andere dem Objekt zurechenbare Kosten, wie Unterhaltskosten) der Mieteinnahme anpassen, so daß Sie im Endeffekt keinen Cent Steuer zahlen müssen. Auch dies ist eine sehr beliebte Methode von deutschen Investoren.

- Die zeitliche Abschreibung ist für gewerbliche Immobilien unterschiedlich zu Wohnimmobilien (31 1/2 Jahre vs. 27 1/2 Jahre). Baugrund kann nicht abgeschrieben werden.
- Bei den Einnahmen aus Vermietung und Verpachtung können Sie nach der „Brutto“ oder „Netto“ Methode versteuern:

  Bruttomethode: Dies ist einer Pauschalversteuerung gleichzusetzen. Wenn Sie darauf verzichten eine detaillierte Kostenaufstellung zu machen oder Ihre laufenden Kosten nur sehr gering sind, können

Sie mit der Bruttomethode eine Pauschalversteuerung erwirken. Sämtliche Einkünfte werden dann mit pauschal 30 % versteuert, unabhängig von anfallenden Kosten

Nettomethode: Dies ist eine genaue Aufrechnung von Einkommen versus sämtlicher Kosten, die dem Objekt direkt zuordenbar sind. Im speziellen Fall zählen dazu Zinskosten auf ein aufgenommenes Darlehen. Erst dieser Differenzbetrag wird dann versteuert, also ähnlich wie in Deutschland. In den meisten Fällen ist die Nettomethode zu empfehlen.

Versteuerung des Mehrgewinns aus Kauf und Verkauf: Ein gravierender Nachteil ist die Besteuerung eines Gewinns aus der Differenz Kaufpreis zu Verkaufspreis. Diese Besteuerung trifft auch diesmal Inländer und Ausländer. Zusätzlich werden Abschreibungen in den vorangegangenen Jahren zum Mehrgewinn gezählt. Diese Steuer wird im amerikanischen als Quellensteuer und nicht als Verkaufssteuer betrachtet.

Bei Ausländern wird beim Verkauf automatisch 10 Prozent des Verkaufspreises einbehalten, den Steuerbehörden überwiesen und später bei der Steuererklärung gegengerechnet. Eine separate Rückerstattung müssen Sie beantragen! Dies kann allerdings vermieden werden, wenn Sie ein spezielles Formular ausfüllen und eine provisorische Steuererklärung abgeben. Es gilt auch für den Kauf/Verkauf von Ausländer zu Ausländer.

Kaufen Sie z.B. ein Einfamilienhaus für $ 400.000 und verkaufen es 3 Jahre später für $ 500.000, müssen mindestens $ 100.000 versteuert werden. Als Sicherheit für die Finanzbehörden werden aber sofort $ 50.000 bis zur eigentlichen Veranlagung einbehalten! In Ausnahmefällen entfällt dieser Einbehalt, z.B. bei einem Immobilienwert unter einem bestimmten Verkaufspreis ($ 300.000).

Sie können die Steuer aufschieben bzw. in Raten zahlen, wenn Sie eine Verkäuferfinanzierung *(seller financing)* durchführen. In diesem Fall brauchen Sie nur den Mehrgewinn versteuern, der im Verhältnis zu den Anzahlungen des Verkaufspreises steht. In den Folgejahren betrifft es folglich nur noch das Verhältnis Tilgungshöhe zum Verkaufspreis.

5.3 Estate Tax

Hierbei handelt es sich um die Erbschafts- und Schenkungssteuer.

- Erbschafts- und Geschenksteuern sind in den USA in der Regel höher als nach deutschem Steuerrecht. Auch wenn Sie in Deutschland leben und ableben sollten, wird amerikanischer Immobilienbesitz nach amerikanischem Erbschaftssteuergesetz behandelt.
- Haben Sie ein Darlehen aufgenommen und nur einen Teil selbst finanziert, so wird nur dieser Eigenanteil zur Berechnung genommen.
- Aufgrund des Doppelbesteuerungsabkommens werden diese Erbschaftssteuern den deutschen Steuern gegenüber anerkannt.

6. Typische Fehler beim Erwerb von Immobilien

- *Closing Costs* (Erwerbsnebenkosten) werden dem ausländischen Investor gerne zu 100 % zugeordnet – versuchen Sie hier zu verhandeln.
- Es besteht Formfreiheit des Vertrages und jeder kann im Prinzip schreiben, was er will. Lassen Sie gerade vorgedruckte Verträge unbedingt von einem unabhängigen Anwalt überprüfen.
- Aufgrund der relativ kurzen Aufenthalte in den USA erkennen viele Deutsche den Wert von Objekten nicht, vergleichen mit ähnlichen Objekten in Deutschland und befinden ein Objekt als preiswert. Wenden Sie unbedingt eine der Bewertungsmethoden an.
- Zeit ist meist ein kritischer Faktor von ausländischen Investoren – das wissen Verkäufer und Makler ebenfalls. Lassen Sie deshalb nie erkennen, daß Sie eigentlich unbedingt während dieser Reise Ihre Immobilie kaufen wollen.
- Viele Deutsche haben Schwierigkeiten im Verhandlungsenglisch und fast keiner hat Erfahrung mit Juristenenglisch. Auch dieser Umstand ist sehr wohl bekannt und wird manchmal durchaus ausgenutzt – verzichten Sie deshalb nie auf unabhängige Beratung, auch wenn Sie zusätzliche Kosten verursacht.
- Falls Sie ein Objekt bauen lassen, übertragen Sie niemals die vollständige Kontrolle an jemanden vor Ort. Behalten Sie sich alleinig das Recht vor, Leistungen abzunehmen und Rechnungen zu zahlen.

- Falls Sie ein Objekt bauen lassen, bedenken Sie, daß Unterlieferanten von Bauleistungen, die vom Bauunternehmen beauftragt und später nicht bezahlt wurden, ein Pfandrecht auf Ihr Haus erheben können. Schließen Sie diese Haftung im jeden Fall vertraglich aus.
- Viele Deutsche gehen mit der Einstellung in ein Verhandlungsgespräch, daß Sie besser als der Makler verhandeln können. Dies mag in manchen Fällen auch richtig sein, generell bestätigt sich aber, daß nicht vollkommen verhandlungssichere Käufer einen Makler als Mittelsmann einschalten sollten. Dieser kann dadurch mehr Druck bei einer alleinigen Verhandlung ausüben, da er nur in den vorgegebenen Grenzen verhandelt. Da Amerikaner schnell in der Entscheidung sind, scheuen sie zusätzliche Wege, wie die Rücksprache mit dem eigentlichen Käufer und sind deshalb schneller zu Kompromissen bereit.
- In den USA ist es üblich, vieles per Handschlag zu vereinbaren – bleiben Sie unbedingt Ihrem europäischem Denken treu und fixieren Sie sämtliche Abmachungen schriftlich.
- Oftmals treibt die Tatsache, daß Sie Deutscher sind, die Preise in die Höhe. Man unterstellt Ihnen automatisch Unwissenheit des Marktes, der ungeschriebenen Gesetze und mangelnde Englischkenntnisse. Leider ist das auch oft der Fall. Wenn Sie deshalb unsicher sind, schalten Sie einen Treuhänder (Anwalt) dazwischen, so wird dem Verkäufer nicht bekannt, wer als Käufer auftritt.

Indirekte Beteiligung an Immobilien

Reinhard Kutscher

Der offene Immobilienfonds: Ein Wertpapier der Immobilie

Zusammenfassung

Offene Immobilienfonds ermöglichen die Geldanlage auch kleinerer Vermögen in Immobilien bei Streuung der Risiken, also Investitionen in unterschiedliche Standorte, Nutzungsarten und Mieter. Zum Schutze des Anlegers unterliegen sie vielerlei Auflagen und Kontrollen, u. a. durch das Bundesaufsichtsamt für das Kreditwesen. Der Wert eines Fondsanteils hängt vor allem von der Wertentwicklung der Immobilien ab. Ausgabe und Rücknahme der Anteile können täglich erfolgen. Das den Anleger interessierende Nachsteuerergebnis setzt sich zusammen aus einem steuerfreien Ausschüttungsanteil (vor allem durch Gebäudeabschreibungen und Veräußerungsgewinne), einem steuerpflichtigen Ausschüttungsanteil (Miet- und Zinseinnahmen des Fonds) sowie der bei Einhaltung der sechsmonatigen Spekulationsfrist ebenfalls steuerfreien Steigerung der Anteilswerte.

1. Einleitung

Offene Immobilienfonds sind mit einem betreuten Gesamtvermögen von inzwischen 57 Milliarden DM (Stand Ende 1995) aus ihrem einstigen Schattendasein längst herausgewachsen. Wie kam es zu dem ständigen, zuletzt gar rasanten Anstieg in der Gunst der Kapitalanleger? Liegt es am generell erwachten Interesse für die Immobilie? Oder gibt es spezifische Gründe, die in der Konzeption der offenen Immobilienfonds und ihrer Performance liegen? Im folgenden werden die Besonderheiten dieses Vermögensanlageprodukts und die Gründe für seinen Erfolg dargestellt.

2. Was ist ein offener Immobilienfonds?

2.1 Definition

Ausgehend von den drei Bestandteilen des Begriffs könnte dieser als ein Sammelbecken (Fonds: frz. Grundstock) für Gelder definiert werden, die von einer „offenen“ (unbegrenzten) Personenzahl zur Anlage in eine „offene“ (unbegrenzte) Zahl von Grundstücken (Immobilien) zur

Verfügung gestellt werden. Der Anleger erhält als Gegenwert für sein Geld ein Wertpapier. Dieses Wertpapier, das er sich als Urkunde/Zertifikat physisch ausliefern oder seinem Depot bei einer Bank gutschreiben lassen kann, verbrieft seine Ansprüche gegen die als Treuhänder tätige Kapitalanlagegesellschaft (KAG) auf Anlage und Verwaltung des Geldes, auf Ausschüttung der Erträge sowie auf Rücktausch der Anteile gegen Geld. Alleiniger Eigentümer der von der KAG erworbenen Fonds-Vermögensgegenstände ist diese selbst. Eine Miteigentümerposition wie bei den Wertpapierfonds wäre bei offenen Immobilienfonds wegen dann notwendiger Eintragung aller Anleger in den Grundbüchern der Fondsimmobilien nicht praktikabel.

Definiert man den offenen Immobilienfonds von seinem Zweck her, so bietet er einer breiten Bevölkerungsschicht die Möglichkeit, Vermögen oder Sparbeiträge nach dem Grundsatz der Risikomischung in Immobilien anzulegen („Immobiliensparen"). Risikomischung heißt, die Immobilien des Fonds sind geographisch gestreut und weisen unterschiedliche Größen, Nutzungsarten, Mieter usw. auf. Typisch für den offenen Immobilienfonds ist außerdem, daß der Anleger den Anteil grundsätzlich zum inneren Wert (Anteilswert) zurückgeben kann, weshalb auch von der täglich fälligen Immobilie gesprochen wird.

Innerhalb der Kategorie der offenen Immobilienfonds ist zu unterscheiden zwischen Spezialfonds und Publikumsfonds. Spezialfonds sind institutionellen Anlegern vorbehalten. Sie können das Instrument des offenen Immobilienfonds benutzen, um allein oder in Kooperation mit einer Gruppe von maximal weiteren neun Anlegern maßgeschneiderte Immobilieninvestitionen vorzunehmen. Im weiteren werden ausschließlich die Publikumsfonds behandelt, deren Anteile von jedermann erworben werden können.

2.2 Entstehungsgeschichte

Die erste deutsche Wertpapier-Investmentgesellschaft nahm ihre Tätigkeit 1949 auf. Zehn Jahre später erfolgte die Auflegung des ersten deutschen offenen Immobilienfonds. Nachdem 1969 das Gesetz über Kapitalanlagegesellschaften, das zunächst nur für Aktien- und Rentenfonds galt, auf die offenen Immobilienfonds ausgedehnt wurde und somit eine größere Rechtssicherheit eintrat, stieg die Bereitschaft der Geschäftsbanken, derartige Fonds zu vertreiben. 1980 waren es bereits acht Fonds, das Fondsvermögen belief sich damals auf 4,4 Mrd. DM. Heute gibt es 13 Fonds mit einem Fondsvermögen von 57 Mrd. DM.

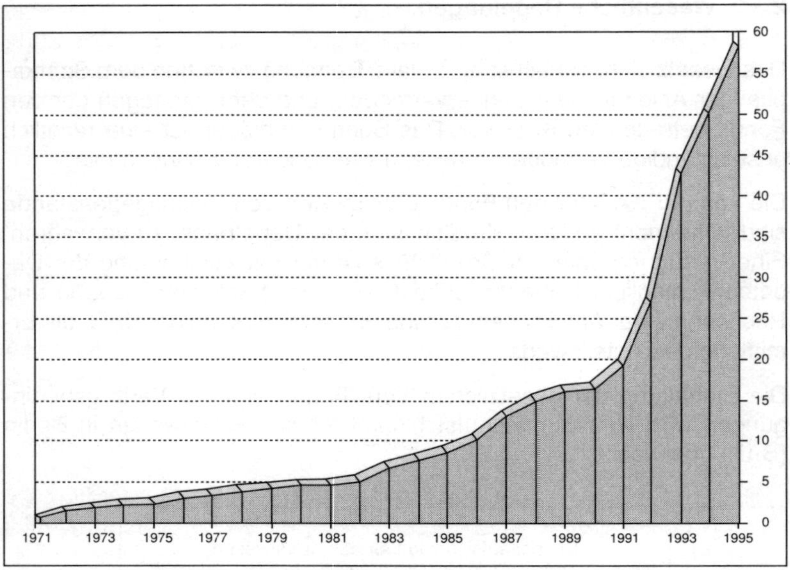

Abbildung 1: Entwicklung des Fondsvolumens der offenen Immobilienfonds (in Mrd. DM)

Quelle: Bundesverband Deutscher Investment-Gesellschaften e. V.

2.3 Rechtliche Rahmenbedingungen

2.3.1 Rechtsgrundlagen

Das Kapitalanlagegesetz (KAGG) enthält in den §§ 26 ff. die Regelungen für offene Immobilienfonds („Grundstückssondervermögen"). Daneben ist auch das Kreditwesengesetz (KWG) für Kapitalanlagegesellschaften einschlägig. Diese sind nach der gesetzlichen Definition Kreditinstitute. Der Gesetzgeber übertrug damit die bewährten Kontrollmechanismen des Bankwesens auch auf das Investmentgeschäft, weil der Anleger keinerlei Einwirkungsmöglichkeiten auf die Kapitalanlagegesellschaft (KAG) hat und deshalb in hohem Maße schutzbedürftig ist. Neben den gesetzlichen Bestimmungen gibt es für jeden Fonds Vertragsbedingungen, die das Rechtsverhältnis zwischen KAG und Anleger regeln. Sie müssen jedem Anleger vor Erwerb von Anteilen zusammen mit dem Verkaufsprospekt, dem letzten Rechenschaftsbericht und gegebenenfalls dem Halbjahresbericht vorgelegt werden.

2.3.2 Wesentliche Regelungen

Das Gesetz sieht zunächst eine klare Trennung zwischen dem Sparkapital der Anleger (dem Sondervermögen) und dem Vermögen der den Fonds betreuenden KAG vor. Das Sondervermögen ist eine rechtlich unselbständige Vermögensmasse, die besonderen Schutz genießt.

Die von der KAG für den Fonds erworbenen Vermögensgegenstände sind von einem anderen Kreditinstitut, der Depotbank, zu verwahren. Eine Verfügung über ein Grundstück ist nur mit Zustimmung der Depotbank möglich. Daneben obliegt der Depotbank die Ausgabe und Rücknahme der Anteilscheine sowie, unter Mitwirkung der KAG, die Ermittlung des Anteilswerts.

Die Einhaltung der gesetzlichen Vorschriften und der Vertragsbedingungen wird vom Bundesaufsichtsamt für das Kreditwesen in Berlin (BAK) überwacht.

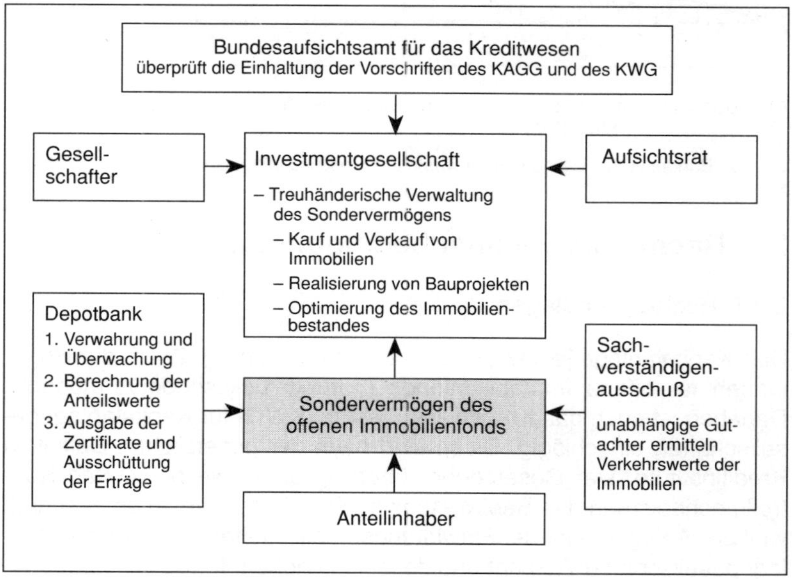

Abbildung 2: Bundesaufsichtsamt für das Kreditwesen

2.3.3 Ausgabe und Rücknahme der Anteile

Die Ausgabe von Anteilscheinen kann an jedem Werktag erfolgen. Praktisch geschieht das, indem der Kunde entweder seiner Bank oder, soweit er dort ein Anlagekonto eröffnet bzw. unterhält, der KAG einen Wertpapierkaufauftrag erteilt. Geht der Auftrag an eine Bank, die nicht Depotbank für die gewünschten Anteilscheine ist, so muß sich diese Drittbank die Anteile bei der Depotbank besorgen. Investmentanteile sind nicht börsennotiert. Ein Börsenhandel ist auch nicht erforderlich, da die Fonds „offen" sind, d. h. daß sie jederzeit eine unbegrenzte Zahl von Anteilen zur Verfügung stellen können. Das bei Aktiengesellschaften vorgesehene, umständliche Verfahren zur Ausgabe neuer Aktien durch Kapitalerhöhungen entfällt bei Investmentfonds. Ein Rechtsanspruch des Kunden auf den Erwerb von Anteilen besteht allerdings nicht. Die Ausgabe der Anteile erfolgt zum Anteilswert zuzüglich eines Ausgabeaufschlags, der je nach Fonds bis zu 5,5 % betragen kann.

Von ganz besonderer Bedeutung für den Anleger ist, daß er seine Anteile zum jeweils geltenden Rücknahmepreis, der dem Anteilswert entspricht, zurückgeben kann. Das Kursrisiko besteht also ausschließlich in der Veränderung des inneren Wertes der Anteile, wird aber im Gegensatz zu börsennotierten Wertpapieren nicht durch Angebot und Nachfrage beeinflußt.

Allerdings kann die KAG die Rücknahme für längstens zwei Jahre aussetzen, wenn außergewöhnliche Umstände vorliegen, die dies im Interesse aller Anleger erforderlich erscheinen lassen. Bisher ist in der über 30-jährigen Geschichte der offenen Immobilienfonds noch kein Fall bekannt geworden, in dem eine KAG von der Möglichkeit des Rücknahmeaufschubs Gebrauch gemacht hätte. Hieraus läßt sich zwar nicht ableiten, daß derartige Fälle in der Zukunft ausgeschlossen sind. Sie sind jedoch auch nicht sehr wahrscheinlich. Die Kapitalanlagegesellschaften halten durchweg Liquidität für mögliche Mittelrückflüsse vor, die deutlich über der gesetzlich vorgeschriebenen Mindestliquidität von 5 % des Fondsvermögens liegt.

2.3.4 Ermittlung des Anteilswerts, Bewertung der Immobilien

Zur Ermittlung des Anteilswerts werden zunächst die Stichtagswerte sämtlicher Vermögensgegenstände des Fonds addiert, Verbindlichkeiten werden abgezogen. Der so ermittelte Inventarwert wird durch die Zahl der ausgegebenen Anteile dividiert.

Während die Feststellung des Wertes von Bankguthaben und Wertpapieren aufgrund der Kontostände bzw. der täglich veröffentlichten Börsenkurse keine Schwierigkeiten bereitet, ist dies für die Fondsimmobilien schwieriger. Immobilien haben keinen Börsenkurs. Ihr tatsächlicher Verkehrswert läßt sich letztlich nur durch Verkauf feststellen. Deshalb obliegt die Immobilienbewertung unabhängigen Sachverständigen. Diese Gutachter müssen besondere Erfahrungen auf dem Gebiet der Bewertung von Grundstücken haben. Meist handelt es sich um öffentlich bestellte und vereidigte Sachverständige. Ihre Bestellung muß dem BAK angezeigt werden, das bei Bedenken bezüglich der Eignung die Bestellung eines anderen Sachverständigen verlangen kann.

Jedes Fondsobjekt muß von einem Bewertungsgremium, das aus drei oder mehr Sachverständigen besteht, mindestens einmal alle zwölf Monate neu bewertet werden. Der hierbei festgestellte Verkehrswert fließt unmittelbar in den Inventarwert des Fonds und damit in den Anteilswert ein.

Auch vor jedem An- und Verkauf muß die betroffene Liegenschaft bewertet werden. Die KAG darf ein Objekt nur erwerben, wenn der Kaufpreis nicht wesentlich über dem gutachterlich festgestellten Verkehrswert liegt. Beim Verkauf darf der erzielte Preis nicht wesentlich unter dem gutachterlichen Wert liegen.

Bewertet wird üblicherweise nach dem Ertragswertverfahren. Der nachhaltige Jahresmietertrag wird dabei nach Abzug von Bewirtschaftungskosten und unter Berücksichtigung der wirtschaftlichen Restnutzungsdauer des Gebäudes mit einem Vervielfältiger multipliziert, der Ausdruck von Lage- und Objektqualität ist. Während für Außenstehende die Beurteilung des richtigen Vervielfältigers schwierig ist, können die Sachverständigen aufgrund ihrer Erfahrung und der zahlreichen Transaktionen, von denen sie Kenntnis erhalten, den anwendbaren Vervielfältiger und damit den Verkehrswert der Immobilie recht gut einschätzen. Die vielen Objektverkäufe der offenen Immobilienfonds in den achtziger und neunziger Jahren, die alle zu den festgestellten Verkehrswerten oder leicht darüber erfolgten, bestätigen die Einschätzung der Sachverständigen. Eine Abweichung im Einzelfall von etwa 5 % nach oben oder unten muß bei Immobilienbewertungen in Kauf genommen werden.

Der Ausgabe- bzw. Rücknahmepreis (= Anteilswert) für die Anteile wird im Wirtschaftsteil einiger großer Tageszeitungen veröffentlicht. Eine Neufestsetzung des Anteilswerts findet nach den Vertragsbedingungen und dem Verkaufsprospekt dreimal monatlich, mindestens alle zehn Bankarbeitstage statt.

3. Welche Fonds gibt es?

3.1 Fonds und Fondsgesellschaften

Zehn Kapitalanlagegesellschaften betreuen insgesamt 13 offene Immobilienfonds. Hauptgesellschafter sind in der Regel Banken. Fünf Gesellschaften repräsentieren nahezu 85 % des gesamten Marktes.

Fonds	Volumen per 31.12.1995 (Mio DM)	Kapitalanlagegesellschaft	Depotbank	Hauptvertriebspartner
BfG:ImmoInvest	1.204,2	BfG Immobilien-Investment Gesellschaft mbH	BfG Bank AG	BfG Bank AG
CS-EUROREAL	244,0	Credis Immobilien-Fonds GmbH	Credit Suisse (Deutschland) AG	Credit Suisse (Deutschland) AG
CS-WV-IMMOFONDS	260,8	Credis Immobilien-Fonds GmbH	Credit Suisse (Deutschland) AG	Baden-Württembergische Bank AG
DespaFonds	10.055,7	Deutsche Sparkassen-Immobilien-Anlage GmbH	Deutsche Girozentrale – Deutsche Kommunalbank –	Sparkassen
DIFA-Fonds Nr. 1	7.387,1	Deutsche Immobilien Fonds AG	DG Bank Deutsche Genossenschaftsbank	Volksbanken und Raiffeisenbanken
DIFA-Grund	1.882,7	Deutsche Immobilien Fonds AG	DG Bank Deutsche Genossenschaftsbank	Volksbanken und Raiffeisenbanken
„grundbesitz-invest"	8.409,9	Deutsche Grundbesitz-Investmentgesellschaft mbH	Deutsche Bank AG	Deutsche Bank AG
GRUNDWERT-FONDS 1	12.791,1	Deutsche Gesellschaft für Immobilienfonds mbH	Dresdner Bank AG	Dresdner Bank AG
HANSAimmobilia	724,0	Hanseatische Investment GmbH	Vereins- und Westbank AG	Vereins- und Westbank AG
HAUS-INVEST	4.739,0	Commerz Grundbesitz-Investmentgesellschaft mbH	Commerzbank AG	Commerzbank AG
iii-Fonds Nr. 1	4.523,6	Internationales Immobilien-Institut GmbH	Bayerische Hypotheken- und Wechselbank AG	Bayerische Hypotheken- und Wechselbank AG
iii-Fonds Nr. 2	3.187,6	Internationales Immobilien-Institut GmbH	Bayerische Vereinsbank AG	Bayerische Vereinsbank AG
WestInvest 1	1.735,3	Rheinisch-Westfälische Grundstücks-Investment GmbH	Westdeutsche Landesbank	Sparkassen

Anmerkung: Nicht berücksichtigt wurde der Aachener Grund-Fonds Nr. 1, der nur für Kirchengelder offensteht.

Abbildung 3: Marktübersicht

3.2 Bedeutung der offenen Immobilienfonds

3.2.1 Bedeutung für die Investmentbranche

Von den in Deutschland aufgelegten Investmentfonds halten die offenen Immobilienfonds einen Marktanteil von 29,8 %. Sie stellen damit hinter den Rentenfonds und vor den Aktienfonds die zweitgrößte Gruppe dar. Berücksichtigt man die Luxemburger Fonds deutscher Provenienz, beträgt der Anteil immerhin noch 17,1 %. Besonders in den Jahren seit 1992 hatten die offenen Immobilienfonds hohe Mittelzuflüsse zu verzeichnen.

	Fondsvolumen per 31.12.95 in Mrd. DM	Mittelzufluß 1994	Mittelzufluß 1995
Rentenfonds			
– Deutschland	104,9	11,2	2,4
– Luxemburg	114,0	– 9,5	– 15,0
Offene Immobilienfonds*	57,1	7,6	6,8
Aktienfonds			
– Deutschland	45,4	11,7	0,9
– Luxemburg	5,8	3,0	0,2
Geldmarktfonds			
– Deutschland	38,2	31,2	6,2
– Luxemburg	20,1	17,6	2,3

* ohne Aachener Grund-Fonds Nr. 1

Abbildung 4: Fondsvolumen und Mittelzufluß von Publikumsfonds

3.2.2 Bedeutung für die Immobilienbranche

Die offenen Immobilienfonds gehören zu den großen Investoren für gewerbliche Immobilien in Deutschland. Im Jahr 1995 betrug das neu in Immobilien investierte Volumen rund 3,3 Mrd. DM.

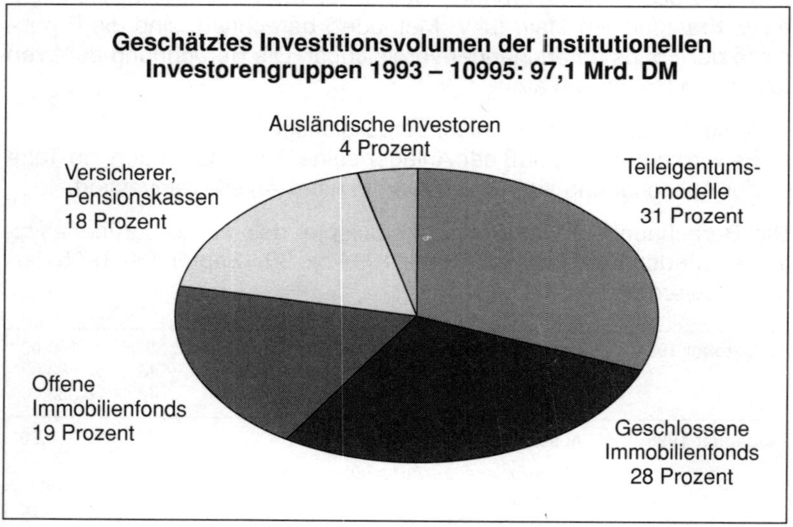

Abbildung 5: Anteil institutioneller Investoren am Immobilien-Anlagemarkt 1993–1995

Quelle: Münchner Institut für Markt-, Regional- und Wirtschaftsforschung (geschätzte Zahlen)

4. Welchen Nutzen hat der Anleger?

4.1 Anlageerfolg

Beurteilungsmaßstab für die Qualität einer Investmentanlage ist die Performance. Sie beinhaltet zum einen die jährliche Barausschüttung. Ausgeschüttet werden die Zinserträge aus den Liquiditätsanlagen, die Gewinne aus Veräußerungsgeschäften und vor allem die nicht zur Kostendeckung verwendeten Mieterträge. Die Höhe der Ausschüttung bewegt sich je nach Fonds und Jahr im Regelfall um 5 % des Anteilswerts.

Zweiter wichtiger Bestandteil der Performance ist die Veränderung des Anteilswerts, die sich aus der Wertentwicklung der Immobilien und Finanzanlagen ergibt. Dieser ist nicht nur theoretischer Natur, weil der Anleger die Wertsteigerung durch Rückgabe der Anteile realisieren kann.

Da alle deutschen Investmentgesellschaften die Performance nach der Methode des Bundesverbands Deutscher Investment-Gesellschaften e. V., Frankfurt am Main („BVI-Methode") berechnen, sind die Ergebnisse der Fonds untereinander vergleichbar. Die Berechnung geht von folgenden Prämissen aus:

- Ausgabekosten werden nicht berücksichtigt.
- Es wird unterstellt, daß der Anleger seine Ausschüttungen am Tage der Ausschüttung zum Anteilswert in neue Anteile reinvestiert.

Die Berechnungsmethode soll am Beispiel des Fonds „grundbesitz-invest" für den Zeitraum 1. Oktober 1994 bis 30. September 1995 dargestellt werden.

1. Oktober 1994	Bestand Anteile	Stück	100,00
	Anteilswert	DM	83,83
	Gesamtwert der Anlage	DM	8.383,00
4. Januar 1995	Ausschüttung je Anteil	DM	4,00
	Wiederanlage des Ausschüttungsbetrags zum Anteilwert:		
	$\frac{\text{100 Anteile} \times \text{DM 4,00}}{\text{Anteilwert DM 80,49}}$ = zusätzliche Anteile	Stück	4,97
	neuer Bestand	Stück	104,97
30. September 1995	Bestand Anteile	Stück	104,97
	Anteilwert	DM	84,86
	Gesamtwert der Anlage	DM	8.907,75
	Vermögenszuwachs:	DM	524,75
Performance:	$\frac{\text{DM 524,75} \times 100}{\text{DM 8.383,00}} = 6{,}3\,\%$		

Abbildung 6: Beispiel einer Performancerechnung nach der BVI-Methode

Die so ermittelte Performance entspricht allerdings nicht dem tatsächlichen Anlageerfolg des Anlegers. Erst nach Berücksichtigung der Ausgabekosten von bis zu 5,5 % erhält er seinen persönlichen Anlageerfolg. Je länger die Anteile gehalten werden, desto geringer ist die Auswirkung des einmaligen Ausgabeaufschlags auf den Anlageerfolg.

Fonds	1 Jahr 31.12.94 – 31.12.95	5 Jahre 31.12.90 – 31.12.95	10 Jahre 31.12.85 – 31.12.95	20 Jahre 31.12.75 – 31.12.95
BfG:ImmoInvest	6,7	43,9	–	–
CS-EUROREAL	3,7	–	–	–
CS-WV-IMMOFONDS	6,0	–	–	–
DespaFonds	6,2	49,1	99,0	277,1
DIFA-Fonds Nr. 1	6,8	48,0	94,9	259,5
DIFA-Grund	6,4	45,4	87,1	–
„grundbesitz-invest“	6,9	44,0	94,8	289,6
GRUNDWERT-FONDS 1	6,7	44,8	100,4	304,1
HANSAimmobilia	8,0	46,8	–	–
HAUS-INVEST	6,5	44,5	93,7	284,7
iii-Fonds Nr. 1	5,8	45,1	92,9	224,5
iii-Fonds Nr. 2	6,1	45,6	93,1	208,4
Westinvest 1	6,5	46,2	–	–

Abbildung 7: Wertentwicklung der offenen Immobilienfonds (in Prozent)
Quelle: Bundesverband Deutscher Investment-Gesellschaften e.V., Januar 1996

4.2 Steuerliches Ergebnis

4.2.1 Einkommensteuer

Entscheidend für die steuerliche Behandlung der Erträge aus offenen Immobilienfonds ist die Zugehörigkeit zum Privat- oder Betriebsvermögen. Werden die Anteile im Betriebsvermögen gehalten, sind die Einkünfte als Betriebseinnahmen zu versteuern.

In den meisten Fällen befinden sich die Anteile an offenen Immobilienfonds im Privatvermögen. Die Erträge aus offenen Immobilienfonds unterliegen dann als Einkünfte aus Kapitalvermögen der Einkommensteuer. Anleger, deren Kapitaleinkünfte den Sparerfreibetrag und den Werbungskostenpauschbetrag (6.100 DM für Alleinstehende / 12.200 DM für zusammenveranlagte Ehegatten) überschreiten, versteuern die Ausschüttung im Rahmen der Einkommensteuererklärung. Das gilt ebenfalls für Anleger, die keinen Freistellungsauftrag erteilt haben.

Steuerpflichtig ist dann aber nicht die gesamte Ausschüttung, sondern nur der einkommensteuerpflichtige Anteil der Ausschüttung. Steuerfreie Beträge resultieren hauptsächlich aus Gebäudeabschreibungen (AfA), aus Veräußerungsgewinnen (sofern die Spekulationsfrist bei Grundstücken eingehalten wurde) sowie aus steuerlich abzugsfähigen Bauzinsen.

Anteilswertsteigerungen sind ebenso steuerfrei wie Gewinne aus der Veräußerung von Anteilen, die zu einem Privatvermögen gehören, soweit die sechsmonatige Spekulationsfrist eingehalten wurde.

	steuer-frei	steuer-pflichtig		gesamt
Ausschüttung	1,34 DM	2,66 DM	=	4,00 DM
in Prozent	27 %	53 %		80 %
Steigerung der Anteilswerte	1,03 DM	–,— DM	=	1,03 DM
in Prozent	20 %	— %		20 %
Gesamtertrag	2,37 DM	2,66 DM	=	5,03 DM
in Prozent	47 %	53 %		100 %

Abbildung 8: Steuerfreie und steuerpflichtige Bestandteile der Performance des Fonds „grundbesitz-invest“ vom 1. Oktober 1994 bis 30. September 1995 (Anteile im Privatvermögen)

Der hohe steuerfreie Anteil macht offene Immobilienfonds besonders für Anleger mit hoher Steuerprogression interessant. Dies wird deutlich, wenn beispielsweise das Ergebnis von „grundbesitz-invest“ (6,3 %) mit der Vorsteuerrendite einer voll steuerpflichtigen Alternativanlage verglichen wird. Die Alternativanlage hätte bei einem persönlichen Steuersatz von 50 % eine Rendite von 9,3 % erbringen müssen, um mit dem Nachsteuerergebnis von „grundbesitz-invest“ vergleichbar zu sein.

4.2.2 Kapitalertragsteuer (Zinsabschlagsteuer)

Die Ausschüttungen offener Immobilienfonds unterliegen der 1993 eingeführten Kapitalertragsteuer (ZASt). Als Vorauszahlung wird sie mit der endgültig festzusetzenden Einkommensteuer verrechnet.

Bemessungsgrundlage ist grundsätzlich die einkommensteuerpflichtige Ausschüttung für im Privatvermögen gehaltene Anteile. Bei einigen Fonds gibt es weitere Ausschüttungsbestandteile, die nicht der Kapitalertragsteuer unterliegen. Dies können z. B. Zinserträge sein, die aus Guthaben im Ausland erzielt werden.

Die Kapitalertragsteuer beläuft sich bei in einem Depot gehaltenen Anteilen auf 30 %. Freibeträge können durch Freistellungsauftrag genutzt

werden (s. o.). Wenn die Ertragsscheine im Tafelgeschäft eingelöst werden, weil der Anleger sich effektive Stücke hat ausliefern lassen, erhöht sich die Kapitalertragsteuer auf 35 %.

4.2.3 Vermögensteuer

Fondsanteile Offener Immobilienfonds werden bei der Vermögensteuer als Wertpapiere behandelt. Demzufolge wird nicht der Einheitswert der im Sondervermögen enthaltenen Grundstücke zugrunde gelegt, sondern der Rücknahmepreis der Anteile am Ende des dem Veranlagungsstichtag vorausgegangenen Kalenderjahres. Der Vermögensteuersatz beträgt lediglich 0,5 Prozent, da die Fondsanteile im Rahmen der Vermögensteuer den Beteiligungswerten zugerechnet werden. Demgegenüber werden Bargeld, Bankguthaben oder festverzinsliche Wertpapiere mit 1 Prozent besteuert.

Eine mögliche Erhöhung der Einheitswerte bleibt für Anleger in Offenen Immobilienfonds bei der Vermögen-, Schenkung- und Erbschaftsteuer ohne Auswirkung. Bemessungsgrundlage für die Substanzsteuern ist unverändert der Anteilwert des Fonds zum 31. Dezember eines jeden Jahres. Dieser resultiert jedoch nicht aus dem niedrigeren Einheitswert, sondern aus dem aktuellen Verkehrswert der Fondsimmobilien.

Ab 1995 kann ein persönlicher Freibetrag in Höhe von 120.000 DM und im Falle der Zusammenveranlagung von Ehegatten von 240.000 DM berücksichtigt werden.

4.2.4 Zwischengewinnsteuer

Seit dem 1. Januar 1994 müssen Anleger beim Verkauf von Kapitalanlagen die bis zum Verkaufstag aufgelaufenen Zinserträge als Zwischengewinne versteuern. Der Zinsabschlag wird vom Verkaufserlös einbehalten. Im Anteilpreis gezahlte Zwischengewinne sind im Jahr der Zahlung als sogenannte negative Einnahmen im Rahmen der Steuerveranlagung abzugsfähig.

Bei der Ermittlung der Zwischengewinne für offene Immobilienfonds sind nur die Erträge aus Liquiditätsanlagen einzubeziehen. Die Mieterträge sind also von dieser Besteuerung ausgenommen. Im Unterschied zu den Wertpapierfonds müssen die offenen Immobilienfonds den Zwischengewinn nur dreimal monatlich zusammen mit dem Rücknahmepreis neu berechnen.

5. Wie investiert ein offener Immobilienfonds?

5.1 Immobilienanlagen

5.1.1 Anlagevorschriften

Die KAG hat die Anlegergelder nach dem Grundsatz der Risikomischung anzulegen. Kein Grundstück darf zur Zeit seines Erwerbs einen Verkehrswert haben, der höher als 15 % des Gesamtwerts des Sondervermögens liegt. Mehrere Grundstücke, die eine wirtschaftliche Einheit bilden, gelten als ein Grundstück. Insgesamt muß das Sondervermögen nach Abschluß einer Fonds-Aufbaufrist von vier Jahren mindestens zehn Grundstücke umfassen.

In Betracht kommen:

- Mietwohngrundstücke, Geschäftsgrundstücke und gemischtgenutzte Grundstücke als Regelfall;
- Grundstücke im Zustand der Bebauung bis zu 20 % des Wertes des Sondervermögens, wenn mit dem Bauabschluß in absehbarer Zeit zu rechnen ist und das fertige Objekt zu den drei genannten Objektarten gehört;
- unbebaute Grundstücke bis zu 20 % des Wertes des Sondervermögens, sofern diese für die alsbaldige eigene Bebauung bestimmt und geeignet sind;
- Erbbaurechte, soweit sie den vorstehenden Anforderungen entsprechen.

Teil- bzw. Wohneigentum sind zum Zeitpunkt des Erwerbs auf 10 % des Sondervermögens begrenzt.

Die Grundstücke müssen in einem Land der Europäischen Union und seit 1996 auch in den restlichen drei Staaten des Europäischen Wirtschaftsraums gelegen sein. Außerhalb der EU und des EWR gelegene Immobilien dürfen nur dann erworben werden, wenn dies in den Vertragsbedingungen ausdrücklich zugelassen wird, wobei beim Kauf eine Höchstgrenze von 20 % des Sondervermögens besteht.

5.1.2 Anlagestrategie und Entwicklung des Immobilienbestands

Ein erfolgreiches Immobilienkonzept erfordert langjährige Erfahrung, Sachkompetenz und detaillierte Marktkenntnisse. Ausschlaggebend für den Erfolg einer Immobilieninvestition ist die richtige Einschätzung der langfristigen Ertrags- und Entwicklungsperspektive. Präferiert werden von den Fondsmanagern Gewerbeimmobilien mit folgenden Schwerpunkten:

- Bürogebäude oder gemischtgenutzte Objekte mit Büro- und Einzelhandelsflächen an zentralen oder innenstadtnahen Standorten;
- Dienstleistungszentren / Gewerbeparks (Büro-, Lager- und Serviceflächen) mit günstiger Verkehrsanbindung;
- Einkaufszentren mit gesicherten Einzugsgebieten.

Spezialimmobilien wie insbesondere Freizeitanlagen, Industrieanlagen usw. werden mangels Drittverwendungsmöglichkeit weitgehend gemieden; Hotels sind mit Einschränkungen von Interesse. Wohnobjekte spielen nur eine untergeordnete Rolle, da sie in ihrem Ertragspotential begrenzt und gleichzeitig sehr verwaltungsintensiv sind.

Die Standortqualität ist von zentraler Bedeutung für die langfristige und nachhaltige Wertentwicklung der Immobilien. Wesentliche weitere Auswahlkriterien sind

- Gebäudequalität und -zustand,
- Struktur der Mietverträge,
- Sicherheit des Mietertrags,
- Entwicklungsperspektive,
- Fungibilität und
- angemessenes Verhältnis von Kaufpreis zu Ertrag.

Allgemein läßt sich feststellen, daß die offenen Immobilienfonds sich auf die wirtschaftlichen Ballungsräume der Großstädte und verkehrsgünstigen Lagen an deren Entwicklungsachsen konzentrieren. Dort werden die besten Entwicklungschancen gesehen. In jüngerer Zeit haben auch Auslandsmärkte Bedeutung erlangt. Speziell London und die Niederlande wurden als attraktive Standorte für Investitionen erkannt.

Immobilie ist nicht gleich Immobilie. Deshalb hat die Gebäudequalität neben dem ausgewählten Standort einen hohen Stellenwert. Dazu zählen

- überdurchschnittliche Ausstattungsqualität,
- hohe Flächennutzbarkeit (Flächenproduktivität),

- flexible und anpassungsfähige Gebäudekonzeption,
- umweltverträgliche Bau- und Ausbautechnik,
- wirtschaftliche Betriebssysteme,
- unverwechselbare Architektur.

Durch ständige Optimierung und Verjüngung verfügen die Fonds heute über ein Portefeuille hochwertiger und moderner Immobilien.

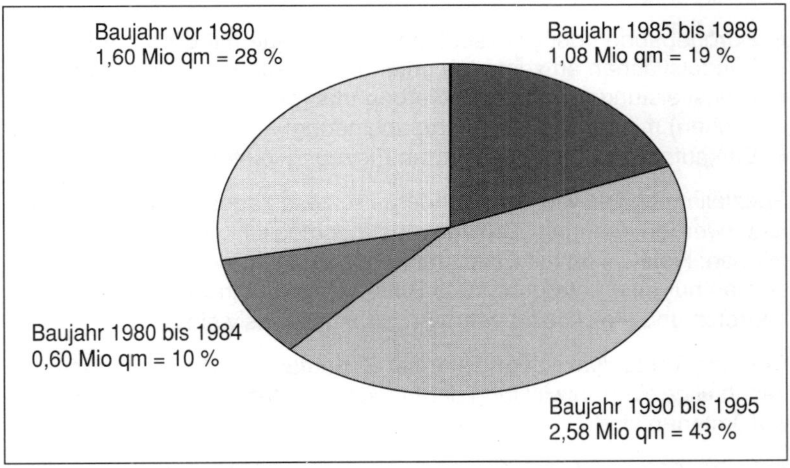

Abbildung 9: Altersstruktur der Bestandsobjekte der offenen Immobilienfonds
Quelle: Rechenschafts- und Halbjahresberichte des Jahres 1995

	1982*	1987*	1992*	1995*
Fondsvermögen	5,0 Mrd. DM	12,7 Mrd. DM	25,2 Mrd. DM	58,1 Mrd. DM
Bestandsobjekte (ohne Grundstücke und Bauvorhaben)	434	556	526	660
Nutzfläche	1.960.605 m^2	2.756.945 m^2	3.701.964 m^2	5.862.297 m^2
Verkehrswerte	3,8 Mrd. DM	7,0 Mrd. DM	14,5 Mrd. DM	29,9 Mrd. DM
durchschnittliche Nutzfläche je Objekt	4.517 m^2	4.959 m^2	7.038 m^2	8.882 m^2
Ø Wert je Objekt	8.779.000 DM	12.618.000 DM	27.567.000 DM	45.303.000 DM
Ø Wert je m^2 Nutzfläche	1.943 DM	2.545 DM	3.912 DM	5.100 DM

* jeweils zum Geschäftsjahresende der Fonds

Abbildung 10: Entwicklung des Immobilienbestands der offenen Immobilienfonds

Quelle: Rechenschaftsberichte

5.2 Finanzanlagen

Der offene Immobilienfonds benötigt disponible Mittel, um Anteilrückgaben und die jährliche Ausschüttung bedienen zu können. Aber auch Mittelzuflüsse müssen zwischenangelegt werden, ehe sie in neue Objekte oder Bauvorhaben fließen. Deshalb hat der Gesetzgeber Mindest- und Höchstgrenzen für die Liquidität definiert.

Mindestens 5% des Wertes des Sondervermögens sind in Form von Bankguthaben mit einer Kündigungsfrist von maximal einem Jahr bei der Depotbank oder in lombardfähigen Wertpapieren zu unterhalten. Letztere werden mit 75% ihres Kurswertes angesetzt.

Die Vertragsbedingungen sehen ferner eine maximale Anlage von 49 % des Fondsvermögens in Finanzanlagen vor. Der Katalog zulässiger Anlagen enthält Bankguthaben, Geldmarktpapiere und lombardfähige festverzinsliche Wertpapiere. Zu beachten sind hier die Höchstgrenzen pro Emittent (in der Regel maximal 10%). Beträge, die über die Mindestliquidität hinaus gehalten werden, dürfen auch bis zu maximal 5 % in amtlich notierten Aktien und anderen festverzinslichen Wertpapieren angelegt werden.

Ein optimales Liquiditätsmanagement ist für die Fondsperformance von erheblicher Bedeutung. Die Immobilienmanager lassen sich hierbei meist von Wertpapierspezialisten ihrer Gesellschafterbanken beraten. Es müssen Bonität des Emittenten, Marktfähigkeit, Laufzeit und Rendite berücksichtigt werden. Bevorzugte Wertpapiergattungen sind Pfandbriefe und Kommunalobligationen.

6. Welche Managementleistungen erbringt ein offener Immobilienfonds?

6.1 Objektmanagement

Neben der Vermietung und Instandhaltung ist wesentliche Aufgabe des Objektmanagements die ständige Optimierung der Fondsimmobilien, denn die nachhaltige Ertragskraft der Objekte ist Voraussetzung für den Anlageerfolg. Deshalb werden die im Bestand befindlichen Objekte regelmäßig darauf überprüft, ob sie den gewandelten Ansprüchen und Erfordernissen des Marktes noch entsprechen. Ist dies nicht der Fall, werden Objekte – zumeist aus der Anfangszeit der Fonds – verkauft. Die dadurch gewonnene Liquidität kann substanzerhaltend in neue Projekte investiert werden. Veräußerungserlöse über den Verkehrswert hinaus erhöhen die Ausschüttungsfähigkeit des Fonds und den steuerfreien Anteil.

Verspricht der Standort jedoch Entwicklungspotential, erhält das Gebäude ein neues „Outfit“. Diese sogenannten Neustrukturierungen umfassen u. a. neue Fassaden und eine komplette Modernisierung der Innenräume und der Haustechnik. Für die Mieter ergibt sich der Zusatzeffekt geringerer Betriebskosten.

6.2 Akquisition und Projektentwicklung

Häufig erwerben die Fondsgesellschaften Objekte direkt vom Eigentümer. Zu diesem Zweck pflegen sie vielfältige Kontakte zu großen privaten und institutionellen Eigentümern gewerblicher Immobilien. Auch von seiten der Bauträger und Projektentwickler werden schlüsselfertig errichtete oder noch zu bauende Projekte angeboten. Schließlich wer-

den Immobilientransaktionen von Maklern und Beratungsunternehmen vermittelt, die teils lokal, teils überregional tätig sind.

Seit einigen Jahren kaufen manche Gesellschaften nicht nur fertige Objekte, sondern entwickeln auch Standorte und Projekte. Hierbei bedienen sie sich teilweise Dritter, teils führen sie Projektentwicklungen in Eigenregie durch. In jedem Fall ist eine sorgfältige Grundlagenermittlung und Marktanalyse erforderlich, damit Standort und Gebäudekonzeption dem Bedarf künftiger Nutzer entsprechen. Der Vorteil eigener Projektentwicklung liegt in der Sicherstellung eines hohen Qualitätsstandards; Projektentwicklungsgewinne kommen unmittelbar dem Fonds zugute.

7. Wie werden die Fonds vertrieben?

7.1 Vertriebsstrukturen

Hauptvertriebsstellen für die Fondsanteile sind die Gesellschafterbanken der einzelnen Fonds und ihre Filialen. Zunehmend arbeiten die Investmentgesellschaften mit Strukturvertrieben und Finanzdienstleistern zusammen, die ihren Kunden Anlagekonten anbieten. Auch über fondsgebundene Lebensversicherungen werden die Fonds inzwischen vertrieben.

Trotz der eindrucksvollen Absatzzahlen in der ersten Hälfte der neunziger Jahre sind die offenen Immobilienfonds und ihre Funktionsweise nach wie vor relativ unbekannt. Der Aufklärungsbedarf bei Anlageberatern und Anlegern ist groß.

7.2 Anlagemotive

Über 90 % des Vermögens der offenen Immobilienfonds wird von Privatanlegern gehalten, deren Zahl auf etwa eine Million geschätzt wird. Die offenen Immobilienfonds stehen im Wettbewerb mit vielen anderen Vermögensanlagen. Das Produkt hat eine Reihe von Vorteilen, die in dieser Bündelung bei keiner anderen Geldanlage vorzufinden sind. Geboten werden:

- nachhaltig gesicherter Ertrag,
- sachwertunterlegte Substanz,
- kontinuierliche Entwicklung des Anteilswerts,
- Risikomischung,
- steuerfreie Performanceanteile,
- Fungibilität und
- gesetzlich verankerte Kontrollmechanismen.

Bei vielen Anlegern steht das Anlagemotiv des planmäßigen Vermögensaufbaus zur Zukunftssicherung und Altersvorsorge im Vordergrund. Dies läßt sich besonders gut durch Anlagekonten mit regelmäßig eingezahlten Ansparbeträgen erreichen.

7.3 Abgrenzung zu anderen Formen der Immobilienanlage

Neben festverzinslichen Wertpapieren und Wertpapier-Investmentfonds werden zum Vergleich mit den Ergebnissen der offenen Immobilienfonds besonders häufig die geschlossenen Immobilienfonds herangezogen. Diese bieten im Regelfall höhere steuerliche Vorteile, weil sie in der Investitionsphase des Fonds Verlustzuweisungen bieten. Auch die Behandlung bei der Vermögensteuer ist vorteilhaft, weil sie auf Basis der niedrigen Einheitswerte der Immobilien beruht und nicht auf den Verkehrswerten. Dafür können beim offenen Immobilienfonds die hohen Sparerfreibeträge genutzt werden. Dies ist bei den geschlossenen Fonds nicht möglich, weil Einkünfte aus Vermietung und Verpachtung und nicht Einkünfte aus Kapitalvermögen erzielt werden.

Da bei geschlossenen Immobilienfonds meist nur in ein Objekt investiert wird, gibt es keine Risikostreuung. Auch eine Rücknahmepflicht für die Anteile entfällt, so daß die Anleger auf den von den Investoren eingerichteten Zweitmarkt angewiesen sind. Dies schränkt die Fungibilität der Anteile ein; der Verkauf zum inneren Wert des Anteils ist nicht gesichert.

Die mangelnde Pflicht zur Rücknahme und damit die Abhängigkeit von Angebot und Nachfrage bei Verkauf der Anteile kennzeichnen auch die insbesondere in Holland und Luxemburg bekannten Immobilien-Aktiengesellschaften. Diese haben zwar oftmals ein variables Kapital und können daher jederzeit Aktien ausgeben. Eine Rücknahmepflicht besteht aber nicht. Die Anteile werden an der Börse notiert und gehandelt. Der Preis bestimmt sich nach Angebot und Nachfrage.

7.4 Ausblick

Die Mitte des Jahrzehnts ist geprägt von einer gedämpften Konjunktur und stagnierenden Immobilienmärkten. Auch aufgrund der ungewissen Kapitalmarktsituation flossen den offenen Immobilienfonds dennoch erhebliche neue Mittel zu. Die Akzeptanz bei den Anlegern wurde zusätzlich begünstigt durch eine kontinuierliche Entwicklung der Anteilspreise und die relativ hohen einkommen- und zinsabschlagfreien Performanceantele.

Durch die Mittelzuflüsse stieg die Liquidität, die zunächst in Wertpapieren angelegt wird, bis neue Immobilien akquiriert sind. Aufgrund des niedrigen Zinsniveaus ist mit Kursgewinnen vorerst nicht zu rechnen. Auch die Immobilienergebnisse haben sich aufgrund der konjunkturbedingten Zurückhaltung der Unternehmen bei der Anmietung neuer Flächen normalisiert. Daß die offenen Immobilienfonds selbst in einem schwierigen wirtschaftlichen Umfeld nachhaltig gute Erträge aus ihren Immobilienbeständen erwirtschaften, hängt mit der gesunden Bestandsstruktur und den geringen Vermietungsrisiken zusammen. Der Immobilienbestand wirkt also stabilisierend auf die Gesamtperformance der Fonds.

Die oben beschriebene Konstellation bedeutet eine zweifache Herausforderung für die Fondsmanager. Sie müssen die zugeflossenen Mittel nach und nach in Immobilien anlegen. Dies ist nicht nur erforderlich, um ein adäquates Verhältnis zwischen Immobilien und Finanzanlagen herzustellen, nachdem teilweise die Liquiditäts-Höchstgrenze von 49 % sogar überschritten wurde. Auch im Hinblick auf die künftige Performance ist es ratsam, den zur Zeit niedrig verzinslichen Wertpapierbestand abzubauen.

Die Umwandlung von Liquidität in Immobilien darf jedoch nicht unter Zeitdruck geschehen. Dies kann zu Fehlentscheidungen und überhöhten Kaufpreisen führen. Angesichts des begrenzten Angebots an geeigneten Immobilien führt an einer selektiven und sorgfältigen Anlagepolitik kein Weg vorbei, damit die nachhaltige Ertragskraft des Portefeuilles erhalten bleibt.

Aus Anlegersicht kann festgehalten werden:

- Die offenen Immobilienfonds verfügen über gut strukturierte Immobilienbestände und damit über solide Erträge und Wertentwicklungspotential.

– Die unmittelbaren Einflüsse der Kapitalmarktentwicklungen auf das Ergebnis, die derzeit relativ deutlich spürbar sind, werden durch sukzessiven Abbau der Liquidität geringer.

Für den langfristig orientierten Anleger bieten die offenen Immobilienfonds auch künftig eine Kombination aus Sicherheit, Rendite, Steuervorteilen und Fungibilität, die ihresgleichen sucht.

Weiterführende Literatur

Baur, J.: Investmentgesetze, Kommentar zum Gesetz über Kapitalanlagegesellschaften und zum Gesetz über den Vertrieb ausländischer Investmentanteile, Berlin 1970, (2. Auflage in Vorbereitung).

Laux, M./Ohl, K.: Grundstücks-Investment – Die Offenen Immobilienfonds, 2. Auflage, Frankfurt 1988.

Päsler, R.: Handbuch des Investmentsparens, Wiesbaden 1991

Michael Demuth

Geschlossene Immobilienfonds als Anlageinstrumente

Zusammenfassung

Geschlossene Immobilienfonds erleben seit Einführung des Fördergebietsgesetzes eine wahre Renaissance. Hohe Steuervorteile und steuerfreier Wertzuwachs sind insbesondere für vermögende und gutverdiendende Anleger von Interesse. Doch die Euphorie wird wie bei den Bauherrenmodellen ihre Opfer fordern. Viele Objekte werden in zu schlechten Lagen angeboten, um nachhaltig wertsteigernd oder zumindest werterhaltend zu sein. Und viele Objekte sind zu teuer, der Steuervorteil ist bereits abgeschöpft. Daher sollten interessierte Anleger sich vorher einen Marktüberblick verschaffen. Fonds bedürfen einer kritischen Analyse, bevor sie als Anlageinstrumente ausgewählt werden.

1. Einführung

Mit Immobilien wurden Reichtümer und Imperien aufgebaut und werden auch heute noch große Vermögen erwirtschaftet. Immobilienbesitz bedeutete stets Geld und Ansehen. Aber auch Immobilienmagnaten wie Donald Trump haben durch Fehlinvestitionen schon ganze Vermögen verloren.

Dennoch gehört Immobilienbesitz zu jeder ausgewogen strukturierten Vermögensanlage. Denn der Haus- und Grundbesitz schützt als Sach- und Substanzwert vor der Inflation, d. h. dem Schwund der Kaufkraft, und verschafft Anlegern regelmäßige Einkünfte.

Jetzt wird sich manch einer sagen: „Mit meinem bißchen Geld ist das kein Thema für mich. Denn mit vielleicht 50.000 DM kann ich mir außer meiner eigenen Wohnung weder weitere Häuser bauen noch sie finanzieren.“ Trösten Sie sich: Auch private Investoren haben im Immobilienbereich neben der Direktinvestition die Möglichkeit, rechtlich, wirtschaftlich und steuerlich Bauherr zu werden. Dieses ermöglicht die Beteiligung an einem Immobilienfonds.

Wenn Sie nicht selbst bauen wollen, Ihnen eine hohe Verschuldung nicht zusagt oder Sie nicht über die notwendige Zeit und das Know-how hinsichtlich Standortauswahl, Bauaufsicht, Eigentumsfragen, Mieterauswahl etc. verfügen, Sie auf eine Immobilie als inflationsgeschütztes Investment in Ihrem Depot aber nicht verzichten wollen, dann werden Sie es vorziehen, sich an offenen oder geschlossenen Immobilienfonds als Anlagemedium zu beteiligen.

Als klassische, langfristig orientierte Kapitalanlage bieten sich offene Immobilienfonds an, die als eine Art „Grundbesitz für die Brieftasche" Miteigentumsanteile an diversen Immobilien verbriefen. Gerade der lukrative Bereich der Gewerbe- und Büroimmobilien an 1A-Standorten in Ballungszentren mit Investitionssummen von mehreren Millionen DM würde dem privaten Anleger weitgehend verschlossen bleiben. Mit dem Kauf von Anteilscheinen beteiligt sich der Anleger an diversen Immobilienobjekten, die größtenteils gewerblich genutzt werden.

Wohnobjekte sind für offene Immobilienfonds im Regelfall nicht renditeträchtig genug und erfordern einen zu hohen Verwaltungsaufwand. Außerdem lassen sich Indexierungen bzw. Mietgleit- oder -staffel-klauseln bei gewerblichen Mietern leichter durchsetzen.

Der große Vorteil für Sie als Anleger: Sie kommen in den Genuß einer langfristigen Investition mit dem Vorteil der Möglichkeit, Ihren Anteil jederzeit zu liquidieren.

Für vermögende Privatkunden kann aus steuerlicher Sicht dagegen insbesondere der geschlossene Immobilienfonds eine Alternative darstellen. Hier wird in ausgesuchte, einzelne Gewerbe- und/oder Wohnimmobilien investiert, um als Bauherr oder Ersterwerber voll in die wirtschaftlich-steuerliche Verantwortung zu gelangen, mit dem Ziel, Rentabilität und Steuervorteile zu erlangen.

Trotz der Namensähnlichkeit liegen Welten zwischen offenen und geschlossenen Immobilienfonds.

2. Die Immobilie für jedermann – der geschlossene Immobilienfonds?

Geschlossene Immobilienfonds werden regelmäßig zur Errichtung oder zum Erwerb und anschließender Vermietung oder Verpachtung eines bestimmten Großimmobilien-Projektes (z. B. Einkaufszentrum, Wohn- und Geschäftshaus) aufgelegt.

Geschlossene Fonds dienen wie offene Immobilienfonds primär als Kapitalsammelstellen für solche Immobilien, deren Finanzierung die Kapitalkraft eines einzelnen Investors übersteigt. Das Investitionsvolumen ist aber im Gegensatz zu einem offenen Immobilienfonds grundsätzlich auf das für die Anschaffung bzw. Herstellung eines Immobilienvorhabens benötigte Kapital zuzüglich einer Liquiditätsreserve begrenzt (so-

genannte „One-property-fund“). Sollen weitere Vorhaben begonnen werden, wird ein neuer Fonds gegründet.

Mittlerweile gibt es am Markt aber auch Konstruktionen, die nicht nur ein Objekt mit einem geschlossenen Fonds finanzieren:

Alternativ zu einem „One-property-fund“ investiert ein sogenannter „Multi-property-fund“ (Mehrere-Objekte-Fonds) in mehrere Objekte gleichzeitig. Beispiele für realisierte „Multi-property-Funds“ sind die seit 1992 regelmäßig von der Nürnberger Versicherungen Immobilien AG plazierten Immobilien KGs – aktuell die 13. Immobilienfonds KG – sowie die von der Landesbank Berlin (LBB) plazierten Fonds 1. bis 5. KG. So investierte die Nürnberger 13. Immobilienfonds KG (NIG 13) mit einem Fondvolumen von insgesamt 127,6 Mio. DM in ein Pflegeheim in Anklam im Bundesgebiet Mecklenburg-Vorpommern und in ein Geschäftszentrum in Leipzig, Sachsen. Während der Anleger bei einem Objekt auf einen bestimmten Makro- und Mikrostandort festgelegt ist, hat er bei einem Fonds mit mehreren Objekten eine breitere Streuung in verschiedene Standorte und unter Umständen auch Mieter.

Daneben sind auch einige „Multi-property-funds“ in der Konstruktion als sogenannte „Blind-Pools-Fonds“ aufgelegt worden, bei denen zwar die einzelnen Komponenten des Fonds vorher festgelegt worden sind, die Objekte aber zum Zeitpunkt des Erwerbs der Fondsanteile dem Anleger noch nicht bekannt sind. Die Objekte werden erst anschließend erworben.

Am Markt überwiegen aber deutlich klassische geschlossene Immobilienfonds („Closed-end-fund“), bei denen gezielt ein Objekt finanziert wird.

Geschlossene Immobilienfonds sind keine Erfindung des Fördergebietsgesetzes oder der Wiedervereinigung, sondern existieren bereits seit vielen Jahren (vgl. Kurth/Grass 1990, S. 25 ff.). Dennoch steht außer Zweifel, daß dieses Anlagemedium seit 1991 dank des Fördergebietsgesetzes eine wirkliche Renaissance erlebt hat.

Im Unterschied zu dem Konzept der herkömmlichen Bauherrenmodelle ist die rechtliche und steuerliche Konstruktion bei geschlossenen Fonds der neunziger Jahre, insbesondere der „Ost-Fonds“, anders (vgl. Opitz 1993, S. 104 ff.): Der Anleger erhält zum einen per Gesetz garantierte Abschreibungen, die Werbungskosten sind eingeschränkt und nur in einem festgelegten Maße abschreibungsfähig. Überhöhte Werbungskosten werden so vermieden. Das zuständige Betriebsstättenfinanzamt, bei dem der Fonds angemeldet wird und wo das Objekt

entsteht, prüft die Konstruktion vor Ort. Von daher ist die Sicherheit hinsichtlich der steuerlichen Konzeption gewährleistet. Des weiteren garantiert die Erfahrung eines Initiators und eine abgegebene, meist bankunterlegte Vermietungsgarantie das wirtschaftliche Konzept.

2.1 Rechtliche Konstruktion

In der Mehrzahl sind geschlossene Immobilienfonds als Personen-gesellschaft in der Rechtsform einer Gesellschaft bürgerlichen Rechts (GbR) oder als Kommanditgesellschaft (KG) aufgelegt. Neuerdings werden geschlossene Fonds auch in der Rechtsform der oHG initiiert.

Die Investoren beteiligen sich als Gesellschafter an der GbR bzw. als Kommanditisten an der KG. Dabei stehen der Gesellschaftsvertrag sowie die sonstige rechtliche und wirtschaftliche Konzeption grundsätzlich vor der Plazierung des Fonds fest.

Entsprechend dem zur Finanzierung der Immobilieninvestition notwendigen Kapital werden Anteile an Anleger plaziert. Sobald das benötigte Kapital plaziert ist, wird der Gesellschafterkreis geschlossen. Weitere Gesellschafter können nicht bzw. nur dann aufgenommen werden, wenn andere Gesellschafter ausscheiden.

Die Gesellschaft bürgerlichen Rechts (geregelt im BGB §§ 705 ff.) ist eine auf Vertrag beruhende Personenvereinigung ohne eigene Rechtspersönlichkeit. Das Immobilienvermögen sowie das sonstige Vermögen der GbR gehört sämtlichen Gesellschaftern gemeinsam und anteilig ihrer Beteiligung. Bei der GbR haften die Gesellschafter Gläubigern der Gesellschaft gegenüber gesamtschuldnerisch mit ihrem persönlichen Vermögen. Durch besondere rechtliche Gestaltung im Gesellschaftsvertrag, der die Rechtsbeziehungen der Gesellschafter untereinander regelt, kann jedoch dafür gesorgt werden, daß ein Gesellschafter für Verbindlichkeiten nur anteilig entsprechend seinem Gesellschaftsanteil haftet und die gesamtschuldnerische Haftung ausgeschlossen ist (Quotale Haftungsklausel).

Zwar könnten alle Gesellschafter die GbR gemeinsam vertreten, häufig wird jedoch der Zweckmäßigkeit halber bei geschlossenen Fonds einem Mitgesellschafter oder einem Dritten als Geschäftsbesorger die Geschäftsführungsvollmacht übertragen, so daß er die Interessen der Einzelgesellschafter vertreten kann. In diesem Fall kommt dann der Gesellschafterversammlung erhöhte Bedeutung zu.

Die Rechtsform der Kommanditgesellschaft richtet sich nach den §§ 161 ff. des Handelsgesetzbuches. Während der Komplementär Gläubigern der Gesellschaft gegenüber persönlich und unbeschränkt haftet, haftet ein Kommanditist nur beschränkt bis zur Höhe seiner in das Handelsregister eingetragenen Hafteinlage. Durch den Gesellschaftsvertrag kann vereinbart werden, wie hoch die Hafteinlage liegt. Sie kann tiefer, gleich hoch oder höher als die Pflichteinlage eines Gesellschafters sein.

Um die Haftung auch für die Komplementäre zu beschränken, wird als Komplementärin häufig eine Gesellschaft mit beschränkter Haftung eingesetzt. Allerdings hat dies negative steuerliche Auswirkungen.

Ebenso wie der Gesellschaftsvertrag der GbR ist der Kommanditgesellschaftsvertrag grundsätzlich formfrei und kann individuell vereinbart werden. Beteiligt sich ein Anleger an einem solchen „Closed-end-fund“, kann er mittlerweile zwischen einer Vielzahl von geschlossenen Immobilienfonds wählen. Je nach Art des Fonds kann er sich an einer reinen Wohn-, aber auch an einer reinen Gewerbeimmobilie oder an gemischt genutzten Immobilien beteiligen.

Der Fondszeichner kann sich finanziell in dem Rahmen engagieren, der zu ihm paßt. Anteile an geschlossenen Fonds, die in der Regel auf den Namen des Zeichners lauten, werden teilweise in einer Stückelung ab 5000 DM verkauft. Es gibt Fonds mit einem Investitionsvolumen von weniger als 0,5 und von mehr als 100 Millionen DM. Entsprechend breit gestreut ist die Anzahl der Gesellschafter: von einigen wenigen bis zu tausend und mehr.

2.2 Steuerliche Regelungen

Während bei offenen Immobilienfonds steuerliche Aspekte keine (wesentliche) Rolle spielten, erfreuen sich geschlossene Fonds besonders bei steuerorientierten Anlegern großer Beliebtheit.

Im Gegensatz zu Kapitalgesellschaften unterliegen Personengesellschaften (z. B. die KG oder die GbR) nicht der Körperschaftsteuer. Das Ertragsteuerrecht stellt bei Personengesellschaften auf die Einkommensteuerpflicht der einzelnen Gesellschafter ab, die ihre Einkünfte unmittelbar durch ihre anteilige Beteiligung am Fonds erzielen und versteuern.

Für Beteiligungen an geschlossenen Immobilienfonds gelten die gleichen Kriterien wie bei Direktinvestitionen. Dem Anleger kommen dadurch Vorteile im einkommen-, vermögen-, erbschaft- und schenkungsteuerlichen Bereich zugute. Daher sind steuerliche Konzeptionen von Fonds im optimalen Fall so konstruiert, daß die Gesellschafter aus diesem Engagement Einkünfte aus Vermietung und Verpachtung erzielen, denn dann entfällt die Gewerbesteuerbelastung sowie die Steuerpflicht bei enem Verkauf der Anteile.

Populär geworden sind geschlossene Immobilienfonds besonders durch das Fördergebietsgesetz (FGG) für die neuen Bundesländer und Berlin. Bauherren bzw. Ersterwerbern werden gemäß §§ 3 und 4 Fördergebietsgesetz bei Investitionen in diesen Gebieten besonders lukrative Steuersparmöglichkeiten geboten: Bis zu 50 Prozent der Investitionssumme (Anschaffungs- bzw. Herstellungskosten) können sofort im Jahr des Ersterwerbs bzw. der Erstellung oder verteilt auf fünf Jahre von Anlegern in Form einer Sonderabschreibung für die Steuer geltend gemacht werden. Das gilt gleichfalls für nachträgliche Herstellungskosten, wie etwa für Modernisierungskosten oder Altbausanierung.

Nach FGG § 4, Absatz 2 können die Abschreibungen bereits auf Anzahlungen der Anschaffungskosten (d. h. wenn ein Wirtschaftsgut erst noch geliefert wird) und Teilherstellungskosten steuermindernd geltend gemacht werden.

Vom Jahr der Fertigstellung an sind neben den Sonderabschreibungen die normale lineare Abschreibung gemäß § 7 Abs. 4 EStG in Höhe von 2 Prozent jährlich auf den Restwert vorzunehmen, so daß bis zum Ablauf des Begünstigungszeitraums (vier bis fünf Jahre) rund 58 bis 60 Prozent der Herstellungskosten abgeschrieben werden können. Damit ergeben sich, wie im nachstehenden Zahlenbeispiel gezeigt wird, vor allem für vermögende Privatkunden interessante Möglichkeiten der Steuersparnis. Vergleichbar hohe Vergünstigungen gab es bisher nur durch das Berlin- oder das Zonenrand-Förderungs-Gesetz.

Interessant ist auch die steuerfreie Veräußerbarkeit der Anteile. Zwar streiten sich sich das Bundesfinanzministerium und der Bundesfinanzhof noch, ob die Spekulationsfrist nun sechs Monate (wie bei sonstigen Wirtschaftgütern) oder zwei Jahre betragen soll (bei Grundstücken). Wer aber seinen Anteil nach der Spekulationsfrist veräußert, kann einen erzielten Wertzuwachs grundsätzlich einkommensteuerfrei vereinnahmen. Aufgrund des Jahressteuergesetzes 1996 vermindern sich die Sonderabschreibungen für den Mietwohnungs-Neubau auf 25 % für

Jahr	Einzahlungen/ Eigenkapital DM	voraussichtliche Verluste* ca. DM	Steuerersparnis bei 59% Steuersatz** ca. DM	Voraussichtliche Ausschüttungen* ca. DM	Liquidität*** ca. DM	Tilgung ca. DM
1995	30.000,– incl. Agio	41.015,–	24.199,–	–,–	– 5.801,–	–,–
1996	70.000,–	107.794,–	63.598,–	–,–	– 6.402,–	–,–
1997	2.000,–	1.814,–	1.070,–	–,–	– 930,–	3.345,–
1998	1.000,–	1.452,–	857,–	–,–	– 143,–	3.545,–
1999	1.000,–	1.074,–	634,–	–,–	– 366,–	3.759,–
2000	1.000,–	1.376,–	812,–	1.300,–	1.112,–	3.989,–
	105.000,– incl. Agio	154.525,–	91.170,–	1.300,–	– 12.530,–	14.639,–
2001	–,–	– 802,–	– 473,–	1.300,–	827,–	4.234,–
2002	–,–	– 1.710,–	– 1.009,–	1.300,–	291,–	4.497,–
2003	–,–	– 1.285,–	– 758,–	1.300,–	542,–	4.778,–
2004	–,–	– 1.537,–	– 907,–	1.300,–	393,–	5.079,–
2005	–,–	– 2.730,–	– 1.610,–	1.300,–	– 310,–	5.401,–
2006	–,–	– 2.452,–	– 1.447,–	1.300,–	– 147,–	6.014,–
2007	–,–	– 2.638,–	– 1.556,–	1.300,–	– 256,–	4.230,–
2008	–,–	– 3.984,–	– 2.351,–	1.300,–	– 1.051,–	4.499,–
2009	–,–	– 3.632,–	– 2.143,–	1.300,–	– 843,–	4.786,–
2010	–,–	– 3.960,–	– 2.337,–	1.300,–	– 1.037,–	5.095,–
2011	–,–	– 4.996,–	– 2.948,–	1.300,–	– 1.648,–	1.093,–
Förderende	105.000,– incl. Agio	124.799,–	73.632,–	15.600,–	– 15.768,–	64.345,–
2012	–,–	453,–	267,–	1.300,–	1.567,–	999,–
	105.000,– incl. Agio	125.252,–	73.899,–	16.900,–	– 14.201,–	65.344,–

* Zur Einzeldarstellung der steuerlich ausgleichsfähigen sowie der voraussichtlichen Ausschüttungen wird auf die Erläuterungen zur Prognoseberechnung auf die Kapitel „Steuerliche und Rechtliche Grundlagen“ verwiesen.

** Das Berechnungsbeispiel bezieht sich auf einen Steuersatz von 59% incl. Kirchensteuer und Solidaritätszuschlag. Unter Steuersatz ist der durchschnittliche Steuersatz für die jeweils durch den Ansatz der Verluste nicht versteuerte Einkommensspitze zu verstehen. Es wird vorausgesetzt, daß das Einkommen in den einzelnen Jahren so hoch ist, daß sich die in dem Berechnungsbeispiel angegebenen Verluste mit dem erwähnten Steuersatz auswirken. Die Steuerersparnis und damit auch die Liquidität verringert sich entsprechend bei einem niedrigeren persönlichen Steuersatz.

*** Die in diesem Beispiel ausgewiesenen Zahlen beziehen sich auf die jeweiligen Kalenderjahre. Die Liquiditätsauswirkungen können jedoch zeitlich versetzt eintreten. Siehe auch die Kapitel „Steuerliche und Rechtliche Grundlagen“.– **Anmerkung:** In dem Berechnungsbeispiel sind Rundungsdifferenzen möglich

Abbildung 1: Berechnungsbeispiel eines geschlossenen Immobilienfonds

Quelle: Prinz zu Hohenlohe – Jagstberg & Banghard GmbH, Berlin und Stuttgart: Emissionsprojekt für Wohnanlage Berlin, Borussia-Germaniastraße, 1993

solche Objekte, die nach dem 31.12.1996 angeschafft werden und mindestens 5 Jahre zu Wohnzwecken dienen. Werden für solche Objekte bereits in 1996 Anzahlungen auf Anschaffungskosten geleistet, so sind diese noch mit 50 % begünstigt.

Interessant werden ab 1997 insbesondere Altbau-Modernisierungen bzw. Modernisierungsfonds sein, da hier die Sonderabschreibungen nur geringfügig reduziert werden.

Zur Zeit können 100 % der nachträglichen Herstellkosten (Modernisierungskosten) auf 10 Jahre abgeschrieben werden. Bis zu 50 % können beliebig über den Begünstigungszeitraum (ab dem Jahr der Anschaffung oder Herstellung bis zum Ablauf der folgenden 4 Jahre) verteilt werden. Da der Begünstigungszeitraum in dem Jahr endet, in dem die insgesamt zulässigen Sonderabschreibungen tatsächlich abgeschrieben worden sind, kann der Zeitraum nur ein Jahr betragen.

Nach dem Ende des Begünstigungszeitraums können die restlichen 50 % der Modernisierungskosten bis zum Ablauf des 9. Jahres abgeschrieben werden. Durch die Änderungen des Fördergebietsgesetzes (Jahressteuergesetz 1996) vermindern sich die Sonderabschreibungen für modernisierte Mietwohnungen nur auf 40 % für solche Objekte, die nach dem 31.12.1996 angeschafft werden.

2.3 Fungibilität als Entscheidungskriterium

Im Unterschied zu offenen Immobilienfonds wird nicht regelmäßig ein Kurs festgestellt. Es findet somit auch kein organisierter Handel mit solchen Anteilen statt, so daß die Anteile nicht jederzeit ohne weiteres verkauft werden können. Die Anteile können auch nicht mit Garantie an die Fondsverwaltung zurückgegeben werden. Allerdings existiert im Regelfall ein ansatzweise organisierter Zweitmarkt, der von der Fondsverwaltung bzw. dem Fondsinitiator selbst gepflegt wird. Diese bemühen sich um die Vermittlung der Fondsanteile. Je größer der Initiator, desto besser funktioniert üblicherweise der Zweitmarkt. Eine Investition in den geschlossenen Fondstyp ist dennoch immer eine längerfristige Investition. Eine Rückkauf-Garantie gibt es nicht, sie würde auch dem System dieser Anlageform widersprechen: Die Anleger können einerseits nicht die zum Teil hohen steuerlichen Vorteile in Anspruch nehmen, andererseits das unternehmerische (Verkaufs-) Risiko ablehnen.

Nach der Art des Fonds lassen sich reine Gewerbefonds von Fonds im Wohnungsbau und gemischten Fonds unterscheiden. In den neuen Bundesländern und Berlin waren seit der politischen Wiedervereinigung bislang Gewerbefonds (Büro- und Geschäftshäuser, Einkaufszentren) aufgrund der frei zu vereinbarenden Mieten und des großen Nachholbedarfs gerade im Gewerbebereich die am meisten gesuchte Kapitalanlage.

Wegen verhältnismäßig hoher Volumina haben jedoch häufig nur institutionelle Anleger (Versicherungen, Banken, Pensionskassen etc.) oder andere Großanleger die Möglichkeit, die Vorteile von Investitionen in Gewerbeimmobilien auszunutzen. Die Beteiligung in der Form des geschlossenen Immobilienfonds ermöglicht die Vorteile dieser Anlageart einem breiten Anlegerkreis.

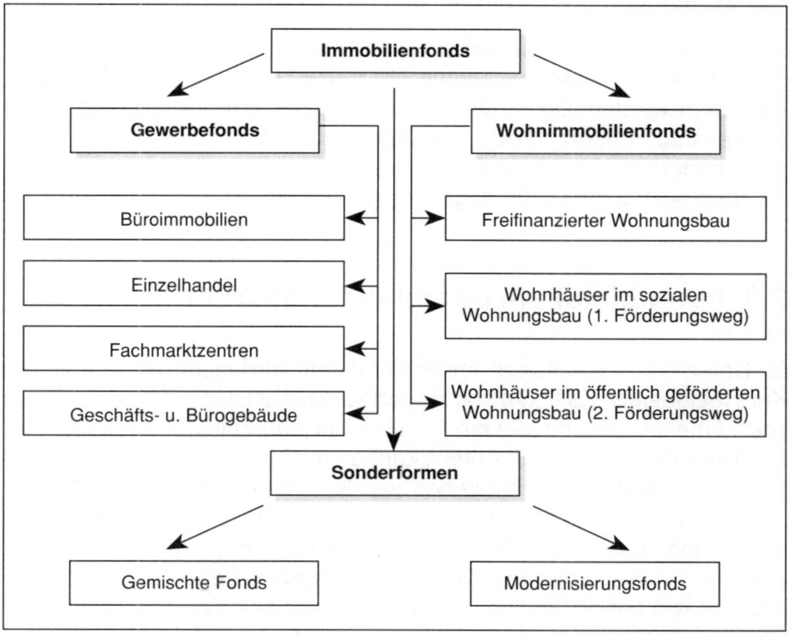

Abbildung 2: Arten von geschlossenen Immobilienfonds

Quelle: Eigene Erstellung

2.4 Finanzierungsalternativen

Nach der Art der Finanzierung lassen sich reine Eigenkapitalfonds von Mischfinanzierungen mit Eigen- und Fremdkapital unterscheiden. Bei reinen Eigenkapitalfonds wird das gesamte Projekt nur durch Eigenkapital finanziert. So plazierte im Jahr 1991 die Prinz Hohenlohe – Jagstberg & Banghard GmbH ein Verkaufszentrum in Elsterwerda in Sachsen als reinen Eigenkapitalfonds mit knapp 100 Millionen DM Volumen, einer anfänglichen Ausschüttung von nominal 6 Prozent ab 1993 und 49 Prozent Verlustzuweisung. Weder auf Seiten der Fondszeichner noch auf Seiten der Fondsgesellschaft wird Fremdkapital eingesetzt. Bei den gemischt finanzierten Fonds erfolgt eine Fremdkapitalaufnahme, entweder durch die Fondsgesellschaft oder individuell durch die einzelnen Fondszeichner. So wurde die Nürnberger 13. Immobilien KG Ende 1995 und 1996 mit einem Investitionsvolumen von insgesamt 127,6 Millionen DM plaziert. Der Fonds hatte einen Fremdkapitalanteil von 41,2 Millionen DM bei einem Eigenkapital von 83 Miollionen DM. Die Ausschüttung beträgt anfänglich fünf Prozent p. a., die Verlustzuweisung 80,13 Prozent während der Einzahlphase.

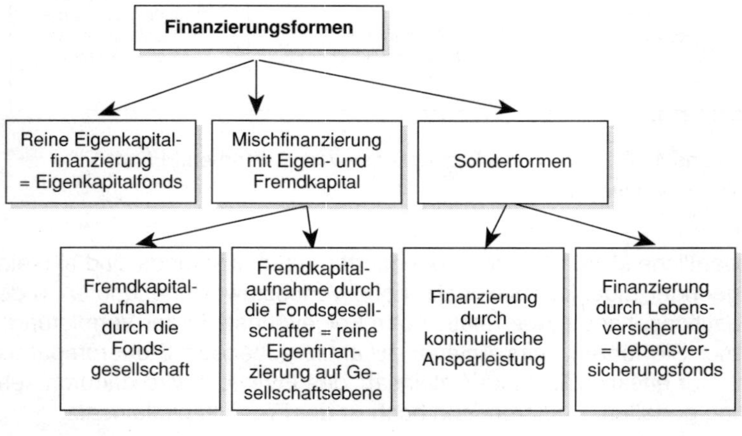

Quelle: Kurth, H./Gross, H.: Der geschlossene Immobilienfonds, Freiburg 1990, S. 214.

Abbildung 3: Finanzierungsformen geschlossener Immobilienfonds

Quelle: Kurth, H./Grass, H.: Der geschlossene Immobilienfonds, Freiburg 1990, S. 214.

Sonderformen stellen z. B. Lebensversicherungsfonds dar. Zur Finanzierung eines Fondsanteils nimmt der Anleger ein persönliches, tilgungsfreies Darlehen auf und schließt gleichzeitig eine Lebensversicherung ab. Die komplette Rückzahlung des Fondsanteils erfolgt nach Ablauf des Einzahlungszeitraums von in der Regel zwölf Jahren durch die dann fällige Lebensversicherung. Allerdings ist die Finanzierung durch Lebensversicherung durch die neueste Rechtsprechung stark eingegrenzt worden.

Die Art der Finanzierung ist wichtig für die spätere Verwendung der Mieteinnahmen, also für die Frage, ob sie ausgeschüttet werden können oder für die Zins- und Tilgungszahlungen verwendet werden müssen.

Will man die verschiedenen Fondskonzeptionen jeweils auf ihre Zielgruppe hin untergliedern, lassen sich steuerorientierte und ausschüttungsorientierte Fonds sowie Sonderformen unterscheiden.

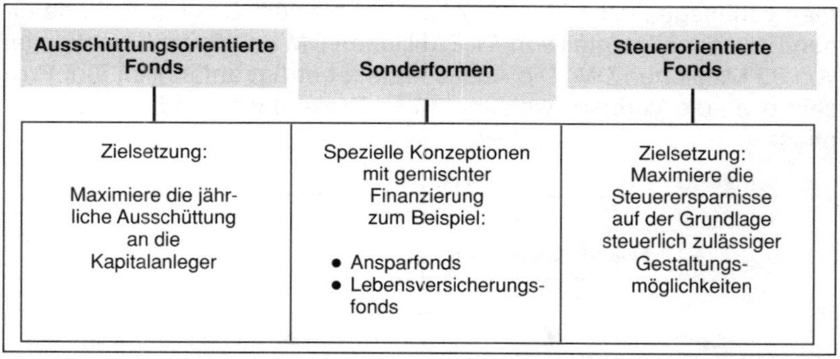

Abbildung 4: Gängige Fondskonzeptionen von „Closed-end-Funds"
Quelle: Eigene Erstellung

Wesentliche Merkmale steuerorientierter Immobilienfonds sind ein relativ geringer Eigenkapitaleinsatz, hohe Verlustzuweisungsquoten in der Investitionsphase sowie relativ hohe Folgeverluste in der Vermietungsphase. Sie führen beim Anleger zu entsprechenden Steuerersparnissen. Der effektive Eigenkapitaleinsatz des Investors wird dadurch sehr gering gehalten. Entsprechend hoch ist der Fremdkapitaleinsatz.

Kennzeichen von ausschüttungsorientierten Fonds sind weitgehend steuerfreie Barausschüttungen, die durch einen vergleichsweise niedrigen Fremdkapitaleinsatz erreichbar sind. Dafür sind die erzielbaren Steuervorteile geringer.

3. Funktionsweise eines geschlossenen Immobilienfonds

Wie aber läuft die Auflegung eines geschlossenen Immobilienfonds ab? In der Regel suchen die Fondsinitiatoren ein geeignetes Grundstück, projektieren gemäß den baulichen Vorgaben und Möglichkeiten ein entsprechendes Objekt im Gewerbe- und/oder Wohnbereich und bieten den Fonds dann zum Verkauf an, d. h. sie legen dieses Objekt zur Zeichnung auf. Entweder wird der Fonds über freie und unabhängige Finanzdienstleister (Finanz- und Vermögensberater, Versicherungsvertreter etc.) oder über Banken und Versicherungen vertrieben. Nachteil der Banken aus Anlegersicht: Meist haben Geldinstitute nur Angebote von einer oder zwei Gesellschaften vorliegen, so daß sich eine umfassendere Recherche lohnt.

Merkmale geschlossener Immobilienfonds
• Rechtsform der Immobilienfonds (GmbH, Kommanditgesellschaft) • Auf Vermögensverwaltung gerichtete Tätigkeit • Vielzahl von Gesellschaftern (Anlegern) • Fondsanteile von jedermann frei erwerbbar und übertragbar • Anzahl von Gesellschaftern ist nicht fest • Geschäftsführung ist nicht fest • Geschäftsführung des Fonds liegt bei Initiatoren des Projekts oder Steuerberatern bzw. Wirtschaftsprüfern • Schließung des Fonds bei Vollzeichnung • Werbungskosten, Sonderabschreibungen, Rentabilität, Bonität als Anlagekriterien

Abbildung 5: Merkmale geschlossener Immobilienfonds

Wenn alle Anteile eines Fonds gezeichnet sind, wird der Fonds geschlossen. Die Zahl der Investoren ist also begrenzt, steht aber vorher nicht fest. Häufig wird das Fondsobjekt parallel zum Vertrieb erstellt und (oft auch vorher) sind die Mietverträge mit den späteren Nutzern abgeschlossen.

4. Checkliste für den Erwerb von geschlossenen Immobilienfonds

Wer in einen geschlossenen Immobilienfonds investieren will, sollte das Objekt möglichst genau prüfen und einem Fachmann, z. B. seinem Steuer- oder Bankberater zur Begutachtung geben. Dabei sind eine Reihe von Anlagekriterien zu beachten, die über die Güte eines Fondsobjekts Auskunft geben. Wichtig sind vorab besonders die Erfahrungen des Fondsinitiators. Eine Leistungsbilanz der letzten Jahre sollte man sich, falls möglich, vorlegen lassen.

Für das Objekt selbst ist das wichtigste Kriterium der Standort und die Lage. Sie bestimmen entscheidend den Wert und die zukünftige Wertentwicklung einer Immobilie.

Ein weiterer wichtiger Punkt ist die Vermietungssituation, insbesondere die Bonität der Mieter, die Laufzeit der Mietverträge sowie natürlich die absolute Miethöhe. Aussagefähig ist die nachhaltig erzielbare Jahresnettokaltmiete des Objektes unter Berücksichtigung der laufenden Kosten für Verwaltung, Instandhaltung, Versicherung etc. und des Bodenwertes. Auch die Bewertung der Objekte im Verkaufsfall durch Gutachter erfolgt auf der Basis des Ertragswertes. Der Gutachter multipliziert das Ergebnis mit einem Faktor, der sich aus der Wertermittlungsverordnung ergibt. Als konservativer Faktor im Falle des Verkaufs gilt das 12- bis 14-fache der Jahresnettokaltmiete. Die Bewertung nach dem Ertragswert entspricht dem Vorsichtsprinzip und ist für die Fondsverwaltung verbindlich. Somit ist sichergestellt, daß im Falle der Veräußerung durch den Fonds der Verkaufspreis in etwa dem Verkehrswert entspricht.

Der Anleger sollte darauf achten, ob und wie die Mietverträge indexiert sind, d. h. wie stark die Mieteinnahmen an die Entwicklung des Lebenshaltungsindexes gebunden sind, damit ein Inflationsausgleich durch Mieterhöhungen gewährleistet ist.

Erleichtert wird die Prüfung, wenn der Initiator eine Mietgarantie gibt. Untersuchen Sie auch die Prämissen der Modellrechnungen, die solchen Fondsprospekten regelmäßig beigefügt sind. Prüfen Sie, ob beispielsweise Rückstellungen für eventuelle Reparaturen, Instandhaltungen etc. gebildet werden und mit welchen Mietpreissteigerungen kalkuliert wird.

Das Preis-Leistungs-Verhältnis eines Fondsprojekts läßt sich durch den Faktor der Jahreskaltmiete (Kaufpreis/Jahreskaltmiete) bzw. die Rendite ermitteln und beurteilen.

Anlagekriterien
• Standort und Lage des Objektes • Preis-Leistungs-Verhältnis (Immobiliensubstanz zu Dienstleistungskosten) • Faktor Fondsvolumen zu Jahresnettokaltmiete (üblich sind das 15- bis ca. 23-fache) • Art des Fonds – Gewerbliche Objekte – Wohnungen – Gemischt (Gewerbliche Objekte und Wohnungen) • Höhe und Entwicklung der Miet- und Pachteinnahmen Anlegerfreundliche Mietverträge (Indexierung) • Zeitlicher Rahmen: Investitionsphase bzw. Vermietungsphase • Höhe und zeitlicher Rahmen der Verluste (Steuerersparnis) • Abhängigkeit der Rentabilität von der eigenen Steuerprogression • Mieterstruktur • Äußere Gestaltung • Infrastruktur, Flächennutzung, Umgebung, Potential des Standorts, Verkehrsanbindung • Immobilienverwaltung und Fondsmanagement (Erfahrung, Referenzobjekte) • Betriebs- und Verwaltungkosten

Abbildung 6: Anlagekriterien zur Beurteilung geschlossener Immobilienfonds
Quelle: Eigene Erstellung

Neben dem steuerlichen Aspekt sollte genauso stark auf den Renditeaspekt geachtet werden. Meist werfen solche Fonds weniger ab als die Gesellschaften Glauben machen wollen. Je nach Finanzierungsform des Fonds werden erwirtschaftete Liquiditätsüberschüsse zur Bedienung des Fremdkapitals (bei Fremdkapital-Fonds) und/oder für regelmäßige Ausschüttungen (bei gemischt finanzierten Fonds und/oder Eigenkapital-Fonds) genutzt. Vor Steuern sollte die Anfangsrendite bei mindestens fünf bis sechs Prozent liegen.

Neben den wirtschaftlichen Faktoren sind vor allem die rechtlichen Aspekte einer Anlage zu beachten. Dies gilt besonders für den Negativ-Fall. Besteht z. B. eine Nachschußpflicht, wenn der Fonds wider Erwarten notleidend werden sollte, weil der jetzige Mieter seine Miete nicht mehr zahlt und das Objekt nicht weitervermietet werden kann? Im

Regelfall sind solche Regelungen durch Klauseln auf eine dem Anteil entsprechende Haftung (quotale Haftungsklausel) begrenzt.

Immobilienfonds
• Steuerersparnis durch Abschreibungen, z. B. 52% Sonder-Afa bei Immobilienfonds in den neuen Bundesländern und Berlin • Steuerersparnis durch steuerfreien Wertzuwachs • Verlagerung von Einkommen in Jahren sinkender Steuerprogression mit dem Ziel der temporären Steuerersparnis • Schutz vor Inflation • Aufbau zusätzlicher Altersversorgung • Erzielung von Erträgen (regelmäßig) und Erlösen (bei Verkauf) zur Erhöhung des Lebensstandards • Anlage von Finanzmitteln • Risikostreuung (Sachwerte und Geldwerte)

Abbildung 7: Anlegerziele bei geschlossenen Immobilienfonds
Quelle: eigene Erstellung

Der besondere Vorteil von geschlossenen Immobilienfonds liegt wie bei offenen Immobilienfonds darin, daß Anleger mit dem Kauf eines Anteils gleichzeitig eine Managementleistung erwerben. Eigene Immobilien erfordern einen stärkeren persönlichen Einsatz bei der Vermietung, Verwaltung und Instandhaltung als lediglich die Pflege eines Fondsanteils. Die Arbeit wird von der Fondsverwaltung geleistet, die im Zweifelsfalle auch über große Erfahrung auf diesem Gebiet verfügen sollte.

Literaturverzeichnis

Deutscher Sparkassenverlag: Geschlossene Immobilienfonds, Jahrbuch 1995, Stuttgart 1995.
Kurt, H., Grass, H.: Der geschlossene Immobilienfonds, Freiburg 1990.
Loipfinger, et al.: Geschlossene Immobilienfonds, 2. Aufl., Stuttgart 1995.
Opitz, G.: Geschlossenen Immobilienfonds in den neuen Bundesländern. In: Der Langfristige Kredit, 4/1993, S. 104ff.

Klaus Feinen

Konzeption und Attraktivität von Immobilien-Leasing-Fonds

Zusammenfassung

Innovative Immobilien-Leasing-Gesellschaften messen in jüngster Zeit dem sog. Fonds-Leasing immer stärkere Bedeutung bei. Innerhalb dieser Konzeptionen setzen Leasing-Objektgesellschaften zur Refinanzierung ihrer Immobilien-Investitionen neben Fremdmitteln von Kreditinstituten auch Kapital von Privatpersonen oder Unternehmen ein. In diesem Fall spricht man von geschlossenen Immobilien-Fonds.

Die Fonds-Gesellschaft, zu deren Gründungsgesellschaftern je nach Fondsmodell regelmäßig auch ein persönlich haftender Gesellschafter bzw. eine Tochter-GmbH der Immobilien-Leasing-Gesellschaft gehört, nimmt die Rechtsstellung und alle Aufgaben des Leasinggebers wahr. Aufgrund der Zurechnung des wirtschaftlichen Eigentums an der Immobilie zur Fonds-Gesellschaft, gehen sämtliche Steuervorteile der Immobilien-Investition auf die Fonds-Gesellschafter, d. h. Eigenkapitalgeber über. Die Anleger realisieren die gleichen steuerlichen Effekte wie bei einer Direktinvestition. Die Steuereffekte resultieren primär aus:

- *der sofortigen Abzugsfähigkeit von Bauzinsen und ggf. Disagio sowie*
- *der Inanspruchnahme von Abschreibungen (insbesondere Sonderabschreibungen) und den damit verbundenen Steuerstundungswirkungen.*

Aufgrund der mit der Fonds-Beteiligung verbundenen Steuereffekte sind die Anleger mit Ausschüttungen aus der Beteiligung zufrieden, die einer Verzinsung unter dem allgemeinen Kapitalmarktniveau entsprechen. Betrachtet man jedoch die Rentabilität der Fonds-Beteiligung nach Steuern, so ergibt sich eine reale Verzinsung, die deutlich über der festverzinslicher Wertpapiere nach Steuern liegt. Die günstigen Finanzierungsbedingungen der Fonds-Vermietungsgesellschaft werden dem Leasingnehmer über entsprechend niedrigere Mieten weitergegeben. Das Steuerpotential der Immobilie, das der Leasingnehmer selbst bewußt nicht nutzt oder nicht nutzen kann (z. B. öffentliche Körperschaft), führt über den „Umweg" eines attraktiven Investments zu einer Optimierung der Leasingfinanzierung.

1. Konzeption von Immobilien-Leasing-Fonds

Gemäß Abbildung 1 sind an einer Immobilien-Leasing-Konzeption beteiligt:

- eine als Holding agierende Immobilien-Leasing-Gesellschaft,
- eine Fonds-Objektgesellschaft,
- ein Leasingnehmer,
- die Fondsanleger und
- mindestens ein Kreditinstitut.

Die Konzeption, Realisation und Verwaltung eines Immobilien-Leasing-Fonds erfolgt generell durch die Leasing-Gesellschaft. Aufgrund der Komplexität der hiermit verbundenen Aufgaben, wie zum Beispiel im juristischen Bereich, dem Projektmanagement, der finanzmathematischen Kalkulation, der Anlegerakquisition, der Anlegerbetreuung und dem Baumanagement, sind hierzu in Deutschland nur wenige Immobilien-Leasing-Gesellschaften in der Lage.

Notwendige Voraussetzung eines Immobilien-Leasing-Fonds ist zunächst die Gründung einer Objektgesellschaft durch die als Holding agierende Immobilien-Leasing-Gesellschaft. Diese Objektgesellschaft wird in Abhängigkeit der erwünschten steuerlichen Effekte und des präferierten Anlegerkreises in der Rechtsform einer Kommanditgesellschaft, GmbH & Co. KG oder Offenen Handelsgesellschaft gegründet. Je nach Wahl der Rechtsform beteiligt sich die Leasing-Gesellschaft mit einem persönlich haftenden Gesellschafter oder einer Tochter-GmbH als Komplementär an der Objektgesellschaft.

1.1 Der Leasingvertrag

Zwischen der Objektgesellschaft und dem künftigen Leasingnehmer wird regelmäßig ein langfristiger Leasingvertrag abgeschlossen. Notwendige Voraussetzung hierfür ist, daß die Leasing-Gesellschaft beziehungsweise deren Objektgesellschaft entweder unmittelbares Eigentum an dem zu bebauenden Grund und Boden erwirbt oder ein entsprechendes Erbbaurecht eingeräumt bekommt.

Eine Besonderheit des Fonds-Leasing ist, daß dem Leasingnehmer nach Ablauf der Grundmietzeit ein Ankaufsrecht am Objekt eingeräumt

wird. Bei Ausübung des Ankaufsrechts veräußert die Leasing-Gesellschaft das Objekt zu einem bereits bei Vertragsabschluß betraglich fixierten Kaufpreis. Entsprechend der gewünschten Laufzeit eines Immobilien-Leasingvertrages (in der Regel 20 Jahre) ermittelt sich bei Zugrundelegung der üblichen Kalkulationselemente die Höhe des Kaufoptionspreises.

Der Kaufpreis entspricht mindestens dem Buchwert des Objektes am Ende der Grundmietzeit, der sich unter Anwendung der linearen Abschreibung für Abnutzung des Gebäudes einerseits und den Anschaffungskosten des Grund und Bodens andererseits ergibt. Die Beteiligungsgesellschaften beenden folglich mit Ablauf des Leasingvertrages und dem dann gegebenenfalls ausgeübten Recht des Leasingnehmers zum Ankauf der Immobilie ihre wirtschaftliche Tätigkeit. Zu diesem Zeitpunkt haben die Gesellschafter ihre prospektierte Nettorendite erzielt und ihre Kapitaleinlage infolge von Steuereffekten und Ausschüttungen zurückerhalten. Das Fonds-Leasing unterscheidet sich durch die Fixierung des Kaufpreises eindeutig von den bisher in der Bundesrepublik angebotenen traditionellen geschlossenen Immobilienfonds. Bei diesen spekuliert der Fonds-Zeichner neben steuerlichen Vorteilen in der Regel auf spätere Wertsteigerungen des Objektes. Aufgrund des Ankaufsrechtes beim Fonds-Leasing partizipiert prinzipiell der Leasingnehmer an den Chancen einer möglichen Wertsteigerung.

Hinsichtlich der Immobilien-Leasingverträge differenziert man in der Bundesrepublik grundsätzlich zwei unterschiedliche Basisvertragsmodelle. Beide Verträge finden auch ihre Anwendung beim Fonds-Leasing. Unterschieden wird das sogenannte Teilamortisationsmodell und das Teilamortisationsmodell mit Mieterdarlehen.

1.1.1 Teilamortisationsmodell

Beim Teilamortisationsmodell kalkuliert der Leasinggeber in der Regel seine Miete so, daß während der Laufzeit des Leasingvertrages die auf das Objekt vorgenommene Abschreibung als Amortisationsbestandteil in der Miete vom Leasingnehmer entrichtet wird. Dabei muß nicht ein periodenmäßiger Ausgleich von Amortisation und Abschreibung erfolgen, lediglich die Summe von Abschreibung und Tilgung muß sich über die Laufzeit des Leasingvertrages ausgleichen. Hieraus können die unterschiedlichsten Mietverläufe resultieren. So werden in der Praxis lineare, degressive und progressive Mietverläufe vereinbart. Per saldo

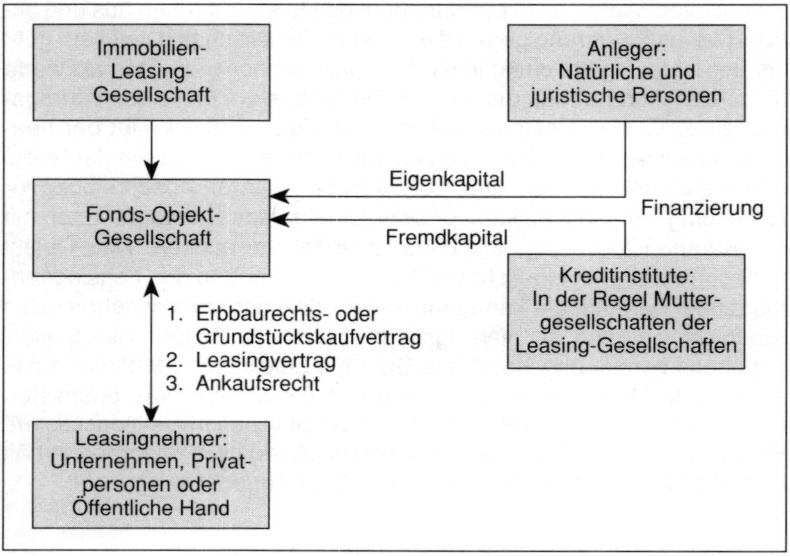

Abbildung 1: Immobilien-Leasing-Fonds

amortisiert der Leasingnehmer beim Teilamortisationsmodell über die Laufzeit des Leasingvertrages durch Zahlung der Mieten die Abschreibung, die der Leasinggeber vornimmt. Übt er nun zum Ablauf des Vertrages seine Kaufoption aus und zahlt als Kaufpreis den vertraglich vereinbarten Restbuchwert des Objektes, so tilgt er über die bis dahin geleisteten Mieten und den zu zahlenden „Restkaufpreis“ hundert Prozent der ursprünglichen Investitionskosten des Leasinggebers.

1.1.2 Teilamortisationsmodell mit Mieterdarlehen

Neben dem reinen Teilamortisationsmodell werden in der Praxis häufig auch Vertragsmodelle vereinbart, bei denen der Leasingnehmer neben der Teilamortisationsmiete ein sogenanntes Mieterdarlehen zahlt, das der Leasinggeber zusätzlich zur Tilgung der von ihm aufgenommenen Finanzmittel verwendet. Über die Zahlung von Miete und Mieterdarlehen kann der Leasingnehmer während der Vertragslaufzeit 100 Prozent der ursprünglichen Investitionskosten des Leasinggebers amortisieren. Bilanziell grenzt er dabei aus seiner Gesamtzahlung, sprich

Summe von Miete und Mieterdarlehen, das Mieterdarlehen aus und aktiviert es als Forderung gegen die Leasing-Gesellschaft. Die Miete geht als Betriebsausgabe direkt in die Ergebnisrechnung ein. Das aktivierte Mieterdarlehen hat aus der Kalkulation heraus am Ende der Vertragslaufzeit exakt den Restbuchwert des Objektes erreicht. Übt der Leasingnehmer seine Kaufoption zu einem Kaufpreis aus, der in der Regel dem Restbuchwert – ermittelt auf Basis der linearen Abschreibung für Abnutzung – entspricht, kann er sein aufgelaufenes Mieterdarlehen mit der Kaufpreisforderung des Leasinggebers verrechnen. Das Objekt geht ohne weiteren Liquiditätsabfluß in das Eigentum des Leasingnehmers über. Vereinfacht kann man sagen, daß der Leasingnehmer den Kaufpreis während der Vertragslaufzeit über die Bildung des Mieterdarlehens bereits angespart hat. Über die geleisteten Mieten und das angesparte Mieterdarlehen in Höhe des Restkaufpreises amortisiert der Leasingnehmer 100 Prozent der ursprünglichen Investitionskosten. Wird von seiten des Leasingnehmers das Objekt nicht erworben, erhält er die Valuta des Mieterdarlehens vom Leasinggeber ausgezahlt.

1.1.3 Verwaltungskosten

Neben dem Amortisationsbestandteil und dem Zinsbestandteil für zur Verfügung gestelltes Fremd- und Eigenkapital berechnet die Leasing-Gesellschaft dem Leasingnehmer einen Verwaltungskostenbeitrag. Aufgrund des erhöhten Aufwandes für die aufwendige Betreuung der Anleger fällt dieser höher aus, als im „traditionellen" Immobilien-Leasing. Diese Einnahmen decken die Kosten und stellen darüber hinaus die Risiko- und Gewinnmarge des Leasing-Unternehmens dar.

1.2 Objektauswahl

Zunächst muß erwähnt werden, daß nicht jedes Objekt, das leasingfähig ist, auch für Fonds-Leasing geeignet ist. Fonds-Leasing-Gesellschaften tragen bei der Übernahme gewerblicher Grundstücksinvestitionen nicht unerhebliche Risiken. Sie tragen das grundsätzliche Eigentümerrisiko, ohne die langfristige Chance zu besitzen, Wertsteigerungen des Objektes realisieren zu können. Aufgrund dieses Sachverhaltes, muß eine Fonds-Leasing-Gesellschaft besondere Anforderungen an die Bonität des Leasingnehmers und an die Werthaltigkeit beziehungsweise Drittverwendungsfähigkeit des Investitionsobjektes stellen.

Die Durchführung einer sorgfältigen Standortanalyse sowie die Prüfung der baulichen Qualität des geplanten Objektes und dessen Wirtschaftlichkeit sind hierzu notwendige Voraussetzungen. Nur wenn sowohl das Objekt als auch der Leasingnehmer höchsten Anforderungen gerecht werden, kann und wird sich eine verantwortungsbewußte Leasing-Gesellschaft für die Realisierung und Plazierung eines Immobilien-Leasing-Fonds entscheiden.

1.3 Die Refinanzierung

Einen wichtigen Einfluß auf die Kalkulation der Mieten hat neben der Wahl des Vertragsmodells die konditionelle Ausgestaltung der Finanzmittel, die die Leasing-Gesellschaft zur Finanzierung eines Fonds-Projektes einsetzt. Unterschieden werden muß hier zwischen der Fremdkapital- und Eigenkapitalbeschaffung.

1.3.1 Fremdkapitalbeschaffung

Namhafte Leasing-Gesellschaften sind in der Regel Tochterunternehmen von Großbanken und verfügen über eine hohe Markttransparenz der möglichen Finanzierungskonditionen. Aus diesem Grund erfolgt die Beschaffung des zur Finanzierung des Fonds-Objektes notwendigen Fremdkapitals über die eigenen Mutterbanken. Üblicherweise greifen die Leasinggeber wegen der Langfristigkeit von Leasingverträgen auf Hypothekenmittel oder langfristige Kapitalmarktmittel zurück. Meistens werden die Finanzkonditionen dabei nicht über die gesamte Laufzeit des Leasingvertrages festgeschrieben, sondern jeweils nach Kapitalmarktsituation bei Vertragsabschluß, beispielsweise nur auf fünf oder zehn Jahre. Danach wird eine Konditionsanpassung vorgenommen. Korrespondierend hierzu wird eine Leasing-Gesellschaft zum gleichen Zeitpunkt eine Mietanpassungsklausel mit dem Leasingnehmer vertraglich vereinbaren, um nicht in ein unkalkulierbares Zinsrisiko zu laufen und die Ausschüttungen an die Fondsanleger zu sichern. Die Wahl der Anpassungszeitpunkte erfolgt in enger Abstimmung zwischen Leasinggeber und Leasingnehmer. Tendenziell werden in Hochzinsphasen eher kurzfristige Mietfestschreibungen, in Phasen eines günstigen Kapitalmarktes eher langfristige Mietfestschreibungen vereinbart. Mietanpassungsklauseln, wie sie bei konventionellen Mietverträgen beispielsweise in Form von Indexbindungen an Lebenshaltungskostenentwicklungen vereinbart werden, sind beim Immobilien-Leasing unüblich.

1.3.2 Eigenkapitalbeschaffung

Bei der Finanzierung der Fonds-Projekte werden neben Hypotheken oder Kapitalmarktmittel auch private beziehungsweise gewerbliche Anlegergelder eingesetzt. Das durch die Fondszeichner zur Verfügung gestellte Eigenkapital hat in der Regel einen 25–35prozentigen Anteil an den gesamten Investitionskosten. Um diesen zinskostenoptimierten Eigenkapitalanteil, der bis zu dreistellige Millionenbeträge umfassen kann, zu akquirieren, sollte die Leasing-Gesellschaft die Möglichkeit haben, auf die Plazierungskraft eines Bankhauses mit flächendeckendem Filialnetz zurückgreifen zu können. Die Fonds-Zeichner, die sich an der Objektgesellschaft beteiligen, stellen ihr Eigenkapital zu einem Zinssatz zur Verfügung, der unter dem allgemeinen Kapitalmarktniveau liegt, weil sich ihre Eigenkapitalrendite aus den Barausschüttungen und den steuerlichen Effekten berechnet. Die steuerlichen Effekte lassen die Realrendite ihres Investments in der Regel über die von festverzinslichen Wertpapieren wachsen. Mit anderen Worten geben sich die Anleger mit einer niedrigen Verzinsung ihres Eigenkapitals zufrieden, weil die im Vergleich zu anderen Anlagevarianten geringere nominale Rendite durch steuerliche Effekte real überkompensiert wird. Durch diese Konstruktion werden durch niedrig verzinstes Eigenkapital die Eigenkapitalkosten unter die Fremdkapitalkosten gesenkt und gleichsam die gesamten Investitionsaufwendungen reduziert. Der Leasingnehmer partizipiert hieran über niedrig kalkulierte Leasingmieten. Insbesondere gegenüber der klassischen Bankfinanzierung werden meßbare Kostenvorteile erzielt.

2. Immobilien-Leasing-Fonds-Varianten

Beim Fonds-Leasing können in Abhängigkeit zur erzielten Einkunftsart grundsätzlich zwei Fondsvarianten unterschieden werden. Hierbei handelt es sich um den sogenannten vermögensverwaltenden Immobilien-Leasing-Fonds (V&V-Fonds) in der Rechtsform einer Kommanditgesellschaft mit Einkünften aus Vermietung und Verpachtung sowie den gewerblichen Fonds in der Rechtsform einer GmbH & Co. KG beziehungsweise einer Offenen Handelsgesellschaft mit Einkünften aus Gewerbebetrieb.

2.1 Der vermögensverwaltende Immobilien-Leasing-Fonds (V&V-Fonds)

2.1.1 Konstruktion des vermögensverwaltenden Immobilien-Leasing-Fonds

Dieses Fonds-Leasingmodell ist in der Rechtsform einer vermögensverwaltenden Kommanditgesellschaft mit einer natürlichen Person aus der Sphäre der Immobilien-Leasing-Gesellschaft als persönlich haftenden Gesellschafter (Komplementär) ausgestaltet. Neben dem persönlich haftenden Gesellschafter beteiligen sich Privatpersonen als Kommanditisten mit Mindesteinlagen ab circa DM 100.000,– an der Kommanditgesellschaft (siehe Abbildung 2). Ihre Haftung für die Gesellschaft ist gesetzlich auf die Höhe ihrer Einlage beschränkt.

Leasing-Objekte der V&V-Fonds sind meist größere Verwaltungsgebäude, die an die öffentliche Hand oder andere Leasingnehmer erster Bonität langfristig vermietet werden. Für die Anleger bietet ein Immobilien-Leasing-Fonds die Grundlage für langfristig klar definierte Ausschüttungen und steuerliche Ergebnisse über die gesamte Laufzeit des Leasingvertrages. Der Anleger kennt aufgrund von Prognoserechnungen schon bei Zeichnung der Beteiligung seine Einnahmen beziehungsweise steuerlichen Ergebnisverläufe und kann aus diesem Grund langfristig disponieren.

2.1.2 Steuerliche Effekte des V&V-Fonds

Die Gesellschafter der Kommanditgesellschaft bekommen über die einheitliche und gesonderte Gewinnfeststellung Einkünfte aus Vermietung und Verpachtung gemäß § 21 Absatz 1 Nummer 2 Einkommensteuergesetz zugewiesen. Eine Gewerbesteuerpflicht entsteht nicht, da die Fondsgesellschaft eine vermögensverwaltende Tätigkeit ausübt. Steuerrechtlich werden die Einkünfte gemäß § 8 folgende Einkommensteuergesetz als Überschuß der Einnahmen über die Werbungskosten pro Kalenderjahr ermittelt. In den ersten Jahren entstehen der Fondsgesellschaft Buchverluste, da den linearen Mieteinnahmen hohe Abschreibungen (gegebenenfalls Sonderabschreibungen) auf das Objekt gegenüberstehen. Den Kapitalgebern werden die Buchverluste anteilig gemäß ihrer Beteiligungsquote als Verlustzuweisung zugewiesen. Durch die Saldierung mit anderen positiven Einkünften

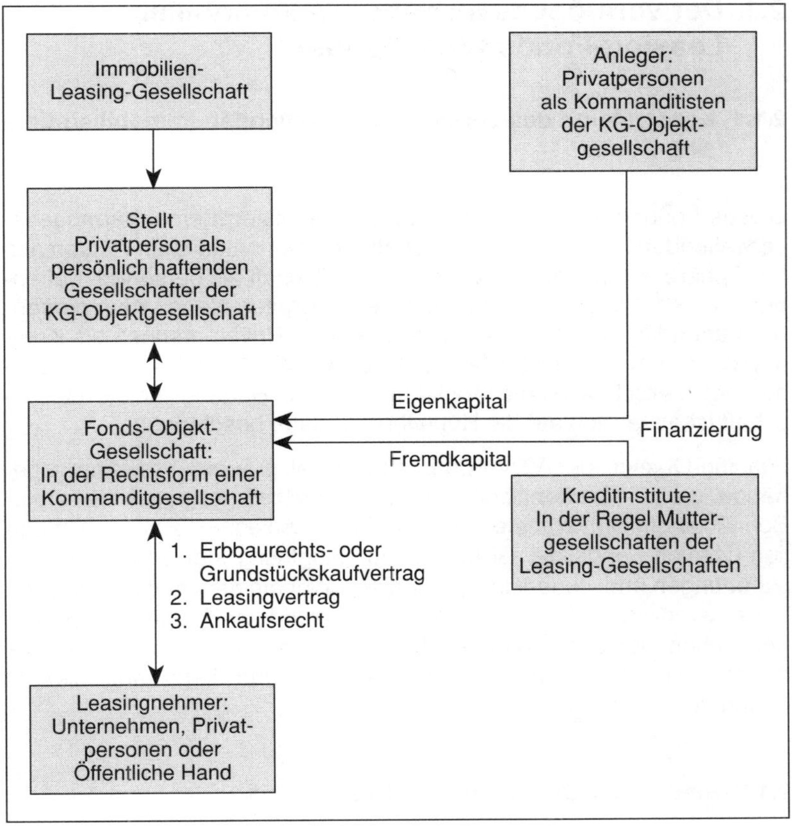

Abbildung 2: Der V&V-Fonds

führen diese Verlustzuweisungen aus Vermietung und Verpachtung zur Herabsetzung von Einkommensteuervorauszahlungen oder werden als Freibetrag auf der Lohnsteuerkarte eingetragen. Im Einzelfall können bei einem Einkommensteuersatz von 53 Prozent den Anlegern bereits nach circa 3 Jahren über die Hälfte des Zeichnungskapitals liquiditätsmäßig wieder zur Verfügung stehen.

Bei Fonds-Leasingobjekten in den neuen Bundesländern ist die Eigenkapitalbindung regelmäßig kürzer, da aufgrund der Möglichkeit von

Sonderabschreibungen Einkommensteuerentlastungen schneller realisiert werden. So können gemäß § 4 Fördergebietsgesetz Sonderabschreibungen in Höhe von 50 Prozent geltend gemacht werden. Innerhalb des Begünstigungszeitraumes kann die Fondsgesellschaft wählen, ob die 50prozentige Sonderabschreibung bereits im ersten Jahr voll in Anspruch genommen oder beliebig auf fünf Jahre verteilt werden soll.

Neben den Verlustzuweisungen erhalten die Gesellschafter in der Regel nach der Fertigstellung der Immobilie aus den Liquiditätsüberschüssen Barausschüttungen, die auch Eigenkapitalrückzahlungen beinhalten. Aus diesem Grund können die Anleger bereits nach wenigen Jahren über den größeren Teil des eingesetzten Kapitals erneut disponieren. Vielfach wird das Eigenkapital in Abhängigkeit von der Bauzeit des Objektes – über 2 oder 3 Jahre hinweg – eingezahlt. Je nach Verlustverlauf kann die zweite oder dritte Einzahlung zu Teilen aus der Steuerminderung des ersten Jahres finanziert werden.

Fallen die Verlustzuweisungen in eine Phase hoher Einkommensteuerprogression und die späteren Gewinne in eine Phase niedriger Einkommensteuerprogression, erhöht sich die Rendite weiter. Aus diesem Grund stellt diese Fonds-Beteiligung für Privatpersonen eine sinnvolle Ergänzung für die private Altersvorsorge dar.

2.2 Gewerbliche Immobilien-Leasing-Fonds

2.2.1 Konstruktion des gewerblichen Immobilien-Leasing-Fonds

Eine weitere Fonds-Variante stellt der sogenannte gewerbliche Immobilien-Leasing-Fonds dar. Dieser geschlossene gewerbliche Fonds wird in der Rechtsform einer GmbH & Co. KG oder Offenen Handelsgesellschaft gegründet. Im ersten Fall wird eine Tochter-GmbH der Leasing-Gesellschaft als Komplementär eingesetzt, und die gewerblichen Anleger – natürliche und juristische Personen – beteiligen sich als Kommanditisten an der Objektgesellschaft (siehe Abbildung 3).

Bei der OHG-Fonds-Konstruktion tritt als Gründungsgesellschafter der Beteiligungsgesellschaft ebenfalls eine GmbH der Leasing-Gesellschaft ein. Im Gegensatz zum GmbH & Co. KG-Fonds beteiligen sich hier jedoch als weitere OHG-Gesellschafter ausschließlich gewerbliche Unternehmen als juristische Personen (siehe Abbildung 4).

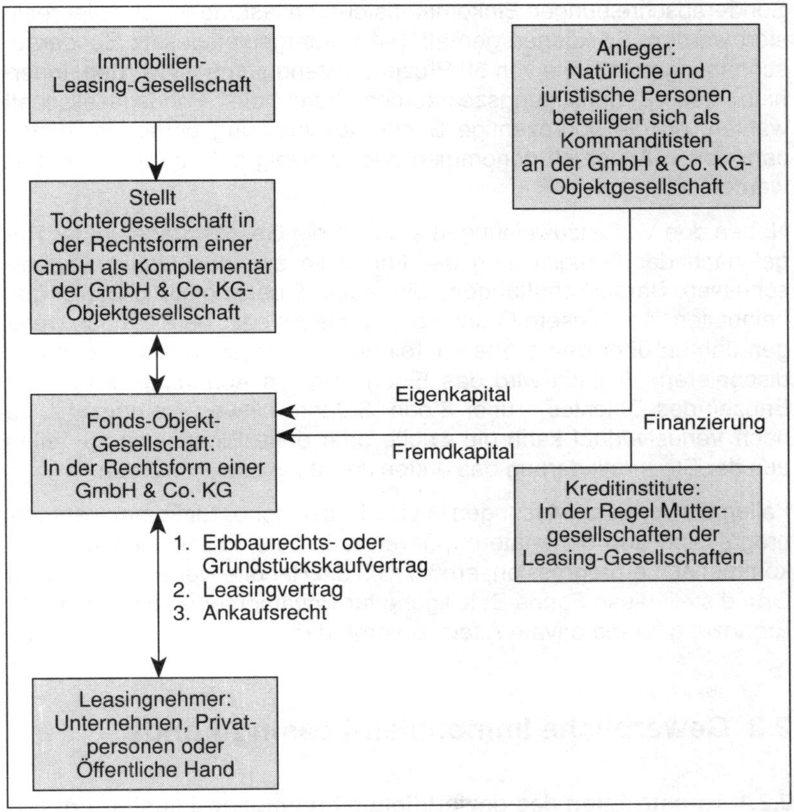

Abbildung 3: Der gewerbliche GmbH & Co. KG-Fonds

Bei der GmbH & Co. KG-Fonds-Konstruktion ist gemäß § 171 Handelsgesetzbuch die Haftung des Kommanditisten auf die Höhe seiner Kapitaleinlage beschränkt. Verluste können nur bis zur Höhe der Kapitaleinlage ausgeglichen werden. Diese Haftungsbeschränkung entfällt für die Gesellschafter der OHG-Fonds-Konstruktion.

Alle Ausschüttungen sowie die steuerlichen Ergebnisverläufe sind wie beim V&V-Fonds genau definiert und bieten aufgrund einer Prognoserechnung dem Anleger eine exakte und langfristig nachvollziehbare Kalkulationsgrundlage. Für die Leasing-Finanzierung über gewerbliche

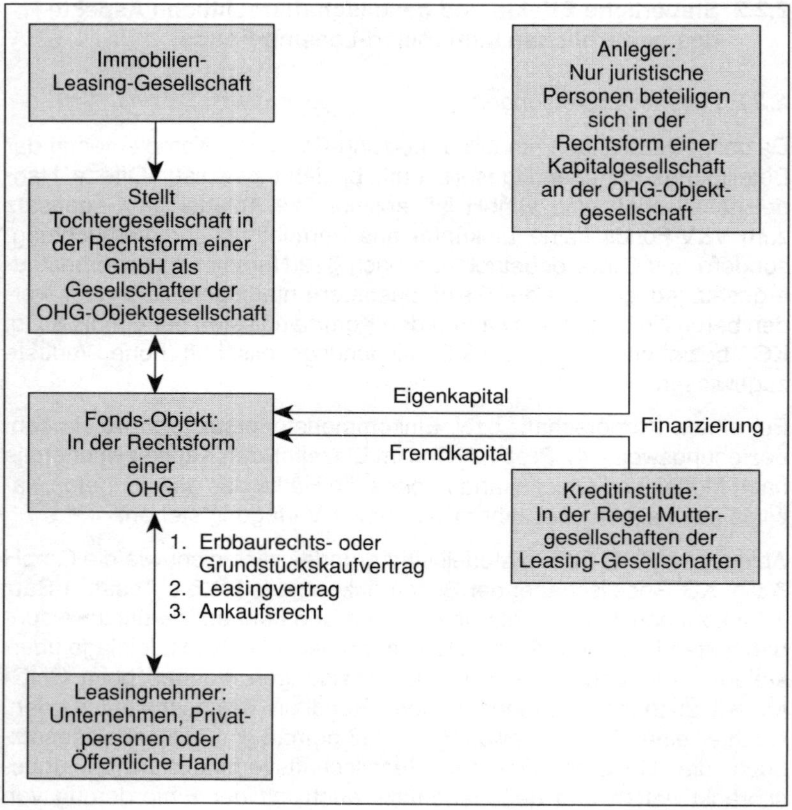

Abbildung 4: Der gewerbliche OHG-Fonds

Fonds eignen sich neben Verwaltungsgebäuden auch Kaufhäuser, Kraftwerke, kommunale Versorgungseinrichtungen und Betriebsvorrichtungen.

2.2.2 Steuerliche Effekte und gesellschaftsrechtliche Aspekte des gewerblichen Immobilien-Leasing-Fonds

2.2.2.1 Verlustzuweisungen

Da bei gewerblichen Immobilien-Leasing-Fonds der Komplementär der Beteiligungs-Kommanditgesellschaft, beziehungsweise -Offene Handelsgesellschaft eine GmbH ist, erzielen die Anleger im Gegensatz zum V&V-Fonds keine Einkünfte aus Vermietung und Verpachtung, sondern aus Gewerbebetrieb, die nach § 9 Nummer 1 Gewerbesteuergesetz jedoch nicht der Gewerbesteuer unterliegen. Auch hier werden bereits in den ersten Jahren den Kommanditisten der GmbH & Co. KG- beziehungsweise OHG-Beteiligungsgesellschaft hohe Verluste zugewiesen.

Bei einem Körperschaft- bzw. Einkommensteuersatz von 45 Prozent beziehungsweise 47 Prozent kann im Einzelfall den Kapitalzeichnern je nach Modell und Objektstandort circa die Hälfte des gezeichneten Kapitals nach ein bis drei Jahren wieder zur Verfügung stehen.

Anleger im OHG-Fonds-Modell sind grundsätzlich nicht wie die GmbH & Co. KG-Gesellschafter der Beschränkung des § 15 a Absatz 1 Satz 1 Einkommensteuergesetz unterworfen und können Verlustzuweisungen geltend machen, die die Höhe der geleisteten Kapitaleinlage übersteigen. Aufgrund höherer Verlustzuweisungen, können beim OHG-Modell auch entsprechend höhere Renditen erwirtschaftet werden. Nachteil einer OHG-Beteiligung ist, daß gemäß § 128 Handelsgesetzbuch die Gesellschafter für Gesellschaftsverbindlichkeiten unbeschränkt haften und gegebenenfalls auch mit der Einforderung von Nachschüssen rechnen müssen.

2.2.2.2 Gewerbesteuerbefreiung

Zu beachten ist, daß bei gewerblichen Anlegern die Verlustzuweisungen gemäß § 8 Nummer 8/§ 9 Nummer 2 Gewerbesteuergesetz nicht zu einer Minderung der Gewerbesteuer führen. Entsprechendes gilt über die Vorschrift des § 12 Absatz 3 Nummer 2 Gewerbesteuergesetz hinsichtlich der Gewerbekapitalsteuer.

2.2.2.3 Rücklagen nach § 6 b Einkommensteuergesetz

Werden Grundstücke, Gebäude oder Anteile aus einem Betriebsvermögen veräußert, so können bei fehlender Ersatzinvestition die aufgedeckten stillen Reserven in eine steuerfreie Rücklage nach § 6 b Ein-

kommensteuergesetz eingestellt und damit der Gewinnbesteuerung zunächst entzogen werden.

Soweit Eigeninvestitionen innerhalb von vier Jahren nicht anstehen, ist diese Rücklage nachträglich zuzüglich sechs Prozent Zinsen jährlich zu versteuern. Durch den Erwerb einer gewerblichen Immobilien-Leasing-Fonds-Beteiligung erlangen die Anteilszeichner die Möglichkeit, diese aufgedeckten stillen Reserven auf das Fonds-Objekt zu übertragen.

2.2.2.4 Ermäßigter Steuersatz auf den Veräußerungsgewinn

Gewinne, die aus der Veräußerung der Immobilie resultieren, stellen Einkünfte aus Gewerbebetrieb dar. Diese errechnen sich aus der Differenz zwischen dem Buchwert und dem vereinbarten Ankaufspreis beziehungsweise Veräußerungserlös. Der im Rahmen der Betriebsaufgabe erzielte Veräußerungsgewinn wird nach heute geltendem Steuerrecht bis zu einer Höhe von maximal DM 30 Millionen (nach Abzug des Freibetrages) nur mit dem halben durchschnittlichen Steuersatz besteuert.

Beispielhaft werden anhand einer Liquiditätsrechnung (siehe Abbildung 5) – für einen von der Deutsche Immobilien Leasing GmbH (DIL), Düsseldorf, realisierten gewerblichen Immobilien-Leasing-Fonds – die steuerlichen Ergebnisse dargestellt, die durch eine Fonds-Leasing-Beteiligung realisiert werden können.

3. Steuerrechtliche Änderungen

3.1 Standortsicherungsgesetz

Im Anschluß an das Standortsicherungsgesetz (StandOG), in dem die degressive Abschreibung für im Betriebsvermögen befindliche und nicht zu Wohnzwecken dienende Gebäude mit Bauantragstellung bzw. Kaufvertrag ab 1.1.1994 gestrichen wurde, wurde auch für derartige Gebäude im Privatvermögen die degressive Abschreibung ab 1.1.1994 versagt. Hierdurch wurde in den alten Bundesländern die Konzeption interessanter Immobilien-Fonds erschwert. Insbesondere der V&V-Fonds hat an Attraktivität eingebüßt, da infolge dieser steuerrechtlichen Regulierung die Kalkulation eine – im Vergleich zu konkurrierenden Anlageformen – wettbewerbsfähige Rendite kaum noch zu erzielen ist.

Rendite bei Grenzsteuersatz 53 % und mit § 34 EStG

ohne Anteilsfinanzierung	**6,93 %**

Liquiditätsrechnung
für eine Kommanditeinlage von DM 1.000.000,–
ohne Anteilsfinanzierung

Geschäfts-jahr	steuerl. Ergebnis Anleger (1)	Steuerent-/-belastung 1) (+)/(–) (2)	Einzah-lung/Aus-schüttung (–)/(+) (3)	Netto-ergebnis (4)	gebun-denes Kapital (5)
1995	– 909.747	0	–1.000.000	–1.000.000	1.000.000
1996	– 28.483	524.556	31.000	565.556	503.786
1997	– 27.826	15.854	31.000	46.854	491.866
1998	– 24.252	13.817	31.000	44.817	481.156
1999	– 9.226	5.256	55.000	60.356	454.264
2000	32.277	– 18.390	55.000	36.610	449.154
2001	35.926	– 19.041	55.000	35.959	444.340
2002	52.778	– 27.973	77.000	49.027	426.125
2003	53.022	– 28.101	77.000	48.899	406.775
2004	53.282	– 28.240	77.000	48.760	386.221
2005	2) 933.424	– 259.175	3) 672.177	413.002	0
Summe	161.177	188.565	161.177	349.742	

1) incl. Solidaritätszuschlag 1995 – 2000
2) incl. Veräußerungsgewinn: DM 888.831 (ermäßigter Steuersatz gem. §34 EStG)
3) incl. Restausschüttung: DM 595.177

Abbildung 5: Gewerblicher DIL-Immobilien-Leasing-Fonds

3.2 Fördergebietsgesetz

In den neuen Bundesländern hingegen besteht gemäß § 4 i. V. mit § 8 Fördergebietsgesetz noch bis Ende 1996 die Möglichkeit, auf gewerbliche Bauinvestitionen, die im Privatvermögen aktiviert werden, Sonderabschreibungen bis zu 50 % in den ersten 5 Jahren zusätzlich zur normalen linearen AfA in Anspruch zu nehmen. Jedoch auch diese steuerliche Fördermaßnahme wurde im Rahmen des Jahressteuergesetzes (JStG 1996) beschränkt.

Ab 1997 können gewerblich genutzte Gebäude neben der linearen AfA nur noch mit 20 % abgeschrieben werden. Diese steuerliche Änderung wird künftig die Möglichkeit anfänglich hoher Verlustzuweisungen bei den Fondszeichnern begrenzen.

3.3 Beschluß des Bundesverfassungsgerichtes vom 22.6.1995

Bei gewerblichen Leasing-Fonds ergab sich bis Ende 1995 aufgrund des bewertungsrechtlichen Ansatzes der Immobilie mit dem Einheitswert und der Berücksichtigung des für die Finanzierung dieser Immobilie aufgenommenen Fremdkapitals mit dem Nennwert ein negativer Einheitswert des Betriebsvermögens, der bei der Vermögensteuerberechnung der Anleger und auch für den Fall des Eintritts von Erbschaft oder Schenkung angesetzt werden konnte. Über die Verrechnung dieses negativen Einheitswertes mit den übrigen positiven Vermögenswerten des Gesellschafters konnte die jeweilige Steuerbemessungsgrundlage nachhaltig gemindert werden.

Durch die beiden am 22.6.1995 ergangenen Entscheidungen des II. Senats des Bundesverfassungsgerichtes zur Vermögenbesteuerung zum einen sowie zur Schenkung- und Erbschaftbesteuerung unentgeltlichen inländischen Grundvermögensanfalles nach dem Einheitswert (§ 12 Abs. 2 ErbStG) zum anderen wurde verlangt, daß eine gleichmäßige Steuerbelastung sämtlicher Vermögensarten zu erfolgen habe. Hierzu sind für die einzelnen Wirtschaftsgüter Bemessungsgrundlagen zu ermitteln, die deren tatsächlichen Werte „in der Relation abbilden“.

Zwar wurde nicht verlangt, daß die Verkehrswerte an die Stelle der bisherigen Grundstückseinheitswerte treten zu müssen, dennoch ist bei der anstehenden Neuregelung durch den Gesetzgeber davon auszugehen, daß sich künftig im Rahmen von gewerblichen Fonds-Leasing-Modellen die Möglichkeiten zur Realisierung substanzsteuerlicher Effekte deutlich verschlechtern oder sogar ganz entfallen werden.

Mathias Troger

Zweitmarkt für Anteile geschlossener Immobilienfonds

Zusammenfassung

In den neunziger Jahren konnte das Plazierungsvolumen geschlossener Immobilienfonds erheblich gesteigert werden. Die Notwendigkeit eines funktionierenden Zweitmarktes für die Fondsanteile wird in den kommenden Jahren immer deutlicher werden. Beim Kauf bzw. Verkauf „gebrauchter" Fondsanteile müssen jedoch die eingeschränkte Liquidierbarkeit und die steuerlichen Restriktionen beachtet werden. Zur Preisermittlung stehen mehrere Verfahren zur Auswahl, die im einzelnen erläutert werden.

1. Marktsituation

Die ersten geschlossenen Immobilienfonds wurden in den sechziger Jahren angeboten. Seitdem ist der Markt von stetigem Wachstum geprägt. Seit 1990 haben sich die jährlichen Plazierungsergebnisse der geschlossenen Immobilienfonds mehr als verdreifacht. Im besten Jahr, 1994, wurden geschlossene Immobilienfonds im Wert von schätzungsweise DM 15 Milliarden plaziert, 1995 immerhin im Wert von DM 12 Milliarden.

Es ist vorausschaubar, daß in den kommenden Jahren Erstzeichner eine bedeutende Anzahl gebrauchter Fondsanteile zum Verkauf anbieten wollen. Initiatoren geschlossener Immobilienfonds und Vertriebsgesellschaften, die sich bislang auf die Plazierung neu aufgelegter Fonds spezialisiert haben, sollten daher auch diesem Marktsegment ihre Aufmerksamkeit schenken.

2. Fungibilität von Anteilen geschlossener Immobilienfonds

2.1 Liquidierbarkeit

Grundsätzlich spielt die Liquidierbarkeit bei der Anlageentscheidung für eine Immobilie oder einen geschlossenen Immobilienfonds eine zunächst untergeordnete Rolle. Entscheidend sind die klassischen Anlagekriterien Rendite und Sicherheit. Nach Ablauf einer angemessenen

Zeit sollte aber auch die Immobilie oder der Anteil eines geschlossenen Immobilienfonds veräußerbar sein.

Der Weg, eine Immobilie in Bargeld zu wandeln, ist für jedermann leicht nachvollziehbar. Der Preis orientiert sich dabei am Ertrags- und am Substanzwert des Objektes. Bei Beteiligungen an geschlossenen Immobilienfonds ist aufgrund der Komplexität des Produktes und eines fehlenden Zweitmarktes ein Verkauf durch Inserate und Makler nur sehr schwer zu bewerkstelligen. Eine Möglichkeit, einen Fondsanteil zu Geld zu machen, stellt der Verkauf der Immobilie bzw. der Immobilien und die anschließende Auflösung der Gesellschaft dar. Jeder Anleger erhält den seiner Zeichnung entsprechenden Anteil am Veräußerungserlös. Die Entscheidung über den Verkauf der Immobilien wird aber nicht von einem Anleger allein getroffen, sondern gegebenenfalls von der Mehrheit der Anteilseigner auf der Gesellschafterversammlung.

Neben dem Verkauf der Immobilie durch die Fondsgesellschaft kann sich ein Anleger auch davon unabhängig von seinem Immobilienfondsanteil trennen. Hierzu muß jedoch ein weiterer Kapitalgeber gefunden werden, der den Fondsanteil übernimmt und eventuell bis zur Auflösung der Fondsgesellschaft hält. Bei der Suche nach einem neuen Anleger wirkt häufig der Initiator mit, da er über die notwendigen Marktkenntnisse verfügt.

2.2 Steuerliche Voraussetzungen für eine Veräußerung

Bei der Erstplazierung von Anteilen geschlossener Immobilienfonds ist der Berater meist an einem möglichst schnellen Abschluß interessiert und verkauft die Immobilienbeteiligung hauptsächlich über die Steuervorteile. Dem Anleger wird suggeriert, er könne erst die in den Anfangsjahren anfallenden Verlustzuweisungen in Anspruch nehmen und sich einige Jahre später wieder von dem Anteil trennen, um erneut eine steuersparende Anlage vorzunehmen.

Das Finanzamt setzt allerdings bei jeder Investition die Gewinnerzielungsabsicht des Anlegers voraus. Beteiligungen an Verlustzuweisungsgesellschaften, die zukünftige Überschüsse nicht nachweisen können, werden als steuerlich unbeachtliche Liebhaberei deklariert. Eine Gewinnerzielungsabsicht liegt nicht vor, wenn von vornherein zu erwarten ist, daß der Steuerpflichtige den Anteil rasch wieder ver-

äußern wird (wenn auch erst nach einigen Jahren). Es fehlt dann an dem erforderlichen endgültigen Entschluß, langfristig einen Gesamtüberschuß der Einnahmen über die Werbungskosten erzielen zu wollen. Das Jahr innerhalb der geplanten Investitionsdauer, in dem der Saldo aller steuerlichen Ergebnisse voraussichtlich positiv wird, wird als prognostiziertes steuerliches Totalüberschußjahr bezeichnet. Nach einem Erlaß des Bundesministeriums der Finanzen vom 23.7.1992 muß der Totalüberschuß bei Gebäuden innerhalb der tatsächlichen Nutzungsdauer von 100 Jahren erreicht sein. Eine großzügige Auslegung bei geschlossenen Immobilienfonds ist aber bedenklich. Falls nach dem mutmaßlichen Geschehensablauf mit einer kürzeren Investitionsdauer zu rechnen ist, ist der Totalüberschuß in dieser Zeit realistisch nachzuweisen. Andienungsrechte, Rückkaufoptionen oder ähnliche Klauseln verkürzen die sogenannte Totalperiode entsprechend.

Bei der Berechnung des Totalüberschusses sind nicht nur die steuerlichen Ergebnisse der Gesellschaft zu berücksichtigen. Auch alle Sonderwerbungskosten des Gesellschafters, z. B. die Zinsaufwendungen für die Außenfinanzierung des Fondsanteils, sind in diese Betrachtung mit einzubeziehen. Erst wenn alle steuerlichen Verluste der Investitionsphase mit den Einkünften der Ertragsphase verrechenbar sind, kann der Anleger den unbedenklichen Verkauf seines Anteils vornehmen. Ereignisse, die für den Anleger zum Zeitpunkt seiner Fondszeichnung nicht absehbar waren, können einen vorzeitigen Verkauf rechtfertigen. Hierzu zählt eine finanzielle Notlage, die aus einer Scheidung, dem Verlust des Arbeitsplatzes oder auch einer Erbauseinandersetzung resultiert.

Zur Frage, unter welchen Voraussetzungen ein Verkauf von Anteilen an geschlossenen Immobilienfonds steuerunschädlich möglich ist und welche Voraussetzungen erfüllt sein müssen, wenn Anteile vor Erreichen des Totalüberschusses steuerunschädlich veräußert werden sollen, wurde im Jahre 1995 ein Rechtsgutachten von einem Augsburger Steuerprofessor erstellt. Der Gutachter vertritt die Auffassung, daß ein Anteilsverkauf nach fünf Jahren auch ohne Vorliegen eines wirtschaftlichen Notfalls beim Anleger und bei fehlender Erreichung des Totalgewinns nicht steuerschädlich sein muß. Allerdings wird den Anlegern eindringlich empfohlen, vor der Veräußerung die Zustimmung ihres Steuerberaters einzuholen. Das Gutachten empfiehlt darüber hinaus, einen Anteilsmarkt nicht auf einen Anlegerkreis (z. B. ausschließlich Kunden eines Initiators) zu beschränken, sondern diesen offen zu halten. Ein von einem Initiator eingegrenzter Zweitmarkt könnte von der Finanzverwaltung als eine spezielle Form einer Rückgabeoption für den Zeichner angesehen werden.

2.3 Vorteile für den Erwerber

Neben den Einkommensteuervorteilen bieten Beteiligungen an geschlossenen Immobilienfonds derzeit zusätzlich Vorteile bei der Erbschaft-, Schenkung- und Vermögensteuer. Gerade solche Vorteile auf Vermögensebene sind ausschlaggebend für eine Kaufentscheidung für Zweitmarktanteile.

Die Zielgruppen sind also Vererber mit geringer Steuerprogression. Sie denken an die Übertragung von Vermögen auf die jüngere Generation. Neben den Steuervorteilen wollen sie auch in den Genuß einer ertragreichen Immobilienbeteiligung kommen und so an einer inflationsgeschützten attraktiven Verzinsung ihres Vermögens teilhaben. Mit Anteilen von geschlossenen Immobilienfonds, die bereits langjährig hohe Erträge erwirtschaften, ist dies in besonderem Maße zu erreichen. Die Ausschüttungen liegen dann regelmäßig bereits bei sechs Prozent oder darüber. Ein Teil der Ausschüttung ist steuerfrei, da der Käufer eines Zweitmarktanteils wie der Käufer einer Gebrauchtimmobilie die lineare Abschreibung nutzen kann. Damit dem Zweiterwerber die lineare Abschreibung in voller Höhe zugerechnet werden kann, muß der Initiator eine Ergänzungsbilanz erstellen. Auch hier wird die Bedeutung einer Zusammenarbeit mit einem seriös und langfristig operierenden Initiator ersichtlich.

Die Bundesregierung plant gegenwärtig eine Novelle zur Erbschaft-, Schenkung- und Vermögensteuer. Der Gesetzentwurf folgt einem Urteil des Bundesverfassungsgerichts. Künftig würden im Rahmen der Gleichbehandlung von Geld- und Immobilienvermögen Immobilien zum Verkehrswert – und nicht mehr zum Einheitswert – bewertet. Allerdings sollen die Freibeträge erhöht und die Vermögensteuer abgeschafft werden.

Neben den rein steuerlichen Aspekten sprechen gewichtige Argumente für den Erwerb von Zweitmarktanteilen: vorrangig die Wertzuwachschancen, aber auch die Möglichkeit einer breiten Streuung des Vermögens durch kleine Mindestbeteiligungssummen, professionelle Verwaltung durch das Fondsmanagement und damit verbunden eine erhebliche Arbeitsersparnis beim Anleger. Der Kaufinteressent kann außerdem die historische Entwicklung der Fondsgesellschaft und der Fondsimmobilie nachvollziehen. Der Anteilserwerb basiert somit auf abgesicherten Entscheidungsgrundlagen.

2.4 Notwendigkeit der Errichtung eines offenen Zweitmarktes

Nach Angaben der großen Initiatoren geschlossener Immobilienfonds werden momentan mehr Zweitmarktanteile nachgefragt als angeboten. Die Verkaufsumsätze bewegen sich jedoch lediglich im zweistelligen Millionenbereich. Die Angebotsseite wird sich in den nächsten Jahren deutlich vergrößern. Die hohen Steuervorteile aus Sonderabschreibungen haben bei den Zeichnern Begehrlichkeiten nach weiteren Beteiligungen geweckt. Die alten Anteile sollen aus Sorge vor einem zu hohen finanziellen Engagement verkauft werden. Ein organisierter, funktionierender Zweitmarkt ist erforderlich.

Bei Initiatoren, die bereits bei Emission der Fonds in erster Linie an die eigenen Erträge denken, ist die langfristige Pflege des Zweitmarktes in Frage zu stellen. Anleger sind an solche Fondsangebote dann relativ fest gebunden. Ein Verkauf kann nur über Zeitungsannoncen zu geringen Preisen erfolgen. Große und seriöse Initiatoren legen hingegen Wert auf die Zweitmarktpflege. Sie sind an einer langfristigen Kundenbindung interessiert und deshalb bestrebt, die Nachfrage nach Zweitmarktanteilen möglichst hoch zu halten. Aber auch bei diesen Fondsanbietern ist keine Markttransparenz gegeben. Leistungsbilanzen und Jahresabschlüsse der Fonds sind selten für die Öffentlichkeit zugänglich. Häufig wird allenfalls ein auf die eigenen Fonds beschränkter Zweitmarkt unterhalten. Der Verkaufswillige weiß nicht, zu welchen Preisen Nachfrage besteht und muß sich auf die Angaben des Initiators verlassen. Die Methoden, nach denen Zweitmarktpreise von verschiedenen Initiatoren errechnet werden, sind jedoch sehr unterschiedlich.

3. Ermittlung des Kaufpreises

3.1 Berücksichtigung ertrags- und substanzwirtschaftlicher Faktoren

Neben der grundsätzlichen Möglichkeit, einen Fondsanteil zu verkaufen, stellt sich die Frage nach dem erzielbaren Preis. Die entscheidende Rolle spielt dabei die Ertragsseite. Die Höhe der Mieteinnahmen wird von der Inflationsrate aufgrund der indexierten Miete und der Entwicklung der Mikro- und Makrolage des Objektes bestimmt. Wichtig ist

somit die zukünftige Konkurrenzsituation und die Akzeptanz der Immobilie selbst. Die konjunkturelle Entwicklung beeinflußt ebenfalls den Mietpreis. Die Mieteinnahmen bestimmen wesentlich die Wertentwicklung der Immobilie, die Ausschüttung die Wertentwicklung des Anteils. Inwieweit der Substanzwert der Immobilie in die Berechnung des Anteilspreises eingeht, hängt von der Berechnungsmethode ab, nach welcher der Preis ermittelt wird.

Nachfolgend werden drei marktübliche Berechnungsmethoden zur Festlegung von Kurswerten vorgestellt. Anschließend wird ein Schätzverfahren erläutert, das zu einem Vergleichskurs führt.

3.2 Vergleichsrendite für festverzinsliche Wertpapiere

Die Ermittlung des Zweiterwerbspreises kann auf Basis einer bereinigten Vergleichsrendite für langlaufende festverzinsliche Wertpapiere bester Bonität erfolgen:

	Rendite für zehnjährige festverzinsliche Wertpapiere mit bester Bonität (Rating AAA)
./.	Vermögensteuernachteil der festverzinslichen Wertpapiere
./.	Steuernachteil bei der Einkommensteuer
=	Vergleichsrendite

Abbildung 1: Schema zur Ermittlung der Vergleichsrendite

Die Vergleichsrendite wird in Relation zur Ausschüttung des geschlossenen Immobilienfonds gesetzt.

Diese Methode zur Berechnung eines Zweitmarktpreises wird von den meisten Initiatoren verwendet, da sie relativ einfach durchzuführen ist. Dabei wird von einer Konkurrenz herkömmlicher Wertpapieranlagen mit langen Laufzeiten zu den gebrauchten Immobilienfondsanteilen ausgegangen. Der Preis des Zweitmarktanteils wird dadurch sehr stark vom Zinsniveau für langfristige Wertpapieranlagen beeinflußt.

Dieser Zusammenhang soll im folgenden dargestellt werden. Beabsichtigt ein Anleger bei einem bereinigten Marktzinsniveau von sieben

Prozent seine Fondsanteile zu verkaufen, dann kann er mit einem Kurs von 100 Prozent rechnen, wenn sein Anteil eine Ausschüttung von sieben Prozent abwirft. Möchte er hingegen seine Anteile zu einem Zeitpunkt verkaufen, wenn der Referenzzins auf neun Prozent gestiegen ist, so würde der Kurs auf rund 90 Prozent sinken. In konjunkturellen Boomphasen, in denen das Zinsniveau hoch liegt, erzielt der Anleger einen niedrigen Preis für seine Fondsanteile, obwohl üblicherweise Immobilien zu diesem Zeitpunkt teuer sind.

Die bisherige Entwicklung der Fondsanlage findet dabei nur über die Höhe der Mieten Eingang in die Berechnung. Bestehen bei einem Fondsobjekt aber noch alte, in einigen Jahren auslaufende Mietverträge, während das allgemeine Mietniveau für vergleichbare Immobilien über diesen Mietansätzen liegt, findet die positive Entwicklung der Immobilie keinen Eingang in die Berechnung des Preises. Umgekehrte Entwicklungen bleiben dabei ebenso unberücksichtigt wie Erbschaft- und Schenkungsteuervorteile, Mietanpassungen an die Inflationsrate und damit verbundene Rentabilitätsvorteile sowie die Chance auf Wertsteigerungen der Immobilien.

Rendite für zehnjährige festverzinsliche Wertpapiere mit bester Bonität (Rating AAA)	7,50%
./. Vermögensteuernachteil der festverzinslichen Wertpapiere	1,86%
./. Steuernachteil bei der Einkommensteuer	0,45%
= Vergleichsrendite	5,19%

Abbildung 2: Beispiel für die Ermittlung des Zweiterwerbspreises mittels der Vergleichsrendite für festverzinsliche Wertpapiere

Bei dem Fonds in Abbildung 2 ergibt sich bei einem aktuellen Ausschüttungssatz von sechs Prozent ein Kurs von 115 Prozent.

Der Vermögensteuernachteil errechnet sich wie folgt:

= Vermögensteuerlicher Wert des Fondsanteils (Annahme)	./.	30%
Vermögensteuerlicher Wert der festverzinslichen Wertpapiere	+	100%
= Vermögensteuerlicher Vorteil des Fonds		130%

Bei einem Vermögensteuersatz von 1 Prozent entspricht dies einem Renditevorteil von 1,3 Prozent nach Steuern. Da die Vergleichsrendite ein Vorsteuer-Wert ist, errechnet sich ein Vorsteuer-Vorteil bei einer angenommenen Einkommensteuerprogression von 30 Prozent in Höhe von 1,86 Prozent.

Der Einkommensteuernachteil errechnet sich wie folgt:

Die Ausschüttung des Fonds in Höhe von 6 Prozent ist nur zu 80 Prozent (4,8 Prozent) steuerpflichtig (steuerfreier Anteil für die durchschnittliche Restlaufzeit der Mietverträge, gewichtet nach Mietverträgen). Der Steuernachteil des festverzinslichen Wertpapieres beträgt 20 Prozent der Verzinsung. Dieser erzeugt bei der angenommenen Einkommensteuerprogression von 30 Prozent eine Ertragsminderung von 0,45 Prozent.

Steigerungen der Ausschüttungen sollten als Risikoabschlag nicht berücksichtigt werden.

3.3 Ertragswertmethode

Mieterertrag × Faktor = Wert der Immobilie
\+ Liquiditätsreserve
= Bruttofondsvermögen
./. Verbindlichkeiten der Fondsgesellschaft
= Nettofondsvermögen

Abbildung 3: Schema zur Ermittlung des Nettofondsvermögens nach der Ertragswertmethode

Das aktuelle Nettofondsvermögen in Relation zum Nettofondsvermögen bei Emission ergibt den Kurs des Zweitmarktanteils.

Der Mietansatz ist wie folgt definiert:

Es gilt der durchschnittliche Barwert (diskontiert mit 3 Prozent Inflationsrate) der Mieten in den nächsten zehn Jahren. Dabei werden die tatsächlichen Mietverträge oder noch laufende Garantien mit ihren Indexklauseln für die Restlaufzeiten berücksichtigt. Für eventuell noch offene Zeiträume werden die aktuellen Marktmieten ebenso wie der Faktor aus einem für die Fondsimmobilie vorliegenden Gutachten entnommen (z.B. angenommene 10 Prozent-Klausel mit 100 Prozent Indexie-

rung und 3 Prozent Inflationsrate). Bei über dem Markt liegenden Mieten oder Garantien werden für Mieter oder Garantiegeber mit nicht einwandfreier Bonität Abschläge bis zu 100 Prozent vorgenommen.

Nebenkostenregelungen, die zu Nachteilen der Immobiliengesellschaft führen können, werden mit Abzügen in den Mietansätzen berücksichtigt. Zu gering kalkulierte Instandhaltungsaufwendungen und Mietausfallwagnisse führen ebenfalls zu Kürzungen.

Die Vorgehensweise bei der Ertragswertmethode wird im folgenden Beispiel erörtert. Für eine Immobilie bestehen noch alte Mietverträge über DM 30,– pro Quadratmeter. Diese laufen durchschnittlich fünf Jahre. Der auf aktueller Basis nachhaltig erzielbare Mietertrag beträgt hingegen nur DM 20,– pro Quadratmeter. Der Vorteil von DM 10,– wird mit einem Risikoabschlag von 50% für die verbleibenden 5 Jahre kalkuliert, da die Mieter unter Umständen ausfallen könnten. Die restlichen fünf Jahre werden auf der aktuellen Basis von DM 20,– pro Quadratmeter kalkuliert. Instandhaltungsrücklagen, Mietausfallwagnis und Nebenkostenregelungen entsprechen den Vorgaben. Verlängerungsoptionen bestehen keine, würden in dem Beispiel höchstwahrscheinlich auch nicht ausgeübt.

Somit errechnet sich ein Mietansatz von DM 22,50 pro Quadratmeter. Dieser Mietansatz, multipliziert mit den vermietbaren Quadratmetern und dem ortsüblichen und der Nutzungsart entsprechenden Faktor, zuzüglich der Liquiditätsreserve und abzüglich der Verbindlichkeiten, ergibt das Nettfondsvermögen.

Liegt das aktuelle Nettofondsvermögen 10 Prozent über dem Nettofondsvermögen bei Emission, errechnet sich nach dieser Methode ein Kurs von 110 Prozent.

3.4 Substanzwertmethode

	Substanzwert der Immobilie laut Gutachten
+	Liquiditätsreserve
=	Bruttofondsvermögen
./.	Verbindlichkeiten der Fondsgesellschaft
=	Nettofondsvermögen

Abbildung 4: Schema zur Ermittlung des Nettofondsvermögens nach der Substanzwertmethode

Das aktuelle Nettofondsvermögen in Relation zum Nettofondsvermögen bei Emission ergibt den Kurs des Zweitmarktanteils.

Zum Substanzwert der Immobilie liegt ein Gutachten vor.

3.5 Schätzverfahren

Den zuvor ermittelten Anteilswerten sollte ein Preis gegenübergestellt werden, der sich auf Basis eines marktbewährten Schätzverfahrens ergibt:

Die Fondsimmobilie wurde von einem Gutachter taxiert.

Die gutachterliche Bewertung findet auf der Grundlage des sogenannten „open market value" statt: Es wird ein Wert festgelegt, zu dem das betreffende Objekt in einem Zeitraum von circa drei bis sechs Monaten auf dem Markt verkauft werden kann.

Diese Bewertung unterscheidet sich von der üblichen Verkehrswertberechnung insoweit, als Marktmiete, Istmiete und ein am Marktorientierter Multiplikator die Bewertungsgrundlage bilden. Der Multiplikator (Kapitalisierungsfaktor) wird mindestens jährlich einmal von einem Gutachter neu ermittelt, der sich auf in unmittelbarer Nachbarschaft erzielte Verkaufserlöse bezieht.

Zu dem sich nun ergebenden Kaufpreis für das Objekt werden die gebildeten Rücklagen addiert und letztlich die gesamten Verbindlichkeiten abgezogen. Als Szenario dient die Auflösung der Fondsgesellschaft.

Der Ertrag dividiert durch das ursprünglich eingesetzte Eigenkapital multipliziert mit 100 ergibt den Kurswert des Anteils in Prozent.

Die folgende fiktive, aber realistische Betrachtung am Beispiel verdeutlicht das Verfahren:

Emissionsjahr: 1975

Anschaffungskosten der Immobilie	DM 80 Mio. (13,5fache Jahresmiete)
+ Gebühren für Garantien, Dienstleistungen	+ DM 20 Mio.
Gesamtinvestition des Fonds	= DM 100 Mio.

Eigenkapital: DM 40 Mio. Fremdkapital: DM 70,6 Mio. (inkl. 15% Disagio)

Schätzjahr: 1995

Verkaufspreis für die Immobilie (11fache der gegenüber 1975 auf ca. 140% gestiegenen Jahresmiete)	DM 91 Mio.
+ Liquiditätsreserve, Rücklagen (werden im Regelfall für eine Sanierung der Immobilie vor dem Verkauf vollständig verbraucht)	DM 0 Mio.
./. Darlehensverbindlichkeiten (ca. 20% getilgt)	DM 57 Mio.
Gesamtbetrag	DM 34 Mio.

$$\frac{\text{DM 34 Mio.}}{\text{DM 40 Mio.}} = 85\%$$

Die üblichen Ausschüttungen nach 20 Jahren betrugen in diesem Fall ca. 6,5–7% p.a. auf das Nominalkapital.

Abbildung 5: Auswertung des Schätzverfahrens im Beispiel

4. Ausblick

Die Notwendigkeit eines funktionierenden Zweitmarktes für Anteile von geschlossenen Immobilienfonds ist sicherlich unbestritten. Nur ein initiatorenübergreifender Markt kann für die erforderliche Transparenz sorgen. Die Organisation in börsenähnlicher Form sollte durch eine unabhängige Institution erfolgen. Langfristig werden nur die Anbieter im Markt bestehen, die ihren Kunden frei handelbare Anteile offerieren können.

Andreas Schmidt

Immobilienaktien: Besonderheiten des Marktes, der Analyse und der Bewertung

Zusammenfassung

Bei näheren Untersuchungen stellt man fest, daß die deutschen Immobilienaktien stark mit Aktienindizes korrelieren und eine hohe Risikoprämie aufweisen. Die Aktienkurse der Gesellschaften in England und Frankreich korrelieren dagegen relativ stark mit der Entwicklung auf den Immobilienmärkten. Ursachen für diesen Mißstand in Deutschland sind: ungenügende Informationen über den Immobilienbestand der Gesellschaften, aber auch ungenügende Analyseinstrumente. Geldanleger in Immobilienaktien sollten nicht nur den Blick auf die Erträge der Unternehmen richten, sondern auch den Wertzuwachs des Immobilienvermögens erfassen.

1. Was sind eigentliche Immobilienaktien?

Zunächst könnte man unter Immobiliengesellschaften diejenigen Gesellschaften fassen, die einen relativ großen Immobilienbesitz haben. Diese Betrachtungsweise ist für die Bundesrepublik Deutschland jedoch nicht sinnvoll. So besitzt die Allianz Holding im gesamten Konzern Immobilien mit einem Anschaffungswert von circa DM 10 Milliarden. Da diese jedoch zumeist schon sehr lange im Bestand gehalten wurden, ergibt sich daraus, vorsichtig geschätzt, ein Verkehrswert von mindestens DM 25 Milliarden, so daß die Allianz damit wahrscheinlich der größte Investor in Deutschland ist. Trotzdem kann man die Allianz nicht als Immobiliengesellschaft bezeichnen. Zum einen stellt der Immobilienbesitz nur etwa 12 Prozent der gesamten Anlagen dar, zum anderen steht das Vermögen zu 90 Prozent den Versicherten zu, sofern es sich um die Anlage der Prämieneinnahmen aus Lebensversicherungen handelt.

Auch andere große Konzerne haben beachtliche Immobilienvermögen angesammelt. So sorgte zum Beispiel vor einigen Jahren eine Studie des Londoner Investmenthauses S.G. Warburg für große Aufregung. S.G. Warburg hatte das Immobilienvermögen der VEBA bei einem Bestand von 140.000 Wohnungen mit über DM 10 Milliarden angesetzt und daraufhin die Aktie als völlig unterbewertet eingestuft. Die anfängliche Euphorie auf dem Aktienmarkt ließ jedoch schnell nach, denn diese Immobilien werden nicht ausschließlich zum Zweck der Ertragserzielung gehalten. Zum großen Teil handelt es sich um Werkswohnungen, mit denen die Mitarbeiter an das Unternehmen gebunden werden sollen. Da diese fast immer speziellen Mietbindungen unterliegen, sind

sie praktisch nicht frei verkäuflich, zumal sie schwerpunktmäßig im Ruhrgebiet liegen. Ein schneller Verkauf der Wohnungen würde die lokalen Märkte zusammenbrechen lassen.

Deshalb sollen, wenn im folgenden von börsennotierten Immobiliengesellschaften die Rede ist, immer nur jene gemeint sein, bei denen die Entwicklung, die Vermietung oder der Verkauf von Immobilien ein wesentlicher Bestandteil des Geschäftes ist.

Dies ist sicherlich bei der 1993 vollständig privatisierten Industrieverwaltungsgesellschaft der Fall, die einen Immobilienbestand im Wert von etwa DM 2,8 Milliarden unterhält und bei der circa 80 Prozent der Erträge in diesem Bereich erzielt werden. Ebenfalls kann man Unternehmen wie Harpener oder Hamborner dazuzählen, die als frühere Bergwerksgesellschaften große ehemalige Zechengelände besitzen und von dieser Basis aus ein aktives Immobiliengeschäft betreiben. Die Concordia Bau und Boden AG betätigt sich hauptsächlich als Developer und erzielte damit 1994 Umsatzerlöse von 242 Milionen DM.

Daneben gibt es noch eine Reihe weiterer Unternehmen, wie zum Beispiel Steucon, AAA oder auch die Monachia (eine der deutschen Aktien mit dem höchsten Kurs), die entweder relativ klein sind oder bei denen die Zahl der frei handelbaren Aktien unbedeutend ist. Eine Sonderstellung nimmt die Brau und Brunnen AG ein. Obwohl das Unternehmen mit seinen 12 Braustätten eine der größten Brauereien Deutschlands ist, ist der eigenständige Immobilienbereich von enormer Bedeutung. So besitzt das Unternehmen einen Immobilienbestand von schätzungsweise über DM 2 Milliarden. Da seit Jahren im Biergeschäft Verluste anfallen, stellen die Immobilienaktivitäten die Hauptertragsquelle dar.

2. Wie werden Immobilienaktien bislang an der Börse bewertet?

Bei Einsatz des gesunden Menschenverstandes würde man erwarten, daß die Kursentwicklung der Immobilienaktien parallel zu der Entwicklung der Immobilienmärkte verläuft. Das heißt, daß sich die Investoren zum Beispiel an der Preisentwicklung der Gewerbeimmobilien oder an der Mietentwicklung von Bürogebäuden orientieren, wobei natürlich die zukünftigen Aussichten mit in die Aktienbewertung einfließen. Unter-

sucht man jedoch die Kursentwicklung der Immobilienaktien in Deutschland genauer, so läßt sich bei den meisten Werten eine hohe Korrelation mit dem FAZ-Index feststellen.

Da in den Jahren von 1987 bis 1992 sowohl die Mieten als auch die Immobilienpreise in Deutschland kräftig angestiegen sind, ist es offensichtlich, daß bisher Immobiliengesellschaften als „normale" Aktien, bewertet wurden und damit hinsichtlich ihrer Besonderheiten, nämlich ihres hohen Immobilienbestandes, nicht korrekt bewertet wurden. Noch krasser wurde die Fehlbewertung als infolge der „Schneider-Pfeife" alle Immobilienaktien erhebliche Kursverluste hinnehmen mußten, auch wenn überhaupt keine Immobilien in dem vom Schneider-Konkurs betroffenen Regionen vorhanden waren. Ursache hierfür sind die fehlende oder ungenügende Transparenz bezüglich des Immobilienvermögens sowie nicht adäquate Analyseinstrumente und -möglichkeiten.

3. Bewertungsansätze und ihre Probleme

3.1 Ertragsvergleiche

Üblicherweise wird bei Ertragsvergleichen vom Jahresüberschuß ausgegangen, der meistens um Sonderfaktoren bereinigt wird. So wird von den meisten Analysten das Ergebnis nach DVFA/SG (Deutsche Vereinigung für Finanzanalyse und Anlageberatung e. V./Schmalenbach-Gesellschaft) berechnet, das vereinfacht ausgedrückt ein periodengerechtes Ergebnis darstellen soll und das deshalb um alle bedeutenden Sonderfaktoren bereinigt wird. Ziel ist es dabei, den Ergebnistrend des Unternehmens im Zeitablauf aufzuzeigen und ein Vergleich des wirtschaftlichen Erfolges verschiedener Unternehmen zu ermöglichen (vgl. DVFA/SG 1990, S. 8).

Bei Produktionsunternehmen werden üblicherweise Verkäufe von Immobilien als außerordentlich und aperiodisch angesehen und entsprechend werden die daraus anfallenden Gewinne beziehungsweise Verluste bei der Ermittlung des DVFA/SG-Ergebnisses bereinigt. Nach einer Empfehlung der DVFA/SG können Kauf und Verkauf von Immobilien bei Immobiliengesellschaften hingegen als Hauptgeschäftszweck angesehen werden. Deshalb sollte bei der Ergebnisermittlung keine entsprechende Bereinigung vorgenommen werden (vgl. DVFA/SG 1990, S. 10). Allerdings bleibt unklar, wie zum Beispiel die Brau und

Brunnen-Gesellschaft behandelt werden soll, bei der die Immobilienaktivitäten ein wichtiger aber nicht alleiniger Unternehmenszweck sind.

Problematisch ist weiterhin, daß es sich bei Immobilieninvestitionen häufig um Großprojekte handelt, die über mehrere Jahre entwickelt werden, so daß es nach deren Fertigstellung zu heftigen Ergebnisschwankungen kommen kann. Eine teilweise Aktivierung nach dem Bau- bzw. Entwicklungsfortschritt wäre aber auch nicht sinnvoll, da häufig (auf Grund der langen Zeiträume) unklar ist, welcher Preis bei zwischenzeitlicher Verwertung oder nach Fertigstellung des Objektes erzielt werden könnte.

Ein weiteres Problem ergibt sich aus dem Tatbestand, daß häufig Gewinne aus Immobiliengeschäften an der Gewinn- und Verlustrechnung vorbei in die Rücklage gemäß § 6 b Einkommensteuergesetz eingestellt werden, wo sie dann wieder gegen Abschreibungen auf neue Objekte verrechnet werden. Eine eventuelle Bereinigung des Jahresüberschusses um die Veränderung der Rücklage gemäß § 6 b Einkommensteuergesetz scheitert normalerweise daran, daß kaum exakte Daten von den Unternehmen zu erhalten sind. So wird in den meisten Geschäftsberichten die Position Sonderposten mit Rücklageanteil nicht aufgeschlüsselt. Neben der Rücklage gemäß § 6 b Einkommensteuergesetz gehen hier auch noch andere Komponenten ein.

Zusätzlich erschwert wird die Analyse dadurch, daß im Gegensatz zu Produktionsmitteln, die im Laufe der Jahre veralten oder abgenutzt werden, bei Immobilien häufig ein Wertzuwachs zu verzeichnen ist. Für eine korrekte Analyse muß dieser Wertzuwachs, der sich ja nur bei einem Verkauf (außer in Form von Mietsteigerungen) im Ergebnis niederschlägt, ebenfalls erfaßt werden.

Insgesamt gesehen erfaßt selbst ein bereinigtes Ergebnis die wirtschaftliche Situation des Unternehmens nur ungenügend und kann nur eine grobe Indikation für Analysten und Geldanleger sein, zumal für das Unternehmen noch eine Vielzahl weiterer Gestaltungsmöglichkeiten des Ergebnisses bestehen.

3.2 Cash-Flow-Analyse

Mit dem Cash-Flow als Ausdruck der Innenfinanzierungskraft eines Unternehmens besitzt man ein Instrument, das schon eher dazu geeignet ist, zur Bewertung von Immobilienaktien herangezogen zu werden.

Nach der Empfehlung der DVFA/SG werden dabei nämlich unter anderem Bildung und Auflösung von Rückstellungen und Rücklagen berücksichtigt und der gesamte Cash-Flow um ungewöhnliche und zahlungswirksame Aufwendungen und Erträge bereinigt (vgl. DVFA/SG 1993, S. 2).

Allerdings ermöglicht auch die Berechnung des Cash-Flows nicht, Wertänderungen durch quasi externe Effekte (z. B. allgemeine Preissteigerungen bei Immobilien oder eine Wertminderung der Objekte durch hohe Arbeitslosigkeit in der betroffenen Region) zu erfassen.

3.3 Bewertung nach der Dividendenrendite

Auch die Dividendenrendite eignet sich nicht als Bewertungsmaßstab für Immobilienaktien, da die Unternehmen bisher auf eine kontinuierliche und damit zumeist ertragsunabhängige Dividendenentwicklung Wert gelegt haben. So hat beispielsweise noch niemals ein Unternehmen einen Bonus gezahlt, wenn durch Immobilienverkäufe zusätzliche Erträge erzielt werden konnten.

Allgemein gibt es jedoch erste Anzeichen, daß die deutschen Aktiengesellschaften im Wettbewerb um internationales Kapital flexibler werden und ihre Ausschüttungspolitik überdenken. Sollte sich das auch bei Immobilienaktiengesellschaften durchsetzen, könnte die Dividendenrendite zumindest ein Hilfsmittel zur Bewertung sein.

3.4 Der Enterprise Value

In jüngster Zeit wird verstärkt der Enterprise Value (EV) im Verhältnis zu den Erträgen oder Umsätzen als Analyseinstrument herangezogen. Dabei ergibt sich der EV als Summe aus der Börsenkapitalisierung und den Netto-Finanzschulden, dem Betrag, den ein externer Käufer für das gesamte Unternehmen aufwenden müßte. Obwohl mit diesem Instrument eine Bewertung unter Einbeziehung der Verschuldung vorgenommen wird und in der Folge ein Vergleich mit anderen Unternehmen stattfinden kann, fehlt jedoch immer noch der Bezug zu dem tatsächlichen Wert der Unternehmen (inklusive stiller Reserven), der ja erheblich von der Börsenkapitalisierung abweichen kann.

3.5 Ein geeigneterer Bewertungsmaßstab: der Substanzwert

Aus den vorangegangenen Ausführungen sollte deutlich geworden sein, daß man für die Bewertung von Immobilienaktien zusätzlich die Immobiliensubstanz heranziehen muß, an der ja auch jeder Aktionär anteilmäßig beteiligt ist. Obwohl die Aktionäre Eigentümer der Substanz sind, sind die Unternehmen bisher sehr zurückhaltend mit der Veröffentlichung genauer und umfassender Daten gewesen. So finden sich in den Geschäftsberichten zumeist nur Angaben darüber, wieviele Quadratmeter Grundbesitz vorhanden sind und ob dieser bebaut ist. Über die Art der Bebauung, die genaue Lage der Grundstücke oder die Nutzung wird im Regelfall überhaupt nichts ausgesagt. Zumeist werden noch nicht einmal Mieterträge getrennt ausgewiesen. Damit ist zur Zeit eine exakte Bewertung deutscher Immobilienaktien kaum möglich und Analysten sowie Investoren sind auf grobe (und damit mehr oder weniger fehlerhafte) Schätzungen angewiesen.

Auch wenn man von den Unternehmen detailliertere Daten erhalten würde, bliebe es ungeklärt, welche die beste Berechnungsmethode für den Substanzwert ist. Je genauer die angewandte Methode ist, desto eher lassen sich Aussagen über den zukünftigen Aktienkurs treffen. Im folgenden wird eine Auswahl von Verfahren vorgestellt.

3.4.1 Vergleichswertverfahren

Bei dieser Methode vergleicht man die zu bewertende Immobilie mit am Markt bezahlten Preisen und korrigiert diesen Wert durch Zu- oder Abschläge, je nach Qualität und Ausstattung des Objektes. Der Vorteil dieses Verfahrens beruht darin, daß es relativ leicht durchführbar ist und gleichzeitig gute Ergebnisse liefert. Fehler treten auf, wenn die Qualität falsch eingeschätzt wurde oder für die Vergleichsobjekte „Mondpreise" gezahlt wurden. Wenn in entsprechender Lage überhaupt keine aktuellen Preise für Vergleichsobjekte vorhanden sind, läßt sich dieses Verfahren naturgemäß nicht anwenden.

3.4.2 Ertragswertverfahren

Beim Ertragswertverfahren werden, vereinfacht ausgedrückt, die aktuellen Mieteinnahmen mit einem bestimmten Faktor kapitalisiert. Dieser

Faktor wird so festgelegt, daß man als Ergebnis einen Substanzwert erhält, der eine marktübliche Immobilienrendite gewährleistet. Dabei kann der Gutachter versuchen, durch die Höhe des Faktors eventuelle Mietänderungen zu berücksichtigen und damit den Zukunftschancen eines Objektes Rechnung tragen (vgl. Morgan 1992, S. 453). Obwohl man von den aktuellen Mieteinnahmen einen Abzug für Reparaturen vornehmen kann, liegt hier eine mögliche Fehlerquelle. Man denke z. B. daran, wie schnell inzwischen Büroräume veralten, da sich die Anforderungen an die technische Ausstattung drastisch verändert haben (vgl. Morgan 1993, S. 12). Ist die Immobilie nicht marktgerecht vermietet, so muß man dieses ebenfalls mit Auf- oder Abschlägen berücksichtigen.

Der Berechnungsaufwand für das Ertragswertverfahren kann jedoch enorm sein und ist für den außenstehenden Analysten kaum zu bewerkstelligen, vor allem wenn es sich um ein großes Objekt mit einer Vielzahl von Mietverträgen handelt.

3.4.3 Barwertkalkulation

Bei der Barwertkalkulation versucht der Gutachter die in Zukunft zu erwartenden Zahlungsströme zu schätzen (Mieteinnahmen, Verkaufspreise, Reparaturen usw.) und diese auf den Zeitpunkt des Bewertungsstichtages abzuzinsen (vgl. Morgan 1993, S. 12). Dabei werden bestehende Mietverträge ebenso berücksichtigt wie beispielsweise zukünftige Inflationsserwartungen und Preissteigerungen. Aus den Zahlungsüberschüssen läßt sich dann wieder ein Substanzwert hochrechnen. Neben dem enormen Analyseaufwand ergibt sich das Problem, daß sowohl der aktuelle Preis der Immobilie regelmäßig geschätzt werden muß als auch langfristige Prognosen über Miet- und Inflationsentwicklungen sowie den Verkaufspreis nötig sind. Damit ist auch dieses Verfahren – vor allem bei Unternehmen mit einer Vielzahl von Objekten – für den Aktienanalysten schwer durchführbar.

4. Fiktive Besteuerung des Substanzwertes

Es ist in der Zunft der Aktienanalyse umstritten, ob der berechnete Substanzwert einer fiktiven Besteuerung unterzogen werden sollte. Dagegen spricht, daß bei Verkäufen einzelner Objekte die Gewinne in die

steuerfreie Rücklage nach § 6 b Einkommensteuergesetz eingestellt werden und diese (solange das Unternehmen expandiert) bei Neuinvestitionen aufgelöst wird. Außerdem wird bei einer kompletten Übernahme des Unternehmens durch einen Aufkäufer, der sich ja in der Regel am gesamten Substanzwert des Unternehmens orientiert, ebenfalls keine Steuer fällig. Darüber hinaus werden bei vergleichenden Bewertungen von Immobilienfonds diese ebenfalls nicht einer fiktiven Steuer unterworfen.

5. Bewertung von Immobilienaktien in England und Frankreich

Nach Untersuchungen der Aktienanalysten der Société Générale Strauss Thurnbull in London besteht im englischen Markt eine sehr enge Beziehung zwischen der Preisentwicklung der Immobilien und den Aktienkursen der Developer und Real Estate Companies. Der Grund hierfür ist ein relativ perfektes Informations- und Analyseverfahren.

Im Gegensatz zur Bundesrepublik Deutschland gibt es in England eine lange Liste (allein 139 „property"-Unternehmen) von börsennotierten Aktiengesellschaften im Immobilienbereich. Entsprechend konnte sich in Großbritannien eine Investmentkultur entwickeln. Einige Beispiele sollen verdeutlichen, wie umfassend dieses System ist: Die Unternehmen selbst veröffentlichen regelmäßig (alle ein bis drei Jahre) ihren Net Asset Value (auf deutsch dem Substanzwert entsprechend), der von externen Gutachtern ermittelt wird. Parallel dazu wird eine detaillierte Aufstellung über die einzelnen Objekte (inklusive der Mietverträge) den Analysten zur Verfügung gestellt, wobei Käufe bzw. Verkäufe von Immobilien relativ schnell veröffentlicht werden. Spezielle Marktforschungsinstitute sowie Fachzeitschriften veröffentlichen regelmäßig Branchenberichte, für deren Umfang und Genauigkeit es in Deutschland bisher keinen Vergleich gibt. Hoch spezialisierte Sektoranalysten pflegen umfangreiche Datenbanken, in denen jedes einzelne Objekt erfaßt ist. Sobald eine vergleichbare Immobilie veräußert wurde oder sich die Mietverträge geändert haben, passen sie ihre Daten an und haben damit fortlaufend einen recht genauen Substanzwert der von ihnen verfolgten Aktiengesellschaften zur Verfügung. Auf Grund dieser großen Transparenz und der damit verbundenen geringeren Risiken für den

Geldanleger ist es verständlich, daß der Abschlag gegenüber dem berechneten Substanzwert, zu dem die Aktien an der Börse gehandelt wurden, auch in Rezessionsphasen nicht über 25 Prozent hinausging (nach internen Berechnungsmethoden von Société Générale Strauss Thurnbull). Da sich der englische Immobilienmarkt nach der Rezession wieder in einer deutlichen Erholungsphase befindet, wird aktuell sogar eine Prämie auf den Substanzwert bezahlt.

Auch in Frankreich veröffentlichen die Unternehmen regelmäßig einen Net Asset Value, wobei die sonstigen erhältlichen Daten nicht so umfassend wie in England sind. Damit kann die Auswertung der Daten seitens der Analysten weniger professionell erfolgen. Die Immobilienaktien bewegen sich parallel zum Gesamtindex (SBF-Index), wobei in Phasen fallender Immobilienpreise (1972 bis 1974 und 1982 bis 1983 sowie 1992 bis 1993) die Aktien „underperformer" waren, dagegen in den Boomphasen (1978 bis 1980 und 1984 bis 1986) „outperformer".

6. Perspektiven für Analyse und Bewertung deutscher Immobilienaktien

Wie bereits eingangs beschrieben, korrelieren die deutschen Immobilienaktien mehr mit dem Aktienmarkt als mit der Entwicklung der Immobilienpreise. Gleichzeitig beträgt der Abschlag vom Substanzwert in vielen Fällen über 50 Prozent, was nur mit der fehlenden Markttransparenz und damit höheren Risikozuschlägen zu erklären ist. Dieser große Abschlag im Vergleich zu der Bewertung in England ist umso verwunderlicher, wenn man berücksichtigt, daß in England weit weniger konservativ bilanziert wird. Zusätzlich sind die Unternehmen zumeist stark auf die Region in und um London konzentriert, was größere zyklische Risiken beinhaltet. Der große Abschlag bei deutschen Immobilienaktien ist nicht im Interesse der „alten" Aktionäre, kann aber auch nicht im Interesse der Unternehmen liegen, da es die Kapitalbeschaffung der Gesellschaften verteuert und damit die Expansionsmöglichkeiten einschränkt.

Diese Erkenntnisse scheinen sich langsam aber stetig durchzusetzen. Von den kleineren Immobiliengesellschaften veröffentlicht bereits die Concordia Bau und Boden AG eine vorbildliche Auflistung ihres Immobilienbesitzes, bei der sowohl die Mieterträge als auch eine detaillierte Aufstellung der geschätzten Verkehrswerte (1994: DM 880 Millionen)

bzw. Nettokaltmieten ausgewiesen wird. Bei Nettoverbindlichkeiten gegenüber Kreditinstituten von ungefähr DM 540 Millionen ist die Substanz jedoch fast komplett fremdfinanziert, so daß die Börsenbewertung der Concordia natürlich über dem Net Asset Value liegt und ein erhebliches Risiko beinhaltet.

Von den großen Unternehmen hat die Industrieverwaltungsgesellschaft im Jahr 1993 als erstes Unternehmen (als Vorbereitung zur Restprivatisierung) ein externes Bewertungsgutachten in Auftrag gegeben, um den Substanzwert ermitteln zu lassen. Dieses Gutachten (nach dem Ertragswertverfahren) kam auf ein Immobilienvermögen von DM 2,56 Milliarden, was in Verbindung mit anderen Vermögensteilen und abzüglich der Verbindlichkeiten einen Wert von ziemlich genau DM 3 Milliarden für die gesamte Gesellschaft ergibt. Dagegen lag die Börsenbewertung im Dezember 1995 mit DM 1,23 Milliarden knapp über der Hälfte. Diesem ersten Schritt folgt eine regelmäßige Veröffentlichung des Net Asset Values, was die Transparenz bei der Industrieverwaltungsgesellschaft deutlich erhöht. Allerdings hat sich der bisherige Risikoabschlag bisher nicht verringert, hauptsächlich als Folge der „Schneider-Pleite", die zu erheblicher Vorsicht der Investoren geführt hat. Aber auch als Folge der deutlichen Probleme des Bausektors.

Ebenfalls wurde eine Kommission aus Wertpapieranalysten und Unternehmensvertretern mit dem Ziel gegründet, eine korrekte Bewertung der Immobilienaktien zu ermöglichen. Gemeinsam soll ein Ergebnisschema speziell für Immobiliengesellschaften entwickelt werden (wie es bereits ein spezielles Schema für Versicherungen und Unternehmensbeteiligungsgesellschaften gibt). Als zweiter und weitaus bedeutsamerer Schritt ist die Erarbeitung und regelmäßige Veröffentlichung der Substanzwerte aller Unternehmen vorgesehen.

Dieses wird den Blick nationaler aber vor allem auch internationaler Anleger auf die deutschen Immobilienaktien lenken. Damit besteht sowohl für die Unternehmen als auch für die Investoren die Chance, daß sich die (besonders im internationalen Vergleich) teilweise krasse Unterbewertung der Aktien auf mittlere Sicht abbaut. Ist die Entwicklung der Aktien in der Folge stärker mit der Preisentwicklung bei den Immobilien korreliert, so hat dann der Anleger erstmals eine interessante Alternative zur Anlage in Immobilienfonds. Da sich die Preise der Aktien am Markt bilden und nicht wie bei Immobilienfonds nach der Substanz festgelegt werden, haben die Investoren dann ein sehr flexibles Instrument, das zukünftigen Erwartungen schnell Rechnung tragen kann.

Literaturverzeichnis

Deutsche Vereinigung für Finanzanalyse und Anlageberatung, Arbeitskreis externe Unternehmensrechnung der Schmalenbach-Gesellschaft – Deutsche Gesellschaft für Betriebswirtschaft: Gemeinsame Empfehlung der Kommission für Methodik der Finanzanalyse, September 1990 und November 1993.

Morgan, J. F. W.: Internationale Bewertungsmethoden. In: Falk, B. (Hrsg.): Gewerbeimmobilien, 5. Auflage, Landsberg am Lech 1992, S. 449–456.

Morgan, J. F. W.: Bewertung und Beurteilung von Immobilien. Vortrag im Rahmen der 21. Internationalen Shopping-Center-Tagung, München 1993.

Teil III

Spezielle Fragen der Immobilienanlage

Der Erwerb von Immobilien

Peter Kobiela

Immobilienfinanzierung: Das Beratungs- und Leistungsprogramm der Kreditinstitute

Zusammenfassung

Die Kreditinstitute, für die das Immobilienfinanzierungsgeschäft einen hohen Stellenwert besitzt, können dem Immobilienanleger eine breite Palette unterschiedlicher Finanzierungsmöglichkeiten zur Verfügung stellen. Im Rahmen einer intensiven Beratung werden sie die für den Kreditinteressenten geeignetste Finanzierung auswählen. Abhängig vom Entwicklungsstadium der Immobilie gibt es weitere Ansätze für den Dialog zwischen Bank und Kunde, um den Anlageerfolg zu optimieren. Zusätzliche Produkte und Dienstleistungen, beispielsweise die Immobilienvermittlung, das Immobilienmanagement oder die Beteiligung an Fondsprodukten, runden das Angebotsspektrum der Banken weiter ab.

1. Einführung

Die Finanzierung von Immobilien spielt eine zentrale Rolle im Kreditgeschäft der Banken. Mit einem Gesamtvolumen von rund DM 1.800 Milliarden bilden Immobilienkredite etwas mehr als die Hälfte der von allen Bankengruppen (ohne Bausparkassen) an Unternehmen und Privatpersonen ausgereichten Kredite (Bestand Ende 1995 DM 3.176 Milliarden). Kredite für den Wohnungsbau dominieren dabei mit DM 1.304 Milliarden. Aber auch die Kredite für gewerblich genutzte Immobilien, deren Summe sich wegen einer leider unvollständigen statistischen Erfassung nur grob einschätzen läßt, werden für die Kreditwirtschaft immer wichtiger.

Langfristige Prognosen der künftig benötigten Bautätigkeit bestätigen, daß sich die Banken bis weit über die Jahrtausendwende hinaus großen Finanzierungsaufgaben zu stellen haben. Starke Impulse gehen nach wie vor von der deutschen Wiedervereinigung aus. Nach Schätzungen des Ifo-Instituts besteht allein für die neuen Bundesländer für den Zeitraum 1991 bis 2005 ein mittlerer jährlicher Baubedarf von DM 65 Milliarden im Wohnungsbau und DM 30 Milliarden im Gewerbebau.

Mit der Immobilienfinanzierung beschäftigen sich Institute unterschiedlicher Ausrichtung und Größe: Sparkassen, Bausparkassen und Kreditgenossenschaften, die sich vor allem der privaten Wohnungsfinanzierung widmen, viele Kreditbanken (Groß- und Regionalbanken), Lan-

desbanken/Girozentralen, verschiedene Kreditinstitute mit Sonderaufgaben, öffentlich-rechtliche Grundkreditanstalten und die auf das Immobilien- sowie das Kommunalkreditgeschäft beschränkten privaten Hypothekenbanken.

Das starke Engagement in der Immobilienfinanzierung hat bei den Kreditinstituten zu einem umfangreichen Immobilien-Know-how geführt: Von ihren profunden Kenntnissen und Erfahrungen nicht nur auf ihrem ureigenen Terrain, der Finanzierung, sondern auch bei Immobilienmärkten und -standorten, bei der planerischen Gestaltung und Ausführung der Immobilie, sowie den rechtlichen und steuerlichen Aspekten der Immobilienanlage profitiert auch der Kunde, der sich bei der Finanzierung für sein Objekt beraten läßt.

Insbesondere in den letzten Jahren haben viele Kreditinstitute große Anstrengungen unternommen, ihr Beratungs- und Dienstleistungsangebot über die Immobilienfinanzierung hinaus auf verwandte Bereiche auszudehnen, so daß dem Immobilieninvestor heute durch das Institut selbst oder in Kooperation mit spezialisierten Tochter- beziehungsweise Verbundunternehmen eine individuelle und umfassende Problemlösung offeriert werden kann.

2. Besonderheiten des Immobilienkredits

Hauptcharakteristikum der Immobilienfinanzierung ist die starke Ausrichtung der Modalitäten und Konditionen auf die zu finanzierende Immobilie, die dem Kreditgeber als Beleihungs- und Pfandobjekt zur Befriedigung seiner Ansprüche dann zur Verfügung steht, wenn der Kreditnehmer seinen finanziellen Verpflichtungen aus dem Kreditverhältnis nicht mehr nachkommen kann.

Bei der Beurteilung des Risikos für die Bank erhält die Relation zwischen dem Kreditbetrag und dem „Wert" der Immobilie besondere Bedeutung. Da die Bewertung von Immobilien in einem gesonderten Kapitel dieses Buches ausführlich behandelt wird, genügen an dieser Stelle einige grundlegende Zusammenhänge, die für die spätere Darstellung der Finanzierungsalternativen hilfreich sind.

In den Beleihungsgrundsätzen der Banken ist festgelegt, auf welche Weise der Beleihungswert der Immobilie zu ermitteln ist. Für Vermietungs- beziehungsweise Renditeobjekte wird hierfür der Ertragswert

verwendet, der aufgrund des nachhaltig – also langfristig – zu erzielenden Mietertrags und eines bestimmten Kapitalisierungszinssatzes berechnet wird. Bei selbstgenutzten Einfamilienhäusern und Eigentumswohnungen entspricht der Beleihungswert in der Regel dem Verkehrswert, also dem tatsächlichen Kaufpreis, sofern keine offensichtlichen Überteuerungen festgestellt werden, oder dem Sachwert, also der Summe von Bodenwert und den tatsächlichen beziehungsweise angemessenen Baukosten.

In der Praxis der Immobilienbewertung zeigt es sich, daß trotz auf den ersten Blick ähnlicher Berechnungsansätze einzelne Banken durchaus zu unterschiedlichen Beleihungswerten für ein und dasselbe Objekt kommen. Bei der Ertragswertberechnung gibt es nämlich in mehrfacher Hinsicht Interpretationsspielräume, etwa bei der Ansetzung der nachhaltig erzielbaren Miete, des Risikoabschlages für gewerblich genutzte Objekte, der Bewirtschaftungskosten oder des angemessenen Kapitalisierungszinssatzes.

Beleihungsgrenzen geben den jeweiligen Beleihungsrahmen innerhalb des Beleihungswertes an, in dem die Beleihung eines Objektes möglich ist. Als „Realkredit" gilt dabei der erstrangig gesicherte und bis zu 60 Prozent des Beleihungswertes reichende Teil der Fremdfinanzierung. Der darüber hinausgehende, weniger auf die Objektsicherheit als auf die persönliche Bonität des Kreditnehmers ausgerichtete Kreditteilbetrag wird als „Personalkredit" bezeichnet.

Zur Sicherung des Immobilienkredits wird zu Lasten des Objektes im Grundbuch eine Grundschuld, nur noch in seltenen Fällen eine Hypothek eingetragen. Sie billigt dem Gläubiger ein Pfandrecht zu, das heißt eine Verwertungsmöglichkeit in bezug auf die Immobilie, wenn der Kredit notleidend wird.

3. Vielfalt der Finanzierungsangebote

3.1 Kreditlaufzeiten

Traditionell sind Immobilienkredite langfristige Kredite und auf eine langjährige Anlage ausgerichtet. Dies gilt für die Finanzierung eines fertigen Objektes, die End- oder Dauerfinanzierung. Bei normaler Tilgung beträgt die Laufzeit des Kredits bis zu seiner völligen Rück-

führung 20 bis 30 Jahre. Gewerbliche Immobilienkredite werden wegen des schnelleren Alterungsprozesses der beliehenen Immobilie und der größeren Vermietungsrisiken auf eine Laufzeit von 20 Jahren (bei Geschäftshäusern in Innenstadtlagen bis zu 25 Jahren) ausgelegt.

Unberührt hiervon bieten die heute üblichen abschnittsweisen Zinsbindungen dem Kreditnehmer zu verschiedenen Zeitpunkten innerhalb der Ursprungslaufzeit des Kredits die Möglichkeit, das Kreditverhältnis zu beenden oder zu neuen Konditionen zu prolongieren.

Für Immobilien in der Entwicklungs- und Bauphase („Projekte") gibt es kurz- und mittelfristige Zwischenfinanzierungen, die nach Fertigstellung von einer Endfinanzierung abgelöst werden. Eine für einen kürzeren Zeitraum vereinbarte Finanzierung kann auch für einen Anleger eines fertigen Objektes interessant sein, wenn er sich schon früh darüber im klaren ist, sich bald wieder von der Immobilie zu trennen.

3.2 Zinsbindungen

Für die langfristige Anlageperspektive bieten langjährige Festzinsvereinbarungen, wie sie etwa die Realkreditinstitute für einen Zeitraum von zehn Jahren anbieten, eine verläßliche Kalkulationsbasis. Insbesondere in Zeiten eines günstigen Zinsniveaus ist der Anleger gut beraten, sich einen derartigen attraktiven Zinssatz langfristig zu sichern.

Liegen die Zinsen dagegen deutlich über dem langfristigen Mittel (in den letzten 20 Jahren ca. 8,6 Prozent Effektivzins für Hypothekarkredite mit einer Zinsbindung von zehn Jahren, siehe Abbildung 1) und man von einem baldigen Rückgang des Kapitalmarktzinses ausgehen kann, so wird der Kreditnehmer einen langjährigen Festzins scheuen und stattdessen eine kurzfristige Zinsbindung oder gar variable Zinsen vereinbaren. Variable Zinsen, die an die Entwicklung des kurzfristigen Zinsniveaus gekoppelt sind, bieten sich für die Entwicklungs- und Bauzeit (Zwischenfinanzierung) oder für kurze Halteperioden an.

Eine besondere Art der Zinsbindung, die „Cap"-Finanzierung, garantiert dem Kreditnehmer – bei variablem Zins – eine Zinsobergrenze, die nicht überschritten wird. Diese Sicherheit ist aber durch eine Zusatzprämie zu honorieren, die diese Variante deutlich verteuern kann.

3.3 Tilgungsarten

Langfristige Finanzierungen werden fast durchweg in Annuitäten getilgt, das heißt der Kreditnehmer zahlt Jahr für Jahr einen festen Betrag („Annuität"), der sich aus Zins und Tilgung zusammensetzt. Da die Restschuld sich durch die erfolgte Tilgung ständig verringert, reduziert sich mit der Zeit die zu erbringende Zinsleistung zugunsten eines wachsenden Tilgungsanteils an der Annuität. Bei einer Tilgungsrate von anfänglich ein Prozent per anno, die in der Wohnungsbaufinanzierung am häufigsten vereinbart wird, ist der Kredit nach rund 30 Jahren zurückgeführt. Gewerbliche Immobilienkredite beinhalten meist eine Anfangstilgung von 1,5 Prozent oder 2 Prozent und werden entsprechend der kürzeren wirtschaftlichen Lebensdauer schneller getilgt.

Tilgungsaussetzung kann dann vereinbart werden, wenn der Kredit durch einen entsprechenden Bausparvertrag, der auf seine Zuteilung wartet, oder durch eine gleichzeitig zu bedienende und fällig werdende Kapitallebensversicherung abgelöst werden soll. In beiden Fällen läßt sich das Kreditinstitut die Ansprüche des Kreditnehmers abtreten.

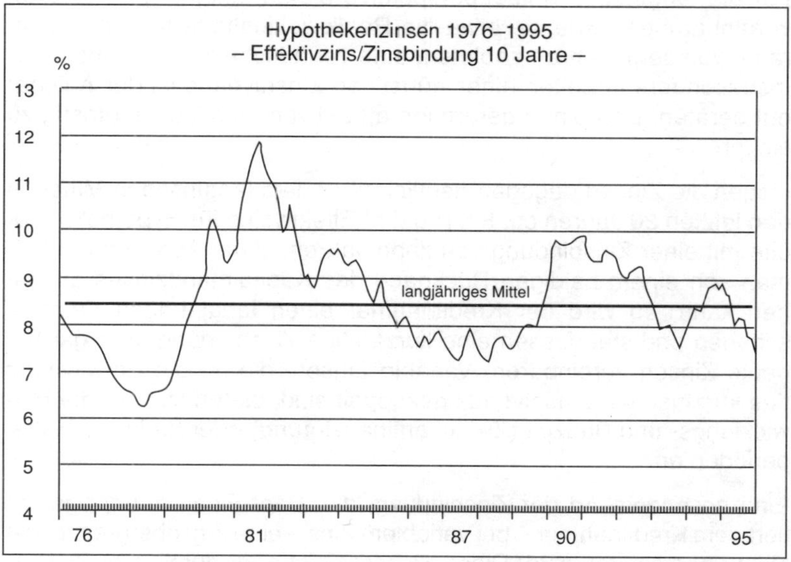

Abbildung 1: Entwicklung von Hypothekenzinsen

Der Ersatz der laufenden Tilgung durch den Abschluß einer Lebensversicherung wurde allerdings durch das Steueränderungsgesetz 1992 beträchtlich erschwert und setzt eine gründliche Prüfung des Einzelfalls voraus.

Tilgungsaussetzung gilt außerdem oft für kurzfristige Festkredite, die in einer Summe am Ende der Laufzeit zurückgezahlt werden.

3.4 Sicherheiten

Der oben erläuterte „Realkredit" stellt für die Bank nur ein begrenztes Ausfallwagnis dar, da bei einer notwendig werdenden Verwertung der Immobilie davon ausgegangen werden kann, daß zumindest ein Erlös in Höhe dieses Finanzierungsanteils erreicht wird. Die Institute mit Pfandbriefprivileg (Hypotheken- und Landesbanken) führen ihre Realkredite im sogenannten Deckungsstock und geben parallel hierzu (gedeckte) Pfandbriefe aus, die zu den mündelsicheren Geldanlagen zählen.

Das geringe Risiko des Realkredits wird bei der Refinanzierung durch die günstigen Einstandszinsen der Pfandbriefe belohnt.

Risikoreicher für den Gläubiger ist dagegen der Personalkredit, denn bei einer eventuell erforderlichen Objektverwertung wäre nicht sichergestellt, daß der Erlös die Forderungen vollständig ausgleicht. Deshalb verlangt die Bank hierfür nicht nur eine höhere Marge als Risikoprämie, sondern je nach Bonität des Kreditnehmers auch Zusatzsicherheiten, etwa in der Form von Bürgschaften oder der Verpfändung von Wertpapieren.

4. Beratungsangebot der Bank

4.1 Auswahl einer adäquaten Finanzierung

Aus der Vielfalt möglicher Finanzierungsalternativen die für den Kreditnehmer und das zu finanzierende Objekt geeignetste Form der Finanzierung auszuwählen, ist Ziel eines ausführlichen Dialogs zwischen Bank und Immobilienanleger. Abhängig von der vorgesehenen Dauer des Immobilienengagements und dem derzeitigen Zinsniveau sind die Laufzeit und die Zinsbindung des Kredits festzulegen. Für den kurzfri-

stig orientierten Anleger, der an eine baldige Weiterveräußerung des Objektes denkt, kann eine zu lange Zinsbindung den Ausstieg aus der Finanzierung erschweren, weil eine vorzeitige Beendigung des Kreditverhältnisses mit einer Vorfälligkeitsentschädigung für die Bank verbunden ist.

Ein Punkt, an dem es leicht zu Meinungsunterschieden zwischen dem Kreditnehmer und der Bank kommen kann, ist die Höhe des Kredits. Oft klaffen hier die Wünsche des Immobilienanlegers, dem an einem geringen Einsatz von Eigenkapital gelegen ist, und die vom Kreditrisiko geleiteten Vorstellungen der Bank auseinander. Die Bank wird dem Anleger deutlich machen, daß der aus der Vermietung des Anlageobjektes fließende Nettoertrag auch langfristig ausreichen sollte, den gegenwärtigen und künftigen Kapitaldienst der Finanzierung zu gewährleisten. Alternativ müßten Zusatzsicherheiten für die Bank vereinbart werden.

Beim privaten Kunden, der mit dem Kredit seinen eigengenutzten Wohnraum finanziert, ist die individuelle Belastungsgrenze zu beachten. Dabei sind auch die Einkommensrisiken einzukalkulieren, die aus einer mangelnden Sicherheit des Arbeitsplatzes erwachsen oder mit dem altersbedingten Ausscheiden aus dem Erwerbsleben zusammenhängen können.

Bei Steuersparmodellen können für den Anleger, insbesondere den Mehrfachzeichner, Probleme durch laufende Unterdeckungen entstehen. Hier ist eine langfristige Belastungsbetrachtung unerläßlich, die den Rückgang der Abschreibungssätze und Zinsänderungsrisiken nach Ablauf von Festzinsperioden mit einschließt.

Die Frage nach der Bonität des Kunden wird auch im Realkreditgeschäft gestellt, das sich ja eigentlich allein über die Objektqualität definiert. Zwar verfügt die Bank über die Sicherheit des Pfandobjektes, doch ist die unter Umständen nötig werdende Verwertung der Immobilie nur das letzte Mittel, das man lieber vermeidet. Neben der finanziellen Leistungskraft des Investors ist seine Immobilienerfahrung zu prüfen. Wenn sich dabei erweist, daß der Kunde ähnlich gelagerte Projekte bereits erfolgreich entwickelt und vermarktet hat, läßt sich auch eine nicht unproblematische Kreditzusage eher vertreten als in anderen Fällen.

Die unterschiedlichen Anforderungen des Investors an seine Immobilienfinanzierung – zum Beispiel Übergang von kurz- zu langfristiger Finanzierung, hoher Beleihungsgrad – lassen sich nicht in allen Fällen von einer einzigen Bank erfüllen.

So sind zum Beispiel den reinen Hypothekenbanken als Spezialisten für das langfristige Realkreditgeschäft durch das Hypothekenbankgesetz Grenzen für das sogenannte Außerdeckungsgeschäft (Kredite außerhalb des Realkreditbereichs) gesetzt. Die richtige Abstimmung der Finanzierungsinstrumente aufeinander schließt deshalb auch die Verwendung komplementärer Angebote anderer Institute mit ein. Dadurch, daß die Hypothekenbanken zumeist mit einer der Groß- oder Regionalbanken verbunden sind oder im Einzelfall selber über eine Tochterbank für die kurzfristige Finanzierung verfügen, wird das Angebot von Verbundfinanzierungen erleichtert.

Die Landesbanken besitzen das Pfandbriefprivileg, sind außerdem Universalbank und können deshalb erst- und nachrangige Finanzierungen „aus einer Hand" anbieten. Daß sie – wo immer möglich – eng mit den Sparkassen zusammenarbeiten, versteht sich von selbst.

4.2 Investitionsberatung

Je frühzeitiger im Entwicklungsprozeß einer Immobilie die Bank eingeschaltet wird, desto größer sind die Chancen für eine Optimierung der Immobilieninvestition. Die reichen Erfahrungen vieler Kreditinstitute, die sich besonders intensiv mit Immobilien und der Immobilienfinanzierung beschäftigt haben, bedeuten auch für den Anleger beziehungsweise Investor eine wichtige und konstruktive Hilfe bei der Verwirklichung seiner Ideen.

Vor allem Projekte im Anfangsstadium lassen sich konzeptionell verbessern und auf die Ansprüche des Marktes ausrichten. Aber auch Bestandsimmobilien können durch bauliche Maßnahmen und neue Nutzungskonzepte aufgewertet und in ihrer Ertragskraft gestärkt werden.

Durch ihren Kontakt mit einer Vielzahl von Investoren erfahren die Banken schon frühzeitig von geplanten Bauvorhaben. Deshalb wissen sie zur Finanzierung vorgeschlagene Neubauprojekte auch vor dem Hintergrund des künftigen konkurrierenden Angebots einzuschätzen. Leicht fällt ihnen außerdem der Vergleich mit ähnlichen aber schon fertigen Objekten, die sie in der Vergangenheit beliehen oder geprüft haben. All diese Detailkenntnisse der Banken tragen dazu bei, die Vorstellungen des Investors von der geplanten Immobilie zu präzisieren.

Über öffentliche Fördermittel sind die Kreditinstitute ebenfalls informiert, denn die Beantragung und Auszahlung dieser Mittel geht in vielen Fällen über ihren Tisch.

Auch werden die steuerlichen Implikationen der Investition und des Kredits mit in die Finanzierungs- und Investitionsberatung einbezogen. Bei Anlagemodellen ist davor zu warnen, nur nach dem Kriterium nächstmöglicher Steuervorteile zu investieren.

Der noch unerfahrene Investor ist darauf hinzuweisen, daß eine Anlage in Immobilien nicht mit einer Anlage in Wertpapieren zu vergleichen ist. Bei einem Wertpapierdepot fließen dem Investor ohne weiteren administrativen Aufwand Erträge zu. Eine Immobilie dagegen ist ein Wirtschaftsgut, das langfristig und kontinuierlich begleitet werden muß. Verwaltung, Vermietung, Instandhaltung und Modernisierung verursachen nicht nur Kosten, sondern verlangen auch stete Betreuungsarbeit, die in den meisten Fällen – vor allem, wenn es sich um ein Objekt an einem entfernten Standort handelt – nur von externen Dienstleistern übernommen werden kann.

Durch die professionelle Verankerung im Immobilienmarkt können die Banken nicht nur eigenes Immobilien-Know-how an den Investor weitergeben. Genauso wichtig ist auch die Vermittlung von Kontakten, das Zusammenführen möglicher Partner in allen Lebensphasen des Projektes wie Grundstücksankauf, Planung, Erlangung von Baurecht, Bauausführung, Vermietung, Verwaltung und Verkauf. In der Regel wird also die Bank ihr Wissen und ihre Verbindungen in die positive Gestaltung eines Immobilienengagements einfließen lassen.

Es gibt allerdings auch Fälle, in denen die Bank eine Immobilieninvestition verhindern sollte. Sie wird etwa dann dem Kunden von einem Kauf der Anlageimmobilie abraten, wenn die Belastung aus dem Kredit ihn langfristig überfordern würde beziehungsweise wenn der geforderte Kaufpreis nicht durch einen entsprechenden Ertragswert oder durch ein besonderes Entwicklungspotential zu rechtfertigen ist. Im Rahmen der obligatorischen Bewertung des Objektes durch eigene oder externe Sachverständige wird die Bank die möglichen Schwachstellen der Immobilie aufzeigen können. Etwaige architektonische und bauliche Mängel, Zweifel an der nachhaltig erzielbaren Miete (zum Beispiel durch unsichere Bonität der Mieter, für den Investor nachteilig formulierte Mietverträge, ein zu erwartendes konkurrierendes Flächenangebot) und ungünstige Prognosen für den Standort und den regionalen Immobilienmarkt werden das vorgesehene Engagement in einem an-

deren Licht erscheinen lassen. Die zum Teil spektakulären Immobilienpleiten der letzten Jahre (z. B. Dr. Jürgen Schneider) haben bei den Banken zu einer weiteren Sensibilisierung und zu einer kritischeren Haltung auf diesem Gebiet geführt. Die Erkenntnis, daß die Immobilie nicht per se werthaltig ist, sollte Bank und Investor gleichermaßen bei ihren Geschäften leiten.

5. Zusätzliche Dienstleistungen „rund um die Immobilie"

Über die Finanzierungsberatung und die eben skizzierte Investitionsberatung hinaus haben viele Kreditinstitute in der jüngsten Vergangenheit ihr Produkt- und Dienstleistungsangebot im Bereich des Immobiliengeschäfts auf andere Sparten ausgedehnt.

Besonders augenfällig ist ihr Eintritt in das Geschäft der Immobilienvermittlung. Es wurden eigene Maklerunternehmen gegründet oder bestehende Makler- bzw. Immobilienberatungsfirmen erworben oder durch eine Kapitalbeteiligung angebunden. Auf diese Weise sollen die bestehenden Kunden der Bank mit interessanten ergänzenden Serviceleistungen im Bereich Immobilien unterstützt und gleichzeitig der Bank zusätzliche Immobilienfinanzierungskunden zugeführt werden.

Ähnlich verhält es sich mit den noch nicht so zahlreichen Vorstößen der Banken in das Tätigkeitsgebiet der Immobilienverwaltung beziehungsweise des Immobilienmanagements.

Viele Immobilienanleger wollen sich nicht selber um ein eigenes Anlageobjekt kümmern oder haben nur relativ kleine Beträge zur Verfügung, wollen aber dennoch an der Wertentwicklung, den steuerlichen Vorteilen und der Rendite der Immobilie teilhaben. Für sie sind geschlossene Immobilienfonds eine attraktive Alternative. Aus der Erkenntnis heraus, daß den von einer renommierten Bank geprüften Angeboten besonderes Vertrauen entgegengebracht wird, haben verschiedene Banken eigene Fondsgesellschaften ins Leben gerufen oder eine Kooperation mit einem eingeführten Initiator gesucht.

Die offenen Immobilienfonds, denen reichliche Anlagegelder von Privatkunden zufließen, sind – wie etwa der zu den Sparkassen und Landesbanken gehörende Despa-Fonds zeigt – mit der Kreditwirtschaft eng verflochten.

Die Verbindung der Banken mit Kapitalgesellschaften, die offene oder geschlossene Immobilienfonds auflegen, hat zuweilen den Nebeneffekt, daß andere Kunden der Bank, etwa Projektentwickler, ihre Immobilie an diese Fonds verkaufen können.

Abschließend soll noch auf eine weitere Aktivität der Banken im Zusammenhang mit Immobilien und deren Finanzierung hingewiesen werden: Die unternehmerische Beteiligung an einem Investment, etwa in Form eines Joint Venture bei der Entwicklung eines konkreten Projektes. Hintergrund für die unternehmerische Beteiligung ist die Überlegung, daß immer häufiger Projektentwickler sehr hohe Beleihungsgrade verlangen und somit dem Kreditgeber ein besonderes Risiko aufbürden, das durch die relativ geringen Margen nicht ausreichend honoriert wird. Eine Beteiligung am Investment bietet der Bank nun die Chance, daß sie nach erfolgreicher Realisierung des Projektes am Veräußerungsgewinn partizipieren kann und somit einen Ausgleich für ihre Risikoübernahme erhält. Für den Initiator großer und ambitionierter Projekte ist eine solche Lösung ebenfalls vorteilhaft, denn durch die Einbindung der Bank in die Investorenrolle verbessert sich die Realisierbarkeit ganz entscheidend, und außerdem wird das Risiko auf mehrere Schultern verteilt.

Jürgen Förterer

überarbeitet von Wolfram Gerdes

Immobilienfinanzierung durch Versicherungsgesellschaften

Zusammenfassung

Zur Finanzierung einer Immobilieninvestition bietet die Versicherungshypothek mit Tilgungsaussetzung und parallelem Abschluß einer kapitalbildenden Lebensversicherung eine attraktive Alternative zum banküblichen Annuitätendarlehen mit laufenden Tilgungszahlungen. Zusätzlich zum Darlehen bietet die Versicherungshypothek einen umfassenden Risikoschutz und günstige Zinskonditionen, die in der Regel deutlich unter dem Durchschnitt des Gesamtmarktes für Baufinanzierungen liegen.

1. Der Markt für Baufinanzierungen

Ein Blick in die Vermögensbilanz der deutschen Privathaushalte unterstreicht die herausragende Rolle, die dem Wunsch nach den „eigenen vier Wänden" zukommt. Seit Jahrzehnten entfällt rund die Hälfte des gesamten Privatvermögens auf den Immobilienbesitz.

Diese besondere Bedeutung verdankt die Immobilie zum Teil den ideellen Gründen, die für diese Form der Vermögensbildung sprechen, aber auch aus der Sicht des reinen Investors unterscheidet sich die Immobilie wesentlich von anderen Formen der Kapitalanlage: Zur Erzielung einer zufriedenstellenden Rendite erzwingen die vergleichsweise hohen Kosten, die beim Kauf bzw. Verkauf des Objekts anfallen, in der Regel einen besonders langfristigen Anlagehorizont. Zudem erfordert die Höhe einer solchen Investition – anders als etwa der Abschluß einer Lebensversicherung bzw. der Erwerb von Rentenpapieren oder Aktien – fast immer die Aufnahme von Fremdkapital in beträchtlichem Umfang. Für den Erfolg des Immobilienengagements ist deshalb nicht nur der Kauf- bzw. der Verkaufspreis entscheidend, sondern vor allen Dingen auch die jeweils gewählte Finanzierung. Es ist darum kein Wunder, daß der Bauherr bzw. der Immobilienkäufer einen erheblichen Teil seiner Zeit mit der Suche nach der „besten" Finanzierung verbringt. Dabei wird er von zahlreichen Finanzdienstleistern mit einer Fülle von Finanzierungsalternativen umworben.

Den Markt für Baufinanzierungen teilen sich im wesentlichen drei Gruppen von Anbietern: Die Kreditinstitute, die Bausparkassen und die Versicherungen, wobei fast der gesamte Marktanteil der Versicherungsbranche auf die Lebensversicherer entfällt. Da die Kreditvergabe eines

	Gesamte Bilanzsumme (Milliarden DM)	Kredite für Immobilien (Milliarden DM)	Marktanteil (Prozent)
Banken	8839	1201,4	80,9
Bausparkassen	221	170,5	11,5
Versicherungen	1193	113,2	7,6

Abbildung 1: Der Markt für Immobilienfinanzierungen 1994

Quellen: Bundesbank 1995, Bundesaufsichtsamt für das Versicherungswesen 1994

der zentralen Geschäftsfelder der Banken ist, belegen sie mit vier Fünfteln des gesamten Baukreditvolumens erwartungsgemäß das größte Marktsegment (Abbildung 1). Die Hauptaufgabe der Versicherungen besteht im Schutz vor finanziellen Schäden und Risiken – mit anderen Worten der Produktion von Sicherheit. Es mag deshalb überraschen, die Versicherer auch auf dem Baufinanzierungsmarkt als wichtigen Anbieter zu finden. Sie führen ihm rund 12 Prozent ihrer gesamten Kapitalanlagen in Form von Hypothekarkrediten zu. Dies entspricht einer Summe von etwa 100 Milliarden DM und einem Anteil am Baufinanzierungsmarkt von 7,6 Prozent.

2. Versicherungshypothek versus Tilgungsdarlehen

Dieser Markt wird von den Wettbewerbern allerdings nicht mit Produkten gleicher Art bedient. Der auffälligste Unterschied zwischen dem Grundmodell der Versicherungshypothek und dem des Bank- oder Bauspardarlehens besteht in der jeweiligen Form der Darlehensrückzahlung:

Beim bankenüblichen Tilgungsdarlehen bedienen die laufenden Zahlungen nicht nur die fälligen Zinsen, sondern sorgen während der gesamten Laufzeit zusätzlich für die Tilgung des Darlehens (Abbildung 2). Dies führt mit zunehmender Geschwindigkeit zu einer Reduzierung des ausstehenden Kreditbetrages.

Anders verhält es sich bei der Versicherungshypothek: Dort findet eine laufende Tilgung nicht statt. Die Höhe des Darlehens bleibt daher während der gesamten Laufzeit unverändert. Der Versicherungskunde

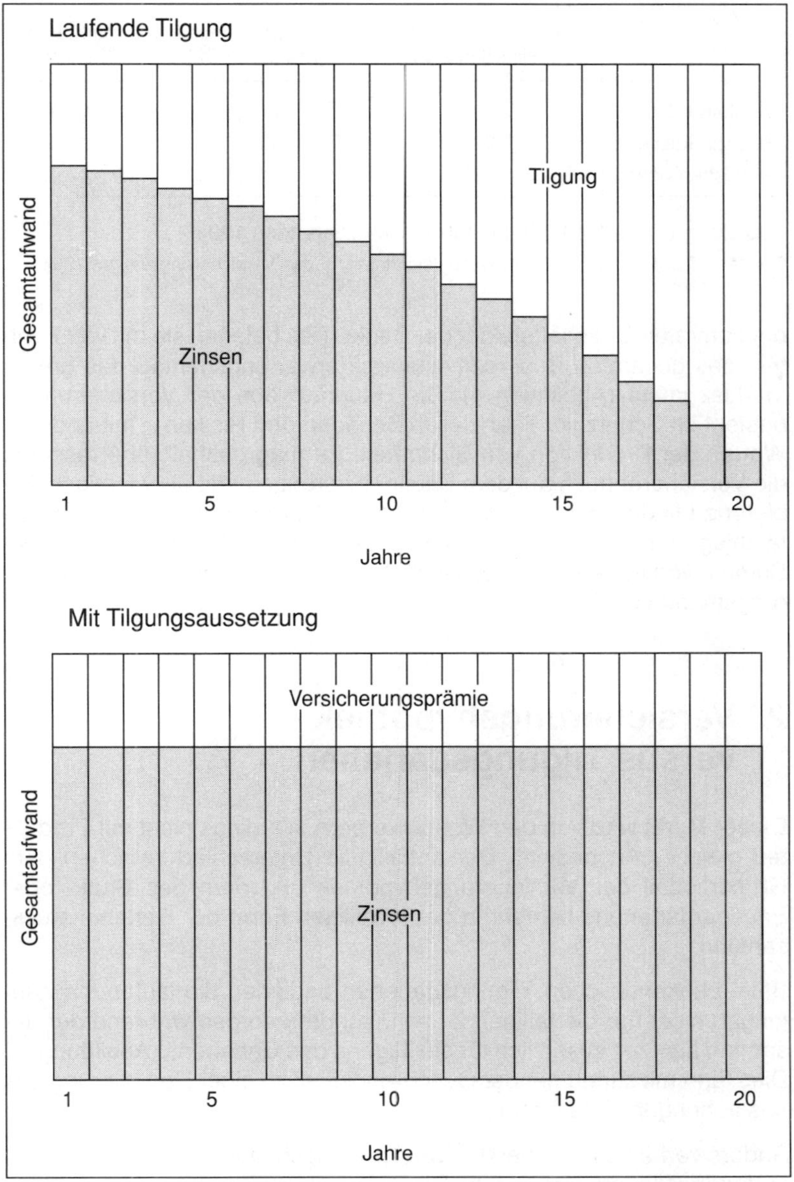

Abbildung 2: Aufwendungen für Kreditaufnahmen im zeitlichen Verlauf

schließt stattdessen bei Aufnahme des Darlehens eine kapitalbildende Lebensversicherung ab. Anstelle von regelmäßigen Tilgungszahlungen leistet er nun Versicherungsprämien, und zwar in einer Höhe, daß bei Ablauf der Versicherung das Darlehen aus der Versicherungsleistung auf einen Schlag getilgt werden kann. Dem Kunden bietet eine Versicherungshypothek mit Tilgungsaussetzung vor allen Dingen drei handfeste Vorteile, die im folgenden erläutert werden.

2.1 Günstige Zinskonditionen

Ein wesentlicher Teil der gesamten Aufwendungen, die aus der Darlehensaufnahme resultieren, entfällt auf die zu zahlenden Zinsen. Bei einer Prüfung verschiedener Darlehensangebote ist deshalb vor allem auf den Effektivzins als Vergleichsmaßstab zu achten. In seine Berechnung fließen (anders als beim Nominalzins) auch Aufwendungen für ein eventuelles Disagio oder die zeitliche Gestaltung der Zinsfälligkeiten (zum Beispiel vierteljährlich vorschüssig) mit ein.

Ein wichtiger Wettbewerbsvorteil der Versicherungshypotheken besteht darin, daß ihre Effektivzinsen traditionell deutlich unter dem Marktdurchschnitt liegen. Der Zinsvorsprung macht bei zehnjähriger Laufzeit je nach Anbieter etwa einen halben Prozentpunkt aus (für eine Gegenüberstellung der durchschnittlichen Effektivzinsen des Gesamtmarktes und des Branchenführers im Versicherungsmarkt siehe Abbildung 3).

Für den Kunden schlägt ein Zinsvorsprung von einem halben Prozentpunkt bei einem Darlehen in Höhe von 200.000 DM mit einer Entlastung der Kosten von jährlich 1.000 DM zu Buche. Ausschlaggebend für diese Zinsdifferenz ist die im Vergleich zu den Banken günstigere Kostensituation der Versicherer. Während sich die Kreditinstitute die Mittel zur Darlehensvergabe am Kapitalmarkt etwa durch Emission von Pfandbriefen beschaffen, auf die sie dann zur Deckung ihrer Kosten und zur Erzielung eines angemessenen Ertrages eine kalkulatorische Marge aufschlagen, stehen dem Versicherer hierzu die laufenden Beitragseinnahmen aus bestehenden Policen zur Verfügung. Sie besitzen daher bei der Kalkulation größere Freiheitsspielräume. Darüber hinaus stehen Hypothekendarlehen mit Tilgungsaussetzung während ihrer gesamten Laufzeit in Höhe des vollen Darlehensbetrags beim Versicherer zu Buche, während ein Tilgungsdarlehen gleicher Laufzeit von Anfang an in Raten zurückgezahlt wird und damit den ausstehenden

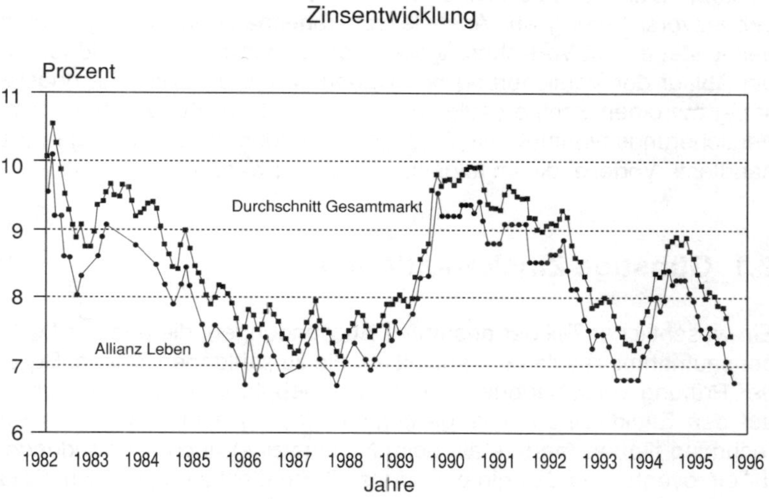

Quelle: Deutsche Bundesbank und eigene Berechnungen.

Abbildung 3: Effektivzinsvergleich Allianz Konditionen – Gesamtmarkt Hypothekarkredite auf Wohnungsgrundstücke (Zinsfestschreibung auf zehn Jahre)

Darlehensbetrag laufend vermindert. Einmalige Aufwendungen für den Abschluß der Hypothek beziehungsweise die erforderliche Prüfung des Immobilienobjektes sind daher beim Versicherer bezogen auf den gesamten Hypothekenbestand niedriger. Auch diese Kostenentlastung schlägt sich in den günstigen Zinskonditionen nieder.

2.2 Zusätzlicher Versicherungsschutz

Als weiteren wichtigen Vorteil bietet die Versicherungshypothek mit Tilgungsaussetzung neben den attraktiven Zinskonditionen einen umfassenden Versicherungsschutz. Stirbt der Darlehensnehmer während der Vertragslaufzeit, wird der Kredit je nach Vertragsgestaltung entweder ganz oder teilweise getilgt und reduziert dadurch die finanzielle Belastung der Hinterbliebenen beträchtlich. Anders als ein Tilgungsdarlehen ist die Versicherungshypothek also Finanzierungsinstrument und Vorsorgeprodukt zugleich, was bei einem korrekten Preis-Leistungs-

Vergleich der beiden Finanzierungsformen berücksichtigt werden muß. Soll auch das Bankdarlehen mit einem Risikoschutz kombiniert werden, was für die Vergabe von Bauspardarlehen häufig sogar Voraussetzung ist, muß für die Kalkulation der gesamten Finanzierungsaufwendungen auch der zusätzlich zu entrichtende Versicherungsbeitrag veranschlagt werden.

2.3 Steuerliche Behandlung

Für die Rentabilität einer Immobilieninvestition spielt häufig auch die steuerliche Veranlagung des Darlehensnehmers eine wichtige Rolle, vor allem wenn neben Abschreibungen auch Zinsaufwendungen für den Kredit ganz oder zum Teil als steuerwirksame Aufwendungen geltend gemacht werden können. Dies ist in der Regel bei vermieteten Immobilien der Fall.

Während bei der Tilgungshypothek die Höhe der Zinszahlung, und damit der steuerlich wirksame Teil der Finanzierungskosten, durch die allmähliche Rückzahlung des Darlehens laufend abnimmt, bleibt diese bei der Versicherungshypothek mit Tilgungsaussetzung über die gesamte Finanzierungszeit hinweg auf ihrem anfänglichem Niveau. Wie sich dieser Effekt auf die Wirtschaftlichkeit einer Versicherungshypothek auswirken kann, soll wie folgt skizziert werden:

Beispiel: Es werden zwei Kreditnehmer T und V betrachtet. Beide nehmen ein Darlehen über 100.000 DM auf. T wählt ein Tilgungsdarlehen, das über 20 Jahre getilgt wird, V entscheidet sich für eine Versicherungshypothek mit Tilgungsaussetzung, die nach 20 Jahren mit der Versicherungsleistung abgelöst wird. Weiter seien der Effektivzins und die steuerliche Situation für beide Darlehensnehmer gleich, so daß sich für T und V zu Beginn derselbe Zinsaufwand nach Steuern ergibt. Mit dem ersten Tilgungsbeitrag, um den sich die Darlehensschuld von T reduziert, beginnen sich die beiden Finanzierungsformen jedoch zu unterscheiden. Durch die Tilgung reduzieren sich für T die zukünftigen Zinszahlungen, während sie bei V weiterhin in voller Höhe anfallen. Auf den ersten Blick mag es daher sinnvoll erscheinen, durch hohe Tilgungsraten die Darlehenssumme möglichst schnell zu vermindern. Eine genauere Betrachtung zeigt aber, daß T die zur Tilgung verwendeten Beträge ebensogut auf ein separates Konto einzahlen könnte, dem dersel-

be Zinssatz (nach Steuern) wie dem Darlehen zugrunde liegt. Tatsächlich würde die Saldierung von Guthaben und Kredit bzw. Zinsertrag und Zinsaufwendung für T exakt dieselbe Wirkung ergeben wie die Tilgung.

Ob es günstig ist, frühzeitig zu tilgen, hängt also davon ab, ob sich für die zur Tilgung verwendeten Mittel bessere Anlagealternativen bieten als dieses fiktive Konto. Eine solche Alternative stellt die kapitalbildende Lebensversicherung dar, in welche V diese Mittel als Beiträge einzahlt. Bis zur Fälligkeit der Versicherungsleistung nehmen sie dort an einer Wertentwicklung, der sogenannten Erlebensfallrendite teil, die in vielen Fällen einer Verzinsung von mehr als 6 Prozent entspricht. Übersteigt diese Rendite den durch Steuererleichterungen häufig deutlich reduzierten Darlehenszins, ist der gesamte Finanzierungsaufwand für V niedriger als für T, obwohl V den zusätzlichen Vorteil in Form des Risikoschutzes hat.

3. Rechenbeispiele

Wie sich die unter Punkt 2 genannten Effekte in konkreten Finanzierungsmodellen auswirken können, zeigen die folgenden Rechnungen.

3.1 Eigengenutztes Objekt

Beispiel: Ein Ehepaar mit einem gemeinsamen zu versteuernden Jahreseinkommen von 100.000 DM erwirbt eine gebrauchte Eigentumswohnung für 420.000 DM einschließlich Nebenkosten. Zur Finanzierung werden Eigenmittel von 100.000 DM, sowie ein Bausparvertrag über 140.000 DM eingesetzt, in dem bereits 60.000 DM angespart sind. Für die restlichen 180.000 DM wird ein Darlehen aufgenommen. In Abbildung 4 werden zwei Varianten gegenübergestellt – Versicherungshypothek mit Tilgungsaussetzung und Bankkredit mit laufender Tilgung. Da nicht mehr als 45 Prozent der gesamten Erwerbskosten fremdfinanziert werden müssen, handelt es sich in beiden Fällen um erstrangige Darlehen, so daß dem Darlehensnehmer jeweils die besten Zinskonditionen

gewährt werden. Als Effektivzins werden für die Versicherungshypothek 7 Prozent und für den Tilgungskredit 7,5 Prozent angenommen (vergleiche Punkt 2.1). Das Bauspardarlehen, welches in zehn Jahren vollständig getilgt wird, schlägt bei beiden Finanzierungen mit einer jährlichen Belastung von 9.620 DM zu Buche. Im Falle der Versicherungshypothek entfallen weitere 2.396 DM pro Jahr auf Beiträge für die kapitalbildende Lebensversicherung, die auf den 30jährigen Ehemann abgeschlossen wird und so gestaltet ist, daß im Todesfall das Darlehen mit der Versicherungsleistung vollständig getilgt wird (Tatsächlich ist die Todesfalleistung in diesem Beispiel anfänglich noch höher).

Tilgungskredit:

Jahr	jährliche Belastung	davon Zinsen	davon Versicherungsbeitrag	Steuerminderung	Nettoaufwand[1)]
1	24.784	15.472	600	6.118	18.666
5	24.784	13.874	600	5.000	19.784
10	24.784	11.399	600	0	24.784
15	15.164	9.660	600	0	15.164
20	15.164	7.673	600	0	15.164
25	15.164	4.881	600	0	15.164
30	15.164	958	600	0	15.164
Summe	551.114	273.114	18.000	41.118	509.996

Versicherungshypothek mit Tilgungsaussetzung:

Jahr	jährliche Belastung	davon Zinsen	davon Versicherungsbeitrag	Steuerminderung	Nettoaufwand[1)]
1	24.075	14.860	2.396	6.118	17.957
5	24.075	13.854	2.396	5.000	19.075
10	24.075	12.385	2.396	0	24.075
15	14.456	12.060	2.396	0	14.456
20	14.456	12.060	2.396	0	14.456
25	14.456	12.060	2.396	0	14.456
30	14.456	12.060	2.396	0	14.456
Summe	529.874	377.992	71.880	41.118	488.756

1) Annahmen: Zu versteuermdes Jahreseinkommen (Splitting) : 100.000 DM, Sonderausgabenabzug und Eigenheimzulagen, 7,5% Solidaritätszuschlag, keine Kirchensteuer, kein Baukindergeld.

Abbildung 4: Finanzierungsverlauf für eine eigengenutzte Immobilie

Aus dieser Police steht nach 30 Jahren eine Ablaufleistung von voraussichtlich 180.000 DM zur Ablösung des Darlehens bereit. Soll der Tilgungskredit um einen vergleichbaren Versicherungsschutz ergänzt werden, sind neben Zins- und Tilgungszahlungen für den Finanzierungsaufwand zusätzliche Risikobeiträge zu veranschlagen. Diese summieren sich bei einer jährlichen Anpassung der versicherten Summe an die jeweils verbleibende Restschuld während der Laufzeit des Darlehens auf runde 18.000 DM. (Am Markt sind sowohl Produkte erhältlich, bei denen die Risikobeiträge jährlich dem Alter des Dalrehensnehmers sowie der anstehenden Restschuld angepaßt werden, als auch solche Produkte, die die variablen Beiträge zu einem konstanten Jahresbeitrag glätten. Den Rechnungsbeispielen im Text liegen Versicherungen mit konstantem Beitrag zugrunde.)

Die jährliche Gesamtbelastung ist bei der Versicherungshypothek hauptsächlich wegen des niedrigeren Zinssatzes während der gesamten Finanzierung deutlich niedriger. Am Ende der Finanzierungsdauer liegt der Gesamtaufwand bei der Versicherungsvariante um circa 21.000 DM unter der Variante mit Tilgungskredit.

3.2 Fremdgenutztes Objekt

Im zweiten Beispiel erwirbt ein Investor eine vermietete Immobilie, wobei die Anschaffungskosten in Höhe von 1.000.000 DM zu 80 Prozent fremdfinanziert werden. Für die Kalkulation der Steuerrückflüsse wird ein zu versteuerndes Jahreseinkommen von 220.000 DM zugrunde gelegt.

Für Beleihungen im nachrangigen Bereich, das heißt für Darlehen, die 45 Prozent der gesamten Herstellungs- bzw. Erwerbskosten übersteigen, verlangen die Versicherer meist einen Zinsaufschlag, da aufgrund gesetzlicher Anlagevorschriften in diesem erweiterten Rahmen nur begrenzte Mittel für Beleihungen zur Verfügung stehen. Deshalb wird in diesem Beispiel für beide Finanzierungsmodelle derselbe Effektivzins von 7,5 Prozent angenommen. Bei einem erneuten Vergleich der beiden Modelle wirkt sich die Steuerminderung infolge höherer Zinsaufwendungen und eines höheren zugrunde gelegten Steuersatzes (siehe Punkt 2.3) stärker aus als im Falle der Eigennutzung. Um den Aufwand für die Finanzierung isoliert zu betrachten, fließen in die Rechnung von Abbildung 5 nur die Steuerersparnisse auf die Zinsaufwendungen ein, obwohl für die gesamtwirtschaftliche Rechnung auch Abschreibungen

bzw. zu versteuernde Erträge aus Mieteinnahmen zu berücksichtigen sind. Diese hängen aber nicht von der gewählten Finanzierungsform ab und sind deshalb der Höhe nach in beiden Fällen identisch.

Der Aufwand bei ausgesetzter Tilgung setzt sich aus Zinsen von jährlich knapp 60.000 DM auf das Darlehen, sowie den Beiträgen für die Lebensversicherung von runden 22.000 DM pro Jahr zusammen. Im Beispiel wird von folgenden Daten ausgegangen: 40 Jahre alter, männlicher Darlehensnehmer. Während der Laufzeit von 20 Jahren ist zu jeder Zeit mindestens die Darlehenssumme versichert.

Wieder wird die Ablaufleistung von voraussichtlich 800.000 DM zur Ablösung des Darlehens verwendet. Dem steht eine jährliche Belastung von circa 79.000 DM aus Zins- und Tilgungsbeiträgen für den Bankkredit, sowie der Restschuldversicherung entgegen. Der gesamte Finan-

Tilgungskredit:

Jahr	jährliche Belastung	davon Zinsen	davon Versicherungsbeitrag	Steuerminderung	Nettoaufwand[1)]
1	78.460	56.475	3.500	25.798	52.662
5	78.460	50.278	3.500	23.222	55.238
10	78.460	39.536	3.500	18.610	59.850
15	78.460	24.118	3.500	11.642	66.818
20	78.460	1.990	3.500	1.022	77.438
Summe	1.569.200	699.199	70.000	327.218	1.241.982

Versicherungshypothek mit Tilgungsaussetzung:

Jahr	jährliche Belastung	davon Zinsen	davon Versicherungsbeitrag	Steuerminderung	Nettoaufwand[1)]
1	78.332	57.295	21.037	26.154	52.178
5	78.332	57.295	21.037	26.154	52.178
10	78.332	57.295	21.037	26.154	52.178
15	78.332	57.295	21.037	26.154	52.178
20	78.332	57.295	21.037	26.154	52.178
Summe	1.566.640	1.145.900	420.740	523.080	1.043.560

1) Annahme: Zu versteuerndes Jahreseinkommen (Splitting) : 220.000,00 DM
Solidaritätszuschlag 7,5%, keine Kirchensteuer

Abbildung 5: Finanzierungsverlauf für eine fremdgenutzte Immobilie

zierungsaufwand ist bei der Versicherungshypothek vor Steuern zwar etwas höher; nach Berücksichtigung der Steuereffekte fällt der Vergleich aber sehr deutlich zugunsten der Tilgungsaussetzung aus. Per saldo ist die Nettobelastung der Versicherungshypothek fast um ein Sechstel geringer als beim Tilgungsdarlehen.

4. Steuerliche Aspekte für den Einsatz von Lebensversicherungen bei Finanzierungen

Für die betrachteten Finanzierungsmodelle spielt das Zusammenspiel der folgenden zwei Faktoren eine wichtige Rolle:

- Auf die Leistungen der Lebensversicherungspolice entfallen – bestimmte Bedingungen wie zum Beispiel eine Mindestlaufzeit von 12 Jahren vorausgesetzt – keine Steuern.
- Der Zinsaufwand für den eingesetzten Kredit kann (teilweise) steuerlich geltend gemacht werden.

Das Steueränderungsgesetz von 1992 läßt die gleichzeitige Nutzung beider Effekte nur noch bei bestimmten Verwendungszwecken zu. Die Absicht des Gesetzgebers ist es dabei vor allen Dingen, sogenannte Zinsaufblähungsmodelle zu unterbinden, ohne die Förderung der langfristigen Vermögensbildung insbesondere zur Unterstützung der privaten Altersvorsorge zu behindern. Deshalb ist unter bestimmten Voraussetzungen die Finanzierung des Eigenheim- und Mietwohnungsbaus, wie oben unter Punkt 3. beschrieben, weiterhin möglich. Es kann hier keine erschöpfende Darstellung der gesetzlichen Neuregelung gegeben werden. Zur Vermeidung eines steuerschädlichen Einsatzes von Lebensversicherungen sollte daher im Zweifelsfall immer ein Steuerberater herangezogen werden. Im folgenden sollen daher nur die Grundvoraussetzungen zur Gewährleistung eines steuerunschädlichen Einsatzes der Lebensversicherung beschrieben werden:

- Das Darlehen muß unmittelbar für eine Investitionsfinanzierung verwendet werden, worin der Gesetzgeber Immobilien zur eigenen oder fremden Nutzung ausdrücklich mit einschließt. Zudem ist die Mitfinanzierung eines Arbeitszimmers oder einer Garage für ein auch beruflich genutztes Fahrzeug ohne Steuerschädlichkeit möglich.

- Mit dem Darlehen dürfen regelmäßig nur die Anschaffungs- oder Herstellungskosten finanziert werden. Zusätzlich ist es jedoch gestattet, bei der erstmaligen Darlehensaufnahme (nicht bei der Verlängerung oder Umschuldung) bankübliche einmalige Finanzierungskosten, wie zum Beispiel Disagio oder Bereitstellungszinsen, über das Darlehen mitzufinanzieren. Ansprüche aus der Lebensversicherung, die zur Sicherung des Darlehens abgetreten werden, dürfen jedoch diese Finanzierungskosten nicht miteinschließen.

Beispiel: Zur Finanzierung der Herstellungskosten von 500.000 DM für eine Fabrikhalle nimmt ein Steuerpflichtiger ein Darlehen über 526.315 DM auf. 5 Prozent des Darlehens entfallen auf ein Disagio, so daß nur 500.000 DM zur Auszahlung kommen. Die zur Sicherung des Darlehens abgetretene Lebensversicherungsleistung muß dann zur Vermeidung der Steuerschädlichkeit auf 500.000 DM begrenzt werden.

- Wichtig ist, daß die genannten Voraussetzungen während der gesamten Finanzierungszeit erfüllt sein müssen. Auch zwischenzeitliche Verletzungen dieser Auflagen gefährden die Steuerfreiheit der Erträge aus der Lebensversicherung rückwirkend auf die gesamte Laufzeit der Police. Besondere Vorsicht ist deshalb bei Umschuldungen oder Darlehensverlängerungen geboten. Auch dann darf der Darlehensbetrag zu keiner Zeit die Herstellungs- bzw. Anschaffungskosten übersteigen. Teilrückzahlungen zur Verringerung der Darlehensschuld müssen zur Aufrechterhaltung der Steuerunschädlichkeit binnen drei Monaten zu einer entsprechenden Reduzierung der verpfändeten Lebensversicherungssumme führen.

Für die Versicherungswirtschaft bedeutet dies, daß die überwiegende Zahl der Baufinanzierungskunden auch nach dieser Steuergesetzänderung in der Lage ist, die Vorteile der Tilgungsaussetzung über eine Versicherungshypothek weiterhin in vollem Umfang zu nutzen.

Literaturverzeichnis

Bundesaufsichtsamt für das Versicherungswesen: Geschäftsbericht 1994.

Deutsche Bundesbank: Bankenstatistik, Oktober 1995.

Verband der Lebensversicherungsunternehmen e. V.: Rundschreiben Nr. 21/93 (Steueränderungsgesetz).

Anton Steiner

Rechtsfragen beim Immobilienerwerb

Zusammenfassung

Das Recht des Immobilienerwerbs ist kompliziert. Der Gesetzgeber hat deshalb vorgesehen, daß die Beteiligten einen Kaufvertrag nur mit Hilfe eines Notars schließen können. Dennoch sollte jeder Kaufinteressent das ABC des Immobilienrechts kennen. Nur so kann er kontrollieren, ob der Notar die für ihn wichtigsten Punkte erkannt und berücksichtigt hat. Im folgenden werden deshalb vor den Besonderheiten der einzelnen Vertragsarten zunächst die Grundbegriffe des Immobilienrechts erläutert. Es handelt sich um die Begriffe Grundbuch, Kaufvertrag und Auflassung, Grundpfandrechte und Eigentumswohnung. Im Anschluß daran findet der Leser die Besonderheiten der bedeutendsten Vertragsarten erläutert: Kauf eines unbebauten Grundstückes oder einer Gebrauchtimmobilie sowie der Kauf vom Bauträger. Es lohnt die geringe Mühe, die mit der Aneignung rechtlicher Grundkenntnisse verbunden ist. Wer das rechtliche Instrumentarium kennt, der ist bereits bei der Auswahl des Kaufobjekts und bei den Kaufvertragsverhandlungen im Vorteil.

1. Grundbegriffe

1.1 Das Grundbuch

1.1.1 Die Funktion des Grundbuchs

Um Eigentümer eines Grundstücks, eines Hauses oder einer Eigentumswohnung zu werden, genügt es nicht, den Kaufvertrag abzuschließen und den Kaufpreis zu entrichten. Wer in Deutschland Immobilien erwerben will, der kommt am Grundbuch nicht vorbei, erst die Umschreibung der Eigentumsverhältnisse im Grundbuch führt zum Übergang des Eigentums. Das Grundbuch dokumentiert aber nicht nur die Eigentumsverhältnisse, es gibt darüber hinaus umfassend Auskunft über die Rechte, die andere an der Immobilie haben können: Belastungen mit Grundschulden und Hypotheken, mit Wegerechten, mit Vorkaufsrechten usw. – kurz gesagt, das Grundbuch enthält das A und O des Immobilienrechts.

Das Grundbuch beschränkt sich jedoch nicht nur darauf, Auskunft über die Rechtsverhältnisse an einer Immobilie zu geben. Seine weitere,

wichtige Aufgabe ist der Schutz des guten Glaubens. Dies bedeutet, daß man auf den Inhalt des Grundbuchs vertrauen kann. Stellt sich also im nachhinein heraus, daß der Verkäufer zu Unrecht als Eigentümer im Grundbuch eingetragen war, so bleibt der Käufer dennoch Eigentümer, wenn er das Grundstück im guten Glauben an die Richtigkeit des Grundbuchs erworben hatte. (Eine derartige Situation kann beispielsweise eintreten, wenn der Verkäufer als Erbe des Grundstücks in das Grundbuch eingetragen wurde, sich aber später herausstellt, daß in Wirklichkeit ein anderer Erbe ist.) Die Kehrseite der Medaille ist, daß der Erwerber aber auch alle im Grundbuch eingetragenen Belastungen gegen sich gelten lassen muß. Diejenigen, die von solchen Belastungen profitieren (beispielsweise Hypothekengläubiger und Vorkaufsberechtigte) werden vom Grundbuch also davor geschützt, daß ihr Recht durch einen Verkauf zunichte gemacht wird.

Das Grundbuch sorgt nicht nur für klare und übersichtliche Verhältnisse im Immobilienhandel, es schützt auch massiv öffentliche Interessen, beispielsweise darf das Grundbuchamt die Eigentumsumschreibung erst vollziehen, wenn das Finanzamt bestätigt hat, daß die Grunderwerbsteuer bezahlt ist, und wenn die jeweilige Gemeinde oder Stadt bescheinigt hat, daß ihr an dem Grundstück kein Vorkaufsrecht zusteht. In den neuen Bundesländern bedarf die Eintragung eines neuen Eigentümers im Grundbuch zudem noch der Genehmigung nach der Grundstücksverkehrsordnung, hierdurch soll sichergestellt werden, daß kein Grundstück übertragen wird, das wegen früherer nationalsozialistischer oder kommunistischer Enteignungen zurückgegeben werden muß.

1.2.1 Führung und Inhalt des Grundbuchs

Für das Grundbuch ist das Grundbuchamt zuständig, das bei dem jeweiligen Amtsgericht angesiedelt ist. Im Grundbuch sind alle Grundstücke eines Bezirks verzeichnet; Ausnahmen gibt es für Grundstücke, die für den Immobilienhandel keine Rolle spielen (Grundstücke der öffentlichen Hand, Wasserläufe, Straßen usw.). Das Grundbuch besteht aus sogenannten Grundbuchblättern. Grundstück im Rechtssinn (Grundbuchgrundstück) ist ein Grundstück, das auf einem eigenen Grundbuchblatt oder auf einem gemeinschaftlichen Grundbuchblatt zusammen mit anderen Grundstücken unter einer besonderen Nummer verzeichnet ist. Die Basis dieser Eintragungen bilden die von den Katasterämtern vermessenen Flurstücke (Ein Grundbuchgrundstück

kann aus mehreren Flurstücken bestehen, nicht aber umgekehrt.). Für Eigentumswohnungen und Erbbaurechte führt das Grundbuchamt eigene Grundbücher, es handelt sich bei diesen Rechten um sogenannte grundstücksgleiche Rechte, die das Gesetz mit gewissen, aus der Natur der Sache folgenden Abweichungen nach den allgemein für Grundstücke geltenden Regeln behandelt.

Das Grundbuch ist zwar ein öffentliches Register, Einsicht erhält jedoch nur, wer hierfür ein berechtigtes Interesse darlegen kann. Die Kaufabsicht reicht in der Regel nicht aus, der Kaufinteressent sollte sich deshalb vom Verkäufer oder von dessen Makler möglichst frühzeitig einen Grundbuchauszug (so nennt man eine Kopie des Grundbuchblattes) geben lassen. Zwar ist der Notar verpflichtet, vor der Beurkundung des Kaufvertrages das Grundbuch für die Beteiligten einzusehen, jedoch kann das Grundbuch bereits wertvolle Anhaltspunkte für die Kaufvertragsverhandlungen bieten, beispielsweise wenn sich ergibt, daß der Verkäufer selbst erst seit kurzem als Eigentümer eingetragen ist. Geradezu unverzichtbar ist eine ausführliche Grundbuch-Recherche im Bereich der neuen Bundesländer; hier ist dringend anzuraten, die Grundbuchsituation bis ins Jahr 1933 zurückzuverfolgen, um zu sehen, ob es in der nationalsozialistischen und kommunistischen Zeit Enteignungen oder Eigentumswechsel gab, die heute zu Rückübertragungsansprüchen führen könnten. In Zweifelsfällen sollte man hierfür einen spezialisierten Anwalt einschalten.

Wie sieht das Grundbuch, genauer das für das jeweilige Grundstück angelegte Grundbuchblatt, aus? Es besteht aus dem Bestandsverzeichnis und aus drei Abteilungen: Das Bestandsverzeichnis gibt Auskunft über das Grundstück selbst (Lage, Größe und Nutzungsart). Die I. Abteilung nennt den oder die Eigentümer sowie die Rechtsgrundlage ihres Eigentumserwerbs. In die II. Abteilung trägt das Grundbuchamt alle Belastungen mit Ausnahme der Grundpfandrechte ein, also zum Beispiel Wegerechte, Dienstbarkeiten, Reallasten, Vorkaufsrechte, Vormerkungen. Die III. Abteilung schließlich gibt Auskunft über den Schuldenstand des Grundstücks. Hier werden die Grundpfandrechte (Hypotheken, Grund- und Rentenschulden) eingetragen (Beim Lesen des Grundbuchs ist zu beachten, daß frühere, nicht mehr geltende Eintragungen im Grundbuch nicht gestrichen, sondern rot unterstrichen, man nennt dies „gerötet“, werden.).

Wie bereits erwähnt, wird der gute Glaube an den Inhalt des Grundbuchs geschützt. Der Erwerber einer Immobilie kann sich deshalb darauf verlassen, daß keine Lasten auf ihn übergehen, die nicht im Grund-

buch verzeichnet sind. Wichtig ist es deshalb aber auch, zu wissen, was nicht im Grundbuch eingetragen wird, denn insoweit gibt es naturgemäß auch keinen Schutz des guten Glaubens. Hier sind in erster Linie Miet- und Pachtverträge zu nennen. Diese werden, mögen sie noch so langfristig sein, nicht im Grundbuch verzeichnet, dennoch muß sich der Erwerber den Inhalt derartiger Verträge entgegenhalten lassen, ob sie ihm bekannt sind oder nicht. Es gilt der Grundsatz: „Kauf bricht nicht Miete." Da selbst mündliche Vereinbarungen den Erwerber binden, sollte sich jeder Kaufinteressent über die bestehenden Miet- und Pachtverträge ausführlich informieren lassen und sich im Kaufvertrag die Richtigkeit dieser Information zusichern lassen. Beachten sollte jeder Kaufinteressent auch, daß ihn das Grundbuch nicht über Beschränkungen öffentlich-rechtlicher Art informieren. Dies gilt vor allem für die sog. Baulasten, hierbei handelt es sich um Nutzungsbeschränkungen des Grundstücks (beispielsweise durch Abstandsflächen und Zufahrtsrechte). Nach diesen Baulasten muß sich auch der Erwerber eines Grundstücks richten. Ein Kaufinteressent sollte deshalb vor Abschluß des Kaufvertrags das Baulastenverzeichnis einsehen, das bei den örtlichen Bauaufsichtsbehörden geführt wird (Eine Ausnahme gilt für Bayern, dort werden Baulasten als Grunddienstbarkeiten in Abteilung II des Grundbuchs eingetragen.).

Insbesondere Käufer unbebauter Grundstücke müssen ferner berücksichtigen, daß das Grundbuch nichts darüber sagt, ob und wie ein Grundstück bebaut werden darf. Zwar findet sich im Bestandsverzeichnis des Grundbuchs ein kurzer Hinweis auf die Nutzungsart des Grundstücks, diese Angabe nimmt aber (ebensowenig wie die Angabe über die Größe des Grundstücks) nicht am Schutz des guten Glaubens teil. Die Bebauungsmöglichkeit eines Grundstücks richtet sich allein nach öffentlichem Recht.

Besonders vorsichtig muß der Kaufinteressent wiederum im Bereich der neuen Bundesländer sein. Hier gibt es noch aus DDR-Zeiten Nutzungsrechte an Grundstücken und eigenständige Rechte an Baulichkeiten, die auch gegenüber einem Erwerber fortbestehen, selbst wenn sie nicht im Grundbuch eingetragen waren. Der Notar kann dies in der Regel nicht nachprüfen! Ein Kaufinteressent sollte deshalb darauf drängen, daß im Kaufvertrag das Nichtbestehen derartiger Rechte garantiert wird.

1.2 Kaufvertrag und Auflassung

1.2.1 Systematik

Anders als oft im Ausland wird im deutschen Recht Grundeigentum in zwei Schritten erworben. Nach dem ersten Schritt, dem Abschluß des Kaufvertrages, ist ein zweiter Schritt, die Umschreibung des Eigentums im Grundbuch, erforderlich, um den Eigentumsübergang zu vollziehen. Voraussetzung für die Umschreibung im Grundbuch ist die sogenannte Auflassung. Es handelt sich hierbei um folgende unverzichtbare Formalie: Der Notar beurkundet die Erklärung von Käufer und Verkäufer, daß beide mit dem Übergang des Eigentums einverstanden sind. Erst wenn dem Grundbuchamt diese rein formale Erklärung vorliegt, vollzieht es die Umschreibung des Eigentums im Grundbuch (Meist ist die Erklärung der Auflassung bereits im notariellen Kaufvertrag enthalten, manchmal wird sie zur Absicherung des Verkäufers aber erst später abgegeben.).

1.2.2 Beurkundungszwang

Nach § 313 des Bürgerlichen Gesetzbuches muß jeder Vertrag, in dem sich eine Person verpflichtet, das Eigentum an einem Grundstück zu übertragen oder zu erwerben, von einem Notar beurkundet werden, ansonsten ist der Vertrag nichtig. Dieser gesetzliche Zwang zur notariellen Beurkundung geht sehr weit, er gilt auch für Vorverträge und unter Umständen erfaßt er sogar Verträge, die lediglich indirekt Druck zum Abschluß eines Kaufvertrages ausüben, wie beispielsweise Reservierungsvereinbarungen oder Maklerauftäge, wenn sie für den Fall des Nichtabschlusses eines Kaufvertrages zu hohen Zahlungen verpflichten.

Während der Grundsatz der notariellen Beurkundung (Beurkundungszwang) allgemein bekannt ist, wird leicht übersehen, daß hiernach der gesamte Kaufvertrag, also mit sämtlichen Vereinbarungen der Vertragsparteien, vollständig und richtig beurkundet werden muß. Alle Nebenabreden und Zusagen müssen deshalb vom Notar mitbeurkundet werden. Verkauft beispielsweise eine Baufirma ein Grundstück unter der Bedingung, daß mit ihr dort auch gebaut wird, so muß auch der Bauvertrag notariell beurkundet werden, ansonsten sind sowohl der tatsächlich vom Notar beurkundete Kaufvertrag als auch der Bauvertrag nichtig. In Zweifelsfällen sollte man stets den Notar fragen!

Zur Nichtigkeit des Kaufvertrages kommt es auch, wenn der in der Kaufurkunde genannte Kaufpreis nicht dem tatsächlich vereinbarten entspricht. Derartige „Schwarzgeld-Vereinbarungen" sind auch dann nichtig, wenn die Kaufpreisdifferenz im Vorzimmer des Notars übergeben wurde. Wer sich hieran beteiligt, muß also nicht nur die Steuerfahndung fürchten, er riskiert überdies, daß er leer ausgeht, wenn sich der andere nicht mehr an den Vertrag gebunden fühlt. In diesem Zusammenhang noch ein weiterer Hinweis: Der Notar muß dem Finanzamt von jedem Kaufvertrag eine Abschrift übersenden. Dies dient nicht allein der Berechnung der zweiprozentigen Grunderwerbsteuer, Käufer und Verkäufer müssen zudem damit rechnen, daß sie aufgefordert werden, das Finanzamt über Herkunft und Verwendung des Kaufpreises zu informieren.

Aus Gründen der Rechtssicherheit währt die Nichtigkeit eines nicht oder unzulänglich beurkundeten Kaufvertrages nicht ewig. Sobald der Eigentumsübergang im Grundbuch eingetragen wurde, wird der Kaufvertrag seinem ganzen Inhalt nach wirksam (Heilung der Nichtigkeit). Hierauf sollte man sich aber im Bereich der neuen Bundesländer nicht verlassen, da dort Kaufverträge in der Regel der behördlichen Genehmigung nach der Grundstücksverordnung bedürfen, und nach der Rechtsprechung des Bundesgerichtshofes in derartigen Fällen unter Umständen keine Heilung eintritt (Bundesgerichtshof, Deutsche Notarzeitschrift 1969, S. 350).

1.2.3 Inhalt und Kosten des Kaufvertrages

Für den Inhalt des Immobilienkaufvertrages gibt es kein allgemeingültiges Muster. Der Notar muß ihn für den jeweiligen Einzelfall konzipieren, wobei Einzelheiten in Formulierung und Aufbau von Bundesland zu Bundesland, teilweise auch von Notar zu Notar verschieden gehandhabt werden. Die wesentlichen Punkte sind aber überall dieselben. Wichtig ist zunächst natürlich eine genaue Beschreibung des Kaufobjekts. Für die Immobilie selbst liegt dies auf der Hand, häufig übersehen es die Parteien aber, den Notar darauf hinzuweisen, daß neben dem Grundstück auch Zubehör (Inventar) mitverkauft werden soll. Um Streit zu vermeiden, empfiehlt es sich, diese Punkte im Kaufvertrag genau zu regeln. Erfahrungsgemäß sind folgende Gegenstände besonders häufig umstritten: Markisen, Lampen, Einbauküchen und Einbaumöbel, Telefonanlagen, Bodenbeläge, Gewächs- und Gartenhäuser.

Des weiteren enthält der Kaufvertrag natürlich Angaben über den Kaufpreis, dessen Fälligkeit und über die Zahlungsmodalitäten; ferner über den Zeitpunkt des Übergangs von Nutzen und Lasten und über die Frage, wer die Kosten des Eigentumsübergangs, also Grunderwerbsteuer, Notar- und Grundbuchkosten zu tragen hat (üblicherweise ist dies der Erwerber). Ein wichtiger, oft nicht sorgfältig genug geregelter Punkt betrifft die Frage, welche Garantien und Zusicherungen der Verkäufer abgibt, dies betrifft insbesondere die Frage der Bebaubarkeit des Grundstücks sowie die Frage der Mängelfreiheit von Grundstück (Bodenbeschaffenheit) und Gebäude. Schon manchem Investor, der diese Fragen nicht genügend beachtete, wurde ein dicker Strich durch die Kalkulation gemacht, wenn sich beispielsweise später herausstellt, daß das Baugrundstück früher eine Kiesgrube war, und sich das Fundament deshalb enorm verteuert.

Der wichtigste Ratschlag beim Abschluß von Immobilienkaufverträgen liegt auf der Hand, er wird dennoch häufig mißachtet. Lassen Sie sich den Vertragsentwurf bereits vor dem Beurkundungstermin übersenden, damit Sie ihn in Ruhe prüfen können. Nur so können Sie den Notar bereits vorab auf Zweifel und Unklarheiten ansprechen.

Wie bereits erwähnt, ist die Vereinbarung üblich, daß der Käufer die Kosten des Eigentumserwerbs trägt. Einzukalkulieren sind hierbei neben der Grunderwerbsteuer, die 2 % des Kaufpreises beträgt, Notar- und Grundbuchkosten, für die nach einer Faustregel ca. 1–1,5 % der Kaufpreissumme anfallen. Nicht eingerechnet sind hierbei die Kosten der Kaufpreisfinanzierung, also Notar- und Grundbuchkosten für die Eintragung von Grundschulden, mit denen die Finanzierungsdarlehen abgesichert werden. Daneben wird oft vereinbart, daß der Käufer die Kosten des Maklers trägt. Hier sind häufig inklusive Mehrwertsteuer 3,45 % des Kaufpreises üblich.

1.2.4 Absicherung der Vertragsparteien

Wer kauft, will sichergehen, daß er den Kaufgegenstand auch wirklich erhält; wer verkauft, will umgekehrt sicher sein, daß er auch tatsächlich den Kaufpreis bekommt. Bei beweglichen Sachen, beispielsweise einem Auto, bereitet dies in der Regel kein Problem. Auto und Papiere können dem Käufer Zug um Zug gegen Kaufpreiszahlung übergeben werden. Zugleich geht das Eigentum auf den Käufer über. Bei Immobilien sind derartige Zug-um-Zug-Geschäfte

nicht möglich, weil das Eigentum erst mit der Grundbuchumschreibung wechselt. Bis dahin können Monate vergehen. Der Verkäufer müßte bis dahin auf sein Geld warten und hätte zudem das Risiko, daß er den Eigentumswechsel nicht mehr stoppen kann, wenn der Käufer nicht zahlt. Deshalb gibt es zur Überbrückung der Zeit bis zur Umschreibung des Eigentums die Auflassungsvormerkung (oder treffender: Eigentumsvormerkung). Dies ist eine Eintragung in Abteilung II des Grundbuchs, die besagt, daß das Eigentum künftig auf den Käufer übergehen soll. Sie bewirkt, daß spätere Grundbucheintragungen, beispielsweise die Belastung des Grundstücks mit einer Hypothek oder selbst die Umschreibung des Eigentums auf einen anderen, nicht mehr gegenüber dem Käufer wirken, wenn er später als Eigentümer eingetragen wird.

Die Eigentumsvormerkung sichert den Käufer somit gegen spätere vertragswidrige Verfügungen des Verkäufers und gegen Zwangsvollstreckungsmaßnahmen, die Dritte an dem Grundstück wegen ihrer Forderungen gegen den Verkäufer durchführen wollen. Ihre Eintragung ist deshalb der Zeitpunkt, ab dem nach den meisten Notarverträgen der Kaufpreis fällig wird (In den alten Bundesländern wird die Eigentumsvormerkung in der Regel nach 2 bis 4 Wochen im Grundbuch eingetragen, in den neuen Bundesländern dauert es aufgrund der noch vorhandenen Anlaufschwierigkeiten oft wesentlich länger.).

Allerdings birgt die Eintragung der Auflassungsvormerkung für den Verkäufer ein Risiko. Kann der Käufer nicht zahlen, so ist das Grundstück unter Umständen für Monate blockiert, da es, solange die Eigentumsvormerkung eingetragen ist, praktisch nicht anderweitig verkauft werden kann. Der zahlungsunfähige Käufer ist zwar verpflichtet, der Löschung der Vormerkung zuzustimmen, tut er dies aber nicht, so bleibt nichts anderes übrig, als ihn auf Löschung der Vormerkung zu verklagen. Falls die Bonität des Käufers nicht außer Frage steht, wird sich der Verkäufer deshalb häufig absichern lassen. Dies kann beispielsweise dadurch geschehen, daß bei der Kaufvertragsbeurkundung eine Bankbürgschaft für die Kaufpreissumme übergeben wird. Häufig wird auch vereinbart, daß der Kaufpreis vorab auf ein Treuhandkonto des Notars (sogenanntes Notaranderkonto) überwiesen wird. Dies ist in der Regel der für alle Beteiligten sicherste Weg, allerdings verursacht er zusätzliche Kosten (Die Notarkosten erhöhen sich und zudem verlangen viele Finanzierungsinstitute bei Auszahlung des Finanzierungsbetrages auf ein Notaranderkonto Kosten für den Abschluß einer Versicherung gegen Veruntreuung dieses Treuhandgeldes.).

1.3 Grundpfandrechte

Um ihre Kredite abzusichern, verlangen Banken und Versicherungen in der Regel die Bestellung von Grundpfandrechten an dem erworbenen Grundbesitz. Hierbei handelt es sich um eine Eintragung in Abteilung III des Grundbuchs, aus der hervorgeht, daß das Grundstück für eine bestimmte Geldsumme haftet. Dies bedeutet, daß der Gläubiger das Grundstück im Fall der Nichtzahlung versteigern lassen kann und seine Forderung aus dem Versteigerungserlös (sofern dieser ausreicht) bezahlt erhält. Begrifflich unterscheidet man zwischen Hypotheken und Grundschulden, die Unterschiede zwischen diesen beiden Sicherungsmitteln sind rechtstechnischer Art, aufgrund der einfacheren Handhabung lassen sich die Kreditgeber heute in der Regel Grundschulden bestellen. Neben der Eintragung einer Grundschuld verlangen die Kreditinstitute meist auch, daß sich der Darlehensschuldner wegen des Kredits der sofortigen Zwangsvollstreckung in sein persönliches Vermögen unterwirft. Dies ermöglicht es dem Gläubiger, bei Zahlungsverzug des Schuldners auch in dessen sonstiges Vermögen zu vollstrecken (beispielsweise durch den Gerichtsvollzieher), ohne daß zunächst noch auf Zahlung geklagt werden muß.

Für die Bestellung einer Grundschuld reicht es aus, daß der Notar die Unterschrift des Darlehensnehmers auf dem Grundschuldbestellungsformular beglaubigt und dieses Formular an das Grundbuchamt weiterreicht. Sofern aber, wie meist, zudem die Unterwerfung des Darlehensschuldners unter die sofortige Zwangsvollstreckung vorgesehen ist, reicht die bloße Unterschriftsbeglaubigung nicht aus, in diesem Fall muß zum Schutz des Schuldners die gesamte Grundschuldbestellungsurkunde vom Notar verlesen (beurkundet) werden. Da dies zusätzliche Notargebühren auslöst, lohnt es sich bei Kreditbeträgen ab etwa einer Million DM mit dem Kreditinstitut darüber zu sprechen, ob es nicht ausreicht, wenn lediglich ein Teil der Darlehenssumme in eine vollstreckbare Urkunde aufgenommen wird und über den Restbetrag das Grundbestellungsformular lediglich beglaubigt wird.

Neben der Darlehenssumme sichert die Grundschuld in der Regel auch die Zinsen ab. Hier wird in der Praxis häufig die Frage gestellt, warum im Grundbuch Jahreszinsen von 16 oder 18 % eingetragen werden, während der nach dem Darlehensvertrag tatsächlich geschuldete Zinssatz nur 7 oder 8 % beträgt. Dies liegt daran, daß man vermeiden möchte, daß die Grundschuld nach Ablauf der meist fünf- oder zehnjährigen Zinsfestschreibung geändert werden muß, wenn

sich die Marktverhältnisse und damit auch der neu vereinbarte Zinssatz geändert haben. Der im Grundbuch bei der Grundschuld eingetragene Zinssatz bestimmt somit nur den Rahmen, bis zu dem der Gläubiger gesichert ist. Was er tatsächlich vom Schuldner fordern kann, richtet sich allein nach dem Darlehensvertrag und den dort vereinbarten Zinsen.

Besonders bedeutsam wird bei Grundpfandrechten in diesem Zusammenhang das im Grundbuchrecht allgemein geltende Rangprinzip. Nach § 879 des Bürgerlichen Gesetzbuches bestimmt sich das Verhältnis unter mehreren Rechten, mit denen ein Grundstück belastet ist, nach der Reihenfolge der Eintragungen, wenn die Rechte in derselben Abteilung des Grundbuchs eingetragen sind. Handelt es sich um Rechte in verschiedenen Abteilungen, so hat das früher eingetragene Recht den Vorrang. Wird das Grundstück zwangsversteigert, so werden zunächst die Rechte mit dem besseren Rang vollständig (das heißt einschließlich angefallener Zinsen) ausgezahlt, für die nachrangigen Gläubiger besteht deshalb die Gefahr, daß sie zumindest mit einem Teil ihrer Forderung „ausfallen". Nachrangig abgesicherte Darlehen sind deshalb in der Regel teurer, auch werden Kreditinstitute in der Regel Finanzierungen nur bis zu einem bestimmten Prozentsatz des Schätzwertes der Immobilie vornehmen.

Die Eintragung der Grundschuld muß naturgemäß vom Eigentümer des jeweiligen Grundstücks genehmigt werden. Da der Kaufpreis in der Regel bereits mit Eintragung der Auflassungsvormerkung fällig wird, kann der Erwerber eine Grundschuld, ohne die die Bank wiederum den Kaufpreis nicht finanzieren wird, somit nur unter Mitwirkung des Verkäufers zur Eintragung bringen. In der Vertragspraxis wird dieses Abwicklungsproblem meist so gelöst, daß der Verkäufer den Käufer im Kaufvertrag bevollmächtigt, das Grundstück zum Zwecke der Kaufpreisfinanzierung mit Grundpfandrechten zu belasten, sofern sichergestellt ist, daß die hierdurch abgesicherten Darlehensbeträge unmittelbar an ihn ausgezahlt werden.

Eine Grundschuld kann übrigens auch nach Tilgung des Darlehens noch von Nutzen sein. Das Kreditinstitut wird dem Eigentümer dann die Unterlagen zusenden, die zur Löschung der Grundschuld erforderlich sind. Die Grundschuld, deren Sicherungszweck weggefallen ist, ist zur sogenannten Eigentümergrundschuld geworden, das heißt, sie steht dem Eigentümer zu. Man sollte sich in derartigen Fällen gut überlegen, ob man die Grundschuld löschen läßt; sofern man eine neue Finanzierung beabsichtigt, kann man die Grundschuld dem neu

finanzierenden Kreditinstitut abtreten, hierdurch werden die erheblichen Kosten für die Bestellung und Eintragung einer neuen Grundschuld gespart.

1.4 Die Eigentumswohnung

Nach dem System des Bürgerlichen Gesetzbuches gibt es an Gebäuden oder Gebäudeteilen kein Sondereigentum, sie sind stets Eigentum des Grundstückseigentümers. Der Gesetzgeber hat erst im Jahre 1951 mit dem Wohnungseigentumsgesetz die Möglichkeit geschaffen, Eigentumswohnungen zu bauen und zu veräußern. Dies hat sich zu einer der wichtigsten Formen der Geldanlage in Immobilien entwickelt. Rechtlich besteht die Eigentumswohnung aus dem Sondereigentum an der Wohnung sowie aus einem Miteigentumsanteil am Gemeinschaftseigentum der Eigentümergemeinschaft (Grundstück, Gemeinschaftseinrichtungen wie Treppenhaus, Aufzug usw.). Sondereigentum nach dem Wohnungseigentumsgesetz kann zudem auch an gewerblichen Räumen oder an anderen nicht Wohnzwecken dienenden Räumen begründet werden, in diesem Fall spricht man von Teileigentum.

Wohnungseigentum entsteht, indem der oder die Eigentümer des Grundstücks eine Teilungserklärung notariell beurkunden lassen, die beim Grundbuchamt eingereicht wird, das dann einen entsprechenden Vermerk im Grundbuch anbringt und eigene Grundbuchblätter für das Wohnungseigentum anlegt. Die Teilungserklärung enthält zugleich die Gemeinschaftsordnung genannte Satzung der Wohnungseigentümergemeinschaft. Diese Gemeinschaftsordnung regelt die wichtigsten Bestimmungen für die gemeinsame Verwaltung und Nutzung des Wohnungseigentums (Aufgaben und Befugnisse des Verwalters, Hausordnung, Kostenverteilung, Stimmrechte usw.). Sie zählt zur (allerdings mühsamen) Pflichtlektüre jedes Kaufinteressenten. In ihr ist häufig auch bestimmt, daß die Veräußerung des Wohnungseigentums der Zustimmung des Verwalters bedarf, die dieser aber nach § 12 des Wohnungseigentumsgesetzes nur aus wichtigem Grund verweigern darf.

2. Einzelne Vertragsarten

2.1 Kauf eines unbebauten Grundstücks

Als Geldanlage wird ein unbebautes Grundstück in der Regel entweder in der Hoffnung auf eine spätere Wertsteigerung oder als Renditeobjekt zum Zwecke der Bebauung erworben. Immer noch wird hierbei viel Unfug mit dem Begriff „Bauerwartungsland" getrieben. Dies ist kein Rechtsbegriff, es besteht kein Anspruch darauf, daß sich diese Erwartung jeweils verwirklicht, und daß das Grundstück tatsächlich zu Bauland wird.

Sofern die Bebaubarkeit im Vordergrund der Interessen des Käufers steht, sollte in tatsächlicher Hinsicht (insbesondere bei Grundstücken in der Nähe von Wasserläufen und in Hanglage) die Bodenbeschaffenheit geprüft werden. Ferner ist es wichtig, daß die Erschließung des Grundstücks, insbesondere die Zufahrt sowie die Versorgung mit Energie und Wasser gesichert ist. Vor allem bei Gewerbegrundstücken ist auch die Altlastenproblematik zu berücksichtigen, beispielsweise wenn sich auf dem Grundstück früher eine Wäscherei oder eine chemische Produktion befand. Besonders im Bereich der neuen Bundesländer gibt es zahlreiche Grundstücke, die ihrem Eigentümer in dieser Hinsicht unangenehme Überraschungen bereiten können.

Im Mittelpunkt der Überlegungen zum Kauf eines unbebauten Grundstücks (Bauplatz) steht aber meist die Frage, ob und wieviel auf dem Grundstück nach öffentlich-rechtlichen Vorschriften gebaut werden darf. Häufig wird der Verkäufer nicht bereit sein, hierfür Garantien zu geben. In diesen Fällen bietet es sich an, die Frage der Bebaubarkeit durch eine Bauvoranfrage bei der zuständigen Baubehörde klären zu lassen. Die hierfür entstehenden Kosten sind verhältnismäßig gering. Der Vorteil einer derartigen Bauvoranfrage liegt darin, daß die Behörde später an ihren Vorbescheid gebunden ist, wenn ein Baugesuch eingereicht wird. In einfach gelagerten Fällen kann es allerdings auch ausreichen, den für das jeweilige Gebiet gültigen Bebauungsplan einzusehen oder ein Gespräch mit dem zuständigen Sachbearbeiter der Baubehörde zu führen. Ein solches Gespräch kann im übrigen auch nützliche Hinweise auf die Entwicklung der Nachbarschaft geben.

Bei Grundstücken, die erst vor kurzem als Bauland ausgewiesen wurden, ist bei der Kaufvertragsgestaltung in besonderem Maße auf Erschließungskosten und Anliegerbeiträge zu achten. Diese Kosten für

den Straßenausbau und für andere Gemeinschafts- und Erschließungsanlagen des Baugebietes werden nicht selten noch Jahre nach Durchführung der jeweiligen Vorhaben erhoben. Beim Abschluß des Kaufvertrages sollte deshalb genau geregelt werden, wer für sie aufzukommen hat.

2.2 Kauf einer Gebrauchtimmobilie

Es wurde bereits erwähnt, daß der Käufer einer gebrauchten Immobilie darauf achten sollte, daß er über etwa bestehende Miet- und Pachtverhältnisse voll informiert wird, und daß mitverkauftes Inventar im Kaufvertrag ausdrücklich erwähnt wird. Zudem sollte das Kaufobjekt gründlich auf Mängel untersucht werden, da der Verkäufer in der Regel darauf bestehen wird, daß seine Haftung für Mängel (Gewährleistung) im Kaufvertrag ausgeschlossen wird. Meist ist es ratsam, hierfür eine sachkundige Person hinzuzuziehen. Der Gewährleistungsausschluß ist zwar nichtig, wenn der Verkäufer den Mangel kannte, oder mit ihm rechnen mußte, diese Voraussetzungen lassen sich aber nur schwer beweisen.

Der Käufer einer gebrauchten Eigentumswohnung sollte sich zudem vergewissern, daß keine Beschlüsse der Eigentümerversammlung bestehen, durch die die Bestimmungen der Teilungserklärung (hierzu oben unter 1.4) geändert wurden. Generell sollte sich jeder Kaufinteressent einer Eigentumswohnung davor hüten, den Einfluß der Eigentümergemeinschaft zu unterschätzen. Bauliche Veränderungen, wie beispielsweise der Ausbau eines Kellerraumes zu einer privaten Sauna, können bereits am Einspruch eines einzigen anderen Wohnungseigentümers scheitern. Wer eine vermietete Eigentumswohnung für den eigenen Bedarf erwirbt, muß zudem berücksichtigen, daß eine Eigenbedarfskündigung erst nach einer mehrjährigen Sperrfrist zulässig, und zudem meist rechtlich schwierig ist. Ferner hat der Erwerber einer gebrauchten Eigentumswohnung zu berücksichtigen, daß er unter bestimmten Voraussetzungen für Wohngeldrückstände aus der Zeit des Verkäufers haftet. Wer sichergehen will, läßt sich vor Abschluß des Kaufvertrages eine Bestätigung des Verwalters darüber geben, daß keine Rückstände bestehen. Ohnehin empfiehlt sich ein frühzeitiges Kontaktgespräch mit dem Verwalter, um abschätzen zu können, ob außergewöhnliche Belastungen auf die Wohnungseigentümergemeinschaft zukommen (anstehende größere Instandsetzungen, zu erfüllen-

de bauliche Auflagen usw.). Der Erwerber einer gewerblich genutzten Immobilie, beispielsweise eines Supermarktes, muß schließlich berücksichtigen, daß er nach der neuesten Rechtsprechung des Bundesfinanzhofes in manchen Fällen auch für die rückständigen Umsatzsteuern des Veräußerers aus dem letzten Kalenderjahr vor dem Verkauf haftet (Urteil des Bundesfinanzhofs vom 11. Mai 1993, Az. VII R 86/92). Auch hierzu sollte man sich also informieren.

Zusammengefaßt ergibt sich, daß der Kaufinteressent für eine gebrauchte Immobilie neben dem Grundbuch insbesondere den Einheitswertbescheid und die Mietverträge durchsehen sollte. Bei einer gebrauchten Eigentumswohnung sollte er sich des weiteren die Teilungserklärung, die letzte Jahresgesamt- und Einzelabrechnung, den laufenden Wirtschaftsplan und die Protokolle der letzten Wohnungseigentümerversammlungen ansehen.

2.3 Kauf vom Bauträger

Wenn der Verkäufer die Immobilie erst noch erstellen muß, spricht man vom Kauf vom Bauträger. Da der Käufer hier das besondere Risiko hat, daß der Bau wegen Insolvenz des Verkäufers stecken bleibt, hat der Gesetzgeber in der Makler- und Bauträgerverordnung besondere Vorschriften zum Schutz des Käufers geschaffen. Hiernach darf der Bauträger den Kaufpreis nur in Teilbeträgen, je nach Baufortschritt, entgegennehmen. Obwohl der Käufer somit in Teilbereichen durch zwingende gesetzliche Vorschriften geschützt wird, sollte er den Bauträgervertrag, der meist außerordentlich kompliziert und unübersichtlich ist, gründlich studieren. Brennpunkte sind darin die Preisvereinbarung (sind alle anfallenden Kosten erfaßt?) sowie die Regelung über den Fertigstellungstermin. Hier sollte insbesondere darauf geachtet werden, daß ein bestimmter Termin garantiert wird, und daß klar geregelt ist, daß der Verkäufer Schadensersatz zu leisten hat, wenn dieser Termin nicht eingehalten wird.

Jürgen Gnewuch

Immobilienanlagen unter steuerlichen Gesichtspunkten

Zusammenfassung

Sowohl für den Eigennutzer als auch für den Kapitalanleger ist die Entscheidung über den Erwerb einer Immobilie abhängig von verschiedenen Kriterien. Der Finanzierung der Immobilie kommt eine bedeutende Rolle zu, da je nach Höhe des Erwerbspreises die Finanzierungskosten bis zur gesamten Tilgung ein Mehrfaches des ursprünglichen Kaufpreises erreichen können. Zur Finanzierung zählen neben den Kapitalmarktmitteln auch die Förderungen des Staates. Die staatlichen Steuervergünstigungen beim Immobilienerwerb, ob zum Zwecke der Selbsnutzung oder der Kapitalanlage, werden in den folgenden Ausführungen dargestellt.

1. Persönliche Steuerstrategie

Nicht nur bei der Überlegung über die Art einer Kapitalanlage kommt der Alternative „Kauf oder Bau einer Immobilie" besondere Bedeutung zu. Oftmals sprechen bereits persönliche Gründe für den Erwerb von Grundbesitz, beispielsweise wenn die Eigennutzung vorgesehen ist, um hohe Mietzahlungen einzusparen. Bei einem Immobilienerwerb ist die Bildung von Eigentum beabsichtigt, gekennzeichnet insbesondere durch hohe Wertbeständigkeit und – in Abhängigkeit von dem jeweiligen Objekt – schlechtere Fungibilität dieser Kapitalanlageform.

Sowohl für den Eigennutzer als auch für den Kapitalanlegerist die Entscheidung für den Erwerb einer bestimmten Immobilie vor allem abhängig von dem Kaufpreis, der örtlichen Lage, der Größe des Grundstücks und der Wohnung. Neben diesen Kriterien kommt der Finanzierung der Immobilie eine große Bedeutung zu, da je nach Höhe der Finanzierung die Finanzierungskosten bis zur gesamten Tilgung ein Mehrfaches des ursprünglichen Kaufpreises erreichen können.

Zur Finanzierung zählen neben den Kapitalmarktmitteln (z.B. Hypotheken), den sonstigen Finanzierungsmitteln (z.B. Arbeitgeberdarlehen) auch die Förderungen des Staates:

- direkte Förderung wie öffentliche Mittel (öffentliche Baudarlehen, Aufwendungsdarlehen und -zuschüsse u.ä.) und sonstige Finanzierungsbeiträge (z.B. Baukostenzuschüsse des sog. 3. Förderweges)
- indirekte Förderung wie Steuervergünstigungen

Bei beabsichtigter Eigennutzung einer Immobilie werden ab einer bestimmten Einkommenshöhe (vgl. §25 II Wohnungsbaugesetz) keine öffentlichen Mittel mehr gewährt. Bei der Vermietung einer Wohnimmobilie muß abgeklärt werden, ob man als Kapitalanleger gewisse Beschränkungen hinsichtlich der Vermietung eingehen will.

Im folgenden werden die einzelnen steuerlichen Vergünstigungen, die einen wesentlichen Beitrag zur Finanzierung er Immobilie leisten, dargestellt. Anhand der jeweiligen steuerlichen Vorschriften wird gezeigt, unter welchen Voraussetzungen bestimmte Beträge das zu versteuernde Einkommen bzw. direkt die Steuern mindern. Inwieweit die eigene Steuerschuld tatsächlich verringert wird, hängt von den individuellen Gegebenheiten ab.

Beispiel:

a) Zu versteuerndes Einkommen eines Ehepaares (ohne Kinder) — Einkommen- und Kirchensteuer
DM 50.000 (Steuersatz ca. 20%) — ca. DM 10.000

Aufgrund von Steuervergünstigungen können jährlich maximal DM 10.000 an Steuern eingespart werden.

b) Ab einer bestimmten Einkommenshöhe gilt der Spitzensteuersatz von 50% — Vereinfacht ausgedrückt bedeutet eine Verringerung des steuerpflichtigen Einkommens von DM 10.000 eine Senkung der Steuerschuld um DM 5.000.

In Abhängigkeit von der Zielsetzung des Immobilienerwerbs vermittelt das folgende Schaubild eine Übersicht über die steuerlichen Förderungsvorschriften:

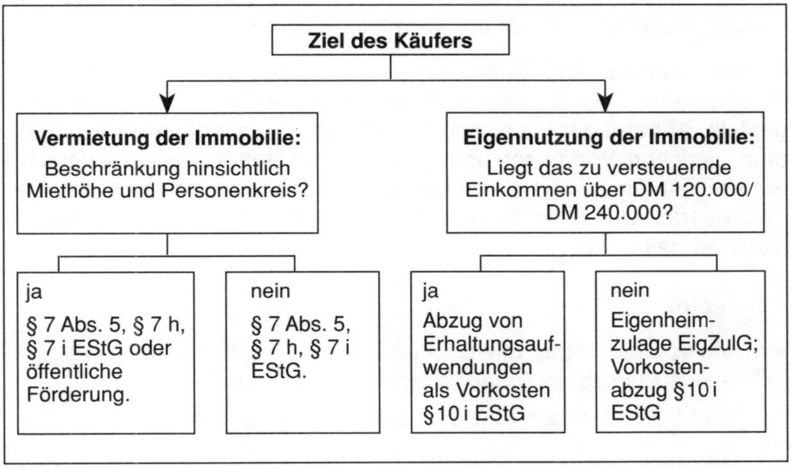

Abbildung 1: Übersicht zu steuerlichen Förderungsvorschriften

Bei einem Immobilienerwerb in den neuen Bundesländern gelten besondere gesetzliche Regelungen.

2. Die eigengenutzte Immobilie

2.1 Die Förderung im Überblick

Seit dem 01.01.1987 wird die selbstgenutzte Wohnung nicht mehr der Besteuerung unterworfen. Die steuerliche Förderung ist seit dem 01.01.1996 im Eigenheimzulagengesetz und im § 10 i EStG (Vorkostenabzug) geregelt.

Einen Überblick über die einzelnen Komponenten der neuen Förderung vermittelt Abbildung 2:

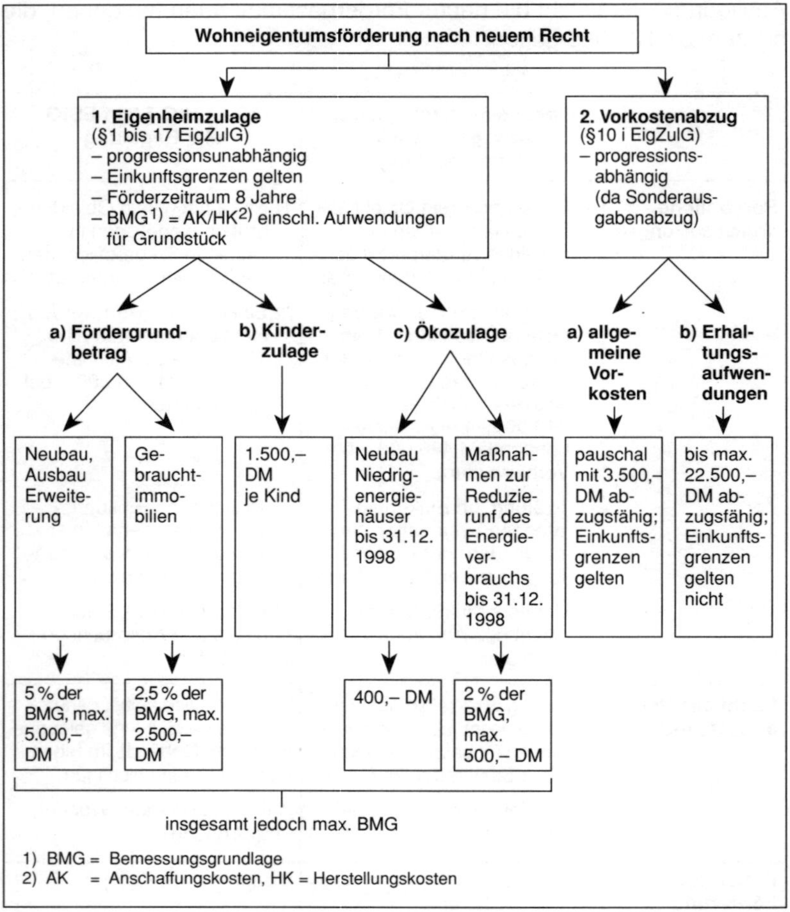

Abbildung 2: Wohneigentumsförderung nach neuem Recht

Durch das ab dem 01.01.1996 in Kraft getretene Gesetz zur Neuregelung der steuerrechtlichen Wohneigentumsförderung wird zum einen die steuerrechtliche Wohneigentumsförderung grundsätzlich progressionsunabhängig gestaltet und künftig im Wege einer Zulage an die Förderberechtigten ausbezahlt. Der Vorkostenabzug bleibt jedoch progressionsabhängig und wird im Bereich der Vorkosten, soweit es sich nicht um Erhaltungsaufwendungen handelt, pauschaliert.

Abbildung 3 vergleicht die neuen Förderbestimmungen mit denen, die bis zum 31.12.1995 galten:

	Eigenheimzulagengesetz bzw. § 10 i EStG neue Regelung	**10 e EStG § 34 f EStG alte Regelung**
Persönliche Voraussetzungen	1) Es ist noch kein Objektverbrauch eingetreten (1 Objekt je Steuerpflichtiger, 2 Objekte für Verheiratete) 2) Einkunftsgrenzen werden nicht überschritten (Summe aus Gesamtbetrag der Einkünfte des Erstjahres und des Vorjahres DM 240.000,– bei Alleinstehenden/DM 480.000,– bei Verheirateten) Prüfung, ob Einkunftsgrenzen eingehalten sind nur im Jahr der Fertigstellung bzw. der Anschaffung 3) Unbeschränkte Steuerpflicht des Anspruchsberechtigten	1) Es ist noch kein Objektverbrauch eingetreten (1 Objekt je Steuerpflichtiger, 2 Objekte für Verheiratete) 2) Einkunftsgrenzen werden nicht überschritten (DM 120.000,– bei Alleinstehenden/DM 240.000,– bei Verheirateten) Prüfung, ob Einkunftsgrenzen eingehalten sind in jedem jahr des Begünstigungszeitraums 3) Unbeschränkte Steuerpflicht des Anspruchsberechtigten
Sachliche Voraussetzungen	Wohnung wird selbst genutzt und ist eine im Inland gelegene Wohnung/Gebäude im Eigentum des Steuerpflichtigen Keine Ferien- oder Wochenendwohnung	Wohnung wird selbst genutzt und ist eine im Inland gelegene Wohnung/Gebäude im Eigentum des Steuerpflichtigen Keine Ferien- oder Wochenendwohnung
Dauer der Förderung	8 Jahre	8 Jahre
Höhe der Förderung einkommensabhängig	nein	ja
Bemessungsgrundlage (BMG)	Anschaffungs-/Herstellungskosten des Gebäudes zuzüglich Anschaffungskosten des Grund und Bodens	Anschaffungs-/Herstellungskosten des Gebäudes zuzüglich 50% der Anschaffungskosten des Grund und Bodens

Abbildung 3: Steuerliche Änderungen im Überblick

	Eigenheimzulagengesetz bzw. § 10 i EStG neue Regelung	10 e EStG § 34 f EStG alte Regelung
Fördersätze	**Fördergrundbetrag** *Neubauten* 8 × 5% der BMG, max. DM 5.000,– jährlich *Gebrauchtimmobilien* 8 × 2,5% der BMG, max. DM 2.500,– jährlich *Ökologische Maßnahmen* Erhöhung des Fördergrundbetrages um 2% der BMG, max. DM 500,– oder um DM 400,– je nach Art der Maßnahme	**Sonderausgabenabzug** *Neubauten* 4 × 6% der BMG; 4 × 5% der BMG; max. BMG DM 330.000,– *Gebrauchtimmobilien* 4 × 6% der BMG; 4 × 5% der BMG; max. BMG DM 150.000,–
	Kinderzulage jährlich DM 1.500,– je Kind	**Baukindergeld (§ 34 f EStG)** jährlich DM 1.000,– je Kind
Begrenzung	Maximale Förderung über den gesamten Förderzeitraum in Höhe der BMG	Sonderausgaben Neubau: max. DM 19.800,– p.a. Altbau: max. DM 9.000,– p.a. Keine Begrenzung für Baukindergeld
Auszahlung	Direkte Auszahlung im ersten Jahr mit der Bekanntgabe des Bescheides, jedes weitere Jahr am 15. März	Förderung als Sonderausgaben in der Einkommensteuererklärung; somit Minderung der Steuerzahllast oder Ermäßigung der Einkommensteuervorauszahlungen. Direkter Abzug des Baukindergeldes von der Steuerschuld im Einkommensteuerbescheid
Zeitliche Anwendung	*Bei Anschaffung* Kaufvertrag nach dem 31.12.1995 *Bei Herstellung* Bauantrag/Baubeginn nach dem 31.12.1995 Auf Antrag bereits ab dem 26.10.1995 (bzw. 28.06.1995 im Falle des §5 AHG)	*Bei Anschaffung* Kaufvertrag vor dem 31.12.1995 *Bei Herstellung* Bauantrag/Baubeginn vor dem 01.01.1996

Abbildung 3: Steuerliche Änderungen im Überblick (Fortsetzung)

2.2 Das Eigenheimzulagengesetz

2.2.1 Fördervoraussetzungen

Voraussetzung für die Förderung ist die Anschaffung oder Herstellung einer zu eigenen Wohnzwecken genutzten Wohnung im eigenen Haus oder einer zu eigenen Wohnzwecken genutzten Eigentumswohnung; auch werden An- und Ausbauten an einer Wohnung im eigenen Haus gefördert.

Begünstigt ist ebenfalls die unentgeltliche Überlassung an Angehörige (vgl. §15 AO, z.B. auch geschiedene Ehegatten). Damit ist der bisherige §10 h EStG entbehrlich.

Ferien- oder Wochenendwohnungen werden wie bisher grundsätzlich nicht gefördert. Die Förderung wird ebenfalls nicht gewährt, wenn für die Anschaffungs- oder Herstellungskosten Absetzungen für Abnutzung (AfA) im Rahmen einer doppelten Haushaltsführung geltend gemacht werden können.

Die bisherige Einkunftsgrenze von 120.000 DM für Ledige und 240.000 DM für Verheiratete wurde ins Eigenheimzulagengesetz übernommen. Allerdings werden zukünftig 2 Jahre für die Ermittlung der Einkunftsgrenzen berücksichtigt, um unerwünschte steuerliche Gestaltungsmöglichkeiten zu verhindern.

Entsprechend §5 EigZulG kann die Zulage ab dem Jahr des Förderzeitraums in Anspruch genommen werden (Erstjahr), in dem der Gesamtbetrag der Einkünfte dieses Erstjahres zuzüglich des Gesamtbetrages der Einkünfte des vorangegangenen Jahres (Vorjahr) 240.000 DM nicht übersteigt. Bei Ehegatten, die im Erstjahr nach §26 b EStG zusammen veranlagt werden, erhöht sich der Betrag auf 480.000 DM.

Der Gesamtbetrag der Einkünfte ist vom zu versteuernden Einkommen zu unterscheiden. Zur Ermittlung des zu versteuernden Einkommens werden Sonderausgaben, außergewöhnliche Belastungen, Kinderfreibeträge und weiteres abgezogen. Der Gesamtbetrag der Einkünfte ermittelt sich – vereinfacht dargestellt – wie folgt:

Einkünfte aus nicht selbständiger Arbeit (Bruttoeinkommen ./. Werbungskoten)	
+/–	Einkünfte aus Gewerbebetrieb (Gewinn bzw. Verlust)
+/–	Einkünfte aus selbständiger Arbeit (Gewinn bzw. Verlust)
+/–	Einkünfte aus Kapitalvermögen
+/–	Einkünfte aus Vermietung und Verpachtung (Mieteinnahmen ./. Werbungskosten)
+/–	Einkünfte aus weiteren Einkunftsarten
=	Gesamtbetrag der Einkünfte

Bei Zusammenveranlagung sind die Einkünfte von beiden Ehepartnern zu erfassen. Durch getrennte statt Zusammenveranlagung kann nicht ohne weiteres die Regelung der Einkunftsgrenze umgangen werden, auch wenn der eine Ehepartner unter der Grenze liegt. Voraussetzung für den steuerlichen Erfolg einer getrennten Veranlagung ist, daß auch grundbuchlich der betreffende Ehepartner allein Eigentümer der Immobilie ist.

Weitere Gestaltungsüberlegungen zur Vermeidung der Auswirkung der Einkunftsgrenze sind von den individuellen Gegebenheiten beim Steuerpflichtigen abhängig (z. B. Verschiebung einer Gewinnausschüttung).

Gegenüber der bisherigen Regelung wird allerdings dann die Förderung gewährt, soweit im Erstjahr, d.h. in der Regel im Jahr der Anschaffung oder Herstellung, die Voraussetzungen erfüllt sind; in den Folgejahren findet keine weitere Überprüfung der Einkünfte statt. Werden die Einkunftsgrenzen im Erstjahr überschritten, kann die Zulage erstmals ab dem Jahr gewährt werden, in dem die Einkunftsgrenzen unterschritten werden; allerdings verkürzt sich der Förderungszeitraum von 8 Jahren entsprechend.

Maßgebend für die Feststellung des Gesamtbetrags der Einkünfte sind die Einkommensteuerbescheide der betreffenden Jahre. Liegen diese Bescheide noch nicht vor, muß glaubhaft dargelegt werden, daß die Einkunftsgrenzen unterschritten werden (vgl. auch später Rückforderungsmöglichkeit aufgrund des § 11 Abs. 4 EigZulG).

Die Regelung zur Objektbeschränkung aus den §§ 7 b, 10 e EStG wurde auch für die Eigenheimzulage übernommen. Grundsätzlich kann somit der Steuerpflichtige nur für eine Wohnung die Zulage beanspruchen; Ehegatten steht die Förderung für insgesamt 2 Objekte zu.

Ein Eigentumsanteil an einer eigengenutzten Wohnung gilt, außer wenn Ehegatten Miteigentümer einer Wohnung sind, als ein Objekt.

Nicht ausgenutzte Jahre eines Förderobjekts können auf ein Folgeobjekt übertragen werden. Dabei gelten auch die Jahre als ausgenutzt, in denen die Einkunftsgrenze überschritten wird. Zeiträume, in denen der Anspruchsberechtigte vor Bezug der Wohnung Förderbeträge für das erste Objekt wegen fehlender Selbstnutzung nicht in Anspruch nimmt, können ebenfalls nicht übertragen werden.

Die Übertragung der Förderung auf ein Folgeobjekt kann ohne zeitliche Beschränkung erfolgen. Hat der Anspruchsberechtigte das Folgeobjekt in einem Jahr angeschafft oder hergestellt, in dem er das erste Objekt noch zu eigenen Wohnzwecken genutzt hat, so beginnt der Förderzeitraum für das Folgeobjekt erst mit Ablauf des Jahres, in dem der Anspruchsberechtigte das erste Objekt letztmals zu eigenen Wohnzwecken genutzt hat. Somit kann im Jahr des Eigentumswechsels der Steuerpflichtige noch die Förderung für das erste Objekt beanspruchen und ab dem folgenden Jahr die Förderung für das Folgeobjekt.

Die unentgeltliche Überlassung einer Wohnung an Angehörige führt – im Gegensatz zur bisherigen Regelung in §10 h EStG – zum Objektverbrauch.

2.2.2 Höhe der Zulage

Die Anschaffungs- und Herstellungskosten einschließlich der gesamten Anschaffungsnebenkosten bilden die Bemessungsgrundlage für die Zulage. Die Kosten des Grund und Bodens werden in vollem Umfang erfaßt (bisher 50%).

Im Rahmen der vorweggenommenen Erbfolge übernommene Verbindlichkeiten für eine Wohnung führen zu Anschaffungskosten dieser Wohnung (teilentgeltlicher Erwerb).

Wie bisher beträgt der Förderzeitraum gemäß §3 EigZulG 8 Jahre. Der Förderzeitraum beginnt im Jahr der Fertigstellung oder Anschaffung der Wohnung. Dabei gilt als Zeitpunkt der Anschaffung der Zeitpunkt des Übergangs von Nutzen und Lasten (Besitzübergang); der Zeitpunkt des Abschlusses des notariellen Kaufvertrages ist nur hinsichtlich des Anwendungszeitraums (vgl. 2.2.4) bedeutsam.

Die Eigenheimzulage besteht aus einem Fördergrundbetrag sowie einer Kinderzulage. Der jährliche Fördergrundbetrag beträgt für Neubau-

ten, Ausbauten und Erweiterungen 5% der Bemessungsgrundlage, maximal 5.000 DM.

Für Gebrauchtobjekte vermindert sich der Prozentsatz auf 2,5% der Bemessungsgrundlage, höchstens 2.500 DM p.a.

Neubauten sind solche Objekte, die bis zum Ende des zweiten auf das jahr der Fertigstellung folgenden Kalenderjahres angeschafft werden.

Zum Zwecke des steuerlichen Anreizes zur Reduzierung des Energieverbrauchs und zur Verminderung des CO^2 Ausstoßes wurden zusätzlich Zulagen für ökologische Maßnahmen eingeführt. Dabei wird gem. §9 Abs. 3 und Abs. 4 EigZulG vorausgesetzt, daß der Fördergrundbetrag gewährt wird. Der Fördergrundbetrag erhöht sich um folgende Beträge:

a. Aufwendungen für den Einbau für Solaranlagen, Wärmepumpen und Anlagen zur Wärmerückgewinnung im Neubau und Bestand
   - 2% der Bemessungsgrundlage, maximal 500 DM p.a. für 8 Jahre.
   - Die Zulage wird nur für Maßnahmen gewährt, die vor dem 01.01.1999 abgeschlossen sind. Eine Zulage für Ausbauten und Erweiterungen ist ausgeschlossen.

   Bemessungsgrundlage sind die Aufwendungen bzw. im Falle der Anschaffung die Anschaffungskosten einer Neubauwohnung, soweit sie auf die begünstigten Maßnahmen entfallen.

b. Neubau eines Niedrigenergiehauses mit einer Einsparung des Heizwärmebedarfs um 25 % gegenüber den Anforderungen der Wärmeschutzverordnung vom 16.08.1994
   - 400 DM Zulage p.a. für 8 Jahre
   - Die Zulage kommt nur dann zur Anwendung, wenn die Wohnung vor dem 01.01.1999 fertiggestellt oder vor diesem Zeitpunkt angeschafft ist. Ausbauten und Erweiterungen werden nicht gefördert.

Die Wohneigentumsförderung wurde für Familien mit Kindern verbessert. Die Förderbeträge pro Kind und Jahr wurden um 500 DM auf 1.500 DM erhöht. Eine Kinderzulage wird für jedes Kind gewährt, für das der Anspruchsberechtigte oder sein Ehegatte im jeweiligen Kalenderjahr des Förderzeitraums einen Kinderfreibetrag oder ein Kindergeld erhält. Ledige Eltern können die Kinderzulage für das gemeinsame Kind je zur Hälfte in Anspruch nehmen, soweit sie gemeinsam Eigentümer einer Wohnung sind.

Im § 9 Abs. 6 EigZulG ist eine allgemeine Beschränkung geregelt, wonach die Summe der Fördergrundbeträge, ggf. erhöht um die soge-

nannte „Ökozulage“ und der Kinderzulagen über den gesamten Zeitraum die Bemessungsgrundlage nicht überschreiten darf.

Daraus, daß die Eigenheimförderung nunmehr progressionsabhängig gestaltet ist, bedeutet die Neugestaltung eine im Vergleich zur bisherigen Regelung Verbesserung der Förderung von Familien mit Kindern, während andere Steuerpflichtige, beispielsweise mit einem höheren zu versteuernden Einkommen, eher schlechter gestellt sind.

2.2.3 Verfahrensfragen

Gemäß §10 EigZulG entsteht der Anspruch auf Eigenheimzulage mit Beginn der Nutzung der hergestellten oder angeschafften Wohnung zu eigenen Wohnzwecken und für jedes weitere Jahr des Förderzeitraumes mit Beginn des Kalenderjahres, für das eine Eigenheimzulage festzusetzen ist.

Die Eigenheimzulage wird gem. §11 EigZulG für das Jahr, in dem erstmals die Voraussetzungen für die Inanspruchnahme der Eigenheimzulage vorliegen und für die folgenden Jahre des Förderzeitraums, vom Finanzamt festgesetzt. Zuständig für die Festsetzung der Eigenheimzulage ist das für die Einkommensveranlagung zuständige Finanzamt des Anspruchsberechtigten.

Es genügt ein einmaliger Antrag des Anspruchsberechtigten im Jahr des Einzugs, um 8 Jahre lang die Zulage zu erhalten.

Bei der erstmaligen Festsetzung sind für die Höhe des Fördergrundbetrages und die Anzahl der zu berücksichtigenden Kinder die Verhältnisse bei Bezug der Wohnung maßgebend. Liegen bestimmte Voraussetzungen für die Inanspruchnahme der Eigenheimzulage erst zu einem späteren Zeitpunkt vor (z.B. Überschreitung der Einkommensgrenze erst in einem späteren Jahr), sind die Verhältnisse dieses Jahres maßgebend.

Wenn sich die Verhältnisse für die Höhe des Fördergrundbetrages (z.B. aufgrund nachträglicher Herstellungskosten) oder die Zahl der Kinder (z.B. Geburt eines Kindes) verändern, so ist für die Eigenheimzulage nach Ablauf des Kalenderjahres eine Neufestsetzung durchzuführen. Neu festgesetzt wird für den restlichen Begünstigungszeitraum mit Wirkung ab dem Kalenderjahr, in dem sich die Abweichung bei der Eigenheimzulage ergibt (§11 Abs. 2 EigZulG). Entfallen die Voraussetzungen für die Inanspruchnahme der Eigenheimzulage (beispiels-

weise durch Veräußerung oder Vermietung der Wohnung), ist die Festsetzung aufzuheben. Die Aufhebung wirkt ab dem folgenden Kalenderjahr. Wenn die Voraussetzungen für die Inanspruchnahme der Eigenheimzulage später erneut vorliegen (beispielsweise Eigennutzung nach einer Vermietungsphase), erfolgt eine erneute Festsetzung.

Dem Einkommensteuerbescheid des Anspruchsberechtigten kommt wegen der Höhe des Gesamtbetrages der Einkünfte mittelbare Feststellungswirkung zu. Das Finanzamt kann die Zulage festsetzen, bevor der Einkommensteuerbescheid vorliegt; jedoch muß der Anspruchsberechtigte in diesem Fall glaubhaft haben, daß er die Einkunftsgrenze im maßgeblichen Zeitraum nicht überschreitet. Gemäß §11 Abs. 4 EigZulG ist der Bescheid aufzuheben oder zu ändern, wenn nachträglich bekannt wird, daß die Einkommensgrenzen in den nach §5 EigZulG maßgeblichen Jahren überschritten wurden.

Materielle Fehler der Festsetzung können gem. §11 Abs. 5 EigZulG – auch über die Änderungs- oder Berichtigungsvorschriften der Abgabenordnung hinaus – durch Neufestsetzung oder durch Aufhebung der Festsetzung beseitigt werden. Diese eigenständige Änderungsvorschrift wurde deshalb in das Eigenheimzulagengesetz aufgenommen, da die Eigenheimzulage im Gegensatz zur jährlich festzusetzenden Einkommensteuer einmal für den gesamten Förderzeitraum festgesetzt wird. Eine fehlerbeseitigende Neufestsetzung wirkt nur für die Zukunft, also erst ab dem Jahr, in dem der Fehler dem Finanzamt bekannt wird. Wenn die Fehlerbeseitigung zu einer Verminderung der Zulage bzw. zu einer Aufhebung der Festsetzung führt, kann frühestens mit Wirkung ab dem Kalenderjahr neu festgesetzt oder aufgehoben werden, in dem der neue Bescheid erteilt wird.

Gemäß §12 EigZulG ist ein eigenhändig zu unterschreibender Antrag auf Eigenheimzulage nach amtlich vorgeschriebenen Vordrucken zu erstellen.

Der Anspruchsberechtigte ist auch verpflichtet, dem zuständigen Finanzamt unverzüglich eine Änderung der Verhältnisse mitzuteilen, die zu einer Minderung oder einem Wegfall der Eigenheimzulage führen.

§13 EigZulG regelt die Auszahlung der Zulage. Für das jahr der Bekanntgabe des Bescheides und die vorangegangenen Jahre ist die Zulage innerhalb eines Monats nach Bekanntgabe des Bescheides auszuzahlen. Für die Folgejahre wird die Eigenheimzulage jeweils zum 15. März, frühestens nach Bekanntgabe des Bescheides, ausgezahlt.

Ergibt sich aufgrund der Neufestsetzung eine Minderung der Zulage oder wird die Festsetzung aufgehoben, sind überzahlte Beträge innerhalb eines Monats nach Bekanntgabe des Bescheides zurückzuzahlen.

Die Eigenheimzulage zählt nicht zu den Einkünften i.S.d. Einkommensteuergesetzes. Die Zulage mindert nicht die steuerlichen Herstellungs- und Anschaffungskosten.

2.2.4 Anwendungszeitraum

Die neue Wohneigentumsförderung gilt gem. § 19 EigZulG dann, wenn

- im Falle der Herstellung nach dem 31.12.1995 mit der Herstellung des Objektes begonnen wurde oder
- im Falle der Anschaffung die Wohnung nach dem 31.12.1995 aufgrund eines nach diesem Zeitraum rechtswirksam abgeschlossenen obligatorischen Vertrages oder gleichstehenden Rechtsaktes angeschafft wurde.

Als Beginn gilt bei baugenehmigungspflichtigen Objekten der Zeitpunkt, in dem der Bauantrag gestellt wurde. Bei genehmigungsfreien Objekten, für die nur die Bauunterlagen einzureichen sind, ist der Zeitpunkt entscheidend, in dem die Bauunterlagen eingereicht werden.

Zwei Möglichkeiten der vorgezogenen Anwendung bestehen:

Auf Antrag kann die Zulage bereits im Veranlagungsjahr 1995 (§ 19 Abs. 2 Nr. 1 EigZulG) beansprucht werden, wenn der Anspruchsberechtigte die Wohnung als Mieter aufgrund einer Veräußerungspflicht des Wohnungsunternehmens nach § 5 des Altschuldenhilfegesetzes erwirbt und der Zeitpunkt des zugrundeliegenden Rechtsaktes nach dem 28.06.1995 liegt.

Ebenfalls konnte die Zulage auf Antrag bereits in 1995 beansprucht werden, wenn im Falle der Herstellung nach dem 26.10.1995 mit der Herstellung des Objektes begonnen wurde (der Bauantrag gestellt wurde) oder im Falle der Anschaffung der Wohnung nach dem 26.10.1995 aufgrund eines Rechtsaktes angeschafft wurde.

2.2.5 Förderung des Erwerbs von Genossenschaftsanteilen

Ab dem 01.01.1996 wird auch der Erwerb von Genossenschaftsanteilen unter bestmmten Voraussetzungen steuerlich im Rahmen der Eigenheimzulage gefördert (§17 EigZulG).

Gemäß §17 EigZulG kann die Eienheimzulage vom Anspruchsberechtigten auch einmal für die Anschaffung von Geschäftsanteilen i.H.v. mindestens 10.000 DM an einer Genossenschaft in Anspruch genommen werden. Voraussetzung ist jedoch, daß die Genossenschaft nach dem 01.01.1995 in das Genossenschaftsregister eingetragen wird.

Weiterhin sind besondere Satzungsbestimmungen Voraussetzung. Danach kann die Förderung nur dann von dem Genossenschaftsmitglied in Anspruch genommen werden, wenn die Satzung der Genossenschaft den Genossenschaftsmitgliedern, die die Förderung erhalten, ein unwiderrufliches und vererbliches Recht auf Erwerb des Eigentums an der von ihnen zu Wohnzwecken genutzten Wohnung für den Fall einräumen, daß die Mehrheit der in einem Objekt wohnenden Genossenschaftsmitglieder der Begründung von Wohneigentum und der Veräußerung der Wohnungen schriftlich zugestimmt hat.

Bemessungsgrundlage für die steuerliche Förderung ist die geleistete Einlage. Der Fördergrundbetrag beträgt 3% der Bemessungsgrundlage jährlich, maximal 2.400 DM pro Jahr (de facto maximal die Förderung von Geschäftsanteilen bis zu 80.000 DM). Die Kinderzulage beträgt jährlich 500 DM für jedes Kind. Der Förderzeitraum beträgt 8 Jahre.

Soweit ein Anspruchsberechtigter die Förderung für die Genossenschaftsantele in Anspruch genommen hat und diese Person in späteren Jahren selbstgenutztes Wohneigentum erwirbt oder herstellt, mindert sich seine ihm dann zustehende Eigenheimzulage jährlich um den Betrag, den er bereits im Jahr der Förderung der Genossenschaftsantele jährlich in Anspruch genommen hat (§9 Abs. 2 EigZulG).

2.3 Der Vorkostenabzug

Der Vorkostenabzug ist nunmehr im §10 i EStG (früher §10 e Abs. 6 EStG) geregelt. Wie schon bisher können Vorkosten als Sonderausgaben abgezogen werden, so daß der Vorkostenabzug weiterhin progressionsabhängig gestaltet ist.

Die allgemeinen Vorkosten können künftig im Jahr der Fertigstellung oder Anschaffung pauschal i.H.v. 3.500 DM als Sonderausgaben abgezogen werden. Ein Nachweis der Aufwendungen (Finanzierungsaufwendungen, Disagio, Notarkosten und ähnliches) ist nicht notwendig.

Für den Vorkostenabzug gelten die Einkunftsgrenze und die Objektbeschränkung. Demnach kann der Anspruchsberechtigte nur dann Vorkosten geltend machen, wenn er die Einkommensvoraussetzungen erfüllt und keine Objektbeschränkung eintritt.

Erhaltungsaufwendungen können bis zu 22.500 DM als Sonderausgaben geltend gemacht werden, wenn sie

- bis zum Beginn der erstmaligen Nutzung einer Wohnung zu eigenen Wohnzwecken entstanden sind oder
- bis zum Ablauf des auf das Jahr der Anschaffung folgenden Kalenderjahres entstanden sind, wenn der Steuerpflichtige eine von ihm bisher als Mieter genutzte Wohnung anschafft.

Die Erhaltungsaufwendungen müssen unmittelbar mit der Herstellung oder Anschaffung des Gebäudes oder der Eigentumswohnung zusammenhängen und dürfen nicht zu den Herstellungskosten oder den Anschaffungskosten der Wohnung oder des Grund und Bodens zählen.

Demnach fallen sogenannte anschaffungsnahe Aufwendungen nicht unter den Vorkostenabzug. Anschaffungsnaher Aufwand wird dann angenommen, wenn die Erhaltungsaufwendungen 15% der Anschaffungskosten übersteigen (vgl. R 157 Abs. 5 Einkommensteuerrichtlinien). Um die Höchstgrenze von 22.500 DM ausnutzen zu können, müssen die Anschaffungskosten des Gebäudes bzw. der Eigentumswohnung mindestens 150.000 DM betragen.

Bei einer Veräußerung von Wohnungen an die bisherigen Mieter ist zu beachten, daß der Mieter selbst die Erhaltungsaufwendungen tätigt. Soweit die Erhaltungsaufwendungen Teil der Kaufpreisvereinbarung sind und noch vom Veräußerer durchgeführt werden, ist ein Abzug als Vorkosten gem. §10 i EStG nicht möglich, da die Erhaltungsaufwendungen in diesem Fall auch, soweit sie unter 15% der Anschaffungskosten liegen, als Anschaffungskosten gewertet werden.

Für den Vorkostenabzug der Erhaltungsaufwendungen ist es nicht erforderlich, daß die Eigenheimzulage beansprucht wird, so daß auch die Einkommensgrenzen diesbezüglich nicht greifen.

Die neue Vorkostenregelung gilt grundsätzlich ab 1996. Für Zeiträume vor 1996 kommt sie nur zur Anwendung, soweit mit der Herstellung nach

dem 31.12.1995 begonnen wurde oder die Anschaffung nach dem 31.12.1995 erfolgte, d.h. in den Fällen, in denen das neue Eigenheimzulagengesetz bereits zur Anwendung kam. Soweit die Eigenheimzulage unter den Voraussetzungen des § 19 Abs. 2 EigZulG (auf Antrag) für 1995 beansprucht wurde, ist dann auch § 10 i EStG anzuwenden.

In der folgenden Beispielsrechnung ergeben sich für ein zu versteuerndes Einkommen von 60.000 DM/80.000 DM/100.000 DM bei Anwendung der Splitting-Tabelle (ab 01.01.1996) für den gesamten Förderzeitraum die dargestellten steuerlichen Auswirkungen. (Abbildung 4)

Hinsichtlich der Erhaltungsaufwendungen wurde davon ausgegangen, daß die Anschaffungskosten des Gebäudes mindestens 150.000 DM betragen.

Förderung von Gebrauchtimmobilien mit Vorkostenabzug gem. §10i EStG	**Zu versteuerndes Einkommen vor Vorkostenabzug**		
	60.000,– DM	**80.000,– DM**	**100.000,– DM**
Vorkostenabzug gem. §10i EStG			
(– Erhaltungsaufwendungen DM 22.500,– DM			
– allgemeine Vorkosten 3.500 DM)	7.285,– DM *)	7.760,– DM *)	8.260,– DM *)
+ Förderungsgrundbetrag (§9 EigZulG)	20.000,– DM	20.000,– DM	20.000,– DM
Förderung insgesamt Ehepaar ohne Kind	**27.285,– DM**	**27.760,– DM**	**28.260,– DM**
+ 1 Kinderzulage	12.000,– DM	12.000,– DM	12.000,– DM
Förderung insgesamt Ehepaar mit 1 Kind	**39.285,– DM**	**39.760,– DM**	**40.260,– DM**
+ 1 Kinderzulage	12.000,– DM	12.000,– DM	12.000,– DM
Förderung insgesamt Ehepaar, 2 Kinder	**51.285,– DM**	**51.760,– DM**	**52.260,– DM**

*) ohne Kirchensteuer und Solidaritätszuschlag

Abbildung 4: Förderung von Gebrauchtimmobilien mit Vorkostenabzug gem. § 10 i EStG

2.4 § 10 f Einkommensteuergesetz: Baudenkmäler und Sanierungsobjekte

Diese Förderungsmaßnahme betrifft die Steuervergünstigung für zu eigenen Wohnzwecken genutzte Baudenkmäler und Gebäude in Sanierungsgebieten oder städtebaulichen Entwicklungsbereichen. Der Steuerpflichtige kann Aufwendungen an einem selbstgenutzten Wohngebäude zehn Jahre lang mit jeweils 10 % wie Sonderabschreibungen abziehen. Es gelten die Voraussetzungen der §§ 7 h und 7 i EStG entsprechend. Es können die Kosten zu 100 % geltend gemacht werden.

Die Regelung des § 10 f. EStG ist unabhängig von der Förderung nach dem Eigenheimzulagengesetz, so daß ein Objektverbrauch und eine Überschreitung von Einkommensgrenzen unerheblich sind. Der § 10 f. EStG hat allerdings eine eigene Regelung zur Objektbeschränkung, wonach der Steuerpflichtige den Abzugsbetrag nur bei einem Objekt, im Falle der Zusammenveranlagung bei zwei Objekten geltend machen kann.

3. Vermietete Immobilien

3.1 Möglichkeiten der Steuereinsparung

Während bei einer selbstgenutzten Immobilie nach Bezug nur noch bestimmte und in begrenztem Umfang Aufwendungen abzugsfähig sind, können bei vermieteten Objekten auch danach Werbungskosten in voller Höhe abgesetzt werden. Ein steuerlicher erlust einer vermieteten Immobilie ergibt sich beispielsweise dann, wenn die degressive Abschreibung gewählt wurde und die Immobilie in hohem Maße fremdfinanziert ist. Negative Einkünfte aus Vermietung und Verpachtung können mit anderen Einkunftsarten (z.B. aus angestellter Tätigkeit) verrechnet werden, so daß eine Steuerentlastungswirkung eintritt. Aufgrund eines Lohnsteuerermäßigungsantrages kann bereits ein entsprechender Freibetrag in die Lohnsteuerkarte eingetragen werden.

3.2 Einnahmen-/Ausgabenrechnung

Zu den Einnahmen gehören die monatlichen Mietzahlungen, Mietumlagen und ggf. weitere Zuflüsse. Bei öffentlichen Zuschüssen besteht

ein Wahlrecht; in der Regel dürfte es vorteilhaft sein, die Zuschüsse nicht in einem Jahr in vollem Umfang als Einnahme zu behandeln, sondern von den Gebäudekosten (Minderung der Bemessungsgrundlage für die Abschreibung) abzuziehen.

Zu den Ausgaben zählen sämtliche Werbungskosten, die mit der Vermietung in unmitelbarem Zusammenhang stehen:

- Kosten der Geldbeschaffung (Disagio, Schätzkosten, Notarkosten und Grundschuldbestellungskosten),
- Schuldzinsen,
- Abschreibung der Gebäudekosten,
- Erhaltungsaufwendungen (Instandhaltungs- und Modernisierungskosten, soweit keine Aktivierungspflicht entsteht),
- Einrichtungsgegenstände (ggf. Abschreibung über mehrere Jahre, wenn die Anschaffungskosten über DM 800 ohne Umsatzsteuer liegen),
- aufende Bewirtschaftungskosten (Grundsteuer, Müllabfuhr, Wasser, Versicherungen, Hausmeister, Schornsteinfeger, Reinigung u.ä.).

Erhaltungsaufwendungen sind im Jahr der Entstehung in voller Höhe abzugsfähig. Für größere Erhaltungsaufwendungen besteht gemäß §82 b Einkommensteuer-Durchführungsverordnung das Wahlrecht, die Kosten im ersten Jahr voll abzuziehen oder auf zwei bis fünf Jahre zu verteilen.

Handelt es sich bei der vermieteten Immobilie um ein älteres erworbenes Objekt, ist die Regelung des R 157 Abs. 5 EStR zu beachten, wonach bei Überschreitung von 15% der Gebäudeanschaffungskosten in den ersten drei Jahren eine Aktivierung der Erhaltungsaufwendungen zu erfolgen hat. Ebenfalls Aktivierungspflicht ist gegeben, wenn Herstellungsaufwand vorliegt und in engem räumlichen und zeitlichen Zusammenhang Aufwendungen entstehen, die an sich Erhaltungsaufwand darstellen.

3.3 Abschreibungen

Die folgende Tabelle bietet eine Übersicht der Abschreibungsmöglichkeiten. Die lineare Abschreibung gemäß §7 EStG beträgt 2% (bei Fertigstellung vor dem 1.1.1925 2,5%) der Gebäudekosten, grundsätzlich unabhängig davon, wann das Objekt erworben wurde.

Die degressive AfA auf Wohngebäude (§7 Abs. 5 EStG) ist ab 01.01.1996 gesenkt worden. Durch die Änderung wird für Wohngebäu-

de, für die der Bauantrag nach dem 31. Dezember 1995 gestellt wird oder die aufgrund eines nach diesem Zeitpunkt rechtswirksam abgeschlossenen Vertrages angeschafft werden, der Rechtszustand von 1989 wiederhergestellt:

Für Mietwohnungen/Eigentumswohnungen können in den

– ersten	8 Jahren	jeweils	5 %
– darauffolgenden	6 Jahren	jeweils	2,5 %
– restlichen	36 Jahren	jeweils	1,25 %

der Herstellungs- bzw. Anschaffungskosten (bei Anschaffung im Jahr der Fertigstellung) abgesetzt werden.

Für Objekte, für die der Bauantrag vor dem 01. Januar 1996 gestellt wird (oder Abschluß des Vertrages vor diesem Zeitpunkt), bleibt die bisherige Regelung bestehen:

4 Jahre ×	7%
6 Jahre ×	5%
6 Jahre ×	2%
24 Jahre ×	1,25%

Es werden somit durch die Neuregelung nicht nur zu Beginn die AfA-Sätze abgesenkt, sondern die gesamte angenommene Nutzungsdauer wird auch von 40 auf 50 Jahre verlängert.

Interessant ist ein Vergleich der möglichen Abschreibungen in den ersten Jahren nach § 7 Abs. 5 EStG und §4 FGG:

Absetzung für Abnutzung	**§ 7 Abs. 5 EStG**		**§ 4 Fördergebietsgesetz**	
	Bauantrag/Anschaffung		**Fertigstellung/Anschaffung**	
in den ersten	vor dem 1.1.1996 (bisherige Regelung)	Nach dem 31.12.1995 (Jahressteuergesetz 1996)	vor dem 1.1.1997 (bisherige Regelung)	Nach dem 31.12.1996 (Jahressteuergesetz 1996) *)
5 Jahren	33,0 v. H.	25,0 v. H.	60,0 v. H.	35,0 v. H.
10 Jahren	58,0 v. H.	45,0 v. H.	64,5 v. H.	42,2 v. H.

*) Hiebei ist zu beachten, daß auf vor dem 01.01.1997 geleistete Anzahlungen bzw. Teilherstellungskosten für nach dem 31.12.1996 fertiggestellte Objekte die bisherigen höheren Sonderabschreibungen (50 v.H.) gewährt werden.

Auch wenn der Nutzungsbeginn eines Objektes erst im Dezember eines Jahres liegt, kann bei einer Abschreibung gemäß §7 Abs. 5 EStG gleichwohl die volle Jahres-AfA geltend gemacht werden.

Die degressive Abschreibung ist nur auf Neuobjekte anwendbar, d.h. auf Objekte, die entweder selbst hergestellt oder bis zum Ende des Jahres der Fertigstellung angeschafft worden sind. Wird beispielsweise ein Objekt am 1.12. fertiggestellt, erfolgt aber der Verkauf erst im folgenden Jahr, ist die Anwendung des §7 Abs. 5 EStG für den Erwerber ausgeschlossen.

Für Gebrauchtobjekte kommt nur die lineare Abschreibung gemäß §7 Abs. 4 EStG in Betracht.

Die erhöhten Abschreibungen gemäß §§7 h und i EStG betreffen Gebäude in Sanierungsgebieten und Gebäude, die unter Denkmalschutz stehen. Begünstigt sind Herstellungskosten für Modernisierungs- und Erhaltungsmaßnahmen, die jährlich mit 10% auf zehn Jahre verteilt werden. Voraussetzung für die Anwendung bei Anschaffungskosten ist jedoch, daß die Maßnahmen, die nach §§7 h und i EStG gefördert werden, erst nach dem Erwerbsvorgang erfolgen. Bauherrenmodelle eignen sich für diese Art der Abschreibung nicht, da aufgrund eines einheitlichen Vertrages sowohl der Kauf des alten Gebäudes als auch die Betreuung bei der Modernisierung vorgesehen ist. Nach den §§7 h und i EStG sind die Herstellungs- bzw. Anschaffungskosten nur insoweit begünstigt, als sie nicht durch Zuschüsse gedeckt sind. Weiterhin ist eine behördliche Bescheinigung zwingend notwendig und bei denkmalgeschützten Objekten ist eine Abstimmung der Maßnahmen mit der Denkmalschutzbehörde notwendig.

3.4 Verkauf von Immobilien

Der sich bei einer Veräußerung ergebende Gewinn unterliegt grundsätzlich nicht der Besteuerung. Allerdings würde dann ein steuerpflichtiges Spekulationsgeschäft gemäß §23 EStG vorliegen, wenn der Zeitraum zwischen Anschaffung (nicht Erbschaft oder Schenkung) und Veräußerung weniger als zwei Jahre beträgt. Die Steuerpflicht würde ebenfalls eintreten, wenn aufgrund mehrerer veräußerter Objekte ein gewerblicher Grundstückshandel anzunehmen ist (vgl. Erlaß des Bundesministers der Finanzen IV B 2-S 2240 - 61/90 vom 20.12.1990).

Tabelle 1: Erläuterungen zum § 7 EStG

Rechts-grundlage	**§ 7 Abs. 4 EStG**	**§ 7 Abs. 5 EStG**	**§ 7 Abs. 5 EStG**	**§ 7 h und i EStG für Sanierungsbauten/ Denkmale**
Anwendungsvor-aussetzungen	Fertigstellung	Bauantrag/ Anschaffung nach dem 1.1.1996	Bauantrag/ Anschaffung vor dem 1.1.1996	Gebäude in Sanierungs-gebieten und Gebäude, die unter Denkmalschutz stehen, behördliche Bescheinigung, Maß-nahmen erst nach Erwerb
Personenkreis	Bauherr/ Erwerber	Bauherr/ Ersterwerber im Jahr der Fertigstellung	Bauherr/ Ersterwerber im Jahr der Fertigstellung	Bauherr
Abschreibung	2 % (Fertigstellung vor 1.1.1925 2,5 %)	8 x 5 % 6 x 2,5 % 36 x 1,25 %	4 x 7 % 6 x 5 % 6 x 2 % 24 x 1,25 %	10 x 10 %
Abschreibung im 1. Jahr	zeitanteilig	volle Jahres-AfA	volle Jahres-AfA	volle Jahres-AfA
Bemessungs-grundlage	Herstellungs-kosten/ Anschaffungs-kosten	Herstellungs-kosten/ Anschaffungs-kosten	Herstellungs-kosten/ Anschaffungs-kosten	Herstellungskosten/ bestimmte Anschaffungskosten

Literaturempfehlungen

Dornbusch, H.L., Jasper, L.Th., Plitz, D.: Steuervorteile durch Haus- und Wohnbesitz. München 1992.
Lindmayer, K.H.: Geldanlage und Steuern 1994. Wiesbaden 1993.
Schmidt, L.: Einkommensteuergesetz Kommentar. München
Meyer, B., Handzik, P.: Neuregelung der privaten Wohneigentumsförderung durch das Eigenheimzulagengesetz und § 10 I EStG

Viktor-Hermann Müller

Die Bewertung von Immobilien: Verfahrensweisen, quantitative und qualitative Methoden

Zusammenfassung

Ein anhand der in der Wertermittlungsverordnung beschriebenen Verfahren sorgfältig ermittelter Verkehrswert sollte die Grundlage jeder Investitionsentscheidung in Immobilien sein. Hierbei ist der Objektbeschreibung, den ermittelten und zu Grunde gelegten Basisdaten, sowie der hierauf logisch aufbauenden Begründung und Ableitung des Verkehrswertes mindestens genausoviel kritische Aufmerksamkeit zu widmen, wie dem ausgewiesenen Verkehrswert selbst.

Anregung zu einer sorgfältigen Auseinandersetzung mit den klassischen Wertermittlungsverfahren und insbesondere ihren Problemstellungen und Kritikpunkten soll der nachstehende Aufsatz geben, um den Investor zur kritischen Hinterfragung ihm vorgelegter Wertgutachten und sachkundiger Diskussion mit seinem Sachverständigen zu ermuntern.

1. Aufgaben, Möglichkeiten und Grenzen der Immobilienbewertung

Die Geldanlage in Immobilien unterscheidet sich auch hinsichtlich ihrer Bewertung stark von anderen Anlageformen. Dies gilt insbesondere hinsichtlich der Feststellung und Beurteilung des jeweiligen aktuellen Wertes des Objektes. Den Kurs und damit den aktuellen Handelswert von Wertpapieren kann man jederzeit aus dem Börsenteil der Tageszeitung und diversen Wirtschaftspublikationen entnehmen. Ganz anders verhält es sich beim Wert einer Immobilie. Dieser steht letztendlich erst bei ihrem Erwerb beziehungsweise Verkauf als notariell beurkundeter Verkaufspreis fest.

Somit stellt sich die Frage nach der Bedeutung der Begriffe „Wert" und „Preis". Fast selbstverständlich erscheint es uns, daß jeder, der ein Wertgutachten benötigt, eine gewisse Intention hat und somit auch subjektive Vorstellungen des gewünschten beziehungsweise in seinen Augen „richtigen Wertes" hat. Dies zeigt auf, daß die Werteinschätzung einer Sache stets auch der subjektiven Einschätzung der Beteiligten unterliegt. Als Beispiel sei hier nur die Erbengemeinschaft genannt, die einen der Miterben ausbezahlen muß oder will. Sie wünscht, daß der Wert des Objektes möglichst niedrig ausfällt, um damit einen entsprechend niedrigen Ausgleichsbetrag begründen zu können. Beabsichtigt

nun die gleiche Erbengemeinschaft nach Auszahlung des Miterben das Grundstück zu verkaufen, oder zu beleihen, strebt sie die Darstellung eines möglichst hohen Wertes an. Das gleiche Verhalten finden wir beim Kapitalanleger, der beim Kauf den Wert der Immobilie immer wesentlich geringer einschätzt, als bei ihrem späteren Verkauf.

Nicht nur diese subjektiv unterschiedlichen Vorstellungen vom Wert einer Liegenschaft führen zu einer Vielzahl von Wertbegriffen im Bereich der Immobilienbewertung, sondern auch eine Vielzahl unterschiedlicher Normen, welche alle den Begriff des Wertes nennen, aber aufgrund unterschiedlicher Verfahrensvorschriften und Intentionen zu unterschiedlichen Werten gelangen. So sind derzeit fast zwanzig Wertbegriffe bekannt, die zum Teil das gleiche aussagen, aber zum Teil auch aufgrund unterschiedlicher Vorschriften und unterschiedlicher Betrachtungsweisen zu völlig unterschiedlichen Werten für ein und dieselbe Immobilie führen.

Hier sei nur der in der letzten Zeit verstärkt in die Diskussion geratene steuerliche Begriff des Einheitswertes mit dem ihm zugrundeliegenden Vorschriften des Bewertungsgesetzes erwähnt. Es muß an dieser Stelle nicht näher dargestellt werden, welche große Diskrepanz zwischen diesem Einheitswert und dem am Markt erzielbaren Wert einer Immobilie besteht.

Der von Banken in Ansatz gebrachte Beleihungswert berücksichtigt vor allem das Kreditsicherungsinteresse der Bank. Unschwer ließen sich weitere Beispiele für den subjektiven Gehalt des Wertbegriffes finden, aber hier soll nur auf diese Tatsache hingewiesen werden, die sowohl für die Sachverständigen als auch die Nachfragenden nach Wertgutachten im Grunde unbefriedigend ist. Vielfach wurde daher auch schon die Forderung nach einem einheitlichen Wertbegriff erhoben, von dem dann alle anderen abgeleitet werden könnten.

Einen derartigen „Ausgangs- oder Grundwertbegriff" kennen wir derzeit nicht. Wohl kennen wir jedoch den in § 194 Baugesetzbuch definierten Begriff des Verkehrswertes, der nachstehend noch näher darzustellen ist. Er ist klar definiert und bietet eine gute Grundlage für die Wertermittlungen, die durch seine Zugrundelegung auch untereinander vergleichbar sind. Dieser Verkehrswert ist als der Preis bezeichnet, der am freien Grundstücksmarkt unter normalen Umständen voraussichtlich für die zu bewertende Immobilie zu einem ganz bestimmten Stichtag erzielt werden kann. Daraus ergibt sich, daß es sich beim Verkehrswert nicht um eine theoretische, finanzmathematisch zu bestimmende

Größe handelt, sondern um einen von den tatsächlichen Eigenschaften des Bewertungsobjektes und Bedingungen des Marktes geprägten Preis. So ist es die Aufgabe des Bewertenden, sich genaue Informationen sowohl über den Bewertungsgegenstand als auch über die aktuelle Marktsituation zu verschaffen. Letzteres wird plastisch dadurch ausgedrückt, daß der Sachverständige nicht den „Markt machen“ darf, sondern ihm „auf's Maul zu schauen hat.“

Als Aufgabe der Wertermittlung kann somit festgehalten werden, daß sie nach möglichst objektiven Maßstäben den Wert eines Grundstücks im Sinne der Verkehrswertdefinition des § 194 Baugesetzbuches zu ermitteln hat, um den Marktteilnehmern einen sicheren Orientierungsmaßstab für ihre Dispositionen an die Hand zu geben.

Ihre Grenzen findet die Wertermittlung jedoch dort, wo sie den exakten Verkaufspreis in einem konkreten Verkaufsfalle vorausbestimmen soll. Dieser bestimmt sich in der Regel nicht nur nach der Marktlage (Angebots- u. Nachfragesituation), sondern auch nach den individuellen Wertvorstellungen der Parteien (Nutzungs-, Geltungs-, Spekulationswert für den Kaufinteressenten) sowie nach der wirtschaftlichen Leistungsfähigkeit und nicht zuletzt auch dem individuellen Verhandlungsgeschick von Käufer und Verkäufer.

2. Die Offizialverfahren der Wertermittlung

2.1 Rechtliche Grundlagen der Verkehrswertermittlung

Die Rechtsgrundlagen der Wertermittlung sind in den §§ 192 fortfolgende Baugesetzbuch und in der aufgrund der Ermächtigungsgrundlage des § 199 Baugesetzbuch erlassenen Wertermittlungsverordnung vom 6. 12. 1988 (WertV88) sowie ergänzend in den Wertermittlungsrichtlinien (WertR91) vom 11.6.1991 zu finden.

Insbesondere die Verfahrensregeln der WertV88 gelten heute als sogenannte „anerkannte Regeln der Schätzlehre“ und haben daher eine weite Verbreitung und maßgebliche Bedeutung in allen Bereichen der Grundstückswertermittlung gefunden. Diesem Umstand trug der Verordnungsgeber auch dadurch Rechnung, daß er in § 1 Absatz 1 der WertV88 ausgeführt hat, daß bei der Ermittlung des Verkehrswerts von

Grundstücken die Verordnungen der WertV88 anzuwenden sind. Hiermit wird ein allgemeiner Anwendungsrahmen ausdrücklich bescheinigt und die frühere Einschränkung der Wertermittlungsverordnung aus dem Jahr 1972, welche ausführte, daß bei der Ermittlung von Grundstückswerten nach dem Bundesbaugesetz und dem Städtebauförderungsgesetz diese Vorschriften anzuwenden sind, faktisch aufgehoben.

Die Vorschriften der WertV88 gelten seit dem 1. 1. 1990 im gesamten Bundesgebiet und seit dem 3. 10. 1990 auch in den neuen Bundesländern. Die WertV88 findet ihre Ergänzung und weitere Erläuterung in der WertR91, welche eine Art Durchführungsverordnung zur WertV88 darstellt. Hierbei ist jedoch zu beachten, daß die Wertermittlungsrichtlinie eine bundesministerielle Richtlinie ist, die nur für bestimmte Behörden Verbindlichkeit besitzt. Sie ist nicht verbindlich für die Gutachterausschüsse und die freien Sachverständigen. Im Zusammenhang mit der WertV88 bildet sie jedoch wiederum ein Regelwerk, welches zu den anerkannten Regeln der Schätzlehre gehört und somit auch von den Gerichten als geltender Bewertungsgrundsatz angesehen wird. Die WertR91 wird für das Gebiet der neuen Bundesländer durch die „Bekanntmachung der ergänzenden Hinweise zu den Wertermittlungsrichtlinien 1991 für das Gebiet der neuen Länder vom 17. 3. 1992“ ergänzt.

2.2 Verkehrswertbegriff und Prinzipien des § 194 Baugesetzbuch

„Der Verkehrswert wird durch den Preis bestimmt, der in dem Zeitpunkt, auf den sich die Ermittlung bezieht, im gewöhnlichen Geschäftsverkehr nach den rechtlichen Gegebenheiten und tatsächlichen Eigenschaften, der sonstigen Beschaffenheit und der Lage und des Grundstücks oder des sonstigen Gegenstands der Wertermittlung ohne Rücksicht auf ungewöhnliche oder persönliche Verhältnisse zu erzielen wäre.“

Diese zuerst sicherlich juristisch abstrakt erscheinende Definition des Verkehrswertes ergibt bei genauerer Betrachtung vier recht handfeste Prinzipien und Prüfkriterien für die Wertermittlung.

a) Das Stichtagsprinzip
Es besagt, daß eine Verkehrsermittlung stets nur auf einen bestimmten Stichtag ausgerichtet ist. Sie ist daher auch nur unter den Bedingungen dieses Stichtages zu beurteilen. Die Bedeutung die-

ses Stichtagsprinzips wird deutlich, wenn man sich vor Augen hält, welche wesentlichen Unterschiede in der Wertbeurteilung eines Mehrfamilienhauses, beispielsweise in Berlin-Kreuzberg, vor und nach dem Fall der Mauer gegeben sind. Der Wertermittlungsstichtag kann sowohl in der Gegenwart (zum Beispiel Verkehrswertermittlung zum Zwecke der Kaufpreisfindung), als auch in der Vergangenheit (zum Beispiel Verkehrswertermittlung zu einem bestimmten, zurückliegenden Stichtag einer Vermögensauseinandersetzung) liegen. Eine Verkehrswertermittlung für einen in der Zukunft gelegenen Stichtag ist im Sinne des § 194 Baugesetzbuch jedoch nicht möglich.

b) Das Normalitätsprinzip

Dies bedeutet, daß für die Preisbildung nur solche Faktoren herangezogen werden dürfen, die im gewöhnlichen Geschäftsverkehr auftreten. Demnach dürfen Preise, welche aufgrund ungewöhnlicher Situationen (Zwangsversteigerung, Erwerbsvorgänge zwischen Verwandten, Grundstücksveräußerungen innerhalb eines Firmenverbundes, Arrondierungskäufe, Notverkäufe) bei der Preisfindung nicht berücksichtigt werden dürfen.

c) Das Realitätsprinzip

Das Realitätsprinzip sagt aus, daß bei der Verkehrswertermittlung nur diejenigen Tatsachen und rechtlichen Verhältnisse berücksichtigt werden dürfen, aber auch berücksichtigt werden müssen, die zum Wertermittlungsstichtag tatsächlich vorhanden sind. Erst mit der Reform des Bundesbaugesetzes im Jahre 1976 wurde das Realitätsprinzip auch auf die rechtlichen Gegebenheiten am Bewertungsobjekt ausdrücklich erweitert. Dies bedeutet konkret, daß neben den sachlichen Gegebenheiten, wie Baujahr, Bauweise, Bauausführung und Bauzustand des Bewertungsobjektes auch die rechtlichen Gegebenheiten sorgfältig zu ermitteln und bei der Bewertung zu berücksichtigen sind. Hier sei nur an die sorgfältige Analyse bestehender Mietverträge, bestehender Belastungen des Grundstücks in Abteilung II des Grundbuches sowie an öffentlich-rechtliche Beschränkungen des Grundstücks durch Bauordnungsrecht, Baulasten, Denkmalschutzauflagen und dergleichen erinnert.

d) Das Objektivitätsprinzip

Schließlich wird verlangt, daß bei der Verkehrswertermittlung persönliche und ungewöhnliche Umstände, die in den Beteiligten begründet liegen, unbeachtet bleiben müssen. So ist bei der Festsetzung des Verkehrswertes einer vermieteten Eigentumswohnung im

Sinne des Realitätsprinzips (rechtliche Realität) die Eigenschaft „vermietet“ grundsätzlich zu berücksichtigen, auch wenn die Wohnung durch den Mieter selbst erworben wird und diesen der Umstand der Vermietung nicht nachteilig treffen würde.

2.3 Das Vergleichswertverfahren

Das Vergleichswertverfahren stellt eine sogenannte Preisvergleichsrechnung dar. Hierbei wird der Wert des zu bewertenden Objektes durch die Heranziehung von tatsächlich am Markt bezahlten Preisen für vergleichbare Objekte bestimmt.

Damit ist das Vergleichswertverfahren das marktnächste Verfahren und müßte direkt zum Verkehrswert führen. In der Praxis stellt sich jedoch das Problem, daß derart homogene Vergleichsgrundstücke in der Regel nicht zur Verfügung stehen. Den Unterschieden muß daher durch entsprechende Zu- und Abschläge bzw. Umrechnung der Werte mittels Umrechnungskoeffizienten Rechnung getragen werden.

Eine weitere wichtige Voraussetzung für die Arbeit mit Vergleichswerten ist, daß dem Bewertenden eine genügend große Anzahl von Vergleichsobjekten zur Verfügung stehen. Nach Vogels sollten bei Grundstücken mindestens zehn, besser jedoch 20 oder 30 Vergleichsgrundstücke herangezogen werden, um den Vergleichswert zu berechnen (Vgl. Vogels 1991, S. 215). Diese stehen den Sachverständigen regelmäßig nicht zur Verfügung, so daß sie auf die von den Gutachterausschüssen aus der Kaufpreissammlung ermittelten Werte angewiesen sind.

Nach § 12 der Wertermittlungsverordnung sind die Gutachterausschüsse nunmehr gehalten, neben den Richtpreisen für unbebaute Grundstücke auch Vergleichsfaktoren für bebaute Grundstücke zu ermitteln und zu veröffentlichen. Dies können sowohl Ertragsfaktoren (beispielsweise Vielfache des Jahresrein- oder Rohertrages des Grundstückes), oder Gebäudefaktoren (DM pro Quadratmeter Wohnfläche) sein. Die Aussagekraft und damit Vergleichsfähigkeit all dieser Daten hängt jedoch jeweils von der Qualität der Aufbereitung in den Gutachterausschüssen ab. Mit zunehmendem Einzug der EDV auch in diesem Bereich läßt sich hier jedoch eine deutliche Qualitätsverbesserung feststellen.

Den größten Anwendungsbereich findet das Vergleichswertverfahren noch immer im Bereich der Bodenwertermittlung, die nachstehend kurz umrissen werden soll.

2.3.1 Die Bodenwertermittlung im Vergleichswertverfahren

Grundstücke, insbesondere unbebaute Grundstücke eignen sich wegen ihrer relativ einfachen Vergleichbarkeit besonders für die Bewertung nach dem Vergleichswertverfahren. Hierbei ist jedoch streng darauf zu achten, daß das Vergleichsgrundstück und das zu bewertende Grundstück in den wesentlichen wertbestimmenden Merkmalen übereinstimmen. Dies sind beim Grundstück Lage, Größe, Zuschnitt und vor allem das Maß der baulichen Nutzung. Dies wird in erster Regel bestimmt durch die auf dem Grundstück zulässige und tatsächlich realisierbare Geschoßflächenzahl. Die Geschoßflächenzahl, welche im § 20 der Benutzungsverordnung definiert ist, gibt an, wieviel Quadratmeter Geschoßfläche je Quadratmeter Grundstücksfläche zulässig ist. Unschwer ist zu erkennen, daß ein Grundstück grundsätzlich mit steigender Geschoßflächenzahl auch einen steigenden Wert aufweist. Somit läßt sich die Wertänderung bei ansonsten vergleichbaren Grundstücken durch einen Vergleich der zulässigen beziehungsweise realisierbaren Geschoßflächenzahlen erreichen. Es hat sich jedoch erwiesen, daß die Wertsteigerung nicht proportional zum Anstieg der Geschoßflächenzahl verläuft. Zur Ermittlung der Wertänderung bei sich verändernder Geschoßflächenzahl wurden daher Umrechnungskoeffizienten errechnet. Mit Hilfe dieser Koeffizienten kann man nun den Grundstückswert in der Weise bestimmen, indem man die Koeffizienten miteinander dividiert und den Quadratmeterpreis des Vergleichsgrundstückes mit dem Ergebnis der Division der Koeffizienten multipliziert. Dies sei wie folgt verdeutlicht:

Beispiel: Vergleichspreis von 200,– DM/m^2 bei zulässiger Geschoßflächenzahl GFZ 0,8 ist gegeben.

Gesucht wird der Vergleichswert für ein gleichartiges Grundstück mit zulässiger GFZ 1,2. Aus der koeffizienten Umrechnungstabelle ergeben sich folgende Werte: GFZ 1,2 entspricht Umrechnungskoeffizient 1,1, GFZ 0,8 entspricht Umrechnungskoeffizient 0,9.

Somit rechnerisch $200,\text{– DM/m}^2 \times \frac{1{,}10}{0{,}9}$ = gerundet 244,– DM/m^2

Selbstverständlich können auch diese Umrechnungskoeffizienten und die mit ihnen erzielten Ergebnisse nicht ungeprüft übernommen werden. Sie bieten lediglich eine Berechnungshilfe. Die örtlichen und grundstückspezifischen Verhältnisse sind jedoch stets mit zu berücksichtigen.

Neben der Geschoßflächenzahl spielt auch die Grundstückstiefe sowie die Grundstücksbreite, insbesondere die Straßenfrontbreite, bei der Wertbestimmung im Vergleichswertverfahren eine wesentliche Rolle. Auch zu diesen beiden Komponenten sind vielfältige Untersuchungen angestellt und mathematische Umrechnungsmodelle entwickelt worden.

Ferner muß bei der Ermittlung des Bodenwertes im Vergleichswertverfahren berücksichtigt werden, daß die Vergleichspreise, welche im Regelfall die Bodenrichtwerte der Gutachterausschüsse sind, meist in einem nicht unerheblichen zeitlichen Abstand zum Wertermittlungsstichtag ermittelt wurden. So stellen die Gutachterausschüsse die Bodenrichtwerte immer zum 31.12. eines Kalenderjahres fest und veröffentlichen sie dann zum Ende des ersten Quartals des Folgejahres. Dies bedeutet in der Praxis, daß für eine Wertermittlung im Februar 1994 nur die zum 31. 12. 1992 veröffentlichten Bodenrichtwerte zur Verfügung stehen. Dieser zeitlichen Komponente soll durch Verwendung von Bodenpreisindexreihen, wie sie von den Gutachterausschüssen aufzustellen sind, Rechnung getragen werden. Soweit derartige Indexreihen zum Bewertungszeitpunkt nicht vorliegen, oder dessen Situation nicht aktuell erfassen, muß der Sachverständige den gefundenen Vergleichswert durch einen zu begründenden Marktanpassungszu- oder abschlag den tatsächlichen Verhältnissen zum Wertermittlungsstichtag anpassen.

2.3.2 Weitere Anwendungsbereiche des Vergleichswertverfahrens

Heute wird das Vergleichswertverfahren auch überwiegend bei der Bewertung von Eigentumswohnungen angewendet. Petersen führt dazu aus, daß die Anwendung des Sachwertverfahrens, welches den Gesamtsachwert des Gebäudes errechnet und den Wert der Eigentumswohnung dann entsprechend den auf sie entfallenden tausendstel Anteile bemißt, nicht sachgerecht ist (vgl. Petersen 1993, S. 40). Dem kann nur zugestimmt werden, zumal wenn man bedenkt, daß die Tausendstel-Berechnung bei der Erstellung von Teilungserklärungen sehr

oft nicht unter Berücksichtigung der wirtschaftlichen Gegebenheiten und des wirtschaftlichen Nutzungswertes der zum jeweiligen Sondereigentum gehörenden Flächen begründet werden.

Auch das Ertragswertverfahren ist bei Eigentumswohnungen wenig geeignet, da Eigentumswohnungen überwiegend unter dem Aspekt der Eigennutzung erworben werden.

Verbleibt also das Vergleichswertverfahren als das tatsächlich marktnächste Verfahren zur Ermittlung des Wertes von Eigentumswohnungen. Aufgrund der Vielzahl der vorkommenden Verkaufsfälle und der häufig anzutreffenden Vergleichbarkeit der Eigentumswohnungen untereinander, bietet sich dieses Verfahren an. Die Gutachterausschüsse stellen auch zunehmend entsprechende Vergleichsfaktoren als Preise pro Quadratmeter Wohnfläche zur Verfügung.

Auch bei der Anwendung dieser Vergleichspreise ist stets mit äußerster Sorgfalt darauf zu achten, daß „nicht Äpfel mit Birnen" verglichen werden. Es sind die wesentlichen, wertbestimmenden Merkmale der zu bewertenden Wohnung und der den Vergleichspreis begründenden Wohnung sorgfältig miteinander zu vergleichen. Neben den tatsächlichen Verhältnissen wie Alter, Bauausführung, Bau- und Unterhaltungszustand und Größe sowie Lage der Wohnung, sind auch die rechtlichen Verhältnisse besonders sorgfältig zu prüfen. Hier spielt insbesondere die Frage, ob es sich um eine vermietete oder sofort bezugsfertige Wohnung handelt, eine bedeutende Rolle. Vermietete Wohnungen können niemals mit bezugsfreien Wohnungen direkt verglichen werden.

Ein weiterer wesentlicher Faktor bei ansonsten gleichartigen Wohnungen ist die jeweilige Wohnungsgröße, wobei hier allgemein festgestellt werden kann, daß der Quadratmeterpreis zunehmender Wohnungsgröße abnimmt. Die Berechnung des anzusetzenden Quadratmeterpreises bei gleichartigen Wohnungen unterschiedlicher Größe erfolgt im gleichen Verfahren wie vorstehend bei der Ermittlung des Bodenwertes im Koeffizientenumrechnungsverfahren dargestellt. Auch hier muß festgehalten werden, daß trotz rechnerischer Angleichung nur Rechenwerte ermittelt werden können. Gerade bei der Bewertung von Eigentumwohnungen in größeren Wohnanlagen spielt auch deren individuelle Lage innerhalb der Wohnanlage (Stockwerk, geographische Ausrichtung) eine durchaus wertbeeinflussende Rolle. Derartige Umstände hat der Sachverständige mit entsprechenden Zu- und Abschlägen zu würdigen.

Desweiteren findet das Vergleichswertverfahren dort Anwendung, wo die Gutachterausschüsse entsprechende Vergleichsfaktoren zur Verfügung stellen. Der Gutachterausschuß der Stadt Stuttgart veröffentlicht zum Beispiel Richtwerte für typische bebaute Grundstücke einschließlich aufstehenden Gebäuden vom Kleinwohnhaus über das Einfamilienhaus, das Reiheneigenheim, das Landhaus, Zweifamilienhaus, Dreifamilienhaus bis hin zum Mehrfamilienhaus. Soweit die für derartige Objekte veröffentlichten Vergleichspreise mit einem zu bewertenden Objekt sinnvoll in Vergleich zu setzen sind, kann das Vergleichswertverfahren auch auf derartige Objekte ausgedehnt werden.

Zusammenfassend kann gesagt werden, daß mit zunehmender Anwendung von EDV und Statistik sowohl bei den Gutachterausschüssen als auch bei den Sachverständigen selbst das Vergleichswertverfahren an Bedeutung zunehmen wird.

Hierzu führt Petersen überzeugend aus, daß die Zukunft des Vergleichswertverfahrens die Zukunft der Grundstücksbewertung sei, deren Ziel es sein müßte, das Vergleichswertsystem auf alle Immobilienobjekte auszudehnen (vgl. Petersen 1993, S. 47).

2.4 Das Ertragswertverfahren

Beim Ertragswertverfahren wird der Ertragswert aus dem Bodenwert und dem, um die Verzinsung des Bodenwertes verminderten und so dann auf die Restnutzungsdauer des Gebäudes kapitalisierten nachhaltig erzielbaren Reinertrages des Gebäudes ermittelt.

Um mit dem Ertragswertverfahren richtige und auch untereinander vergleichbare Ergebnisse zu erzielen, ist es von entscheidender Bedeutung, die hier verwendeten Begriffe genau zu definieren. Gerade der Mietpreisbegriff unterliegt den unterschiedlichsten Definitionen und Betrachtungsweisen. Hier läßt sich jedoch relativ einfach Klarheit schaffen, indem man auf die Begriffsbestimmungen der Wertermittlungsverordnung zurückgreift. Diese definiert den Rohertrag als den Ertrag, der bei ordnungsgemäßer Bewirtschaftung und zulässiger Nutzung erzielbare Einnahmen aus dem Grundstück, insbesondere Mieten und Pachten, einschließlich sonstigen Vergütungen zu erzielen ist. Hierbei sind Umlagen, die zur Deckung der Betriebskosten gezahlt werden, nicht zu berücksichtigen.

Wie zuvor erwähnt, sind die Betriebskosten jedoch von dem Jahresmietertrag in Abzug zu bringen, wenn sie nicht zusätzlich zur Grundmiete erhoben werden. Unterbleibt ein derartiger Abzug, etwa weil die nicht umgelegten Betriebskosten erst gar nicht genau ermittelt werden, so kann man auch nicht von einem Rohertrag im Sinne der Wertermittlungsverordnung sprechen. Auch ist stets zu prüfen, ob die Erträge aus zulässiger Nutzung stammen und nachhaltig erzielt werden können. So können Mieterträge, die aus einer Überbelegung von Wohnräumen stammen, keine Berücksichtigung finden. Hier sind die bei ordnungsgemäßer Belegung erzielbaren marktüblichen Mieten in Ansatz zu bringen.

Der Reinertrag ist als der Rohertrag abzüglich der Bewirtschaftungskosten definiert. Hierzu gehören die Abschreibung, die Betriebskosten, welche nicht durch Umlagen gedeckt sind, die Instandhaltungskosten und das Mietausfallwagnis. Hierbei sind die Verwaltungskosten, die Instandhaltungskosten und das Mietausfallrisiko nach Erfahrungssätzen anzusetzen.

Von dem so gefundenen Reinertrag ist der sogenannte Bodenwertanteil in Abzug zu bringen. Dies beruht darauf, daß man davon ausgeht, daß Grund und Boden keiner Abschreibung unterliegen. Der Bodenwertanteil wird durch die Verzinsung des Grundstückswertes der zu bewertenden Immobilie mit dem in Ansatz zu bringenden Soll- bzw. Liegenschaftszinssatz ermittelt.

Der Grundstückwert ist regelmäßig im Vergleichswertverfahren zu ermitteln. Wesentlich problematischer ist die Festlegung des in Ansatz zu bringenden Liegenschaftszinssatzes. Dieser ist als die Verzinsung definiert, die Kapitalanleger als Anfangsverzinsung einer Investition in Immobilien zu erwarten. Da dem Sachverständigen selten ausreichendes Datenmaterial zur Verfügung steht, muß er auf die von den Gutachterausschüssen veröffentlichten Liegenschaftszinssätze zurückgreifen.

Nach Abzug dieses Bodenwertanteils, oder anders gesagt der Bodenverzinsung, vom Reinertrag erhält man den Gebäudeertragsanteil (Gebäudereinertrag). Dieser ist nun mit dem sich aus der angenommenen Restnutzungsdauer und dem Liegenschaftszinssatz ergebenen Vervielfältiger zu multiplizieren. Bei der Bestimmung der Restnutzungsdauer ist darauf abzustellen, wie lange das zu bewertende Gebäude die seinen Ertrag begründende Funktion noch erfüllen kann. Dieser Zeitraum kann wesentlich von der technischen Lebensdauer des Ge-

samtgebäudes abweichen, da es hier auch auf Ausstattungs- und Funktionsmerkmale ankommt, die wesentlich schneller veraltern können als der reine Baukörper.

Zentraler Faktor dieses Verfahrens ist jedoch der Liegenschaftszinssatz, da dieser zusammen mit der angenommenen Restnutzungsdauer der Immobilie entscheidenden Einfluß auf das Ergebnis des Ertragswertverfahrens hat. Nach diesen zwei Faktoren bestimmt sich der in Anwendung zu bringende Vervielfältiger, welcher dem jeweiligen Rentenbarwertfaktor für die entsprechende Restnutzungsdauer bei dem zugrunde gelegten Zinssatz entspricht. Bei einer Restnutzungsdauer von 50 Jahren ergeben sich zum Beispiel folgende Vervielfältiger:

Liegenschaftszins:	4,50%	4,75%	5,00%	5,50%
Vervielfältiger:	19,76	18,98	18,26	16,93

Unschwer läßt sich hieran erkennen, wie sich durch die Wahl des Liegenschaftszinssatzes der Ertragswert verändert.

Die aktuellen Liegenschaftszinssätze sind von den Gutachterausschüssen zu ermitteln. Der Verordnungsgeber hat darauf abgestellt, daß grundsätzlich marktorientierte Liegenschaftszinssätze zu verwenden sind und die in der Wertermittlungsrichtlinie genannten Werte nur hilfsweise Verwendung finden sollen. Dies ist mehr als berechtigt, da erhebliche Diskrepanzen zwischen den in der Wertermittlungsrichtlinie genannten und den tatsächlich am Markt zu findenden Liegenschaftszinssätzen zu finden sind. So werden beispielsweise für Geschäftsgrundstücke 6,5% als Anhaltswert genannt. Der Marktbericht des Gutachterausschusses der Stadt Stuttgart weist aber für derartige Grundstücke zum 31. 12. 1991 eine Spanne von 3,5 %–6,0 % aus. Es erscheint daher unverständlich, daß vielerorts noch stur mit den Vorgabewerten der Wertermittlungsrichtlinie gerechnet wird.

Aus dem mit dem Vervielfältiger multiplizierten Gebäudereinertrag ergibt sich der Gebäudeertragswert. Diesem ist der Bodenwert hinzuzurechnen. Nach Berücksichtigung eines eventuell vorhandenen Reparaturstaus ergibt sich sodann der Ertragswert der Liegenschaft.

Dieses Ertragswertverfahren berücksichtigt jedoch nur die Anfangssituation und nicht eventuelle Änderungen, die sich durch Mietpreis- oder auch Kostenveränderungen im Laufe des Investitionszeitraumes ergeben. Es entspricht damit dem in der Verkehrswertdefinition geforderten „Stichtagsprinzip“.

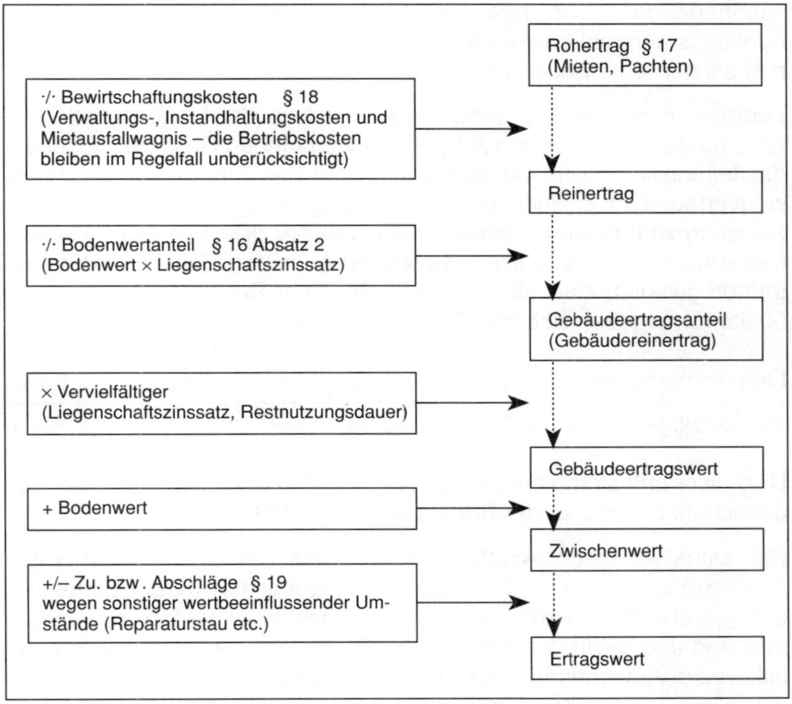

Abbildung 1: Schema Ertragswertverfahren (alle §-Angaben beziehen sich auf die Wertermittlungsverordnung von 1988)

Zur Bestimmung der Rentabilität einer Immobilieninvestition tritt das Ertragswertverfahren jedoch zunehmend in den Hintergrund, da hier nicht mehr nur von der statischen Anfangsrentabilität, sondern auch von der Gesamtrentabilität der Investition ausgegangen wird, wie sie mit Hilfe der Discounted-Cash-Flow-Methode (Kapitalwertmethode) zu bestimmen versucht wird.

2.5 Das Sachwertverfahren

Nach wie vor kommt dem Sachwertverfahren in der Wertermittlung eine bedeutende Rolle zu. In ihm wird der Wert der Liegenschaft getrennt

nach dem Bodenwert des Grundstücks und dem Bauwert der aufstehenden Gebäude ermittelt. Die Summe ergibt den Sachwert.

Die Bodenwertermittlung erfolgt im Vergleichswertverfahren wie vorstehend beschrieben. Hierbei gibt es jedoch in der Fachwelt unterschiedliche Auffassungen darüber, ob der Bodenwert eines bebauten Grundstücks dem Bodenwert eines unbebauten Grundstücks gleichgesetzt werden kann. Vielfach wird dies verneint, weil das Grundstück während der Zeit seiner Überbauung nicht am Marktgeschehen für unbebaute Grundstücke teilnimmt und der Erwerber eines derartigen Grundstückes auch in dessen Ausnutzung nicht mehr frei ist. Diesem Umstand wird vielfach durch einen sogenannten Überbauungsabschlag von bis zu 20% auf den für unbebaute Grundstücke geltenden Vergleichspreis Rechnung getragen. Wissenschaftliche Untersuchungen zur Höhe und Angemessenheit eines entsprechenden Überbauungsabschlages liegen jedoch nicht vor. Die Höhe dieses Überbauungsabschlags muß der Sachverständige individuell festlegen.

Bei der Ermittlung des Bodenwertes ist desweiteren auf eine angemessene Grundstücksgröße zu achten. Übergroße Grundstücke führen in der Regel zu geringeren durchschnittlichen Quadratmeterpreisen für das Grundstück. Hier ist unter Umständen eine differenzierte Bewertung einzelner Grundstücksteile erforderlich. Generell muß heute bei der Bodenwertermittlung auch auf die Altlastenproblematik hingewiesen werden. Soweit sich Anzeichen für das Vorhandensein von Altlasten in Form von Bodenverunreinigungen ergeben, sind gesonderte Untersuchungen anzustellen. Das Vorhandensein derartiger Altlasten führt zu einer unmittelbaren Wertminderung.

Der Bauwert des Gebäudes ergibt sich aus dem Herstellungswert der Baulichkeit selbst abzüglich der Wertminderung wegen Alters- oder baulicher Mängel und Schäden. Der Herstellungswert des Gebäudes ist im sogenannten Raummeterpreisverfahren zu ermitteln. Dazu ist der umbaute Raum des Bauwerks zu ermitteln und mit den durchschnittlichen Herstellungskosten je Kubikmeter umbauten Raumes zu multiplizieren. Dies erfolgt in der Wertermittlungspraxis im Regelfall nach dem sogenannten Indexverfahren. Hierbei wird der umbaute Raum mit den auf einen gewissen Bezugszeitpunkt ermittelten Normalherstellungskosten je Kubikmeter umbauten Raumes multipliziert. Dem so gefundenen Wert fügt man noch die Werte für besondere Bauteile, welche nicht im umbauten Raum eingeschlossen sind, hinzu, ferner die Baunebenkosten von in der Regel 12–15 % des Bauwertes.

Der so ermittelte Wert entspricht dem Neubauwert des Bewertungsobjektes zum Basisjahr des Raummeterpreises. Dieser Wert ist durch Multiplikation mit dem vom Statistischen Bundesamt viermal jährlich veröffentlichten Baupreisindizes auf den Neubauwert zum Bewertungsstichtag hochzurechnen. Dieser ist um die Wertminderung wegen Alters und einen eventuellen Reparaturstau zu kürzen, wodurch sich der Bauzeitwert zum Bewertungsstichtag ergibt. Bauzeitwert und Grundstückswert ergeben zusammen den Sachwert.

Dieses auf den ersten Blick recht einfach erscheinende Verfahren, welches auch sehr häufig Anwendung findet, birgt jedoch zwei nicht zu unterschätzende Problempunkte. Dies ist zum einen die Cubaturermittlung und zum anderen die Verwendung von Raummeterpreisen auf der Basis 1913, 1914 bzw. 1913/14.

Die Cubaturberechnung hat grundsätzlich nach DIN 277 zu erfolgen. Von dieser DIN-Norm gibt es jedoch verschiedene Ausgaben, wovon die Ausgabe 1950 und die Ausgabe 1973 für die Wertermittlung entscheidend sind.

Nach DIN 277 Ausgabe 1950 wird der umbaute Raum von der Oberkante des Kellerfußbodens bis zur Oberkante der obersten Geschoßdecke berechnet. Hinzu kommt der unausgebaute Dachraum mit einem Drittel seines Volumens. Nur der ausgebaute Dachraum wird mit dem vollen Volumen angerechnet. Nach DIN 277 Ausgabe 1973 werden sogenannte „Bruttorauminhalte" berechnet. Diese berechnen sich ab Unterkante Kellerboden und beziehen den Rauminhalt des Dachgeschosses unabhängig von seinem Ausbauzustand stets voll mit ein. Hieraus ergibt sich, daß bei einem gleichartigen Gebäude die nach DIN 277/1973 ermittelten Bruttorauminhalte zu höheren Werten führen, als der nach DIN 277/1950 ermittelte umbaute Raum.

Somit ist bei der Anwendung des Sachwertverfahrens zur Bauwertberechnung stets der direkte Zusammenhang zwischen Berechnungsmethode des umbauten Raumes und den Raummeterpreisen zu berücksichtigen. Ein entsprechender Hinweis sollte in keinem guten Gutachten fehlen.

Ein weiterer nicht unwesentlicher Kritikpunkt ist die Verwendung von Baupreisen auf der Preisbasis 1913, 1914 bzw. 1913/14. In der Praxis der Wertermittlung wird im Regelfalle noch immer von den 1913er Preisen ausgegangen. Man ist sich jedoch darüber einig, daß es sich hierbei mehr um eine theoretische Preisbasis handelt, auf die auch die

Werte für erst nach dieser Zeit bekannt gewordene Bauverfahren und Baupreise herunterindiziert werden. Die Kritik am Festhalten dieser Baupreisbasis wird zunehmend stärker. So wird es immer schwieriger, mit Hilfe von Preisindizes zutreffende Werte aus den Grundpreisen 1913/1914 abzuleiten (vgl. Brachmann 1993, S. 81).

Dem durch Multiplikation des umbauten Raumes mit dem entsprechenden Raummeterpreis gefundenen Bauwert sind nur noch die Preise für besondere Bauteile, welche nicht im umbauten Raum enthalten sind, sowie die Baunebenkosten (ca. 10–15 % des Bauwertes) hinzuzurechnen. Der so gefundene Baupreis ist mit dem Baukostenindex zum Wertermittlungsstichtag zu multiplizieren und damit der Neubauwert des Gebäudes zu ermitteln.

Von diesem Neubauwert ist die Alterswertminderung in Abzug zu bringen. Diese ist grundsätzlich sachverständig zu schätzen, wobei die bei Brachmann veröffentlichten, von dem jeweiligen Unterhaltungszustand des Gebäudes abhängigen Kurven der verschiedenen Wertminderung fast durchgängig Verwendung finden. Insbesondere die Tabelle der Wertminderung für normale Instandhaltung findet weitgehend Verwendung (vgl. Brachmann 1993, S. 270–271).

Die Wertermittlungsrichtlinie von 1991 führt diese Wertminderungstabelle für jedes Jahr des Gebäudealters auf. Diese mathematisch errechneten Werte erscheinen jedoch etwas überzogen, da die Wertminderung eines Gebäudes mit einer Gesamtlebensdauer von rund 100 Jahren wohl kaum auf eine Stelle genau hinter dem Komma angesetzt werden kann. Hier wird eine Genauigkeit vorgerechnet, die in der Realität nicht existiert. Auch hier ist letztlich die Sachkunde und Erfahrung des Sachverständigen gefragt.

Neben der Alterswertminderung ist beim Sachwertverfahren wie auch beim Ertragswertverfahren der Reparaturstau in Abzug vom Neubauwert des Gebäudes zu bringen. Hierbei ist jedoch sorgfältig zwischen Reparaturstau und Modernisierungsbedarf zu unterscheiden. Einen Reparaturstau stellen nur diejenigen Maßnahmen dar, die bei ordnungsgemäßer Bewirtschaftung der Liegenschaft hätten durchgeführt werden müssen, um sie funktionsfähig zu halten. Hiervon sind Modernisierungsmaßnahmen zu unterscheiden, welche einzelne Gewerke einem modernen Standard anpassen und damit zu einer Erhöhung des in Ansatz zu bringenden Kubikmeterpreises beziehungsweise auch des in Ansatz zu bringenden Mietwertes begründen würden. Dies sei kurz dargestellt:

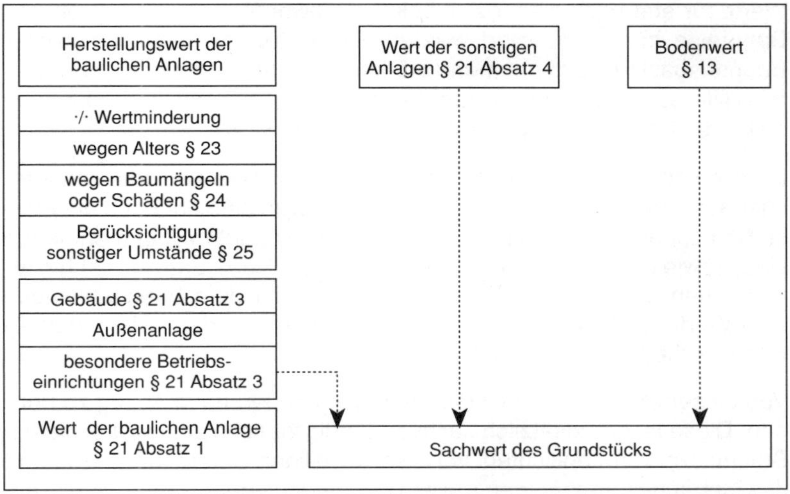

Abbildung 1: Schema des Sachwertverfahrens (alle §-Angaben beziehen sich auf die Wertermittlungsverordnung von 1988)

Beispiel: Sind in einem Mehrfamilienhaus die Holzfensterrahmen so schadhaft geworden, daß aufgrund der auftretenden Zugluft eine ordnungsgemäße Nutzung der Mietwohnräume nicht mehr möglich ist, so sind die Kosten für das Abdichten der alten Holzrahmen oder auch für deren Erneuerung als Reparaturstau in Abzug zu bringen. Modernisierungsaufwand wäre hingegen, wenn statt der alten Fenster mit Holzrahmen neue Fenster mit Aluminiumrahmen eingebaut werden sollten. Diese Modernisierungskosten wären als Reparaturstau höchstens in der Höhe zu berücksichtigen, wie auch Kosten für die Abdichtung der alten Holzrahmen entstehen würden.

3. Anwendungsbereich und Auswahl der Wertermittlungsverfahren

Der Gutachter hat das geeignete Wertermittlungsverfahren nach der von den Marktteilnehmern in Ansatz gebrachten Methode sorgfältig auszuwählen. Im allgemeinen kann gesagt werden, daß das Vergleichswertverfahren wohl derzeit noch überwiegend nur bei unbebauten Grundstücken und Eigentumswohnungen zur Anwendung gelangt.

Das Ertragswertverfahren kommt immer dann zur Anwendung, wenn der mit der Immobilie zu erzielende Ertrag im Vordergrund der Betrachtungen der Marktteilnehmer steht, wie dies bei fremdgenutzten Gebäuden wie Mietwohnhäusern oder gewerblich genutzten Objekten der Fall ist.

In der Diskussion befindet sich derzeit die Anwendung des Ertragswertverfahrens auch auf Industrie- und Fabrikgrundstücke, die seither überwiegend im Sachwertverfahren bewertet wurden. Es ist nicht von der Hand zu weisen, daß derartige Objekte ja gerade zur Ertragserzielung (wenn auch nicht aus der Vermietung, sondern aus der Produktion) errichtet werden. Bedenkt man weiter, daß ganze Fabrikanlagen von Leasing- und auch Immobilienfondsgesellschaften errichtet und weiter vermietet werden, erscheint es auch bei diesen Objekten durchaus sinnvoll, das Ertragswertverfahren in die Verkehrswertermittlung miteinzubeziehen.

Das Sachwertverfahren prägt den Verkehrswert überall dort, wo eine Immobilie in erster Linie um ihrer selbst und nicht zur Ertragserzielung erworben wird. Dies ist überwiegend bei Ein- und Zweifamilienhäusern der Fall, da diese ja meist nicht unter der Prämisse der Ertragserzielung sondern zur Schaffung einer persönlichen Heimstatt erworben werden.

In der Regel sind in einem Gutachten mindestens zwei der vorstehend genannten Verfahren durchzurechnen.

4. Ableitung des Verkehrswertes

Der Gutachter hat die in den verschiedenen Verfahren gewonnenen Ergebnisse kritisch zu würdigen und den Verkehrswert ggf. durch Zu- und Abschläge daraus herzuleiten. Das den Verkehrswert nach Ansicht des Gutachters bestimmende Wertermittlungsverfahren und die gegebe-

nenfalls zur Festlegung des Verkehrswertes in Ansatz gebrachten Zu- und Abschläge sind logisch nachvollziehbar zu begründen.

Somit ist der Verkehrswert nicht mit dem arithmetischen Mittel von Sach- und Ertragswert gleichzusetzen.

5. Prüfübersicht der Wertermittlungsverfahren

Tabelle 1: Übersicht zu den Wertermittlungsverfahren

	Vergleichswert-verfahren	Ertragswert-verfahren	Sachwert-verfahren
Hauptanwendungsbereich:	Grundstücke, Eigentumswohnungen	Zur Fremdnutzung bestimmte Objekte, wie Mehrfamilienhäuser, Bürogebäude, vermietete Gewerbeobjekte	Eigengenutzte Objekte insbesondere Ein- und Zweifamilienhäuser, aber auch Fabriken und Industrieanlagen
Fragestellung:	Was kosten gleichartige Objekte am Wertermittlungsstichtag?	Wie hoch ist der Rentenbarwert der abgezinsten Mieterträge?	Welche Summe wird bei der Kostenkalkulation für die Grundstücks- und Bauwerte ermittelt?
Datenbasis:	Objektgröße, aktuelle Vergleichswerte	Roherträge, Restnutzungsdauer, Liegenschaftszinssatz	Vergleichspreis für Grundstück, Gebäudecubatur, Raummeterpreise
Problempunkte:	Vergleichbarkeit von Bewertungs- und Vergleichsobjekt, Aktualität der Vergleichsdaten	Rohertragsermittlung hinsichtlich des Mietpreises ohne Betriebskostenanteile, Bestimmung der Restnutzungsdauer, Liegenschaftszinssatz	Cubaturermittlung hinsichtlich unterschiedlicher Ausgaben DIN 277, Preisbasis für Normalherstellungskosten

Literaturverzeichnis

Im Beitrag verwandte und weiterführende Literatur zu diesem Themenkomplex:

Kleiber, W., Simon, J. und Weyers, G.: WertV88 Wertermittlungsverordnung 1988, Praxisnahe Erläuterungen zur Ermittlung der Verkehrswerte von Grundstücken nach neuem Recht, Köln 1989.

Petersen, H.: Marktorientierte Immobilienbewertung, Stuttgart 1993.

Rössler, R., Langner, J., Simon, J. und Kleiber, W.: Schätzung und Ermittlung von Grundstückswerten, 6. Auflage, Neuwied und Frankfurt am Main, 1990.

Ross, F.-W., Brachmann, R. und Holzner, P.: Ermittlung des Bauwertes von Gebäuden und des Verkehrswertes von Grundstücken, 27. Auflage, Hannover 1993.

Sprengnetter, O.: Handbuch zur Ermittlung von Grundstückswerten, Sinzig o. J..

Vogels, M.: Grundstücks- und Gebäudebewertung marktgerecht, 4. Auflage, Wiesbaden und Berlin 1991.

Gerhard Feldmann

Wertentwicklung von Immobilien

1. Beurteilungsansätze
2. Berichte über Immobilienwerte in den ersten Nachkriegsjahren
3. Langsame Wertsteigerung
4. Längerfristige Wertentwicklung
5. Regional unterschiedliche Wertentwicklung
6. Zyklische Entwicklung
7. Süd-Nord-Gefälle
8. Anlageimmobilien
9. Ausblick

Zusammenfassung

Für aussagekräftige Analysen der Wertentwicklung auf dem deutschen Immobilienmarkt kann auf die Immobilien-Preisspiegel des Rings Deutscher Makler zurückgegriffen werden. Die Preisentwicklung von Baugrundstücken, Eigenheimen, Eigentumswohnungen aber auch von Renditeobjekten wird erfaßt und zwar differenziert sowohl nach der Qualität des Objektes als auch nach seiner Lage. Langfristige Vergleiche zeigen, daß die Preise für Bauplätze stärker gestiegen sind als die Preise für Einfamilienhäuser oder Eigentumswohnungen. Aus den Preisspiegeln lassen sich neben den regionalen Unterschieden in der Preisentwicklung auch das Süd-Nord-Gefälle entnehmen. Für Immobilienanleger ist der ebenfalls aus den Preisdaten erkenntliche Marktzyklus interessant, um Käufe zu Höchstpreisen zu vermeiden.

1. Beurteilungsansätze

Die generelle Wertentwicklung von Immobilien läßt sich am besten aus vorliegenden Kaufpreissammlungen ableiten. Erforderlich dafür sind einigermaßen gesicherte Unterlagen. Die umfassendsten Datensammlungen in dieser Hinsicht sind die Kaufpreissammlungen der Notare. Diese an konkreten Verkaufsfällen festgemachte Immobilienstatistik steht zwar den Gutachterausschüssen zur Verfügung, wird aber nicht, bzw. nur in Ausnahmefällen in zusammengefaßter Form veröffentlicht. Längerfristige Zeitreihen für die Wertentwicklung lassen sich daher nicht ableiten.

Die amtliche Statistik gibt für eine Beurteilung der Wertentwicklung nur wenig her. Erfaßt werden nämlich nur Baulandverkäufe in stark zusammengefaßter Form. Vereinfacht ausgedrückt werden hier hochwertige innerstädtische Prestigelagen mit einfachsten Siedlungsflächen in eine Kategorie zusammengeworfen. Der wertbestimmende Lagefaktor wird dabei so gut wie gar nicht berücksichtigt.

Aus diesem Grunde ist es für eine aussagekräftige Analyse notwendig, auf andere Daten zurückzugreifen, die über einen nennenswerten Zeitraum zur Verfügung stehen. Dies trifft für den vom Ring Deutscher Makler (RDM) seit 1972 veröffentlichten Immobilien-Preisspiegel zu. Die vom Preisspiegel erfaßten Werte stellen die jeweils in den einzelnen Märkten festgestellten Schwerpunktpreise dar. Für die Preisfindung

werden Lage- und Qualitätskomponenten zugrundegelegt, so daß sich vergleichbare Größen ergeben.

Für die Beurteilung der Wertentwicklung werden in diesem Beitrag bei Baugrundstücken mittlere bzw. gute Wohnlagen sowie bei Einfamilienhäusern und Eigentumswohnungen jeweils mittlere Wohnwerte zugrundegelegt. In die Wohnwerte fließen sowohl die Wohnlage als auch die Qualität des Gebäudes ein. Eine nähere Definition finden Sie weiter unten bei den Wertvergleichen.

Da Marktdaten des RDM-Preisspiegels nur bis Anfang der siebziger Jahre zurückreichen, erscheint es sinnvoll, darüber hinausgehend auf punktuelle Quellen zurückzugreifen.

2. Berichte über Immobilienwerte in den ersten Nachkriegsjahren

Je weiter wir in die Vergangenheit der Immobilienmarktentwicklung in der Nachkriegszeit zurückgehen, desto spärlicher und vereinzelter sind Informationen über Marktgeschehen und Preise. Noch in den fünfziger Jahren ergehen sich Marktberichte überwiegend in blumigen Formulierungen über das Angebots- und Nachfrageverhalten, Informationen über Preise oder Umsatzgrößenordnungen dagegen sind kaum zu finden. Vereinzelte Preisangaben in den Berichten erfolgen eher beiläufig, keineswegs aber systematisch. So heißt es beispielsweise in einem der ersten Immobilienmarktberichte der vom Ring Deutscher Makler herausgegebenen „Allgemeine Immobilien-Zeitung – AIZ“: „Die Nachfrage nach verkehrsgünstigen Liegenschaften war groß ... Kaufabschlüsse über Grundstücke in den besten Geschäftszentren der Großstädte zu den höchstzulässigen Stoppreisen waren bemerkenswert.“ Über die Höhe der Stoppreise wird nichts erwähnt.

Andererseits finden sich auch interessante Informationen in den damaligen Berichten. Aus Hamburg verlautet in einem Bericht desselben Blattes Anfang 1952, daß Käufe bis zur Beseitigung bestehender Unsicherheit zurückgestellt werden. Gemeint sind hier Auswirkungen des Lastenausgleichs und der damit in Verbindung stehenden Hypothekengewinnabgabe.

Als die Stoppreise im Jahre 1952 aufgehoben wurden, hat sich nach Berichten der AIZ eine Bewegung des Grundstücksmarktes in der Bun-

desrepublik ergeben. Trotzdem klingt Enttäuschung aus den Marktberichten, wenn festgestellt wird, daß die erzielten Verkaufserlöse für viele Regionen in der Nähe der ehemaligen Stoppreise lägen und vielerorts noch nicht einmal die steuerlichen Einheitswerte bei Veräußerungen erzielbar waren!

Die wenigen Preisangaben, die für den Anfang der fünfziger Jahre Berichten der AIZ zu entnehmen sind, beleuchten die damals noch völlig andere wirtschaftliche Situation in der Bundesrepublik. Einfamilienhäuser zum Beispiel wurden in den Ballungsgebieten zu Preisen zwischen etwa 20.000 DM und 30.000 DM verkauft. Selbst Villen waren für weniger als 50.000 DM zu erwerben. Intakte Zinshäuser wurden in den Großstädten für das 6,5fache, maximal das 7,5fache der Jahresrohmiete gehandelt bei Durchschnittsmieten von etwa 2,50 bis 3,00 DM. Größere Bauernhöfe mit Flächen von 100 bis 150 Hektar gab es einschließlich des lebenden und toten Inventars für rund 200.000 DM, die, wie besonders angemerkt wurde, in bar zu zahlen waren!

3. Langsame Wertsteigerung

An Marktberichten der fünfziger Jahre bis hinein in die sechziger Jahre fällt noch etwas anderes auf. Von Wertsteigerungen, die heute für die Beurteilung des Immobilienmarktes so wichtig sind, war seinerzeit so gut wie überhaupt nicht die Rede. Eher im Gegenteil, dies ergibt sich aus einem Bericht über den Grundstücksmarkt in Hannover aus dem Jahre 1963. Dort wurden Einfamilienhauspreise, die sich am Wiederbeschaffungspreis abzüglich der Aufwendungen für Reparaturen und Modernisierung orientieren, als angemessen empfunden. Ganz offensichtlich wurde also ein Abzug für Wertminderung durch Abnutzung im Kaufpreis realisiert. Eine Vorstellung, die auf dem heutigen Grundstücksmarkt allenfalls bei Fabrikations- und Lagergebäuden eine Rolle spielt.

Erst seit Anfang der sechziger Jahre läßt sich eine allmähliche Aufwärtsentwicklung der Immobilienwerte nachweisen. In den Großstädten der Ballungsgebiete wurde die Grenze von 100.000 DM für ein Einfamilienhaus etwa Anfang der sechziger Jahre erreicht und überschritten. Die Preisgrößenordnung von 200.000 DM war dann in einigen Großstädten Mitte der siebziger Jahre erreicht und überschritten, so in Berlin, München, Köln, Frankfurt und Hannover. Die Preise in Stuttgart

erreichten seinerzeit noch keine Spitzenposition. Der Wert von 300.000 DM wurde erstmals im Jahre 1974 in Frankfurt registriert. Erst im Jahre 1980 wurde die Grenze von 400.000 DM für ein durchschnittliches Eigenheim in München, Düsseldorf, Frankfurt, Stuttgart, Wiesbaden und Bonn erreicht bzw. überschritten.

Aus diesen Einzeldaten der Preisbeobachtungen läßt sich noch keine kontinuierliche Wertentwicklung für den Immobilienmarkt ableiten. Allenfalls kann eine über drei Jahrzehnte reichende Aufwärtsentwicklung der Immobilienwerte festgestellt werden. Daran konnten auch zwei große Markteinbrüche, die in diesen Zeitraum gefallen sind, nichts wesentliches ändern, so der Einbruch des Eigentumswohnungsmarktes von Anfang bis etwa Mitte der siebziger Jahre und die tiefreichende Konsolidierungsphase des gesamten Immobilienmarktes mit zum Teil kräftigen Preiseinbrüchen von 1980 bis 1986. Als sehr scharfe Einschnitte sind diese Entwicklungen schon deshalb nicht zu bezeichnen, weil sich der Markt in den jeweils auf die Rezession folgenden Jahren wieder sehr schnell erholt hat.

4. Längerfristige Wertentwicklung

In den 23 Jahren von 1973 bis 1996 ist der Wert eines durchschnittlichen Einfamilienhauses in den westdeutschen Großstädten von knapp 205.000 auf 536.000 DM gestiegen. Dies entspricht einem Wertzuwachs um knapp das 2,6fache (siehe Tabelle 1). Der Wert einer durchschnittlichen Eigentumswohnung ist im gleichen Zeitraum um das 1,97fache gestiegen. Hier haben sich die Durchschnittspreise von 1.610 DM je Quadratmeter Wohnfläche auf 3.185 DM gesteigert (siehe Tabelle 2).

Zugrunde gelegt werden jeweils mittlere Wohnwerte. Der mittlere Wohnwert wird wie folgt definiert (RDM-Preisspiegel):

- **Eigenheim:** inklusive Grundstück und Garage, freistehend, Wohnfläche ca. 125 m^2, in gemischt-bebauter Wohnlage mit normaler Verkehrserschließung, gute Bausubstanz, ausgeglichene Bevölkerungsstruktur (Preisangabe: Gesamtobjektpreis).
- **Eigentumswohnung:** 3 Zimmer, ca. 70 m^2, bezugsfrei, gute Bausubstanz – Bad, WC, Verbundglas, Sammelheizung –, gemischtbebaute Wohnlage, normale Verkehrserschließung, ausgeglichene Bevölkerungsstruktur (Preisangabe in DM pro Quadratmeter Wohnfläche).

Die stärksten im Untersuchungszeitraum beobachteten Wertsteigerungen haben sich bei Bauplätzen für Einfamilienhäuser ergeben. Diese sind von durchschnittlich 177 DM im Jahr 1973 auf knapp 500 DM im Jahr 1996 gestiegen (Basis ist die sog. gute Wohnlage, d. h. Baugrundstücke für Ein- beziehungsweise Zweifamilienhäuser in freistehender Ausführung, Größe circa 600 bis 800 Quadratmeter in überwiegend mit Einfamilienhäusern bebauter Wohngegend – keine Prestige- oder Adressenwohngegend.) Dies entspricht einem Wertzuwachs um das 2,8fache. Etwas geringer, aber immer noch stärker als im Bereich der bebauten Immobilien, ist die Wertsteigerung bei Mehrfamilienhausbauplätzen (Basis ist die sog. normale Wohnlage, d. h. Bauplatz für Mehrfamilienhäuser, durchschnittliche Geschoßflächenzahl 0,8 in gemischt-bebauter Wohnlage mit ausgeglichener Bevölkerungsstruktur.) ausgefallen. Hier sind die Preise um das 3,0fache von durchschnittlich 272 DM im Jahr 1973 auf 809 DM im Jahr 1996 angestiegen.

Die Wertsteigerung (siehe Tabelle 3) bei Einfamilienhausbauplätzen dürfte nur in den seltensten Fällen von praktischer Bedeutung sein, da Bauplätze mit bestehendem Baurecht kaum über einen langen Zeitraum unbebaut in Besitz gehalten werden. Schon der hohe Zinsausfall, bzw. die Zinsbelastung sprechen dagegen. Außerdem ist aufgrund der vielfältigen kommunalpolitischen Entwicklungen das Baurecht über einen so langen Zeitraum nicht frei von wertmindernden Beeinträchtigungen.

5. Regional unterschiedliche Wertentwicklung

Die Wertentwicklung hat sich in der Bundesrepublik nicht gleichmäßig vollzogen. Tatsächlich sind erhebliche Unterschiede festzustellen. So liegt der in den 23 Jahren zwischen 1973 und 1996 beobachtete Wertzuwachs für durchschnittliche Eigenheime bei 161 Prozent. Deutlich darüber liegt der Wertzuwachs mit 256 Prozent in Wiesbaden und 220 Prozent in Stuttgart. Auch Berlin mit 250 Prozent und München mit 196 Prozent liegen deutlich über dem Durchschnitt. Mit 160 Prozent hat sich die Wertentwicklung in Nürnberg ziemlich genau im für den Wertzuwachs ermittelten Durchschnitt vollzogen. Deutlich unter dem Durchschnitt dagegen liegt die Wertentwicklung in Dortmund und Kiel mit jeweils 122 Prozent sowie in Bremerhaven mit 100 Prozent und am unteren Ende der Wertentwicklungsskala in Hannover mit 64 Prozent.

Erheblich geringer als bei den Einfamilienhäusern ist die Wertentwicklung im Wohnungseigentum ausgefallen. Hier hat es lediglich ein Plus von 97 Prozent ergeben. Die stärkste Wertsteigerung wird dabei für Mannheim und Köln mit 158 Prozent registriert. Deutlich über dem Durchschnitt liegen auch Wiesbaden (153 Prozent), Düsseldorf (135 Prozent), Frankfurt (133 Prozent) und München (116 Prozent). Unterdurchschnittliche Wertentwicklungen hat es dagegen in Oldenburg (57 Prozent), Bremerhaven (55 Prozent), Bremen (52 Prozent) und Saarbrücken (50 Prozent) gegeben.

6. Zyklische Entwicklung

Innerhalb der letzten 15 Jahre hat sich am Immobilienmarkt eine typisch zyklische Preis- und Umsatzentwicklung vollzogen. Vom inflationsgeschürten Boom Ende der siebziger Jahre ging es Anfang der achtziger Jahre übergangslos in eine kräftige Baisse mit erheblichen Preiseinbrüchen. Dieser Markteinbruch kam erst 1986/87 allmählich zum Stillstand und zwar in Süddeutschland etwas früher als in Nord- und Westdeutschland. Seitdem wird eine Aufschwungsphase beobachtet. In einigen Großstädten ist es seit 1990 zu einer leicht boomhaften Marktentwicklung mit Preissteigerungen um und über 10 Prozent gekommen. Eine Überhitzung hat es wegen der bis Mitte 1992 relativ hohen Hypothekenzinsen jedoch nicht gegeben.

In den nur fünf Jahren von 1976 bis 1980 sind die Werte für durchschnittliche Einfamilienhäuser um gut 85 Prozent gestiegen. Allein im Jahr 1979 lag die durchschnittliche Preissteigerungsrate über 30 Prozent. Die Marktsituation wurde betreffend mit dem Begriff „Flucht in die Sachwerte" umschrieben.

Von 1980 auf 1981 fand diese Entwicklung ein abruptes Ende. Die folgenden sechs Jahre erbrachten dann einen durchschnittlichen Preisrückgang von jeweils 5 Prozent. Kumuliert entsprach dies einem Wertverlust von etwa 30 Prozent. Regional, vor allem im Norden und Westen der Bundesrepublik, waren deutlich über der 30-Prozent-Marke liegende Wertverluste bei Eigenheimen zu verzeichnen. Ähnlich sah die Situation auf dem Markt für Eigentumswohnungen aus.

Dieser Werteinbruch verliert etwas an Dramatik, wenn die Wertentwicklung auf den gesamten Zeitraum der zyklischen Bewegung von 1976 bis 1986 in die Betrachtung einbezogen wird. Ein durchschnittli-

ches freistehendes Einfamilienhaus erweist sich in diesem Zeitraum als außerordentlich wertbeständig. So kostete ein Haus mit mittlerem Wohnwert 1986, also am Ende des Markteinbruches, im Durchschnitt der deutschen Großstädte 370.000 DM. 1976 lag der Preis für ein vergleichbares Haus bei 240.000 DM. Dies entspricht einem Wertzuwachs von 54 Prozent trotz des in den dazwischen liegenden Jahren eingetretenen Markteinbruches. Eine ähnliche Beobachtung läßt sich für Eigentumswohnungen machen.

Eine erhebliche Wertentwicklung läßt sich aus den RDM-Preisspiegeldaten auch in den letzten sechs Jahren seit 1990 in Fortsetzung des Marktzyklus beobachten. Der Wertzuwachs betrug bei Einfamilienhäusern durchschnittlich 37 Prozent und bei Eigentumswohnungen durchschnittlich 41 Prozent. Beachtlich war der Wertzuwachs auch bei Einfamilienhausbauplätzen (46 Prozent) und noch stärker bei Mehrfamilienhausbauplätzen, wo Wertzuwächse zwischen 60 und 70 Prozent beobachtet werden. Bei den Mehrfamilienhausbauplätzen kommt in der Preisbildung die zum Teil künstlich herbeigeführte Verknappungssituation in den Großstädten zum Ausdruck. Baureife Flächen werden aufgrund des beschwerlichen Weges vom Rohbauland zum Bauland am Markt besonders gut honoriert. Vor diesem Hintergrund verlieren leichte Preisreduzierungen, wie sie im Frühjahr 1996 mit 2,5 – 3,5 Prozent beobachtet wurden, an Bedeutung.

Bezogen auf den Einzelfall haben solche Durchschnittsbetrachtungen natürlich eine erhebliche Schwäche. Wer jeweils zum Höhepunkt eines Immobilienmarktzyklus ein Haus oder eine Wohnung zum Höchstpreis kauft, ist mit der Wertentwicklung bei nachfolgendem Markteinbruch erst viele Jahre später wieder im Plus. Werden in einer solchen Entwicklungsphase Verkäufe notwendig, so sind Verluste nicht auszuschließen.

Andererseits sind kurzfristige Kauf- und Verkaufentscheidungen für den deutschen Immobilienmarkt bislang nicht typisch. Einfamilienhäuser werden im Durchschnitt aller Fälle 25 Jahre unveräußert im Eigentum gehalten. Bei Eigentumswohnungen ist diese Zeitspanne etwas kürzer.

7. Süd-Nord-Gefälle

Die Entwicklungsprozesse am Immobilienmarkt zeigen eine relativ ausgeprägte Süd-Nord-Differenzierung, die sich auf die Wertentwicklung auswirkt. So sind die Werte für Einfamilienhäuser, Eigentumswohnungen und Bauplätze, wie sich aus unseren Tabellen ergibt, im Süden erheblich höher als im Norden. Hier wird das vielzitierte Süd-Nord-Gefälle der Immobilienpreise erkennbar. Korrekter müßte man von einem Süd-West-Nord-Gefälle sprechen.

Derartige Wertunterschiede hat es am Immobilienmarkt nicht immer gegeben. Noch in den späten sechziger Jahren war lediglich eine Differenzierung nach den Wirtschaftszentren, den übrigen Großstädten sowie den Mittel- und Kleinstädten zu beobachten. Eine regionale Abstufung der Immobilienwerte gab es dagegen nicht. Im Jahre 1972, dem Beginn der systematischen Immobilienpreiserfassung durch den RDM, lagen die beobachteten Preise noch dicht beieinander. Ein durchschnittliches Einfamilienhaus kostete seinerzeit im Norden 160.000 DM und im Westen und im Süden 180.000 DM. Der Abstand war mit der dünneren Besiedlung des Nordens relativ leicht zu erklären.

Dieses Bild hat sich inzwischen völlig verschoben. So lag der Durchschnittswert für Einfamilienhäuser 1996 im Norden bei 346.000 DM, im Westen bei 416.000 DM und im Süden bei 617.000 DM. Vergleichbare Häuser sind also im Westen um 20 Prozent und im Süden sogar um 93 Prozent teurer als im Norden. Die Differenz zwischen Süden und Westen liegt bei 48 Prozent.

Insgesamt hat sich das Süd-Nord-Gefälle also erst in den letzten zwei Jahrzehnten entwickelt. Allerdings waren auch schon 1972 durchschnittliche Einfamilienhäuser in München mit 250.000 bis 280.000 DM am teuersten. An dieser Spitzenposition hat sich bis heute nichts geändert. Mittelwertige Einfamilienhäuser erreichen dort eine Größenordnung von 830.000 DM, dies ist erheblich mehr als z. B. in Hamburg (500.000 DM), einer Stadt mit etwa vergleichbarer Wirtschaftskraft. Das Preisniveau in Stuttgart war dagegen Anfang der siebziger Jahre nicht besonders herausragend. Es lag vielmehr genau im seinerzeit beobachteten Durchschnitt von 180.000 DM. In der Zwischenzeit haben sich die Preise in der baden-württembergischen Landeshauptstadt also nahezu vervierfacht, während die Werte in München immerhin um das 3,2fache angestiegen sind. Zu berücksichtigen ist dabei mit Sicherheit der Olympia-Bonus, der schon 1972 für überdurchschnittlich hohe Preise in München gesorgt hat.

8. Anlageimmobilien

Hochinteressant ist auch die Wertentwicklung bei Anlageimmobilien, also Mietwohnhäuser, für die auch die Begriffe „Renditeobjekt“ bzw. „Zinshaus“ verwendet werden. Da einzelne Objekte wegen der Unterschiede in der Größe und ihrer individuellen Ausprägung wie Bausubstanz und Lage nur schwer über den Preis miteinander zu vergleichen sind, arbeitet die Immobilienwirtschaft traditionell mit den sogenannten Kaufpreismultiplikatoren, um Auskunft über die Preistendenz auf dem Zinshausmarkt zu erhalten. Der Kaufpreismultiplikator gibt den Wert eines Zinshauses jeweils im Vielfachen der Bruttojahresmiete ohne Betriebs- und Heizkosten an.

In den fünfziger Jahren wurden Kaufpreismultiplikatoren in Höhe der 6,5- bis 7,5fachen Jahresbruttomiete beobachtet. Bis Ende der siebziger Jahre war der Multiplikator beim 10,5fachen für Nachkriegsneubauten angelangt. 1988, kurz nach Überwindung der Immobilienrezession der achtziger Jahre, lagen die Multiplikatoren beim 11,2fachen für Altbauten und 14,1fachen für Nachkriegsneubauten und im Jahr 1996 dann beim 12,6- bzw. 14,8fachen.

Unter Einbeziehung der jeweils in den gleichen Zeiträumen beobachteten Durchschnittsmieten läßt sich die Wertentwicklung für Renditeimmobilien je Quadratmeter Wohnfläche ausrechnen. Bezogen auf Altbauten (Fertigstellung vor 1949) ergeben sich daraus die folgenden Quadratmeterpreise:

Mitte fünfziger Jahre:	250 – 270 DM
Ende siebziger Jahre:	520 DM
1988:	850 DM
1993:	1.409 DM

Bezogen auf Altbauten – dazu zählen alle Vorkriegsgebäude – hat sich also bei Zinshäusern in den letzten 15 Jahren eine Wertsteigerung um knapp das Dreifache ergeben.

Die Wertansätze für Nachkriegsneubauten, also Mietwohnhäuser im wesentlichen aus den sechziger und frühen siebziger Jahren liegen erheblich höher als die erwähnten Altbauwerte. Im Jahre 1988 werden hier 1.300 DM und 1993 1.850 DM registriert.

Die in Großstädten beobachteten Werte liegen erheblich über den Durchschnittswerten, so zum Beispiel in München mit rund 4.000 DM je Quadratmeter Wohnfläche für gut erhaltene Altbauten und über

Tabelle 1

Eigenheime mittlerer Wohnwert			
Stadt	**1973**	**1983**	**1996**
Berlin-West	200.000	500.000	700.000
Bonn	200.000	350.000	500.000
Braunschweig	–	450.000	380.000
Bremen	–	255.000	350.000
Bremerhaven	130.000	215.000	260.000
Dortmund	180.000	380.000	400.000
Düsseldorf	235.000	430.000	620.000
Essen	220.000	380.000	525.000
Frankfurt am Main	270.000	420.000	740.000
Hamburg	180.000	360.000	500.000
Hannover	250.000	260.000	410.000
Heidelberg	180.000	385.000	600.000
Kaiserslautern	135.000	200.000	375.000
Karlsruhe	250.000	480.000	600.000
Kiel	180.000	295.000	400.000
Köln	200.000	450.000	560.000
Lübeck	190.000	320.000	400.000
Mainz	225.000	340.000	500.000
Mannheim	–	350.000	550.000
München	280.000	550.000	830.000
Nürnberg	250.000	390.000	650.000
Oldenburg	120.000	235.000	320.000
Saarbrücken	150.000	360.000	475.000
Stuttgart	250.000	450.000	800.000
Wiesbaden	225.000	500.000	800.000

Quelle: RDM-Preisspiegel

Tabelle 2

Eigentumswohnungen mittlerer Wohnwert			
Stadt	**1973**	**1983**	**1996**
Berlin-West	2.200	3.000	3.300
Bonn	1.600	3.000	3.250
Braunschweig	–	2.000	2.450
Bremen	1.575	2.100	2.400
Bremerhaven	1.225	1.450	1.900
Dortmund	1.500	2.300	3.000
Düsseldorf	1.900	2.500	4.455
Essen	1.300	2.600	2.850
Frankfurt am Main	1.800	2.500	4.200
Hamburg	2.100	2.900	3.500
Hannover	1.500	1.400	2.700
Heidelberg	1.600	2.600	3.500
Kaiserslautern	1.100	1.850	2.200
Karlsruhe	1.600	2.500	3.100
Kiel	1.600	1.900	2.900
Köln	1.550	2.500	4.000
Lübeck	1.500	2.000	2.850
Mainz	1.600	2.000	3.500
Mannheim	1.200	2.400	3.100
München	2.000	3.400	4.325
Nürnberg	1.700	2.700	2.850
Oldenburg	1.400	1.675	2.200
Saarbrücken	1.500	2.000	2.250
Stuttgart	2.100	2.900	3.800
Wiesbaden	1.500	2.850	3.800

Quelle: RDM-Preisspiegel

Tabelle 3

Baugrundstücke für Einfamilienhäuser gute Wohnlage			
Stadt	**1973**	**1983**	**1996**
Berlin-West	195	500	1.000
Bonn	175	525	500
Braunschweig	–	325	290
Bremen	90	265	250
Bremerhaven	70	160	150
Dortmund	130	285	380
Düsseldorf	250	400	600
Essen	185	350	530
Frankfurt am Main	250	550	950
Hamburg	150	320	470
Hannover	150	260	480
Heidelberg	200	500	1.100
Kaiserslautern	90	180	190
Karlsruhe	150	500	600
Kiel	100	225	265
Köln	175	350	570
Lübeck	95	250	290
Mainz	150	325	750
Mannheim	200	350	825
München	300	650	1.260
Nürnberg	180	360	775
Oldenburg	95	185	240
Saarbrücken	150	450	330
Stuttgart	500	850	1.400
Wiesbaden	215	600	1.200

Quelle: RDM-Preisspiegel

4.500 DM für Neubauten, Stuttgart 3.600 bzw. 4.500 DM, Hamburg 2.000 bzw. 2.650 DM, und Frankfurt 1.800 bzw. 2.450 DM. Ähnlich hohe Werte werden auch in einer Reihe von Universitätsstädten sowie in Badeorten und in Ferienregionen beobachtet.

9. Ausblick

Im Frühjahr 1996 hat der Immobilienmarkt den Höhepunkt einer zehn Jahre anhaltenden zyklischen Aufwärtsentwicklung überschritten. Die bisher beobachteten Preisrückgänge für Einfamilienhäuser und Eigentumswohnungen in einer Größenordnung zwischen 2,5 und 3,5 Prozent sind angesichts der gesamtkonjunkturellen Entwicklung in der Bundesrepublik moderat ausgefallen. Dies deutet auf eine konjunkturunabhängige stabile Immobiliennachfrage hin. Die Ursachen dafür sind zum einen in einer relativ guten Eigenkapitalausstattung der Immobilienkäufer zu sehen. Zum anderen wird der Immobilienmarkt bereits seit 1994 durch unterhalb des langjährigen Durchschnittsniveaus liegende Hypothekenzinsen gestützt.

Die weitere Marktentwicklung für privatgenutzte Wohnimmobilien hängt aus Sicht des Frühjahrs 1996 wesentlich davon ab, ob wirtschaftliche Stabilisierungsmaßnahmen greifen oder nicht. Befürchtete negative Auswirkungen aufgrund der anstehenden Erbschaft- und Vermögensteuerreform dürften demgegenüber in weiten Bereichen nicht oder nur unwesentlich marktrelevant werden. So läßt sich feststellen, daß privatgenutzte Wohnimmobilien nach den bisher vorliegenden Gesetzgebungsplänen weitgehend von der Erbschaft- und Schenkungsteuer befreit bleiben werden. Selbst kleinere Anlageobjekte dürften in Zukunft steuerlich nicht schlechter dastehen als bisher. Befürchtete Belastungen könnten dem Immobilienmarkt also erspart bleiben.

Professionelle Unterstützung bei Immobilienerwerb und -verwaltung

Volker Gierth

Die Haus-, Wohnungs- und Grundeigentümervereine

Zusammenfassung

Die seit über 150 Jahren bestehende Interessenvereinigung der Haus-, Wohnungs- und Grundeigentümer Deutschlands zählt nahezu eine Million Mitglieder, die in 1.200 Ortsvereinen, diese wiederum in 22 Landesverbänden und einem Zentralverband, zusammengeschlossen sind. Die Verbände vertreten die Interessen der privaten Wohnungswirtschaft gegenüber den gesetzgebenden Körperschaften und der Verwaltung. Insbesondere tritt die Organisation für den Schutz des Eigentums ein. Die Beratung über eine Vielzahl von Themen findet in Einzelgesprächen, in schriftlicher Form aber auch durch Veranstaltungen vor allem auf der Ebene der Ortsvereine statt. Eine Adressenliste der regionalen Verbände ist im Anhang zu diesem Beitrag enthalten.

1. Zum Verbandswesen

Die Demokratie ist unter den bestehenden Staatsformen sicher die freiheitlichste. Sie eröffnet jedem Bürger nicht nur durch die Ausübung seines Wahlrechtes die Möglichkeit, Einfluß auf die Politik zu nehmen, sie eröffnet darüber hinaus in vielfacher Hinsicht Mitwirkungsmöglichkeiten am politischen Geschehen.

Trotz dieser Möglichkeiten fällt es dem einzelnen Bürger oft schwer, seine berechtigten Interessen gegenüber Behörden und Regierungen – sei es in der Kommune, im Land oder im Bund – wahrzunehmen. Aus diesem Grund gibt es Verbände, deren positive Einflußmöglichkeiten auf die gesetzgebenden Körperschaften und auf die Verwaltung um so größer sind, je höher die Zahl der Mitglieder ist, die durch Verbände vertreten werden. Diese Art von Interessenvertretung ist demokratisch und legitim. In totalitären Staaten gibt es keine unabhängigen Verbände.

Seit mehr als 150 Jahren vertreten die Haus-, Wohnungs- und Grundeigentümervereine die Interessen der organisierten Mitglieder auf örtlicher Ebene und seit mehr als 100 Jahren geschieht dies durch Haus & Grund Deutschland – den Zentralverband der Deutschen Haus-, Wohnungs- und Grundeigentümer e. V. auf Reichs- bzw. Bundesebene. Haus & Grund Deutschland vertritt als Spitzenverband der privaten Wohnungswirtschaft die Haus-, Wohnungs- und Grundeigentümer auf Bundesebene.

2. Zur Geschichte von Haus & Grund Deutschland

Der Zentralverband „Haus & Grund Deutschland" wurde am 15. September 1879 in Dresden gegründet und trug zunächst die Bezeichnung „Verband Deutscher Hausbesitzervereine".

Als im Jahre 1904 das 25jährige Bestehen gefeiert werden konnte, waren bereits 219 Vereine mit 120.000 Mitglieder organisiert. Am 1. Januar 1914 zählte der Verband 411 Hausbesitzervereine mit 210.250 Hauseigentümern als Mitglieder. Der erste Weltkrieg konnte diese ansteigende Entwicklung der Organisation nur kurz unterbrechen. 1919 erhielt der Verband den Namen „Centralverband Deutscher Haus- und Grundbesitzervereine e. V.". Ende 1942 wurde der amtierende Präsident vom Leiter der Deutschen Arbeitsfront zum Rücktritt gezwungen und ein Bereichsleiter der NSDAP zum Präsidenten des Reichsbundes bestellt, dem gleichzeitig die Führung des Bundes der Mietervereine und des Deutschen Siedlerbundes übertragen wurde. Das Kriegsende führte schließlich zum endgültigen Zusammenbruch der bereits schwer angeschlagenen Organisation.

Bereits am 19. Februar 1946 trafen sich aber zehn Verbände in Hannover und riefen den Zentralverband der Haus- und Grundbesitzer neu ins Leben. Mit Rücksicht auf die günstige Lage zu den zonalen Behörden wurde zunächst Bielefeld Sitz des Zentralverbandes. 1950 siedelte der Zentralverband nach Düsseldorf über.

Zu den satzungsmäßigen Aufgaben des Zentralverbandes gehört es insbesondere, die Belange des privaten Haus-, Wohnungs- und Grundeigentums wahrzunehmen. Er bezweckt im besonderen unter Ausschluß von Erwerbszwecken die Erhaltung und Förderung des privaten Eigentums in der Grundstücks- und Wohnungswirtschaft. Ihm obliegt es, die Mitgliedsverbände und -vereine und die bei ihnen zusammengeschlossenen Haus-, Wohnungs- und Grundeigentümer über ihre Rechte und Pflichten zu unterrichten.

Mitglieder des Zentralverbandes sind die im Bereich der Bundesländer bestehenden Landesverbände der Haus-, Wohnungs- und Grundeigentümer. Ein Adressenverzeichnis der einzelnen Verbände ist im Anhang dieses Beitrags beigefügt.

3. Die Organisation von Haus & Grund Deutschland

3.1 Vorstand und Ausschüsse

Der Vorstand von Haus & Grund Deutschland besteht aus einem Präsidium und je einem Beisitzer aus jedem der dem Zentralverband angeschlossenen Landesverbände der Haus- und Grundeigentümervereine. Die Beisitzer werden von den Mitgliedsverbänden benannt.

Um die vielfältigen Aufgaben zu koordinieren, sind bei Haus & Grund Deutschland Fachausschüsse eingerichtet, deren Mitglieder vom Präsidenten berufen werden. Es handelt sich um:

1. den Zentralausschuß,
2. den Ausschuß für Wohnungswirtschaft und Wohnungspolitik,
3. den Rechtsausschuß und
4. den Ausschuß für Steuern und Finanzen.

3.2 Interessenvertretung

Als wohnungswirtschaftlicher Spitzenverband ist Haus & Grund Deutschland im vorparlamentarischen Raum, d. h. im Vorfeld der eigentlichen Gesetzgebung tätig. Hinzu kommt die Aufgabe der laufenden Information der Mitglieder über Rechte und Pflichten sowie über die Entwicklung von Rechtsprechung und Gesetzgebung. Die Organisation insgesamt nimmt also im Interesse des einzelnen Mitgliedes im Rahmen ihrer Möglichkeiten am politischen Geschehen teil und stärkt dadurch die Position des privaten Haus-, Wohnungs- und Grundeigentums in der Bundesrepublik Deutschland.

Gemeinsam mit den angeschlossenen Landesverbänden und rund 1.200 örtlichen Vereinen vertritt der Zentralverband heute die Interessen von knapp einer Million Einzelmitgliedern. Er zählt damit zu den mitgliederstärksten Verbänden in der Bundesrepublik.

Haus & Grund Deutschland kann in seiner Geschichte auf eine Vielzahl von Erfolgen zurückblicken oder anders ausgedrückt: Hätte es die Organisation der privaten Haus-, Wohnungs- und Grundeigentümer nicht gegeben, wäre das Privateigentum an Grund und Boden heute aller Voraussicht nach längst sozialisiert.

So sind dann auch wesentliche Erfolge der Tätigkeit dieser Organisation darin zu sehen, daß es seit mehr als einem Jahrhundert gelungen ist, die Durchsetzung der immer wiederkehrenden Bestrebungen nach einer Vergesellschaftung des Grundeigentums zu verhindern. Die Ansätze dazu reichen bis in die jüngste Vergangenheit hinein. Noch zu Beginn der siebziger Jahre wurde eine intensive Diskussion über die Möglichkeiten der Aufspaltung des Eigentums in ein Verfügungs- und Nutzungseigentum geführt. Das Verfügungseigentum über Grund und Boden sollte nach der Vorstellung maßgeblicher politischer Kräfte danach ausschließlich bei den Kommunen liegen, während den Bürgern lediglich Nutzungsrechte zugeteilt werden sollten, deren Ausgestaltung ganz im Ermessen des Gesetzgebers gelegen hätte. Ein solcher Schritt wäre zweifellos ein Schritt in die Unfreiheit gewesen. Er konnte verhindert werden.

3.3 Mitgliederstruktur

Die einzelnen Mitglieder der bei Haus & Grund Deutschland zusammengeschlossenen 22 Landesverbände mit ihren rund 1.200 Ortsvereinen sind Eigentümer von Eigenheimen, Eigentumswohnungen und Mietshäusern. Die Mietshauseigentümer sind Angehörige aus allen Berufsschichten, die ihre Ersparnisse in den Bau eines Mietshauses gesteckt haben, um ihre Altersversorgung zu sichern. Sie gehören im allgemeinen zum sogenannten mittelständischen Bereich.

Rund 90 Prozent aller Gebäude und knapp 80 Prozent aller Wohnungen befinden sich in Westdeutschland im Eigentum von Privathaushalten. In den neuen Bundesländern sind es schätzungsweise 45 Prozent.

In den alten Bundesländern verfügen heute ca. 12,5 Millionen Haushalte über Haus- und Grundeigentum. Das sind rund 40 Prozent aller privaten Haushalte in der westlichen Bundesrepublik. Gegenüber 1969 hat sich damit die Zahl der Eigentümerhaushalte um knapp 50 Prozent erhöht, während im gleichen Zeitraum die Zahl der gesamten Haushalte nur um rund 30 Prozent zugenommen hat.

Entsprechende Strukturdaten aus den neuen Bundesländern liegen z. Zt. noch nicht vor. Die Eigentümerquote dürfte aber insgesamt deutlich niedriger liegen.

Je nach sozialer Stellung fällt allerdings die Eigentümerquote bei den verschiedenen Haushaltsgruppen unterschiedlich hoch aus. Naturgemäß am höchsten liegt sie mit 92 Prozent bei den Landwirten. Es folgen die Selbständigen mit einer Eigentümerquote von 54 Prozent. Bei den Arbeitern und Angestellten verfügt jeder zweite Haushalt über Haus- und Grundeigentum. Am niedrigsten fällt die Eigentümerquote bei den Nichterwerbstätigen mit 35 Prozent und den Arbeitslosen mit 30 Prozent aus (alles bezogen auf die alten Bundesländer).

4. Die Leistungen der Organisation

Es gibt eine Vielzahl guter Gründe, sich als Haus-, Wohnungs- oder Grundeigentümer dem Verband anzuschließen. Einige davon sind:

- Haus & Grund ist die unabhängige Interessenvertretung des privaten Immobilieneigentums in der Gemeinde, im Land und im Bund.
- Haus & Grund tritt für den Erhalt und den Schutz des Eigentums ein – und das seit über 100 Jahren.
- Haus & Grund ist sachkundiger Gesprächs- und Verhandlungspartner für Regierung, Parteien und Medien.
- Haus & Grund bietet an rund 1.200 Standorten in der Bundesrepublik umfassenden Service für den Immobilienbesitzer – von der kostenlosen Beratung für Mitglieder bis zum günstigen Versicherungsschutz.
- Haus & Grund informiert darüber hinaus auf Veranstaltungen über alle wichtigen Themen – von der Rechtsprechung bis zur Gartenpflege.
- Haus & Grund bietet auf den Geschäftsstellen kostengünstig alle wichtigen Formulare sowie eine breite Auswahl an Fachliteratur und kostenlosen Tips für die tägliche Praxis bei der Bewirtschaftung der Immobilie.

5. Wie wird man Mitglied der Organisation?

Selbst als sog. „kleiner“ Immobilieneigentümer lohnt es sich schon, Mitglied der Organisation der Haus- und Grundeigentümer zu werden. Die monatlichen Beiträge sind örtlich unterschiedlich, aber stets moderat.

Um die Anschrift des zuständigen Haus & Grund Ortsvereins zu erfahren, sollte man sich an den Zentralverband in Düsseldorf oder – besser noch – direkt an den zuständigen Landesverband wenden.

Anhang

Adressen der Zentral-, Landes- und sonstigen Verbände der Haus-, Wohnungs- und Grundeigentümer

Haus & Grund Deutschland
Zentralverband Deutscher Haus-,
Wohnungs- und Grundeigentümer e. V.
Cecilienallee 45
40474 Düsseldorf

Haus & Grund Baden
Landesverband Badischer Haus-,
Wohnungs- und Grundeigentümer e. V.
Schwarzwaldstraße 25
76137 Karlsruhe

Haus & Grund Bayern
Landesverband Bayerischer
Haus- und Grundbesitzer e. V.
Sonnenstraße 13/III
80331 München

Haus & Grund Berlin
Bund der Berliner Haus- und
Grundbesitzervereine e. V.
Potsdamer Straße 143
10783 Berlin

Verband Bergbaugeschädigter
Haus- und Grundeigentümer e. V.
Resser Weg 14
45699 Herten

Haus & Grund Brandenburg
Landesverband der Haus- und
Grundeigentümer-Vereine
des Landes Brandenburg
Geschäftsstelle: Charlottenstraße 109/Ecke Dortustraße
14467 Potsdam

Haus + Grund
Landesverband Bremen e. V.
Am Dobben 3
28203 Bremen

Grundeigentümer-Verband Hamburg von 1832 e. V.
Paulstraße 10
20095 Hamburg

Haus & Grund Hessen
Landesverband der Hessischen
Haus-, Wohnungs- und Grundeigentümer e. V.
Niedenau 61–63
60325 Frankfurt/Main

Landesverband Mecklenburg/
Vorpommern der Haus-, Wohnungs-
und Grundeigentümer e. V.
Geschäftsstelle: Grabenstraße 14
18273 Güstrow

Haus & Grund Niedersachsen
Landesverband Niedersächsischer
Haus-, Wohnungs- und
Grundeigentümer-Vereine e. V.
Berliner Allee 12
30175 Hannover

Verband der Haus-, Wohnungs-
und Grundeigentümer in
Nordrhein und Westfalen e. V.
Elisabethstraße 4
44139 Dortmund

Landesverband der Oldenburgischen
Haus- und Grundbesitzer-Vereine e. V.
Wallstraße 19
26122 Oldenburg

Verband der Haus-, Wohnungs-
und Grundeigentümer
Ostwestfalen und Lippe e. V.
Alter Markt 11
33602 Bielefeld

Verband Rheinischer
Haus-, Wohnungs- und
Grundeigentümer e. V.
Lütticher Straße 1–3
50674 Köln

Landesverband der Haus-,
Wohnungs- und Grundeigentümer
von Rheinland-Pfalz e. V.
Lütticher Straße 1–3
50674 Köln

Haus-, Wohnungs- und
Grundeigentümerverband Ruhr e. V.
Huyssenallee 50
45128 Essen

Verband der Haus-, Wohnungs-
und Grundeigentümer des Saarlandes e. V.
Bismarckstraße 52
66121 Saarbrücken

Haus & Grund Sachsen-Anhalt
Landesvereinigung der Haus-,
Wohnungs- und
Grundeigentümervereine in
Sachsen-Anhalt e. V.
Halberstädter Straße 122
39112 Magdeburg

Haus & Grund Sachsen
Landesverband
Sächsischer Haus-, Wohnungs-
und Grundeigentümer-Vereine e. V.
Rähnitzgasse 27
01097 Dresden

Haus & Grund Schleswig-Holstein
Verband Schleswig-Holsteinischer
Haus-, Wohnungs- und Grundeigentümer e. V..
Sophienblatt 3
24103 Kiel

Haus & Grund Thüringen
Landesverband der Haus-,
Wohnungs- und Grundeigentümer Thüringen e. V.
Rohlfsstraße 8 a
99423 Weimar

Haus & Grund Westfalen
Landesverband Westfälischer
Haus-, Wohnungs- und Grundeigentümer e. V.
Dahlenkampstraße 5
58095 Hagen

Haus & Grund Württemberg
Landesverband Württembergischer
Haus-, Wohnungs- und Grundeigentümer e. V.
Werastraße 1
70182 Stuttgart

Verband der Hausverwalter e. V.
Residenzstraße 24
80333 München

Deutsche und Schweizerische
Schutzgemeinschaft für Auslandsgrundbesitz e. V.
Gartenstraße 17
79761 Waldshut-Tiengen

Winfried Aufterbeck

Immobilienerwerb durch Zwangsversteigerungen

Zusammenfassung

Zwangsversteigerungen bieten die Möglichkeit, Immobilien günstig zu erwerben. Im folgenden wird die Praxis der Zwangsversteigerung auch für die juristischen Laien unter den Bietinteressenten verständlich gemacht. Zunächst werden Ratschläge für die Suche und Auswahl der Versteigerungsobjekte gegeben. Es folgen Anregungen, um im Gespräch mit der Bank die Finanzierung des zu erwerbenen Objektes sicherzustellen. Grundlagen der Bietstrategie, insbesondere zur Höhe des Gebots und zur Sicherheitenleistung, werden aufgegriffen. Der Ablauf der Versteigerungstermine wird systematisch dargestellt. Letztendlich werden Hinweise zu den notwendigen Formalitäten und der Restzahlung am Verteilungstermin gegeben.

1. Suche und Auswahl von Versteigerungsobjekten

1.1 Informationsquellen

Bei freiem Erwerb von Immobilien bieten die Anzeigen im Immobilienteil der Zeitungen einen guten Marktüberblick. Hinweise auf Zwangsversteigerungen findet man dort jedoch eher selten. Zuverlässige Angaben zu den anstehenden Zwangsversteigerungen findet man jedoch in den „Amtlichen Bekanntmachungen" der Amtsgerichte und in den jeweiligen Aushängen der Gerichte. Um den regelmäßigen Besuch des Amtsgerichtes zu vermeiden, kann auch das Amtsblatt des zuständigen Regierungspräsidenten erstanden werden.

Darüber hinaus ist als private Informationsquelle für Zwangsversteigerungsobjekte und -termine der Zwangsversteigerungskalender zu nennen. Der im Argetra-Verlag, Ratingen, herausgegebene, monatlich erscheinende Kalender enthält sämtliche Versteigerungstermine für den kommenden Monat, geordnet nach Kalendertag und zuständigem Amtsgericht. Dabei werden neun Regionalausgaben für Deutschland publiziert.

1.2 Grundbegriffe der Versteigerungspraxis

Nachdem sich der Bietinteressent über seine persönliche Wünsche und Zielvorstellungen hinsichtlich des Immobilieneigentums klar geworden ist, gilt es, eine Grobauswahl der geeigneten Objekte zu treffen.

Folgende Versteigerungsdaten sollten beachtet werden:

- **Aktenzeichen** (Geschäftsnummer des Amtsgerichts):
  Nur bei Nennung des Aktenzeichens erhält man von der zuständigen Geschäftsstelle des Amtsgerichts weitere Informationen, beispielsweise wenn Interesse an der Einsicht in das Gerichtsgutachten besteht.

- **Versteigerungstermin** (Tag, Datum, Uhrzeit):
  Sollte der Bietinteressent an dem betreffenden Versteigerungstermin verhindert sein, kann eine Vertretung mit einer notariell beglaubigten Bietungsvollmacht ausgestattet werden.

- **Versteigerungsort** (Gerichtsstelle mit Straße, Haus-Nr., Stockwerk, Saal-Nr.):
  Eine genaue Kenntnis des Versteigerungsortes erlaubt pünktliches Erscheinen am Versteigerungstermin.

- **Lage** (Ortsteile, Straße, Haus-Nr., Geschoß):
  Zu beachten ist, daß in Ausnahmefällen die angegebene grundbuchliche Lagebezeichnung von der tatsächlichen Lage abweichen kann.

- **Grundstücksfläche** (Größe in Quadratmetern):
  Die Grundstücksfläche ist wichtig beim Ersteigern eines Hauses oder eines unbebauten Grundstücks, aber wenig aussagekräftig beim Ersteigern einer Eigentumswohnung.

- **Eigentümer** (Name, Wohnort):
  Diese Angaben sind für eine spätere Kontaktaufnahme mit der Gläubigerbank wichtig.

- **Verkehrswert:**
  Der angegebene Wert wird von einem amtlichen Sachverständigen ermittelt und vom Gericht festgesetzt. In seltenen Fällen fehlt die Angabe, da der Verkehrswert erst im Versteigerungstermin festgesetzt wird.

- **Objektart** (Eigentumswohnungen, Häuser oder Grundstücke).

- **Wohnfläche und Baujahr:**
  Häufig fehlen diese für den Bietinteressenten jedoch äußerst wichtigen Angaben in den gerichtlichen Bekanntmachungen.
- **Hinweise auf Teilungsversteigerung oder Zweittermin:**
  Als Teilungsversteigerung bezeichnet man eine Zwangsversteigerung zum Zwecke der Aufhebung einer Eigentümergemeinschaft. Auf die Bedeutung des Zweittermins wird nachfolgend noch eingegangen werden.

1.3 Auswertung des Gerichtsgutachtens

Die zunächst zugänglichen Daten reichen für die Beurteilung eines zur Zwangsversteigerung anstehenden Objektes selbstverständlich noch nicht aus. Anhand des Aktenzeichens sollte Kontakt mit dem zuständigen Amtsgericht, genauer, mit der Geschäftsstelle für Zwangsversteigerungen, aufgenommen werden. Dort sollte der zuständige Sachbearbeiter darüber Auskunft erteilen können, ob unter dem angegebenen Aktenzeichen ein Gutachten vorliegt und wann dieses eingesehen werden kann.

Bei Vorlage des Gutachtens sollte sich der Bietinteressent auf die wesentlichen Punkte konzentrieren. Es ist üblich, daß eine Kopie des Gutachtens auch von der Gläubigerbank erhältlich ist. Zu den wesentlichen Punkten des Gerichtsgutachtens gehören die Objektbeschreibung und -bewertung. Die Objektbeschreibung enthält Angaben zum Baujahr, zur Größe der Wohn- und Nutzfläche und des umbauten Raums, zur Aufteilung der Räume und zur Ausstattung des Hauses, bzw. der Wohnung.

Die Objektbewertung betrifft Angaben zum Sachwert, Ertrags-, Vergleichs- oder Verkehrswert. Der Verkehrswert berücksichtigt jeweils den Marktabschlag der anderen Bewertungen. Bei der Interpretation des Gutachtens muß zudem beachtet werden, wieviel Zeit seit seiner Erstellung bereits vergangen ist. Besonderheiten des Versteigerungsobjektes, z. B. längeres Leerstehen, Bauschäden oder Baumängel, können ebenfalls dem Gutachten entnommen werden.

Mit einer systematischen Erfassung dieser wesentlichen Punkte des Gerichtsgutachtens liegt sogleich eine Grundlage für Finanzierungsgespräche bei Banken vor. Sofern also weder vom Eigentümer noch von

der Gläubigerbank ein Exposé des Versteigerungsobjektes erstellt wurde, kann dieses von dem Bietinteressenten anhand des Gerichtsgutachtens erarbeitet werden.

1.4 Auswertung des Grundbuchauszugs

Während das Gerichtsgutachten Auskunft über den technischen Zustand und die wirtschaftliche Bewertung des Objektes gibt, spiegelt das Grundbuch die rechtliche Geschichte des betreffenden Grundstücks wider. Ein Grundbuchauszug befindet sich meistens in der Versteigerungsakte. Ist dies nicht der Fall, sollte der zuständige Sachbearbeiter des Amtsgerichtes nach dem Grundbuchauszug gefragt werden. § 42 Zwangsversteigerungsgesetz regelt den Zugang zum Grundbuch: „Die Einsicht der Mitteilungen des Grundbuchamtes sowie der erfolgten Anmeldungen ist jedem gestattet." Diese Sondervorschrift ersetzt bei Zwangsversteigerungsverfahren den sonst geltenden § 12 Grundbuchordnung, wonach die Einsicht des Grundbuchs nur dem gestattet ist, „der ein berechtigtes Interesse darlegt".

In der Regel erwirbt der spätere Ersteher das Objekt lastenfrei, das heißt alle im Grundbuch eingetragenen Rechte werden nach der Zuschlagserteilung gelöscht. Auf Anfrage wird der zuständige Rechtspfleger darüber Auskunft geben, wann der Ausnahmefall eintritt, also der Erwerber bestehenbleibende Rechte übernimmt und was diese im einzelnen bedeuten. Es gilt dabei der Grundsatz, daß der Ersteher alle Rechte übernehmen muß, die Vorrang haben vor dem bestrangig betreibenden Gläubiger. Der bestrangig betreibende Gläubiger kann ermittelt werden, wenn sämtliche Anträge der Gläubiger und der Grundbuchauszug vorliegen. Ist dies nicht der Fall, sollte der zuständige Sachbearbeiter oder Rechtspfleger nach dem bestrangigen Gläubiger gefragt werden, um gegebenfalls eine Kontaktaufnahme zu ermöglichen.

Das Grundbuch bzw. der Grundbuchauszug ist wie folgt eingeteilt:

- **Aufschrift** (Deckblatt):
  Hier sind das Amtsgericht, der Grundbuchbezirk, Band und Blatt des Grundbuchs festgehalten.
- **Bestandsverzeichnis** (Grundstück):
  Das Grundstück nach Maßgabe des Katasters (Flur, Flurstück, Wirtschaftsart, Lage und Größe) wird spezifiziert.

- **Erste Abteilung** (Eigentümer):
  Hier wird Auskunft über die Eigentumsverhältnisse (Name des Eigentümers, Gemeinschaftsverhältnis bei Gesamthandseigentum, Erwerbsgrund) gegeben. Frühere Eigentümer sind rot unterstrichen.
- **Zweite Abteilung** (Lasten und Beschränkungen außer Grundschulden und Hypotheken):
  Es folgt eine Auflistung der dinglichen Belastungen, z. B. der Grunddienstbarkeiten, Auflassungsvormerkungen, des Zwangsversteigerungs- und eventuell Zwangsverwaltungsvermerks.
- **Dritte Abteilung** (Grundschulden und Hypotheken):
  In dieser Sektion wird Auskunft über die Höhe, die Eintragungsdaten und die Rangfolge der Grundschulden und Hypotheken sowie die Namen der Gläubiger gegeben.

1.5 Informationen von Behörden

Der Bietinteressent sollte sich nicht mit dem Gang zum Amtsgericht, bei dem er das Gutachten und den Grundbuchauszug einsehen kann, begnügen. Es ist ratsam, außerdem zur Stadt oder zur Gemeinde zu gehen, um das Bauamt, also die Bauplanungs- und Bauaufsichtsbehörde, und unter Umständen auch das Wohnungsamt aufzusuchen.

Um das Interesse am Erwerb des zur Zwangsversteigerung anstehenden Objekts gegenüber den Beamten zu bekunden, empfiehlt es sich, auf die bereits aus den Veröffentlichungen erfahrenen Angaben sowie auf das Gutachten hinzuweisen. Am besten ist es, wenn der bisherige Eigentümer dem Bietinteressenten eine Vollmacht zur Einsichtnahme in die Unterlagen erteilt. Aus naheliegenden Gründen wird das jedoch nur in seltenen Fällen gelingen.

Bei dem Bauplanungsamt läßt sich in Erfahrung bringen, welche Bauleitplanungen für das in Frage kommende Gebiet bestehen. Man unterscheidet hier zwischen dem Flächennutzungsplan und dem Bebauungsplan. Während der Flächennutzungsplan als vorbereitender, unverbindlicher Bauleitplan Aussagen über Baugebiete, Bauflächen (Wohnungsbau, Gewerbe, Mischgebiete), Verkehrsflächen und Grünanlagen enthält, gibt der Bebauungsplan als endgültiger, verbindlicher Bauleitplan genaue Auskunft über Art und Maß der baulichen Nutzung. Der Bebauungsplan informiert nicht nur über die Baugebiete, sondern

auch über die Anzahl der Vollgeschosse, die Grundflächenzahl (das heißt das Verhältnis von bebauter Fläche zur Grundstücksfläche) und die Geschoßflächenzahl (Geschoßfläche bezogen auf die Grundstücksfläche).

Beim Bauaufsichts- beziehungsweise Bauordnungsamt kann man sich über die baurechtliche Seite des Objekts informieren. Wenn es möglich ist, sollte Einsicht in die Bauakte genommen werden, um Antworten auf folgende Fragen zu finden:

- Was steht in der Baugenehmigung? Gibt es Bau- oder Nutzungsbeschränkungen?
- Sind Baulasten im Baulastenverzeichnis vermerkt?
- Ist die Gebrauchsabnahme aller Bauteile erfolgt?
- Sind die Erschließungskosten bezahlt?
- Welche Räume sind als Wohnräume genehmigt? Gibt es Räume, die anders genutzt werden als baurechtlich vorgesehen?

Da der Gutachter nicht verpflichtet ist, Angaben über die Art und Dauer der Wohnungsbindung zu machen, ist auch der Gang zum Wohnungsamt anzuraten. Es kann nämlich sein, daß es sich um ein Haus oder eine Wohnung handelt, die mit öffentlichen Mitteln auf dem sogenannten 1. Förderungsweg beim öffentlich geförderten sozialen Wohnungsbau finanziert wurde. Alternativ kann das Objekt auch mit nichtöffentlichen Mitteln auf dem sogenannten 2. Förderungsweg beim steuerbegünstigten sozialen Wohnungsbau gefördert worden sein. In beiden Fällen ist die Gewährung der Mittel mit Auflagen hinsichtlich der Wohnungsbindung verbunden. Es ist daher von Interesse, ob diese Wohnungsbindung noch besteht. Ist dies der Fall, sollte man sich nach folgenden Tatbeständen erkundigen:

- Muß zum Erfüllen der Belegungsbindung ein Wohnberechtigungsschein vorgelegt werden? Kann eventuell eine Freistellungsbescheinigung erteilt werden, zum Beispiel in Gebieten, in denen kein erhöhter Wohnungsbedarf mehr vorliegt?
- Erfolgt die Mietpreisbindung durch Festlegung einer Kostenmiete? Wie hoch ist die Kostenmiete? In welchen Fällen kann sie erhöht werden?
- Wann endet die Wohnungsbindung? Was gilt im Falle des Erwerbs durch Zwangsversteigerung?

1.6 Besichtigung des Versteigerungsobjektes

Nach der Überprüfung der Papierform des Objekts wird sich der Bietinteressent um die Besichtigung bemühen wollen. Grundsätzlich hat er jedoch keinen Rechtsanspruch auf eine Innenbesichtigung, denn es gilt auch im Falle der Zwangsversteigerung der verfassungsmäßig garantierte Grundsatz der Unverletzlichkeit der Wohnung. Dies bedeutet, daß der Eigentümer niemanden in sein Objekt hereinzulassen braucht, selbst den vom Gericht bestellten Gutachter nicht.

Der Bietinteressent kann also nur um eine Innenbesichtigung bitten, erzwingen kann er sie nicht. Bei einem unbewohnten Objekt wird es ihm noch relativ leicht fallen, Kontakt zu einem Schlüsselinhaber – dem Eigentümer, der Gläubigerbank beziehungsweise dem Haus-, Konkurs- oder Zwangsverwalter – aufzunehmen und die Besichtigungserlaubnis zu erlangen. Wird das Objekt von einem Mieter genutzt, wird der Mieter eine Besichtigung in aller Regel gestatten, insbesondere dann, wenn der Bietinteressent ihm zu verstehen gibt, daß er sich mit dem Mieter über mögliche Probleme, zum Beispiel einer Kündigung, unterhalten möchte. Häufig sind Mieter von zur Zwangsversteigerung anstehenden Objekten verunsichert, da sie ihre Rechte in diesem Fall nicht kennen. Der Mieter wird eine Innenbesichtigung wohl nur grundsätzlich ablehnen, wenn er das Objekt selbst ersteigern möchte.

Es wird immer dann schwierig sein, eine Besichtigung des Versteigungsobjektes vorzunehmen, wenn es von dem Eigentümer selbst bewohnt wird. Häufig kämpft er noch, um eine Versteigerung überhaupt zu verhindern. Es kann daher auch ratsam sein, dem Eigentümer gegenüber die Möglichkeit eines Rettungserwerbs anzudeuten. Unter Umständen hilft die Gläubigerbank oder ein eingesetzter Zwangsverwalter bei dem Bemühen um eine Innenbesichtigung.

1.7 Bautechnische Prüfung und Beurteilung des Objektes

Eine Innenbesichtigung sollte gründlich vorbereitet sein. Wer selbst nicht über genug technische Erfahrung verfügt, um die Schwachstellen eines Baus zu erkennen, sollte unbedingt einen Baufachmann bitten, das Objekt bei der Besichtigung zu untersuchen. Dieser Experte wird insbesondere auf Mängel verdeckter oder versteckter Art achten, die vielleicht nicht einmal der Gerichtsgutachter gesehen hat.

Diese Vorsicht ist angemessen, denn der Erwerb auf dem Zwangsversteigerungsweg erfolgt ohne Mängelhaftung. Diese wird in § 56 Zwangsversteigerungsgesetz ausgeschlossen: „Ein Anspruch auf Gewährleistung findet nicht statt". Der Ersteher hat also keinerlei Schadensersatzansprüche bei Vorliegen von Bauschäden oder -mängeln, weder gegen den Bauträger, Bauunternehmer, Architekten oder Handwerker, noch gegen den Eigentümer beziehungsweise Schuldner selbst.

Auch wenn der Schuldner das Gebäude oder die Wohnung noch mutwillig kurz vor dem Versteigerungstermin beschädigt, entfällt der Schadenersatzanspruch. Umso wichtiger erscheint es also, dem Schuldner höflich und rücksichtsvoll zu begegnen, damit er sich nicht zu unsinnigen Racheakten hinreißen läßt.

Mit der Unterstützung eines Baufachmannes sollten die wesentlichen Beobachtungen notiert und wie folgt zusammengefaßt werden:

- **Bausubstanz:** Baujahr, An- oder Umbau, Modernisierung, Mauerwerk, Keller, Dach, Schallschutz, Wärmedämmung.
- **Haustechnik:** Heizungsanlage, Warmwasserversorgung, Abwasserbeseitigung, Elektroanlagen, Sanitärinstallation, Fernsprechanschluß, Rundfunk- und Fernsehantenne.
- **Bauschäden und-mängel:** Feuchtigkeitsschäden, Putz- oder Setzrisse, Ungeziefer.
- **Ausstattung:** Fenster, Türen, Decken, Fußbodenbelag, Innenwände, Besonderheiten.
- **Grundriß:** Größe und Himmelsrichtung der Wohn- und Schlafräume, Zugang zu Küche, Eßecke, Bad, WC, Diele und Flur.

Nicht selten liegt bei Versteigerungsobjekten ein erheblicher Renovierungsrückstand vor, da notwendige Reparaturen aus finanziellen Gründen unterlassen wurden. Die Kosten für die Instandsetzung, Instandhaltung oder gar Modernisierung sollten nicht unterschätzt werden.

Bei der Prüfung und Beurteilung von Eigentumswohnungen sollten Hausmeister, -verwalter und Miteigentümer eingehend befragt werden. Der Hausverwalter kann um die letzte Verwaltungsabrechnung und den Wirtschaftsplan gebeten werden. Auch die Teilungserklärung, die Gemeinschaftsordnung, der Aufteilungsplan und die Protokolle der Wohnungseigentümerversammlungen verdienen gewissenhafte Überprüfung.

2. Sicherstellung der Finanzierung

Es empfiehlt sich, die Finanzierung des Erwerbspreises vor dem Versteigerungstermin sicherzustellen. Zwar müssen an dem Versteigerungstermin in der Regel nur zehn Prozent des Gebotes bezahlt werden, jedoch empfiehlt es sich, auch die Finanzierung der restlichen 90 Prozent, die zum Verteilungstermin, der etwa sechs Wochen nach dem Versteigerungstermin liegt, in die Wege zu leiten.

Infolgedessen müssen bereits vor dem Versteigerungstermin die voraussichtlichen Anschaffungskosten geschätzt werden. Dies kann nach folgendem Schema geschehen:

	Verkehrswert laut Gerichtsgutachten		.... DM
–	Risikoabschlag (beispielsweise 30 %)	–	.... DM
=	möglicher Erwerbspreis	=	.... DM
+	Anschaffungsnebenkosten (circa 3 %)	+	.... DM
=	voraussichtliche Anschaffungskosten	=	.... DM
–	Eigenkapital (beispielsweise 10 %)	–	.... DM
=	benötigte Fremdmittel	=	.... DM
+	Finanzierungskosten (beispielsweise Disagio)	+	.... DM
=	geplante Darlehenssumme	=	.... DM

Um den möglichen Erwerbspreis zu schätzen, ist es sinnvoll, die Gläubigerbank zu kontaktieren. Die Anschaffungsnebenkosten setzen sich aus zwei Prozent Grunderwerbsteuer, ca. 0,5 Prozent Zuschlagsgebühr und ca. 0,5 Prozent Gebühr für die Grundbucheintragung zusammen.

Die Frage der Finanzierung sollte in einem persönlichen Gespräch mit der Hausbank, der Gläubigerbank oder einem anderen Finanzierungsinstitut erörtert werden. Folgende Unterlagen sollten zu diesem Gespräch mitgenommen werden:

- Kopie des Gerichtsgutachtens (für die Schätzung der voraussichtlichen Anschaffungskosten),
- Kontoauszüge über Spar-, Bauspar- und sonstige Guthaben, auch über den Rückkaufswert der Lebensversicherung (für den Nachweis des einsetzbaren Eigenkapitals),
- Verdienstbescheinigung und letzter Einkommensteuerbescheid,
- sonstige, bereits vorliegende Unterlagen (beispielsweise der Flurkartenauszug, der Grundbuchauszug, die Feuerversicherungspolice, Bauzeichnungen, Grundrißpläne, Berechnungen der Wohn- und Nutzfläche sowie des umbauten Raums).

Ein Darlehensantrag kann bereits zu diesem Zeitpunkt gestellt werden. Der Bietinteressent sollte dabei ausdrücklich auf den Vorbehalt hinsichtlich des Eigentumserwerbs und des Erwerbspreises hinweisen und um eine vorläufige Darlehenszusage bitten. Die Bank versichert damit, im Falle des Erwerbs ein Darlehen bis zu einer bestimmten Höhe zu bestimmten Konditionen zu gewähren. Eine solche Zusage wird üblicherweise auch von anderen Instituten akzeptiert.

3. Erarbeiten einer Bietstrategie

Für Bietinteressenten, die noch nicht mit dem Prozedere von Zwangsversteigerungen vertraut sind, ist es ratsam, an einigen Versteigerungsterminen probeweise teilzunehmen, um den Verfahrensablauf kennenzulernen. Von besonderem Interesse ist zum einen die Abgabe von Geboten und zum anderen die Erbringung der Sicherheitsleistung. Während der Bietungsstunde ist viel Zeit und Gelegenheit für Fragen an den durchführenden Rechtspfleger.

Bei der Abgabe der Gebote sind folgende Punkte zu beachten:

- Gebote müssen **wirksam** sein. Dies setzt bei persönlicher Anwesenheit die Vorlage eines gültigen Personalausweises, bei Geboten durch Bevollmächtigte die Vorlage einer notariell beglaubigten Bietungsvollmacht voraus.
- Gebote müssen mindestens das **geringste Gebot** erreichen. Das geringste Gebot besteht – wenn keine Rechte bestehen bleiben – in der Regel nur aus den Verfahrenskosten und den rückständigen Grundsteuern.

- Gebote im Ersttermin müssen mindestens **50 Prozent des Verkehrswertes** („5/10-Grenze") erreichen. Liegen sie darunter, sind die Gebote zwar wirksam, ein Zuschlag muß aber von Amts wegen versagt werden, es sei denn, daß ein Beteiligter (beispielsweise ein Gläubiger) das Gebot abgibt.

- Gebote im Ersttermin können, falls sie nicht mindestens **70 Prozent des Verkehrswertes** („7/10-Grenze") erreichen, von bestimmten Gläubigern zu Fall gebracht werden. Der Zuschlag kann auf Antrag des Gläubigers wegen Nichterreichens dieser 7/10-Grenze versagt werden.

- Gebote sind immer **Bargebote.** Eventuell bestehenbleibende Rechte müssen gedanklich zum Bargebot hinzugezählt werden. Der wirtschaftliche Wert des Gebots besteht also aus dem Bargebot plus eventuell bestehenbleibender Rechte.

Von Zweitterminen spricht man dann, wenn schon einmal der Zuschlag wegen Nichterreichens der 5/10- oder der 7/10-Grenze versagt wurde. In diesem Zweittermin ist das geringste Gebot die absolute Untergrenze. Allerdings werden die Gläubigerbanken eine Verschleuderung des Objekts schon dadurch verhindern, daß sie selbst mitbieten oder die einstweilige Einstellung des Verfahrens bewilligen.

Die Sicherheitsleistung gehört ebenfalls zur Bietstrategie und sollte auf keinen Fall unterschätzt werden. Nicht selten wird ein Gebot mangels ausreichender oder nicht zugelassener Sicherheitsleistung abgelehnt.

Die Sicherheitsleistung muß von dem Bieter nur auf Antrag eines Beteiligten, also in der Regel eines Gläubigers, geleistet werden. Es ist ein großer taktischer Vorteil gegenüber Bietkonkurrenten, wenn die Gläubiger bei Ihren Geboten auf Sicherheitsleistungen verzichten, bei den Geboten Ihrer Konkurrenten aber nicht.

Die Sicherheitsleistung wird in Höhe von 10 Prozent des Bargebots geleistet, es sei denn, daß die Verfahrenskosten höher sind. Bestehenbleibende Rechte werden bei der Berechnung der Sicherheitsleistung also nicht mitgerechnet. Folgende Zahlungsweisen sind akzeptabel: Bargeld, bestätigter LZB-Scheck oder Bürgschaft. Ein LZB-Scheck ist der Scheck einer Bank, der auf eine Landeszentralbank ausgestellt ist und von dieser auf der Rückseite hinsichtlich der Einlösung bestätigt wird. Die Bürgschaft wird in der Regel eine Bankbürgschaft sein.

In bestimmten Fällen kann es sich empfehlen, sowohl Bargeld als auch bestätigte LZB-Schecks als Sicherheitsleistungen zu verwenden. Nach dem Motto „LZB-Scheck für das große Geld, Banknoten für das kleine Geld" kann das Anfangsgebot, für das Sicherheit in Form des LZB-Schecks geleistet wird, bei erforderlichen Übergeboten durch Hinterlegung von zusätzlichem Bargeld erhöht werden. So wird vermieden, daß sich Bietkonkurrenten gegeneinander in die Karten schauen können. Mit der Wahl der Sicherheitsleistung sollte nicht das Gebotslimit verraten werden.

Vor der Abgabe des ersten Gebots im Versteigerungstermin, sollte man sich eine Preisgrenze setzen. Wenn keine bestehenbleibenden Rechte übernommen werden müssen, ist diese Preisgrenze mit dem Gebotslimit identisch. Zum Versteigerungstermin sollte dann zehn Prozent der Summe mitgenommen werden.

4. Ablauf des Versteigerungstermines

4.1 Bekanntmachungsteil

Im ersten Teil, dem Bekanntmachungsteil, liest der zuständige Rechtspfleger aus den Gerichtsakten vor. Der Bekanntmachungsteil dauert ca. 15 bis 30 Minuten. Dieser Teil ist für Laien der langweiligste und oft auch unverständlichste Teil. Dennoch sollten die Ausführungen aufmerksam verfolgt werden, während gleichzeitig schon einmal die möglichen Bietkonkurrenten beobachtet werden können. Aus dem Verhalten der anderen Zuhörer können vielleicht schon Rückschlüsse auf die Ernsthaftigkeit ihres Bietinteresses gezogen werden.

Bei ausreichender Vorbereitung des Versteigerungstermins ist es unwahrscheinlich, im Bekanntmachungsteil wesentliche Neuigkeiten zu erfahren. Punkte, die jedoch unklar geblieben sind, sollten notiert werden. Während der Bietstunde kann der Rechtspfleger um Aufklärung gebeten werden. Auch die Namen der Gläubigervertreter sollten niedergeschrieben werden, um eventuell mit Ihnen während der Bietstunde Kontakt aufnehmen zu können.

Folgende Punkte werden von dem Rechtspfleger bekanntgemacht:

- Feststellung der Verfahrensbeteiligten (Gläubiger, Eigentümer, gegebenenfalls Mieter und Hausverwalter),

- Feststellung des Grundbuchinhalts,
- betreibende Gläubiger und Zeitpunkt der ersten Beschlagnahme, d. h. der Termin, an dem das Ersuchen um Eintragung des Versteigerungsvermerks dem Grundbuchamt zugegangen ist,
- Forderungsanmeldungen der Gläubiger (Grundbuchschulden und Zinsen) sowie gegebenenfalls der Mieter (Mietvorauszahlungen und Baukostenzuschüsse),
- Ausgebotsarten (Gesamt-, Gruppen- oder Einzelausgebot); in der Regel stellt jedoch der Gläubiger den Antrag, nur ein Gesamtausgebot zuzulassen,
- Versteigerungsbedingungen (lastenfreie Übernahme für den Ersteher oder Hinweis auf bestehenbleibende Rechte),
- Einheitswert, der von dem Finanzamt festgestellt wurde und der Berechnung der Grundsteuer zugrunde liegt,
- Verkehrswert und 5/10- bzw. 7/10-Grenzen, die jeweils vom Gericht festgesetzt und spätestens jetzt bekanntgegeben werden,
- geringstes Gebot,
- Hinweis auf Grunderwerbsteuerpflicht und Eintragung des Eigentümers in das Grundbuch. In der Regel beträgt die Grunderwerbsteuer zwei Prozent des Steigpreises, in Sonderfällen, zum Beispiel bei der Abtretung des Meistgebots oder bei verdeckter Vertretung, fällt doppelte Grunderwerbsteuer an. Eigentümer wird der Ersteher schon mit der Erteilung des Zuschlags, die Eintragung in das Grundbuch erfolgt erst nach Vorlage der Unbedenklichkeitsbescheinigung des zuständigen Finanzamts über die erfolgte Zahlung der Grunderwerbsteuer.

4.2 Bietstunde

Die Bietstunde, der zweite Teil des Versteigerungstermins, dauert tatsächlich, wie der Name schon sagt, mindestens 60 Minuten. Die Bietstunde ist gleichzusetzen mit einem Versteigerungsgeschäft, bei dem eine „unsichtbare Ware“, nämlich die Immobilie, zu einem vorher nicht bekannten Preis gehandelt wird. Die Bietstunde sollte nicht nutzlos verstreichen: An den Rechtspfleger können Fragen gestellt werden oder die Gläubigervertreter zu einem kurzen Gespräch gebeten werden.

Die Wahl der richtigen Biettaktik hängt vom Verhalten der Bietkonkurrenten ab. Folgende Fragen treten auf:

- Soll das Gebot früh oder spät abgegeben werden?
- Soll das Anfangsgebot niedrig oder hoch liegen?
- Sollen Bargeld oder LZB-bestätigte Schecks eingesetzt werden?

Die meisten Bietinteressenten geben ihre Gebote erst in den letzten fünf bis zehn Minuten der Bietstunde ab. Spät gegebene Gebote sind bei Rechtspflegern ziemlich unbeliebt, weil sie oft eine aus ihrer Sicht unnötige Hektik verursachen. Dem Bieter sollte dies jedoch gleichgültig sein, wenn es berechtigte Hoffnung gibt, die Bietkonkurrenten dadurch zu verunsichern.

Wenn der Zweck verfolgt wird, mögliche Bietkonkurrenten frühzeitig auszuschalten, kann auch das Gebot zu Beginn der Bietstunde abgegeben werden. Je höher dieses frühzeitig abgegebene Gebot ist, desto eher werden die Konkurrenten den Gerichtssaal verlassen. Ein frühzeitiges Gebot ist auch dann sinnvoll, wenn vorher mit der Gläubigerbank eine weitgehende Einigung über den Preis erzielt werden konnte.

Hohe Anfangsgebote können Bietkonkurrenten abschrecken, sie können aber auch motivieren, sofort zu überbieten. Sehr niedrige Anfangsgebote verärgern die Gläubigerbanken, da andere Bieter meistens in nur kleinen Schritten weiterbieten und somit das von der Bank gewünschte Bietergebnis in der Regel weit verfehlt wird. Häufig geht die Bank dann selbst zur Offensive über und gibt ein entsprechend höheres Gebot ab, um unter den Bietinteressenten die Spreu vom Weizen zu trennen.

Es wurde bereits erwähnt, daß es bei der Auswahl der Sicherheitsleistung von Vorteil sein kann, Bargeld und LZB-Schecks zu kombinieren. Es ist für denjenigen ein erheblicher Vorteil, bei dem die Gläubigerbanken auf die Sicherheitsleistung verzichten, bei seinen Konkurrenten jedoch darauf bestehen. Daher sollte vor dem Versteigerungstermin zusammen mit der Bank überprüft werden, ob diese Möglichkeit besteht.

Natürlich ist es nicht allein die Taktik, die zum Erfolg führt. Wenn der Bietkonkurrent höher als das gesetzte Limit bietet, hilft auch die beste Taktik nicht weiter. Die vorher bestimmte Preisgrenze sollte trotzdem eingehalten werden. Vor einem „Bietrausch“ sei gewarnt.

4.3 Verhandlung über den Zuschlag

Die Verhandlung über den Zuschlag ist der dritte und letzte Teil des Versteigerungstermins. Sie nimmt circa fünf Minuten in Anspruch. Folgende Varianten sind möglich:

- Sofortige Zuschlagserteilung,
- Versagung des Zuschlags,
- Aussetzung des Zuschlags,
- Einstweilige Einstellung.

Nach Ablauf der Bietstunde fragt der Rechtspfleger die Gläubigervertreter, ob Anträge zum Zuschlag gestellt werden. Beantragen nun die Gläubiger, den Zuschlag sofort erteilen zu lassen oder verhalten sie sich stumm, wird der Rechtspfleger unmittelbar im Versteigerungstermin den Zuschlag verkünden. Mit der Verkündung des Zuschlags durch den Rechtspfleger wechselt der Eigentümer des Versteigerungsobjektes. Somit ist die Zuschlagserteilung ein originärer, also ein rechtsbegründeter Immobilienerwerb, die spätere Eintragung des Erstehers im Grundbuch hat nur deklaratorischen, also rechtserklärenden Charakter. Der Zuschlag selbst ist ein Eigentumsübertragungsakt des öffentlichen Rechts. Er ist kein Vertrag, sondern eine prozessuale Entscheidung. Dies bringt große Rechtssicherheit für den Ersteher mit sich. Zwar kann der Zuschlagsbeschluß im Beschwerdegang rechtskräftig wieder aufgehoben werden, doch kommt dies in der Praxis äußerst selten vor.

Die Versagung des Zuschlags wegen Nichterreichens der 5/10- oder 7/10-Grenze ist nur im Ersttermin, also in einem Termin, in dem noch beide Grenzen gelten, möglich. Wie bereits ausgeführt wurde, muß der Zuschlag von Amts wegen versagt werden, wenn das Meistgebot einschließlich bestehenbleibender Rechte unter 50 Prozent des Verkehrswertes liegt. Bei einem Meistgebot von mindestens 50, aber weniger als 70 Prozent des Verkehrswertes im Ersttermin, kann der Zuschlag auf Antrag eines Gläubigers, dessen Anspruch im Bereich von 70 Prozent liegt und der daher einen Ausfall erleiden würde, versagt werden.

Ist der Gläubiger unschlüssig, ob er bei dem abgegebenen Meistgebot den Zuschlag erteilen lassen soll oder nicht, kann er die Aussetzung des Zuschlags für eine bestimmte Zeit, zum Beispiel für zwei Wochen, beantragen. Dieser Antrag wird häufig dann gestellt, wenn der Meistbietende noch zu einer zusätzlichen Zahlung außerhalb der Versteigerung bewegt werden soll oder wenn beabsichtigt ist, das Meistgebot an

einen Dritten, der dann Ersteher werden soll, abzutreten. Setzt der Rechtspfleger auf Antrag des Gläubigers die Verkündung des Zuschlags aus, wird die Zuschlagserteilung in einem besonderen Verkündungstermin bekanntgegeben.

Erscheint dem bestrangig betreibenden Gläubiger das abgegebene Meistgebot als zu niedrig, kann er im Versteigerungstermin selbst oder – bei Aussetzung des Zuschlags – spätestens im Verkündigungstermin die einstweilige Einstellung des Verfahrens bewilligen. Im Falle der einstweiligen Einstellung wird das Verfahren nur auf Antrag des Gläubigers fortgesetzt. Die Bewilligung der einstweiligen Einstellung durch den bestrangig betreibenden Gläubiger kann einmal wiederholt werden. Diese Möglichkeit erklärt sich aus der vom Gesetzgeber so gewollten überragenden Machtposition des bestrangig betreibenden Gläubigers, der damit jederzeit „Herr des Verfahrens“ bleibt.

5. Verteilungstermin

Mit der Zuschlagserteilung hat der Eigentümerwechsel stattgefunden. Am Verteilungstermin erfolgt die Restzahlung des Meistgebots einschließlich der aufgelaufenen Zinsen. In der Regel liegt der Verteilungstermin sechs Wochen nach der Verkündung des Zuschlags. Für den Erwerber ist ein später Verteilungstermin von Vorteil, denn umso mehr Zeit steht für die Vorbereitung der finanziellen Abwicklung zur Verfügung. Außerdem ist die Verzinsung des restlichen Meistgebots mit vier Prozent per anno für die Zeit vom Versteigerungs- bzw. Verkündungstermins bis zum Verteilungstermin relativ zu den Marktkonditionen niedrig.

Unmittelbar nach der Zuschlagserteilung sollte die finanzierende Bank um die endgültige Darlehenszusage gebeten werden. Nach Abschluß des Darlehensvertrages sollte die Grundschuldbestellung bei einem Notar erfolgen. Die Bank verlangt vor der Darlehensauszahlung nämlich die vollstreckbare Ausfertigung der notariellen Grundschuldbestellungsurkunde. Es gibt Banken, die eine Darlehensauszahlung grundsätzlich erst dann vornehmen, wenn die Eintragung im Grundbuch erfolgt ist und wenn die Unbedenklichkeitsbescheinigung des zuständigen Finanzamts vorliegt. Im Falle des Ersteigerns sollte auf den Ersatz der Grundbucheintragung, die ja erst zwei bis drei Monate später vorgenommen wird, bestanden werden. Um die Unbedenklichkeits-

bescheinigung zügig zu erhalten, ist es ratsam, persönlich zur Grunderwerbsteuerstelle zu gehen. Dort wird die Unbedenklichkeitsbescheinigung gegen Vorlage der Einzahlungsquittung und des Zuschlagsbeschlusses ausgestellt.

Die Darlehensauszahlung muß so rechtzeitig an die Gerichtskasse erfolgen, daß der Rechtspfleger am Verteilungstermin vom Eingang der Zahlung unterrichtet ist. Der Bank sollte ein Zahlungsauftrag mit Terminierung gegeben werden. Kurz vor dem Verteilungstermin kann man sich bei dem Rechtspfleger vergewissern, ob die Zahlung der Bank bei der Gerichtskasse eingegangen ist.

Literaturhinweis

Viele Hinweise, die in diesem Beitrag enthalten sind, sind dem Buch von W. Siepe „Wie ersteigere ich ein Haus oder eine Wohnung. Das ABC der Zwangsversteigerung.", Bonn 1988, entnommen. Der interessierten Leserschaft sei dieser Leitfaden deshalb zur weiteren Vertiefung in die Materie empfohlen.

Helmut Alois Speich

Verwaltung von Immobilieneigentum

Zusammenfassung

Zur Erhaltung der Wirtschaftlichkeit und des Wertes einer Immobilie ist eine ordnungsgemäße Verwaltung unabdingbar. Die Aufgaben des Haus- und Grundeigentumsverwalters sind sehr vielseitig. Gerade bei einem Mietwechsel und bei der Festsetzung von Mieterhöhungen müssen die langfristigen Ziele des Immobilieneigentümers in Auge behalten werden. Zur technischen Betreuung gehören Durchführung von Reparaturen, Modernisierung, Sanierung und Wertverbesserung. Neben allgemeiner Organisation gehört auch die kaufmännische Betreuung der Immobilie zu den Verwaltungsaufgaben. Besondere Aufmerksamkeit verdient in diesem Zusammenhang die Erstellung der Neben- und Heizkostenabrechnung.

1. Einführung

Der Hausverwalter kann sowohl Angestellter des Hauseigentümers sein – dann hat er einen Dienstvertrag; oder, wie zumeist, ist er Geschäftsbesorger. Im letzteren Fall ist der Hausverwalter selbständig und nur dieser Fall soll hier betrachtet werden.

Als Geschäftsbesorger ist der Hausverwalter gemäß § 675 Bürgerliches Gesetzbuch (BGB) verpflichtet, die Interessen des Hauseigentümers wahrzunehmen und seinen Weisungen zu folgen.

Der Hausverwalter gilt als ermächtigt, alle Rechtsgeschäfte, die üblicherweise mit der Verwaltung des Hausgrundstücks verbunden sind, mit verbindlicher Wirkung für und gegen den Hauseigentümer abzuschließen. Er ist insbesondere berechtigt, freie Wohnungen zu vermieten, die Miete und die Nebenkosten einzuziehen, den erforderlichen Geschäftsverkehr mit den Mietern und Behörden zu führen, Kündigungen und Mieterhöhungen auszusprechen. Bei den letzten beiden verlangt die Rechtsprechung mittlerweile oft eine gesonderte Vollmacht. Um Schaden zu vermeiden, empfiehlt es sich daher, diese beiden Rechte unbedingt in einer separaten Hausverwaltungsvollmacht (Außenverhältnis) aufzuführen und Beschränkungen im Hausverwaltungsvertrag (Innenverhältnis) zu vereinbaren. Dadurch ist der Verwalter in der Lage, auch falls der Eigentümer gerade nicht erreichbar ist, dessen Rechte fristgerecht zu wahren.

Die Instandhaltung und Instandsetzung stellt nicht nur eine wirtschaftliche und technische Notwendigkeit dar, sondern ist gemäß § 536 BGB gesetzliche Verpflichtung des Vermieters. Danach muß der Vermieter dem Mieter die Mietsache in einem zum vertragsgemäßen Gebrauch geeigneten Zustand überlassen und sie während der Mietzeit in diesem Zustand erhalten. Der Hausverwalter hat daher die notwendigen Arbeiten zu veranlassen – größere Arbeiten in der Regel nur nach Rücksprache mit dem Hauseigentümer (eventuell unter Einschaltung eines Architekten). Er hat die Durchführung der Arbeiten zu überwachen und die eingehenden Rechnungen nach Überprüfung auf rechnerische und materielle Richtigkeit vom Hauskonto zu begleichen.

Dem Hauseigentümer haftet der Hausverwalter gemäß § 276 BGB für die ordnungsgemäße Erfüllung seiner vertraglichen Verpflichtungen.

Gegenüber den Mietern ist der Hausverwalter Erfüllungsgehilfe des Hauseigentümers. Der Hauseigentümer haftet gemäß § 278 BGB für das Verschulden seines Erfüllungsgehilfen wie für eigenes Verschulden. Dem Mieter steht daher in der Regel kein unmittelbarer Schadensanspruch gegenüber dem Hausverwalter zu.

2. Verwaltungsaufgaben

Die Verwaltung gliedert sich in nahezu unzählige Einzelaufgaben. Daher wird hier nur eine grobe Übersicht gegeben.

- Betreuung der Mietverhältnisse.
- Kaufmännische Betreuung:
  - Überwachung der Geldeingänge, (Mieten u.a.),
  - Erstellen der Neben- und Heizkostenabrechnung,
  - Mieterhöhungen,
  - Nutzungsplanung und -optimierung.
- Überwachung der Rechte und Pflichten aus den Mietverträgen z. B.:
  - Festlegung und Überwachung der Hausordnung und Hausreinigung,
  - Benutzung von Gemeinschaftsräumen,
  - Tierhaltung,
  - Geräteeinigung,
  - regelmäßige Wohnungsbegehungen,
  - sich ergebender Schriftwechsel,

– Betreuung von Rechtsstreitigkeiten (der Anwalt ist nur so gut wie seine Informationen).

- Abschluß und Auflösung von Mietverträgen:
  – Mieterkündigung: Kündigungsbestätigung, Wohnungsabnahme, feststellen von Schäden, Instandsetzung, Abrechnung der Kaution des ausziehenden Mieters usw.
  – Vermieterkündigung: z. B. wegen Zahlungsverzug, Eigenbedarf, Räumungsklage und Zwangsvollstrek-kung.
  – Neuvermietung: Mietersuche, -auswahl, Abschluß des Mietvertrages zur Marktmiete, Wohnungsübergabe, Anlage der Kaution usw.

- Technische Betreuung:
  – Mängelbeseitigung,
  – Pflege der Anlagen und Einrichtungen,
  – Schönheitsreparaturen,
  – Verkehrssicherung (z. B. Glühlampenwechsel),
  – Wartung von technischen Betriebseinrichtungen (Heizung, Fahrstühle, Gemeinschaftsantennen-/Kabelanlage usw.),
  – Instandhaltung,
  – kurz-, mittel- und langfristige Instandhaltungsplanung,
  – Gebäudeanpassungen an geänderte Nutzerbedürfnisse,
  – Verbrauchskostenoptimierung (Senkung der Nebenkosten)
  – Gebäudeleittechnik

- Allgemeine Organisation:
  – Aufbewahrung von Urkunden (Verträge, Versicherungspolicen, Grundbuchunterlagen, genehmigte Baupläne, Postgenehmigungen, u.a.),
  – Aufbewahrung sonstiger Unterlagen (Bauzeichnungen, Grundsteuerbescheid, Darlehensverträge, Mietpreisübersichten, Wirtschaftlichkeitsberechnungen, usw.),
  – Organisation des Schriftverkehrs, Protokolle (Wohnungsübergabe, Wohnungbegehungen),
  – Führung einer Haus- und Grundstücksbeschreibung, Veränderungsnachweise.

- Sonstige Aufgaben:
  – Abrechnung über die Einnahmen und Ausgaben des Immobilienobjektes mit dem Eigentümer,

- Information des Hauseigentümers über alle wichtigen Vorgänge gemäß § 666 BGB (Auskunfts- und Rechenschaftspflicht),
- steuerlicher Zustellungsbevollmächtigter,
- Zahlung der laufenden Grund-, Einkommen-, Vermögensteuer u.ä. vom Hauskonto,
- Zahlung von Zins und Tilgung für laufende Darlehen vom Hauskonti,
- Abschluß von Versicherungsverträgen,
- Regelung von Versicherungsschäden.

3. Rechte des Verwalters

Aus den Aufgaben des Verwalters ergeben sich nicht nur seine Pflichten, sondern es lassen sich auch zumindest ein Teil seiner Rechte ableiten. So ergibt sich aus der Pflicht der technischen Überwachung, das Recht, das Anwesen und die Wohnungen zu betreten.

Als Vertreter des Hauseigentümers stehen dem Hausverwalter sämtliche Vertretungsrechte zu, und er kann damit sämtliche Rechtsgeschäfte – außer notariellen – für den Hauseigentümer vornehmen.

Aus dem Verwaltungsvertrag sollte sich das Recht auf monatliche Abbuchung der Verwaltergebühr und der Auslagen ergeben, da dies sonst wegen § 181 BGB (Eigengeschäfte) nicht möglich ist.

4. Die Haftung des Verwalters

Wie die vorstehenden Ausführungen gezeigt haben, besteht eine breitgefächerte Palette von Rechten und Pflichten des Verwalters, die hohe persönliche und fachliche Anforderungen an die Qualifikation des Verwalters stellen. Dementsprechend vielfältig sind die Pflichtverletzungsmöglichkeiten mit ihren Haftungsfolgen. Die Gerichte setzen immer höhere Qualifikationsmaßstäbe an die Verwalterleistungen.

In der Praxis werden gegen einen Verwalter selten Haftungsansprüche geltend gemacht, denn er haftet in der Regel nur bei schuldhafter Pflichtverletzung, die nachweislich ursächlich für den entstandenen Schaden war, und der Anspruchsteller (Geschädigter) muß dies beweisen.

4.1 Haftung aus dem Vertrag

Folgende gesetzliche Regelungen sind zu beachten:

- Haftung aus Unmöglichkeit oder Verzug (§§ 325, 326, 284 ff. BGB) bei vorsätzlicher oder fahrlässiger Verletzung (§ 276 BGB) der im Verwaltervertrag übernommenen Hauptpflichten (§ 675 BGB),
- Haftung aus Schlechtleistung oder Nebenpflichtverletzung (z. B. Verletzung der Aufklärungs-, Beratungs-, Obhuts- und Treuepflicht) nach den Grundsätzen der sogenannten positiven Vertragsverletzung mit dreißigjähriger Verjährungsfrist (§§ 242, 276, 282, 249 BGB),
- Haftung wegen Pflichtverletzungen nach den Grundsätzen über die sogenannte culpa in contrahendo §§ 242, 276, 249 BGB; man kann nicht gleichzeitig gegensätzliche Interessen vertreten,
- Haftung des gerichtlich bestellten Notverwalters nach obigen Grundsätzen,
- Haftung für Erfüllungsgehilfen (§ 278 BGB): Bedient sich der Verwalter zur Erfüllung seiner in einzelnen Aufgabenbereichen weiterer Mitarbeiter, haftet er auch für deren Verschulden,
- Haftung aus Geschäftsführung ohne Auftrag (§§ 677 ff. BGB) aus der unberechtigten Übernahme einzelner Geschäftsführungsaufgaben (also bei Kompetenzüberschreitung), die nicht dem wahren oder vermuteten Willen der Eigentümer entsprechen, können sich auch ohne sonstiges Verschulden des Verwalters Haftungsfragen ergeben (§ 678 BGB).

4.2 Haftung aus unerlaubter Handlung

Bei regelwidrigem Verhalten greifen folgende Bestimmungen:

- § 823 Abs. 1 BGB: Schädigt der Verwalter durch aktives oder passives Verhalten (bei gebotener Handlungspflicht) schuldhaft den Hauseigentümer, kommen Ansprüche aus unerlaubter Handlung (§§ 823 Abs. 1, 249 BGB) in Betracht.
- Für unterbeauftragte Hilfpersonen kommt die Haftung für sogenannte Verrichtungsgehilfen (§ 831 BGB) in Frage. Hier bestehen allerdings Möglichkeiten der Haftungsfreizeichnung (z. B. bei Architekten, Rechtsanwälten, usw.)
- Insbesondere bei Verletzung von sogenannten Schutzgesetzen des Straf- und Polizeirechts (z. B. Betrug, Unterschlagung, kann eine Haftung aus § 823 Abs. 2 BGB entstehen.

- Bei vorsätzlich sittenwidriger Schädigung der Eigentümer besteht ein Anspruch aus § 826 BGB.
- Zur Haftung aus § 823 Abs. 1 BGB gehört auch die Haftung wegen Verletzung der sogenannten Verkehrssicherungspflichten. Sie tritt ein, wenn Gefahrenquellen geschaffen bzw. gebotene Schutzmaßnahmen unterlassen werden und infolgedessen ein Schaden eintritt. Zum Beispiel: Verspätete Schneeräumung, verzögerter Glühlampenwechsel.

Aufgrund der vorgenannten Haftungsmöglichkeiten eines Verwalters kann jedem Eigentümer, der einen Verwalter beauftragen will, nur dringend geraten werden sich vom Verwalter eine Vermögensschadenhaftpflichtversicherung nachweisen zu lassen.

Die Versicherungen haften jedoch keinesfalls für Vorsatz und prüfen in der Regel bei grober Fahrlässigkeit einen möglichen Haftungsausschluß.

5. Kosten der Verwaltung

Die üblichen Verwaltergebühren belaufen sich auf 5–7 % plus Mehrwertsteuer auf die Bruttomiete. Bei besonders ertragreichen Häusern werden auch geringere, bei besonders etragarmen oder kleinen Häusern höhere Verwaltergebühren vereinbart.

Die bei Sozialwohnungen seit 13.7.1992 vorgesehene Verwaltungsgebühren von DM 420,– pro Wohneinheit und Jahr ist als eine Mindestgebühr anzusehen, da der Staat die Verwaltunggebühren für die großen Wohnblöcke des Sozialen Wohnungsbaues ausgelegt und für diese niedrig angesetzt hat. Im Herbst 1996 wird die Verwaltergebühr voraussichtlich auf DM 480,– pro Jahr und Wohneinheit erhöht. Darüber hinaus sind die gesetzlichen Regelungen für Sozialwohnungen formaler und geben dem Eigentümer mehr Rechte, so daß z. B. die Betriebskostenumlagen oder die Mieterhöhungen bedeutend einfacher sind.

Ein Problem ist, daß die gute oder schlechte Leistung eines Verwalters erst an seinen „Früchten“ erkennbar werden, also z. B. an der sich nach Jahren der Verwaltung ergebenden Rendite oder dem baulichen Zustand des Objekts.

Die Erfahrung zeigt, daß im Rahmen der Miethausverwaltung von einem Mitarbeiter durchschnittlich 180–230 Einheiten betreut werden

können. Dies bedeutet für ein Verwaltungsunternehmen bei geschätzten Kosten von circa DM 110.000,– pro Jahr und Mitarbeiter, daß eine Mindestverwaltergebühr pro verwalteter Einheit von DM 39,50 bis DM 51,– und Monat erzielt werden muß, um Kostendeckung zu erreichen. Bei der Verwaltung von Sozialwohnungen und Eigentumswohnanlagen sind dies je nach Größe der verwalteten Objekte 210 bis 300 Einheiten pro Mitarbeiter, mithin DM 30,50 bis DM 44,– Monat.

Der Bundesfachverband Wohnungsverwalter e. V., dessen Mitgliedsfirmen sich zu hochwertiger Verwaltungsleistung verpflichtet haben und überwiegend große Eigentumswohnanlagen verwalten, weist bei seinen Mitgliedsfirmen durchschnittlich 230 Einheiten pro Mitarbeiter aus.

6. Wirtschaftlichkeit von Immobilien – Ausgewählte Probleme

Ob eine Immobilie wirtschaftlich ist, hängt von mehreren Faktoren ab. Für den Immobilienkäufer ergibt sich die Wirtschaftlichkeit aus dem laufenden Ertrag (Mietzins, Eigennutzung) und einem eventuellen Mehrerlös beim Verkauf des Objektes.

Im folgenden wird nur der Fall des vermietenden Kapitalanlegers betrachtet. Die Mieterauswahl, der Mietpreis, regelmäßige Mieterhöhungen und eine laufende Instandsetzung und Instandhaltung sind wesentliche Eckpunkte der sich ergebenden Wirtschaftlichkeit.

Auf die Objektauswahl soll hier nicht näher eingegangen werden, obwohl dies für die zu erwartende Wirtschaftlichkeit mit ausschlaggebend ist. Grundsätzlich sei hier nur angemerkt, daß je kleiner die Immobilie ist, desto geringer die laufende Rendite zu erwarten ist.

6.1 Mieterwechsel

6.1.1 Vertragsende mit dem alten Mieter, neuer Mietpreis

Gemäß § 564b BGB beträgt die Frist für die Kündigung eines Mietverhältnisses mindestens drei Monate und verlängert sich nach fünf, acht und zehn Jahren um jeweils drei Monate. Besonders bei länger andauernden Mietverhältnissen werden diese Kündigungsfristen von den

Mietern oft nicht eingehalten. Viele wollen bereits nach ein oder zwei Monaten nach der Kündigung aus dem Mietvertrag entlassen werden. Teilweise wollen die Mieter dies durch Stellung eines Nachmieters erreichen. Darauf muß sich der Vermieter von Wohnraum nicht einlassen, wenn die Kündigungsfrist nur relativ kurz ist oder wenn er Gründe in der Person des Nachmieters hat. Bei der Vermietung von Gewerberaum gilt der Grundsatz: Verträge sind zu erfüllen.

Nach Eingang der Kündigung durch den Mieter ist es sinnvoll, die Wohnung zu besichtigen und zu vereinbaren, wann Mietinteressenten die Wohnung besichtigen können. Danach sollte das Kündigungsschreiben bestätigt und der Mieter aufgefordert werden, die notwendigen Arbeiten zum Auszug auszuführen, z. B. Schönheitsreparaturen, die Reinigung der Teppichböden oder bei der Besichtigung festgestellte Mängel zu beseitigen.

Nach der Wohnungsbesichtigung wird der Mietpreis festgelegt. Für die Wirtschaftlichkeit ist es wichtig, daß die am Markt durchsetzbare Miete auch verlangt wird und nicht bei Vertragsabschluß ein Mietpreis vereinbart wird, der die ortsübliche Miete unterschreitet. Soweit ein Mietpreisspiegel vorhanden ist, kann dieser zur Orientierung dienen. Bei Maklern oder den Sachbearbeitern der Haus- und Grundeigentümervereine können auch Erkundigungen eingeholt werden. Hierbei ist zu beachten, das mit der letzten Mietrechtsänderung auch die Grenze für den Mietwucher von 50 % über der ortsüblichen Miete auf 20 % gesenkt wurde. Die Marktmiete liegt meist ca. 10–20 % über der ortsüblichen Vergleichsmiete, bzw. z.Zt., nachdem der Markt sich schnell von einem Nachfrager- in einen Anbietermarkt gewandelt hat, liegt die Marktmiete auch schon mal unter der ortsüblichen Vergleichsmiete.

Eine Alternative ist die Staffelmiete, die gewisse Mietanpassungen gewährt, wobei übliche Steigerungsraten bei 3–5 % im Jahr liegen. Diese neue Möglichkeit der Indexvereinbarung setzt voraus, daß der Mietvertrag auf die Dauer von mindestens zehn Jahre abgeschlossen wird, was für den Eigentümer weitere Rechtsnachteile mit sich bringt.

Zum Auszug ist die Wohnung abzunehmen und ein Wohnungsübergabeprotokoll zu estellen. Sollten dabei Schäden oder mangelnde Vertragserfüllung festgestellt werden, ist der ausziehende Mieter unter Fristsetzung mit Ablehnungsandrohung aufzufordern, die notwendigen Arbeiten auszuführen. Kommt der Mieter dieser Aufforderung nicht nach, kann der Vermieter die Arbeiten auf Kosten des Mieters ausführen lassen.

Nach der Wohnungsabnahme und Vornahme eventuell notwendiger Arbeiten, sollte die Kaution abgerechnet werden. Sofern die Heiz- und Betriebskostenabrechnung noch nicht vorliegt, kann für die noch offene Betriebskostenabrechnung eine erwartete Nachzahlung abgezogen werden. Damit ist zumindest der größte Teil der Kaution im Normalfall zur Rückzahlung fällig.

6.1.2 Vertragsabschluß mit dem neuen Mieter

Bei der Suche nach einem neuen Mieter sind eventuelle Zweck- oder Sozialbindungen der Immobilie zu beachten. Der neue Mieter sollte in die Hausgemeinschaft passen, um späteren Querelen möglichst vorzubeugen. Da eine Kündigung wegen Zahlungsverzugs mit anschließender Zwangsräumung einschließlich dem Mietausfall den Vermieter leicht ein bis zwei Jahresmieten kosten kann, sollte man sich von der Bonität des Mieters überzeugen (Gehaltsbescheinigung, Auskunftei, Schuldnerkartei der Amtsgerichte).

Bonitätsprüfungen und Selbstauskünfte sind zwar umstritten, aber die Kritiker haben sich offensichtlich bei allem Recht auf eine Wohnung nicht klar gemacht, welchen Wert ein Mieter mit der Wohnung in Besitz nimmt, wie schwer eine Kündigung, Räumung und Instandsetzung einer Wohnung ist und welche Kosten damit verbunden sein können.

Interessenten kann man über Mundpropaganda, Inserate, Makler oder vorgemerkte Mietinteressenten finden.

Hat man sich für einen Mieter entschieden, muß ein Mietvertrag schriftlich abgeschlossen werden. Keinesfalls sollte dem Mieter vor Unterzeichnung und Rückgabe des Mietvertrages die Wohnung übergeben werden.

Auch das verwendete Formular sollte mit Bedacht ausgewählt werden. Bei den sich ab und zu ändernden Gesetzen und der sich ändernden Rechtssprechung sollten keine älteren Formulare, die die Weiterentwicklungen nicht berücksichtigen, verwendet werden.

Beim Vertragsabschluß ist auch die Betriebskostenumlagevereinbarung sorgfältig zu gestalten. Sonst gilt das Gesetz und danach bezahlt der Vermieter alle Betriebskosten bis auf die Heizkosten, die nach der Heizkostenverordnung abgerechnet werden müssen. Was im Mietvertrag nicht vereinbart wird, ist später (fast) nicht mehr zu ändern. In Mietverträgen über Wohnraum sind die möglichen Vereinbarungen sehr begrenzt. Bei Mietverträgen über Gewerberäume, insbesondere mit Voll-

kaufleuten, ist der Vereinbarungs- und Gestaltungsspielraum des Mietvertrages deutlich größer.

6.2 Mieterhöhungen

Für die Wirtschaftlichkeit der Immobilie sind regelmäßig durchgeführte Mieterhöhungen zwingend erforderlich. Nur diese sichern eine laufende Rendite und die Kosten der laufenden Instandsetzung und Instandhaltung. Außerdem erfährt der Vermieter bei Mieterhöhungen die Mängel an der Mietsache, die sich in letzter Zeit eingestellt haben und die die Mieter bis dahin nicht monierten. In der Regel zeigen die Mieter Verständnis für maßvolle Mieterhöhungen, ermöglichen sie doch auch dem Vermieter, die notwendigen Renovierungen und Reparaturen durchzuführen.

Bei Sozialwohnungen sind Mieterhöhungen nur möglich, wenn eine neue Wirtschaftlichkeitsberechnung vorgelegt wird. Diese kann in der Regel alle drei bis fünf Jahre neu erstellt werden, wenn die darin zu berücksichtigenden Instandhaltungs-, Kleinreparatur- und Verwaltungspauschalen in der II. Berechnungsverordnung geändert werden.

Bei frei finanzierten Wohnungen kann zur Begründung der Mieterhöhung auf den Mietspiegel der Stadt verwiesen werden. Ansonsten sind zur Begründung drei Wohnungen vergleichbarer Art – hinsichtlich Größe, Ausstattung, Beschaffenheit und Lage –, deren Mietzins in den letzten vier Jahren vereinbart wurde, zu nennen, um die ortsübliche Miete nachzuweisen. Der Vermieter darf auch Wohnungen aus seinem Wohnungsbestand nennen.

Ist beides nicht verfügbar und einigen sich Vermieter und Mieter nicht gütlich auf eine neue Miete, bleibt nur der Nachweis mittels eines Gutachtens durch einen vereidigten Sachverständigen.

In Gewerberaummietverträgen sind in der Regel Wertsicherungsklauseln enthalten, die zum Teil von den Landeszentralbanken genehmigt werden müssen, besonders wenn sich der Mietzins automatisch einem Lebenshaltungskostenindex anpaßt. Ist keine Wertsicherungsklausel im Vertrag enthalten, ist eine Mieterhöhung nur möglich, falls der Vertrag auf unbestimmte Zeit abgeschlossen wurde. Gibt es keine gütliche Einigung, und haben die Parteien sich keinem Schiedsgutachten eines Sachverständigen unterworfen, ist eine Mieterhöhung nur durch eine Änderungskündigung möglich.

6.3 Kleinreparaturen

Auf die Mieter von Wohnraum können nur die Kosten von Kleinreparaturen in geringem Umfang abgewälzt werden. Eine Beteiligung an Reparaturen ist wegen der Instandhaltungspflicht des Vermieters (§ 536 BGB) kaum möglich. Bei Gewerberäumen kann dem Mieter auch ein großer Teil an Reparatur- und Instandhaltungsverpflichtungen übertragen werden. Reparaturen und Instandsetzungen an Dach und Fach sind jedoch nach der Rechtsprechung auf Grund § 536 BGB grundsätzlich nicht übertragbar.

6.4 Neben-, Betriebs- und Heizkosten

6.4.1 Begriffsbestimmung: Nebenkosten

Der Mietbegriff des BGB geht von einer alles einschließenden Mietzahlung aus. Lediglich für die Heizungskosten hat der Gesetzgeber die allen anderen Vereinbarungen (Verträgen) vorgehende Heizkostenverordnung erlassen.

In § 4 Abs. 1 des Gesetzes zur Regelung der Miethöhe (kurz Miethöhegesetz) heißt es: „Für Betriebskosten im Sinne des § 27 der zweiten Berechnungsverordnung dürfen Vorauszahlungen nur in angemessener Höhe vereinbart werden".

Diese Bestimmung führt zu einer zentralen Vorschrift der Wohnungswirtschaft, der „Verordnung über die wohnungswirtschaftliche Berechnung (zweite Berechnungsverordnung, II. BV) vom 5.4.1984" und ihren Ergänzungen. Diese II. BV gilt jedoch im Grundsatz nur für „öffentlich geförderten Wohnraum im Sinne des zweiten Wohnungsbaugesetzes". Sie ist jedoch auch dort anzuwenden, wo ihre Anwendung in anderen Rechtsvorschriften vorgeschrieben oder vorausgesetzt ist, wie dies in § 4 Miethöhegesetz der Fall ist.

Die Übergangsregelung für die Neuen Bundesländer, die BetriebskostenumlageVO wurde zum 1.6.95 aufgehoben und weiterhin geltende Sonderregelungen in das Miethöheregelungsgesetz eingearbeitet.

6.4.2 Umlagefähige Betriebskosten

Umlagefähige Betriebskosten sind in der Anlage 3 zu § 27 der II. BV wie folgt aufgeführt:

- laufende öffentliche Lasten des Grundstücks,
- Kosten der Wasserversorgung,
- Kosten der Entwässerung,
- Kosten der Beheizung,
- Kosten der Warmwasserverworgung,
- Kosten verbundener Heizungs- und Warmwasserversorgungsanlagen,
- Kosten des maschinellen Personen- oder Lastenaufzuges,
- Kosten der Straßenreinigung und Müllabfuhr,
- Kosten der Hausreinigung und Ungezieferbekämpfung,
- Kosten der Gartenpflege,
- Kosten der Beleuchtung,
- Kosten der Schornsteinreinigung,
- Kosten der Sach- und Haftpflichtversicherung,
- Kosten für den Hauswart,
- Kosten der Gemeinschaftsantennenanlage bzw. des Anschlusses an das Breitbandkabelnetz,
- Kosten des Betriebs der maschinellen Wascheinrichtung,
- sonstige Betriebskosten.

Die Umlage dieser Kosten setzt allerdings die detaillierte Erwähnung dieser Kosten im Mietvertrag voraus. Eine globale Vereinbarung ist unwirksam, ebenso wie eine über die obige Aufzählung hinausgehende Kostenaufstellung. Besonders die „sonstigen Betriebskosten" sind im einzelnen zu benennen. Die Rechtsprechung akzeptiert bei Wohnraummietverträgen jedoch nur wenige Kostenarten, wie z. B. Feuerlöscherwartung.

Bei Gewerberaummietverträgen ist die Umlage von erheblich mehr Betriebskosten möglich und z.T. auch nötig, z. B. Wartungs-, TÜV- und Reparaturkosten von Feuerlöschern, Feuerlösch- und Sprenkleranlagen, Rauchmelde- und Rauchabzugsanlagen, Klima- und Lüftungsanlagen, Rolltreppen, Bewachung, Verwaltung usw.

Aber auch hier gilt, daß nur die Betriebskosten umlegbar sind, die im Mietvertrag als umlegbar vereinbart wurden.

Sollen die Betriebskosten zusätzlich zur vereinbarten Miete umgelegt und vom Mieter bezahlt werden, so ist dies in jedem Falle ausdrücklich

im Mietvertrag zu vereinbaren. Falsch oder unvollständig ausgefüllte Betriebskostenumlagevereinbarungen gehen zu Lasten des Vermieters. Lediglich bezüglich der Heizkosten schreibt die Heizkostenverordnung verbindlich vor, daß Heizkosten bei allen Miet- und Nutzungsverhältnissen über Räume, mit Ausnahme der vom Vermieter selbst bewohnten Ein- und Zweifamilienhäuser, nach den Vorschriften dieser Verordnung umgelegt werden müssen. Die Heizkostenverordnung geht auch allen nichtvertraglichen Regelungen und WEG-Beschlüssen vor.

Zur Vermeidung von Problemen sei dringend geraten, den Mietzins folgendermaßen aufzugliedern:

- Grundmiete,
- umlagefähige Nebenkosten gemäß § 27 II. BV, ohne die Kosten der Heizung und Warmwasserversorgung.
- Kosten der Heizung und Warmwasserversorgung.

Dazu sollten die Betriebskosten mit den entsprechenden Verteilerschlüsseln aufgelistet sein. Nur so entsteht von vornherein die notwendige Klarheit.

Es gibt viele verschiedene Verteilerschlüssel und sie sind mit Bedacht zu wählen. Die gebräuchlichsten Schlüssel sind:

- die Verteilung nach Flächen oder Massen (Wohnfläche, Nutzfläche, umbauter Raum),
- Verteilung nach Anzahl der Nutzer pro Verrechnungseinheit,
- Verteilung nach der Anzahl der Wohnungen oder Nutzeinheiten, mit und ohne Hausmeister,
- Verteilung nach tausendstel Miteigentumsanteilen, falls es sich um eine vermietete Eigentumswohnung handelt,
- Verteilung nach Stockwerk x Zimmeranzahl oder Stockwerk x Nutzeranzahl in der Wohnung, z. B. für die Aufzugskosten,
- Verteilung im Verhältnis der Verbräuche laut Zählerstand,
- Festbeträge, soweit diese Kosten direkt zugeordnet werden können.

Der Abrechnungszeitraum ergibt sich aus § 4 Abs. 2 Miethöhenregelungsgesetz, wonach über die Betriebskostenvorauszahlung jährlich abzurechnen ist. Damit ist der Abrechnungszeitraum auf zwölf Monate festgelegt, meist das Kalenderjahr.

Es ist sinnvoll, für die Heiz- und Betriebskostenabrechnung den gleichen Abrechnungszeitraum festzusetzen.

Art und Zeitpunkt der Abrechnung sind gesetzlich nicht vorgeschrieben. Eine nachvollziehbare Abrechnung hat schriftlich zu erfolgen. Bezüglich der Abrechnungsfrist bestimmt § 20 Abs. 3 der Neubaumietenverordnung für den öffentlich geförderten Wohnungsbau einen Zeitraum von zwölf Monaten nach Ende des Abrechnungszeitraumes. Im öffentlich geförderten Wohnungsbau ist dies für Nachforderungen des Vermieters sogar eine Ausschlußfrist.

Eine längere Frist sollte ein privater Wohnungsvermieter auch nicht benötigen, sinnvoll wäre ein Zeitraum von drei bis sechs Monaten nach Ende des Abrechnungszeitraumes.

Der Mieter muß je nach Zugangszeitpunkt der Abrechnung binnen 2 bis 6 Wochen die Nachzahlung leisten bzw. kann dann über sein Guthaben verfügen. Wenn die Nachzahlung oder das Guthaben hoch sind, ist gemäß § 4 Miethöhegesetz eine Anpassung der Vorauszahlungen vorzunehmen.

Betriebskostennachzahlungen verjähren erst 4 Jahre nach ihrer Erstellung, aber bei einer längeren Frist zwischen Abrechnungszeitraum und Abrechnung könnten die Forderungen verwirkt sein oder der Mieter kann wegen nicht erfolgter Abrechnung seine weiteren Betriebskostenvorauszahlungen einstellen.

Die Nebenkostenabrechnung muß verständlich, nachvollziehbar und schriftlich erfolgen.

Für die Heizkosten und den Warmwasserverbrauch wird in der Regel von einem Heizkostenabrechnungsunternehmen eine gesonderte Abrechnung erstellt. Diese Unternehmen sind meist gegen einen geringen Aufpreis auch bereit, die Betriebskosten mitabzurechnen, so daß der Mieter nur eine Abrechnung für einen Abrechnungszeitraum erhält. Da die Abrechnung von einem Dritten kommt, wird sie von den Mietern meist besser akzeptiert.

Die Einzelabrechnungen sollten unbedingt einen Fälligkeits- und Prüfungshinweis enthalten. Der Mieter hat das Recht, die Abrechnungsunterlagen (Betriebskostenrechnungen und Verteilerschlüsselzusammenstellungen) einzusehen.

Heinz Mustermann
Hausverwaltungen

Musterstraße 20,
78000 Musterstadt

H.Mustermann, Musterstr.20, 78000 Musterstadt

Frau
Maria Beispiel
Beispielstr. 60

78800 Beispielstadt

Musterstadt, 20.11.1995

Wohnanlage : Beispielstraße 60, 78800 Beispielstadt
Objekt-Nummer : 55 Einheiten-Nummer: 7

JAHRES - EINZEL - ABRECHNUNG von 01.07.94 bis 30.06.95

Nr.	Verteiler	Wohneinheit	/	Gesamt
105	Fläche	41,80	/	481,26
106	Festbetrag			
108	Personenzahl	2,00	/	18,50

Kostenart	DM-Betrag	Verteiler	Ihr Anteil
Haftpflicht-/Leitungsw.-vers.	724,80	108	83,52
Gebäudeversicherung	205,48	105	16,63
Kaminreinigung	205,45	108	24,79
Feuerstättenschau	263,75	106	56,30
Grundsteuer	527,10	105	45,78
Zu-/Abwasser/Müll/allg.Strom	4.877,49	108	527,30
SUMME:			754,32
- Bereits gezahlte Umlagen (12 * DM 50,--)			600,00
Ihre Nachzahlung			154,32

Die Nachzahlung überweisen Sie bitte auf mein Ihnen bekanntes Konto bei der Sparkasse Musterstadt, BLZ 660 700 10, Kto-Nr. 9 013 665.

Die Abrechnung gilt als anerkannt, wenn nicht innerhalb von 14 Tagen Widerspruch erfolgt. Die Rechnungsbelege können nach vorheriger Terminabstimmung bei mir eingesehen werden.

mit freundlichen Grüßen

gez. Heinz Mustermann
Hausverwaltungen

Abbildung 1: Abrechnungsbeispiel

6.4.4 Die Heizkostenabrechnung

Ziel der Verordnung war und ist die Einsparung von Energie. Die Heizungsabrechnungsverordnung regelt die umlegbaren Kosten, die Abrechnungsmodi (auch bei Geräteausfall), die zulässigen Geräte zur Erfassung des Wärmeverbrauchs und weiteres.

Die heutige Heiz- und Warmwasserkostenabrechnung kann vom Eigentümer oder Verwalter nicht mehr eigenständig erstellt werden, da die Heizkostenverordnung die Verwendung von Wärmeverbrauchsmeßgeräten vorschreibt. Die Kosten dieser Gerätschaften einschließlich der Kosten der Erstellung der Abrechnung sind gemäß § 7 Heizkostenabrechnungsverordnung auf die Mieter umzulegen. Es ist daher anzuraten, einen entsprechenden Wärmemeßdienst mit dieser Aufgabe zu betrauen.

Für die Abrechnung muß der Eigentümer lediglich die Belege über den Bezug von Brennstoffen oder Fernwärme sowie der sonst noch anfallenden Kosten aufbewahren, bei einer Ölheizung den Ölstand zum Abrechnungsende feststellen und der Abrechnungsfirma zusammen mit den gegebenenfalls stattgefundenen Nutzerwechseln zur Verfügung stellen. Gibt er zusätzlich die Vorauszahlungen an, erhält er die Heizkostenabrechnung von den Heizkostenabrechnungsfirmen in der Regel versandfertig für die Mieter.

Bei jedem Nutzerwechsel muß eine Zwischenablesung der Heiz- und Warmwasserkostenverteiler und gegebenenfalls der Kalt- und Warmwasseruhren erfolgen. Kann die Zwischenablesung nicht erfolgen, müssen die Heizkosten nach den Gradtagszahlen auf die Nutzer verteilt werden.

6.5 Technische Hausverwaltung

6.5.1 Abgrenzung der Begriffe

Unter Instandhaltung (laufende Pflege) zur Erhaltung des Gebrauchs des Mietobjektes versteht man die regelmäßige Wartung der beweglichen Teile, die Beseitigung der Mängel, die bei ordnungsgemäßem Gebrauch durch Abnutzung, Alterung usw. entstehen, die Beseitigung von Versicherungsschäden und die Erneuerung nicht mehr gebrauchsfähiger Ausstattungsgegenstände.

Instandsetzung ist erforderlich, wenn die Gebrauchsfähigkeit aufgehoben oder herabgesetzt ist durch längere Unterlassung der Instandhaltung, Brand, höhere Gewalt, nicht ausgeführte Ersatzleistungen.

Unter Schönheitsreparaturen versteht man das Richten und Anstreichen sichtbarer Flächen, die nur im Ansehen Schaden gelitten haben.

Modernisierung, Sanierung oder Wertverbesserung bedingen Abbruch und Neubau oder grundlegende Veränderung alter und nicht mehr gebrauchsfähiger Teile am Bau, die durch Instandhaltung und Instandsetzung nicht mehr in nutzungsfähigen Zustand versetzt oder den geänderten Anforderungen an das Gebäude bzw. an das Wohnen nicht mehr angepaßt werden können.

Der Begriff der Renovierung wird im allgemeinen Sprachgebrauch für alle vorstehenden Begriffe verwendet.

6.5.2 Kostenschätzung für Instandhaltung und Instandsetzung

Zur Schätzung der Kosten eignen sich am besten die Ansätze der II. BV. Dort werden je Quadratmeter Wohnfläche für Wohnungen, die über Sammelheizungen verfügen und bezugsfertig wurden:

bis zum	31.12.1952	jährlich	20,80 DM
von	1. 1.1953–31.12.1969	jährlich	19,30 DM
von	1. 1.1970–31.12.1979	jährlich	14,80 DM
nach dem	31.12.1979	jährlich	11,80 DM

angesetzt.

Diese Sätze werden sich voraussichtlich im Herbst 1996 erhöhen.

Die Kostenansätze der II. BV sind niedrig gewählt. Die aufgelaufenen Instandhaltungsrücklagen reichen den Wohnungsbauunternehmen in der Regel nicht, wenn nach circa 30 bis 40 Jahren große Reparaturen an Dach, Fassade, Bad, Versorgungsleitungen usw. anstehen. Dies auch deshalb weil Kosten der Erneuerung von Anlagen und Einrichtungen für die besondere Abschreibungen in der Kostenmiete angesetzt werden dürfen in den Sätzen nicht enthalten sind, besonders für Sammelheizung und Aufzug.

6.5.3 Langfristige Instandhaltungsplanung

Die langfristige Instandhaltungsplanung ist für die Wirtschaftlichkeit und den Werterhalt der Immobilie eine wichtige Voraussetzung. Je älter das Gebäude ist, desto wichtiger ist die langfristige Instandhaltungsplanung. Die Einschaltung kompetenter Architekten zur Planung und Betreuung größerer Maßnahmen ist in diesem Zusammenhang zu empfehlen.

6.5.4 Auftragsvergabe und Vertragsgestaltung

Der Bauvertrag ist ein Werkvertrag gemäß § 631 ff. BGB. Bei kleineren Aufträgen gilt daher meist das BGB, da die Verdingungsordnung für Bauleistungen (VOB), die ausdrücklich vereinbart werden muß, nicht vereinbart wird. Die kürzere Gewährleistungsfrist der VOB (zwei Jahre) wird von den Handwerkern mit dem Nachteil genauerer Ausführungsreglementierungen erkauft.

Während der Gewährleistungsfrist ist der Auftragnehmer zu Nachbesserungen von Mängeln verpflichtet. Der Auftraggeber kann bei Mängeln Wandlung, Minderung oder Nachbesserung verlangen. Wird ein Mangel trotz Abmahnung und Mängelbeseitigungsaufforderung nicht beseitigt, ist der Besteller nach Ankündigung berechtigt, Ersatzvornahme auszuüben.

Der Eigentümer ist auf zuverlässige Handwerker angewiesen, die sich auch einmal ohne gleich eine Rechnung zu stellen, eine Angelegenheit vor Ort ansehen und dann ihr fachliches Urteil über die auszuführenden Arbeiten abgeben. Es ist daher sinnvoll, sich kompetente Stammhandwerksfirmen aufzubauen.

In der Praxis ist es jedoch nicht immer möglich, die Abnahme von allen Arbeiten persönlich vorzunehmen, insbesondere bei Bagatellschäden. Um Probleme und Haftungsrisiken auszuschließen, ist es daher sinnvoll, mit Stammhandwerkern zusammenzuarbeiten, auf die man sich bezüglich Leistung und Qualität der Arbeit verlassen kann und die auch Monate später vorgebrachte Reklamationen zügig beseitigen. Stammhandwerker gewähren darüber hinaus meist Nachlässe auf ihre normalen Stundensätze, da ein hoher Anteil abgegebener Angebote zu Aufträgen wird.

Ein Hausmeister kann Fremdfirmen und Handwerker überwachen, zumindest bei Kleinreparaturen. Ein Hausmeister kann darüber Auskunft

geben, ob die Firmen da waren und ob die Arbeiten zur Zufriedenheit abgeschlossen worden sind oder nicht.

Ist kein Hausmeister vorhanden, kann der Mieter, der die Handwerker ins Haus läßt oder bei dem die Arbeiten ausgeführt werden, gebeten werden, auf dem Arbeitszettel wenigstens die Anwesenheit zu bescheinigen. Bei ihm kann auch telefonisch nach dem Stand der Arbeiten gefragt werden.

6.6 Facility Management

Bei großen Gewerbeobjekten reicht „normale" Hausverwaltung nicht aus, es gibt Lücken in der Betreuung, die die Wirtschaftlichkeit der Immobilie mindern. Nur die ganzheitliche Betrachtungsweise und Betreuung der Immobilie, die die Anforderungen der Eigentümer und der Nutzer mit einbezieht, kann den komplexen Strukturen gerecht werden und eine optimale Wirtschaftlichkeit gewährleisten. Besonders Unternehmen, die die Immobilien selbst nutzen, bemerkten die mangelnde Wirtschaftlichkeit – das Facility Management war geboren.

Der Begriff Facility Management wurde unterschiedlich definiert. Die Aufzählung nur einiger Bewirtschaftungsaufgaben bei selbstgenutzten Gewerbeobjekten zeigt die Problemvielfalt:

- Instandhaltung/Instandsetzung/Modernisierung
- Kleinreparaturen
- Schönheitsreparaturen (innen und außen)
- Optimierung steigender Betriebskosten (Wasser, Strom, Wärme ...)
- Zugangskontrolle/Bewachung/Telefonzentrale
- Raumplanung entsprechend der Anforderungen der Nutzer (technische Ausstattung)/Umzüge
- Gebäudereinigung
- Kantine
- Kostenverteilung auf die Kostenstellen

  usw.

Dabei wurde festgestellt, daß die Baukosten des Gebäudes an den Gesamtgebäudekosten für Herstellung, Unterhaltung, Nutzung usw. während der Gesamtgebäudenutzungsdauer nur 20 % ausmachen. Dies zeigt deutlich die Kosteneinsparungspotentiale bei der Bewirtschaftung einer Immobilie für Eigentümer und Nutzer.

Um optimale Wartungsintervalle, wie beispielsweise die Überwachung der eingesetzten Energiequellen usw., in den Griff zu bekommen, ergeben sich notwendige Anforderungen an die Gebäudeleittechnik, die hierfür eingebaut werden muß.

Diese zusätzlichen Kosten der Gebäudeleittechnik betragen bei einem Neubau ca. 1–2 % der Baukosten. Untersuchungen haben gezeigt, daß diese Kosten schon nach ca. 2–3 Jahren durch die Einsparungen wieder erwirtschaftet werden können.

Die steigenden Lohnkosten sorgen dafür, daß sich der Einbau von Gebäudeleittechnik auch in kleineren Wirtschaftseinheiten zumindest in Teilbereichen bereits heute lohnt. So ist es bei größeren Wohnanlagen heute sinnvoll, die Heizungsüberwachung und Steuerung per Modemanschluß durchzuführen oder Heizkostenverteiler per Funk abzulesen. Auftretende Störungen werden dem Betreuungsunternehmen umgehend per Modem (Fax) gemeldet, und Betriebsstörungen können dadurch schneller behoben werden.

Teil IV

Schlußwort

Hans-Joachim Spranger

Immobilieneigentum: Baustein im Portfolio des privaten Anlegers

Zusammenfassung

Immobilienanlagen stellen eine bedarfsgerechte Ergänzung der großen Vermögensanlagebereiche Aktien und Renten dar. Durch den Einsatz der Immobilienbausteine ist es möglich, attraktive Renditen mit der Sicherheit von Sachinvestitionen zu verbinden und somit dem individuellen Anlegerbedürfnis, also seinem Risikoprofil und seiner Ertragserwartung, gerecht zu werden.

Unter der Berücksichtigung der steuerlichen Auswirkungen sind nicht nur Immobilienanlagen für sich genommen attraktiv; sie wirken auch ertragsoptimierend auf das gesamte Portfolio des Anlegers. Die Vorteile der Immobilienanlage – Schutz vor Geldentwertung und Wertbeständigkeit bei sachgerechter Bewirtschaftung – zeigen sich gerade in Zeiten höherer Inflation. Die Immobilie als Kapitalanlage sollte daher unabhängig von der konjunkturellen Entwicklung bei jeder Vermögensstrukturierung berücksichtigt werden.

1. Anlegerinteressen

Zur privaten Vermögensanlage und Strukturierung individueller Portfolio steht eine vielfältige Angebotspalette zur Verfügung. Sie reicht vom Erwerb festverzinslicher Wertpapiere, Aktien und Immobilien beziehungsweise entsprechender Fondsanteile über Beteiligungen bis hin zu Sachinvestitionen in Gold und Sammelgegenstände wie etwa Gemälde oder Antiquitäten.

Mit allen diesen Anlageformen verbindet der Anleger den Wunsch nach Rentabilität, d. h. Wertsteigerung, periodischer Ausschüttung oder einer Mischung aus beidem. Die Auswahl der Anlage ist davon abhängig, welchen Schwerpunkt der Anleger für sich setzt. Weil er sich dabei oftmals von eher subjektiven Vorstellungen und Vorlieben leiten läßt, ist es notwendig, die in Frage kommenden Vermögensanlage-Bausteine nach objektiven Kriterien (wie zum Beispiel nach Art, Geld- oder Sachanlagen, Volumina) zu gliedern und die Anlagestrategie nach den Gesichtspunkten der Risikostreuung und Ertragsoptimierung auszurichten. Vermögenssicherung – in der Regel wohl elementares Ziel jeder Vermögensanlage – kann nachhaltig nur durch eine ausgewogene und bedarfsgerechte Portfoliostruktur erzielt werden. Orientierungsgrößen sind das vorhandene Kapital, die steuerliche Situation und die individuelle Risikomentalität.

Das Anlegerprofil der Deutschen hat sich laut einer EMNID-Studie über die ideale Geldanlage seit den siebziger Jahren kaum verändert (vgl. Lindmayer 1993, S. 1). Hohe Erträge und Sicherheit des eingesetzten Kapitals stehen nach wie vor im Mittelpunkt. Von ebenfalls zentraler Bedeutung ist die Vertrautheit mit den jeweiligen Anlageformen, was angesichts der durch Krieg und Währungsreformen verlorenen Geldvermögen nicht überrascht.

Gleichwohl sind in den letzten Jahren Verschiebungen sowohl in der Struktur des privaten Geldvermögens als auch in den Anlegergewohnheiten zu beobachten. Dies hat zu einer Veränderung und Erweiterung der zur Auswahl stehenden Anlagebausteine geführt.

Die Anleger sind zinssensitiver, flexibler und anspruchsvoller geworden. Aus Rentabilitätserwägungen, die eine immer größere Rolle spielen, werden auch längere Bindungsfristen eingegangen. Das Liquiditätsbedürfnis als Vorsorge für Notfälle rückt in den Hintergrund, da zunehmend Kredite zur Überbrückung von Engpässen in Anspruch genommen werden können. In der folgenden Abbildung 1 ist die Entwicklung der Vermögensbestände seit 1970 nachvollzogen worden:

Jahresendstände, in Milliarden DM bzw. Prozent	1970		1980		1992	
Gesamtvermögen	1588		4494		9492	
Wohnungsvermögen *1	811	51,2%	2404	53,5%	4920	51,8%
Gebrauchsvermögen *2	209	13,2%	617	14,7%	1158	12,2%
Geldvermögen *3	518	32,6%	1475	32,8%	3414	36,0%
Kredite *4	207	13,0%	615	13,7%	1215	12,8%
Reinvermögen	1331		3879		8277	

*1: Wohnbauten (nach Berücksichtigung der Abschreibungen) und anteilige Grundstückswerte.
*2: Langlebige Güter (nach Berücksichtigung von Abschreibungen) zu Wiederbeschaffungspreisen.
*3: Wertpapiere zu Tageskursen.
*4: Für Konsum- und Wohnungsbauzwecke.

Abbildung 1: Vermögensbilanz westdeutscher Privathaushalte

Quelle: Deutsche Bundesbank, Monatsbericht, Oktober 1993, S. 31. (letzte verfügbare Zahlen)

Von besonderem Gewicht ist die steuerliche Komponente der Kapitalanlage. Zum einen kann durch die Nichtbeachtung steuerlicher Auswirkungen – und der Inflation – der Ertrag einer Anlage schnell gegen null

sinken; zum anderen sind die steuerlichen Folgen der Einzelanlage im Hinblick auf die zu erzielenden Steuer- und Renditeeffekte des gesamten Portfolios bedeutsam.

Festzuhalten bleibt, daß für jeden Anleger Rentabilität, Sicherheit und Liquidität einer Anlage gemäß der individuellen Präferenzstruktur in Einklang zu bringen sind. Da jede Anlageart diese Zielgrößen unterschiedlich stark erfüllt, gilt es, eine Kombination der Instrumente zu finden, die den Bedarf des Anlegers optimal deckt. Hierbei ist eine grundsätzliche Typisierung nach Geldwert- und Sachwertanlagen hilfreich.

- *Geldwertanlagen* geben dem Anleger Anspruch auf Auszahlung eines bestimmten Betrages zu einem meist im voraus festgesetzten Termin. Sie garantieren eine regelmäßige Verzinsung und sind oft liquider als Sachwertanlagen. Hierzu zählen zum Beispiel Spareinlagen und festverzinsliche Wertpapiere.
- Bei *Sachwertanlagen* steht die Rendite im allgemeinen nicht fest. Der auszuschüttende Ertrag ist häufig geringer als bei Geldwertanlagen. Dem stehen jedoch interessante Wachstumschancen (bei Aktien und Immobilien) sowie Werterhalt (bei Immobilien) in Zeiten hoher Inflation gegenüber. Allerdings bergen diese Anlagen höhere Risiken. Wirtschaftliche Turbulenzen können Kursverluste oder Wertminderungen verursachen. Typische Sachwertanlagen sind Aktien, Gold, sachwerthaltige Investmentzertifikate und Immobilien.

Die Ergebnisse von Vergleichen der Wertentwicklung einzelner Anlagemedien hängen zum großen Teil von der Wahl des der Untersuchung zugrundeliegenden Zeitraums ab. Langfristige Performance-Analysen zeigen jedoch in der Regel, daß die mit Aktien- und Immobilienanlagen verbundenen Risiken durch höhere Erträge kompensiert werden. Geldwertanlagen lohnen bei einer realen Nachsteuerbetrachtung kaum oder überhaupt nicht (vgl. Punkt 3 dieses Beitrags).

Die adäquate Auswahl und Mischung der Anlageinstrumente sollte nur auf der Grundlage eines Vergleichs von Risiko und Ertrag, der Liquidierbarkeit sowie der steuerlichen Behandlung getroffen werden.

2. Möglichkeiten der Geldanlage in Immobilien

Für den Wertpapierbereich existieren unterschiedliche theoretische Ansätze zur Verwirklichung einer bedarfsorientierten „Asset Allocation", der Aufteilung des Vermögens in Anlageklassen wie Aktien und Renten. Hierbei werden Laufzeiten, Risikoprofile sowie eine Länder- und Währungsaufteilung berücksichtigt. Äußerst selten wird jedoch das Anlageprodukt Immobilie in seinen vielfältigen Ausprägungen in eine solche „Asset Allocation" miteinbezogen.

Allgemein bekannt ist in diesem Zusammenhang die „klassische" Empfehlung, das Vermögen zu je einem Drittel in Wertpapiere, Immobilien und Gold aufzuteilen. Wegen der heute breitgefächerten und gezielt einsetzbaren Anlageinstrumente auf dem Immobiliensektor ist diese „Asset Allocation" jedoch nicht mehr zeitgerecht (vgl. Abbildung 2).

Das Immobilienvermögen der privaten Haushalte in Westdeutschland liegt je nach Bewertungskonzept zwischen vier und fünf Bill. DM. Auf der Grundlage der ursprünglichen Investitionskosten (Sachwertansatz) beläuft sich das Immobilienvermögen auf 5,2 Bill. DM. Nimmt man die

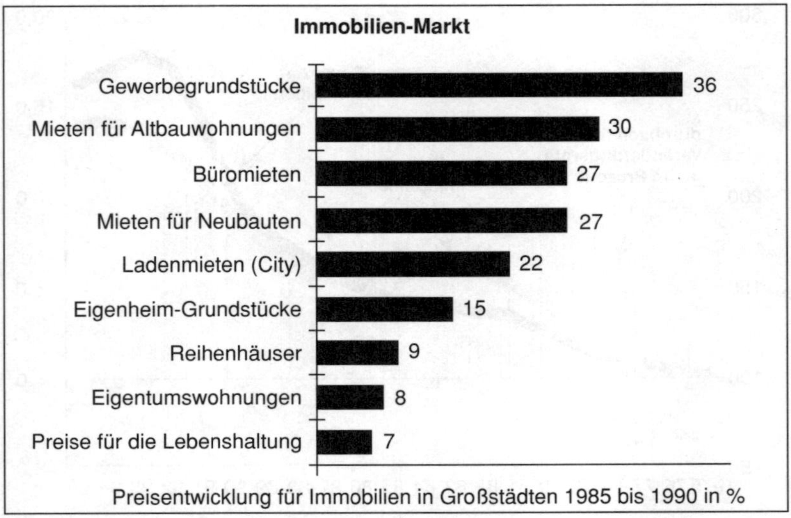

Abbildung 2: Der Immobilienmarkt

Quelle: Der Geldanlage-Berater, August 1993.

realisierbaren Verkaufswerte (Verkehrswertkonzept) als Rechnungsgrundlage, dann beziffert sich das Vermögen auf 4,3 Bill. DM. Zu diesem Ergebnis kommt eine Studie des Deutschen Instituts für Wirtschaftsforschung, Berlin. Das Immobilienvermögen ist damit erheblich größer als das Geldvermögen, das die Bundesbank für 1991 mit 3,2 Bill. DM angab.

Bei einer Sachwertanlage wie der Immobilie steht nicht die schnelle Liquidierbarkeit, sondern das längerfristige Engagement im Vordergrund. Immobilienanlagen erfüllen im wesentlichen die Zielgrößen Sicherheit (Werterhalt) und Rentabilität (Rendite): Eine solche Anlage bietet Schutz vor Inflation, da bisher die mittel- und langfristige Wertsteigerung der Grundstücks- und Immobilienpreise die allgemeine Preissteigerung übertrifft.

Die Wertsteigerung von Immobilien (Wohnungen und Gewerbe) belief sich nach Berechnungen des Münchener Institutes Bulwien und Partner seit 1975 im Schnitt auf jährlich 4,6 Prozent und damit insgesamt auf annähernd 150 Prozent. Nach einer Stagnation 1994/95 ist ein Rückgang von 2 Prozent eingetreten (vgl. Abbildung 3).

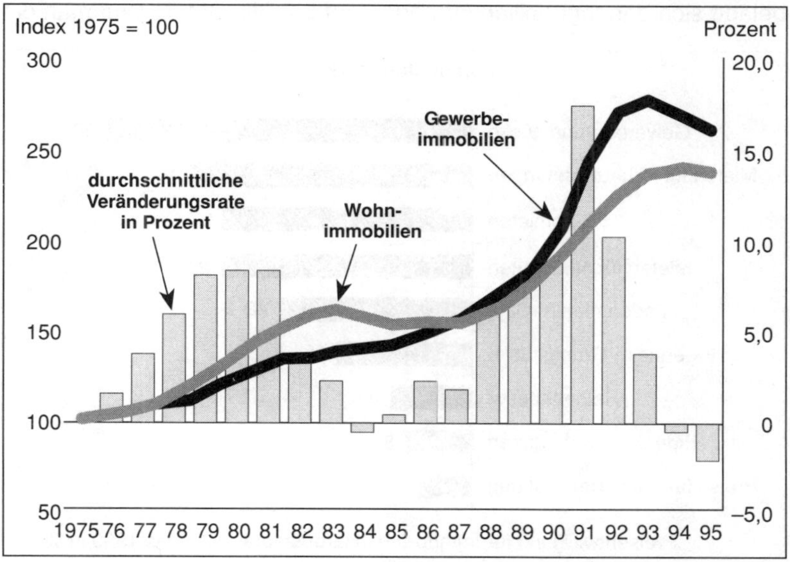

Abbildung 3: Wertentwicklung bei Immobilien
Quelle: Bulwien und Partner GmbH, 1996.

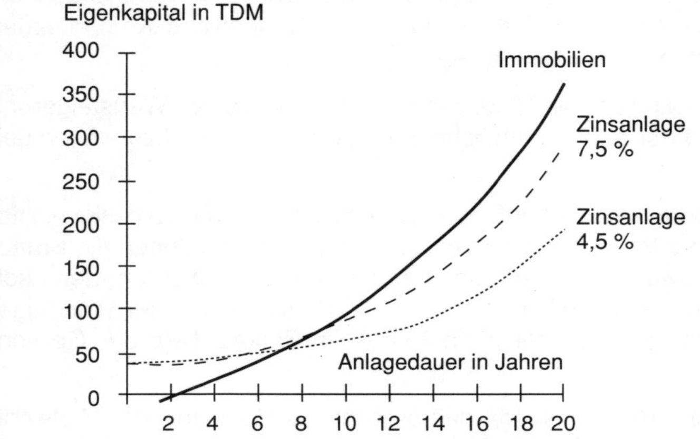

Vergleichsrechnungen zeigen, daß der Immobilieneigentümer nach 7 Jahren Vorteile gegenüber dem Inhaber festverzinslicher Wertpapiere erzielt, sofern mit einer Wertsteigerung der Immobilie von 3 % p.a. und einem Immobilienwert in Höhe der 15fachen Jahresnettokaltmiete gerechnet wird.

Abbildung 4: Mietobjekt schlägt Zinsanlage
Quelle: Der Geldanlage-Berater, August 1993.

Da grundsätzlich nichts gegen eine Fortsetzung dieses Trends spricht und aufgrund der Knappheit im privaten Wohnungsbau ein Nachfrageüberhang herrscht, besteht eine aussichtsreiche Chance auf Wertzuwachs. Obwohl bei Immobilien als Kapitalanlage in der Regel fremdgenutzte Wohnungen oder Gewerbeimmobilien gemeint sind, besteht nicht zuletzt auch die Möglichkeit der Eigennutzung, d. h. die Immobilie stellt für den Anleger selbst einen Wohnwert dar. Hier bilden jedoch persönliche Einschätzungen im Hinblick auf Art, Größe und Lage des Objektes nicht quantifizierbare Komponenten, die eine geringere Rendite aufwiegen können.

Im Bereich der Gewerbeimmobilien (Bürogebäude, Einzelhandel, Einkaufszentren etc.) bestehen – ein entsprechender Standort vorausgesetzt – durch die Möglichkeit der Koppelung der Mietverträge an Index- und Umsatzklauseln und die darauf basierende Bewertung der Immobilien nach dem Ertragswertverfahren ebenfalls gute Wertsteigerungsaussichten.

Die Einschätzung der zukünftigen Wertsteigerung der Immobilie fließt in die Gesamtrendite ein, die teilweise unattraktive Anfangsrenditen

kompensieren soll. Daher sind Standort, Drittverwendungsfähigkeit, Funktionalität und Qualität der Immobilie wesentliche Komponenten des Erfolgs einer solchen Anlage.

Immobilien-Engagements zeichnen sich neben einer Wertsteigerung bei Veräußerung durch jährliche Erträge in Form von Mieteinnahmen aus.

Für die Beurteilung der laufenden Rentabilität von Immobilieninvestitionen und ihre Vergleichbarkeit mit Alternativanlagen können die Brutto- beziehungsweise die Nettorenditen herangezogen werden, denn solche Engagements sollten sich ohne die Einbeziehung der Wersteigerungsphantasie nach der alten Regel „im Einkauf liegt der Gewinn" rechnen.

Die Bruttorendite beschreibt das prozentuale Verhältnis der Mieterträge zum Kaufpreis. Bei der Nettorendite wird der Bruttomietertrag um Unterhalts- und Betriebsaufwand korrigiert.

Erfahrungsgemäß sollte die erzielbare Bruttorendite am Zinsniveau des Kapitalmarktes für erstrangige Hypotheken gemessen werden (vgl. Schütz 1991, S. 48–49). Solche Renditen sind heute jedoch kaum mehr zu erreichen.

Der Verband Deutscher Hypothekenbanken hat Berechnungen über die Durchschnittsrendite im freifinanzierten Mietwohnungsbau angestellt und kam dabei auf einen Wert von 3,3 %. Dieser Rendite steht ein Fremdkapitalzins von nominal 7,5 % gegenüber, den wir längerfristig unterstellt haben. Bei den gewerblichen Immobilien haben wir 4 Grundtypen unterschieden. Die Renditen bei Büroobjekten liegen bei ca. 6 %, Geschäftshäuser erzielen ca. 5,5 %, Gewerbeparks ca. 7 % und Lagerhallen etwa 8 %. Kleinstädte haben im Vergleich zu Großstädten einen Renditeaufschlag von ca. 0,4 %. Höheren Renditen – beispielsweise bei Lagerhallen – steht jedoch ein höheres Risiko bezüglich einer nachhaltigen Vermietung und Drittverwendungsfähigkeit gegenüber.

In der folgenden Abbildung werden die mit Immobilieneigentum verbundenen Vor- und Nachteile noch einmal zusammengefaßt:

Aufgrund der vielfältigen Immobilien-Produktpalette kann für jede Depotgröße ein „Anlagebaustein Immobilie" genutzt werden, der sinnvoll in die Portfoliostruktur des Anlegers paßt. Für den Anleger stellt sich somit die Frage, welche Immobilien-„Verpackung" seinem Bedürfnis und Risikoprofil entspricht und welche Ertragschancen im Verhältnis zu einer Alternativanlage bestehen.

Vorteile	Nachteile
■ Werthaltigkeit und Inflationsschutz (Sachwertanlage) ■ Wertzuwachs ■ mögliche Steuervorteile – Einkommensteuer – Vermögensteuer – Erbschaft- und Schenkungsteuer – Einkünfte aus Spekulationsgeschäften ■ zusätzliche Altersvorsorge	■ eingeschränkte Liquidität und Fungibilität ■ Wertentwicklung nicht vorhersehbar ■ hohe Erwerbsnebenkosten ■ vergleichsweise hoher Verwaltungsaufwand ■ Erhaltungsaufwand

Abbildung 5: Immobilien aus Anlegersicht

Im wesentlichen stehen folgende Immobilien-Anlagemöglichkeiten zur Verfügung:

- Direkterwerb: Gewerbeimmobilien/Wohnimmobilien/Grundstücke (national oder international)
- Fondsbeteiligungen: offene Immobilienfonds/geschlossene Immobilienfonds, die in Gewerbe- oder Wohnimmobilien investieren/Immobilien-Leasingfonds (national und international)
- Immobilienfonds auf Aktien: geschlossene Immobilienfonds, die an der Börse gehandelt werden, zum Beispiel Real Estate Investment Trusts (REIT) in den USA (national oder international)
- Immobilienaktien: in- und ausländische börsennotierte Gesellschaften, die in Immobilien investieren beziehungsweise Immobilien verwalten (national oder international)

Je nach Höhe der persönlichen Vermögensverhältnisse kann der Anleger aus dieser breit gefächerten Angebotspalette wählen und muß entscheiden, ob er in einen Fonds – mit relativ geringem Liquiditätsbedarf je Losgröße – oder eine Direktanlage investieren möchte. Beide Formen bieten die Möglichkeit der Anlage in Wohn- oder Gewerbeimmobilien. Gewerbeimmobilien weisen im allgemeinen höhere Renditen und Wertentwicklungschancen auf. Bei Wohnimmobilien behindert die aktuelle Mietrechtsprechung eine renditewirksame Einflußnahme auf die Mietenstruktur.

Institutionelle Anleger engagieren sich in hohem Maß auf dem gewerblichen Immobilienmarkt. Mit geschlossenen Immobilienfonds werden auch dem Privatinvestor überwiegend gewerbliche Immobilien angeboten, obwohl die Höhe der Mieterträge beziehungsweise die Gefahr von Leerständen dabei wesentlich stärker von allgemeinen Konjunkturentwicklungen beeinflußt wird. Ausländische Märkte und Standorte wie USA (mit vielen regionalen Schwerpunkten), London oder Paris veranschaulichen dies. In den USA etwa sollte deshalb das traditionell höhere Risiko durch eine entsprechende Rendite von ca. 8–11 % p.a. ausgeglichen werden. Der Anleger muß dafür jedoch weitaus höhere Preisschwankungen der Objekte in Kauf nehmen als zum Beispiel in Deutschland. Auf verschiedene Ballungszentren verteilt, weist der hiesige Gewerbe-Immobilienmarkt geringere Ausschläge auf. Insgesamt bleibt festzuhalten, daß Gewerbe- im Gegensatz zu Wohnimmobilien ein höheres Risiko-, aber eben auch ein entsprechend höheres Ertragspotential haben.

Neben der Höhe der zur Verfügung stehenden Liquidität ist für die Art der Investition (Direktanlage oder Fondsbeteiligung) des weiteren entscheidend, wie hoch der Betreuungsaufwand der Immobilie für den Anleger sein darf.

Hier hat eine Fondsbeteiligung den Vorteil, daß sich der Anleger in bezug auf Standortauswahl, Immobilien-Research und Bewirtschaftungs-Know-how die Expertise eines Fachmannes einkauft. Auch wird der Verwaltungsaufwand für den Anleger deutlich reduziert, da die Fondsgesellschaft die erforderlichen Tätigkeiten übernimmt.

Bei einer Fondsbeteiligung ist zwischen offenen und geschlossenen Immobilienfonds zu unterscheiden. Hinsichtlich Risiko- und Ertragsprofil, Fungibilität der Anteile und Steuereffekten bestehen bei diesen Beteiligungsformen große Unterschiede. Der offene Immobilienfonds gilt als der risikoärmste Immobilienbaustein, da die Anlagegrundsätze im Gesetz über Kapitalanlagegesellschaften geregelt sind und das Anlagevermögen auf verschiedene Immobilienobjekte in mehreren Ballungszentren verteilt wird. Die Anteilspreisentwicklung verlief bisher stetig aufwärts. In den vergangenen zehn Jahren konnten offene Immobilienfonds im Durchschnitt eine jährliche Wertentwicklung von ca. 7 % aufweisen (vgl. Zeyer 1994, S. 9). Im Risikoprofil ist ein offener Immobilienfonds in etwa mit einem konservativen Rentenfonds oder mit Bundesanleihen vergleichbar.

Eine andere Konzeption verfolgen die geschlossenen Immobilienfonds. Der Anleger beteiligt sich üblicherweise als Kommandist oder als

Gesellschafter einer GbR und erzielt in der Regel Einkünfte aus Vermietung und Verpachtung oder aus Gewerbebetrieb.

Geschlossene Immobilienfonds investieren üblicherweise in ein einzelnes Objekt, so daß das Risiko der richtigen Standortwahl im Gegensatz zu offenen Immobilienfonds nicht gestreut ist. Allerdings tragen die Initiatoren diesem Problem durch die Einbringung mehrerer Immobilien in die Objektgesellschaft zunehmend Rechnung.

Für geschlossene Fondskonzepte kommt es wesentlich darauf an, daß sie von einem seriösen und erfahrenen Anbieter konzipiert sind und in der Prognoserechnung über den Verlauf der Mieterträge, die Steuerwirkungen und den zu erzielenden Veräußerungserlös realistische Annahmen zugrunde gelegt worden sind.

Deshalb veröffentlichen einige Fondsgesellschaften in jüngster Zeit sogenannte Leistungsbilanzen, aus denen die Anleger ablesen können, wie sich die bereits im Markt befindlichen Fondsobjekte tatsächlich und im Vergleich zur Prospektaussage entwickelt haben.

Hat sich der Anleger für eine Beteiligung an einem geschlossenen Fonds entschieden, kann er zwischen einem ertrags- und einem verlustzuweisungsorientierten Modell wählen. Ziel des letzteren ist, neben laufenden Ausschüttungen und angestrebten Wertsteigerungen durch Ausnutzen der steuerlichen Abschreibungsmöglichkeiten, z. B. laut Fördergebietsgesetz, (voraussichtlich bis Ende 1997) dem Anleger Anfangsverluste zuzuweisen, die er zur Senkung seiner persönlichen Einkommensteuerlast mit anderen Einkünften verrechnen kann. Diese Konzeption ist jedoch nur für den Anleger geeignet, der auch nach Berücksichtigung der Verluste in einer hohen Steuerprogression bleibt.

Beide Modelle weisen das Risiko auf, daß die prognostizierte Wertsteigerung bei Liquidation des Fonds infolge eines zu geringen Veräußerungserlöses nicht zu erzielen ist. Hierfür können falsche Prognosen, aber auch konjunkturelle Einflüsse verantwortlich sein. Deshalb kann man bei einer Beteiligung an einem geschlossenen Fonds von einer „aktienähnlichen" Immobilienanlage sprechen, da auch bei Aktien- und Aktienfondsanlagen neben der Ertragsperspektive das wirtschaftliche Umfeld für Kursgewinne ausschlaggebend ist.

Wer dieses Risiko vermeiden möchte muß nicht auf ein Engagement in einen geschlossenen Immobilienfonds verzichten. Gerade in letzter Zeit kann dem sicherheitsorientierten Anleger mit Immobilien-Leasingfonds eine entsprechende Anlagealternative geboten werden. Der An-

leger ist an einem in sich abgeschlossenen Finanzierungskonzept beteiligt, das durch ein Immobilienobjekt unterlegt ist. Allerdings partizipert er nicht an dessen Wertsteigerung, weil aufgrund der Leasingstruktur der Leasingnehmer das Recht hat, nach Ablauf der Mietperiode das Objekt zu einem vorher festgelegten Kaufpreis zu erwerben. Dieser Fall wird dann eintreten, wenn das Objekt im Wert gestiegen ist.

Der Anleger ist jedoch auch vor Wertverlusten geschützt. Ihm wird das Recht eingeräumt, nach Ablauf der Mietperiode seine Fondsanteile an die Objektgesellschaft zu einem Preis zu veräußern, der ihm die im Verkaufsprospekt genannte Rendite über die gesamte Laufzeit des Fonds sichert. Er profitiert daher von regelmäßigen, vorhersehbaren Ausschüttungen, die er auf der Basis der Leasingraten erhält, und den gesamten Steuervorteilen einer Immobilieninvestition. Die Laufzeit des Engagements ist fest und beträgt je nach Fonds zwischen 10 und 20 Jahren.

Das Risikoprofil eines Immobilien-Leasingfonds ist demnach mit dem eines festverzinslichen Wertpapiers vergleichbar. Allerdings liegt das Ertragspotential nach Steuern über dem Renditeniveau langfristiger festverzinslicher Wertpapiere. Bei dem derzeitigen Kapitalmarktniveau von ca. 6 % erwirtschaftet ein Immobilien-Leasingfonds eine Nachsteuerrendite von ca. 6 % (bei einem Grenzsteuersatz von 53 %). Dies entspricht einer Vergleichsrendite von über 12 % vor Steuern für eine voll steuerpflichtige Rentenanlage.

Ausländische Immobilienfonds, Immobilienfonds auf Aktien sowie reinrassige Immobilienaktien sind vom Risikoprofil her mit einer normalen Aktienanlage vergleichbar und eignen sich für den langfristig denkenden Anleger, der hohe Ausschüttungen beziehungsweise Wertsteigerungschancen unter Inkaufnahme volatiler Immobilienmärkte anstrebt. Als weitere Risikokomponente kommt bei ausländischen Fonds in den meisten Fällen das jeweilige Wechselkursrisiko hinzu.

3. Steuerliche Aspekte als wesentlicher Faktor der Immobilienanlage

Neben einer genauen Analyse des Risiko- und Ertragsprofils gewinnt bei allen Anlageformen der steuerliche Aspekt eine zunehmende Bedeutung. Kapitalanlagen, deren Erträge teilweise oder vollständig steu-

erfrei sind, erhöhen die maßgebliche Nachsteuerrendite deutlich. Daher sind sowohl eine Vor- als auch eine Nachsteuerbetrachtung der in Frage kommenden Anlagealternativen empfehlenswert.

Wird beispielsweise ein Rentenpapier mit einem 6-prozentigen Kupon emittiert, so muß der Käufer bei einem Grenzsteuersatz von 50 % die Hälfte des Ertrages als Steuer abführen. Ist der Käufer zudem vermögensteuerpflichtig, muß er weitere 1 % abführen, so daß lediglich noch 2 % als Reinertrag der Anlage verbleiben. Berücksichtigt man die Inflation, die im Schnitt der letzten 30 Jahre zwischen 3 und 4 % lag, hat der Rentenanleger real seine Substanz nicht erhalten.

Bei Immobilienanlagen ist einkommensteuerlich interessant, daß je nach Konzeption zumindest teilweise steuerfreie Ausschüttungen erzielt werden können. Dies trifft insbesondere auf offene und geschlossene Fonds zu. Bei Direktinvestitionen kommt es darauf an, ob sich der Anleger in der Bau- oder der Bewirtschaftungsphase beteiligt.

Der Wertzuwachs bei Immobilien bleibt zudem nach Ablauf der Spekulationsfrist von zwei Jahren bei Direktimmobilien und geschlossenen Fondsbeteiligungen steuerfrei. Bei offenen Immobilienfonds gilt die übliche Spekulationsfrist für Wertpapiere von sechs Monaten.

Während bei Rentenwerten und Aktien der Kurswert als steuerliche Bemessungsgrundlage dient, galt in der Vergangenheit bei Immobilienbeteiligungen der Einheitswert von 1.1.1964 plus eines Zuschlages von 40 %. Dieser Wertansatz machte nur circa 15–20 % des Verkehrswertes einer Immobilie aus. Da zur Beurteilung des entsprechenden Steuerwertes zudem die auf der Immobilie lastenden Verbindlichkeiten abgezogen werden, konnte ein Anleger aus diesen, besonders niedrigen oder sogar negativen Wertansätzen für die Berechnung der zu entrichtenden Substanzsteuern (Vermögen-, Schenkung- und Erbschaftsteuern) weitere, die Rendite erhöhende Liquiditätsvorteile ziehen. Er kann bislang sogar weiteres den Substanzsteuern unterliegendes Vermögen mit positiven Wertansätzen (Aktien, Renten) der Besteuerung dadurch entziehen.

Das Bundesverfassungsgericht hat jedoch am 22.6.1995 in zwei Urteilen zur Vermögens- und Erbschaftsteuer deren Unvereinbarkeit mit dem Grundgesetz festgestellt. Gleichzeitig wurde dem Gesetzgeber der Auftrag erteilt eine Neuregelung herbeizuführen. Eine abschließende Einschätzung kann derzeit wegen der somit fehlenden gesetzlichen Grundlage nicht erfolgen.

Bei ausländischen Fondsbeteiligungen sind die Ausschüttungen in der Regel durch die bestehenden Doppelbesteuerungsabkommen in Abhängigkeit von der Fondskonstruktion steuerfrei.

4. Fungibilität von Immobilienanlagen

Immobilienanlagen sind grundsätzlich langfristige Investments. Doch auch hier gibt es Abstufungen hinsichtlich der Möglichkeiten der Weiterveräußerung, also der Liquidierbarkeit oder Fungibilität.

Am liquidesten sind Anteile an offenen Immobilienfonds. Der Anteilspreis wird in der Regel täglich veröffentlicht, da der Fonds verpflichtet ist, die Anteile jederzeit zurückzunehmen. Jedoch empfiehlt sich kein kurzfristiger Verkauf, da der für diese Fonds übliche Ausgabeaufschlag von etwa 5 % nur über eine längere Haltedauer kompensiert werden kann, um die attraktive Rendite zu bewahren.

Die Anteile an geschlossenen Immobilienfonds können grundsätzlich ebenfalls veräußert werden. Allerdings sind verschiedene Punkte zu beachten. Die Fondsgesellschaft muß die Anteile nicht zurücknehmen. Sie sind nur über den sog. Zweitmarkt zu veräußern, der nicht mit einer Wertpapierbörse zu vergleichen ist. Der Preis richtet sich zwar nach Angebot und Nachfrage, jedoch fehlt ein breiter, organisierter Markt. Faktoren wie Art des Objektes, Ausschüttungen und steuerliche Effekte des Fondsanteiles beeinflussen Kauf- und Verkaufsentscheidungen und damit den Preis.

Als Anhaltspunkte für den Wert der Beteiligung kann das noch in der Fondsbeteiligung gebundene Eigenkapital (bei Leasing Fonds) bzw. die Höhe der jährlichen Ausschüttungen (bei klassischen Fonds) dienen.

Der Verkauf der Anteile erfolgt üblicherweise unter Hinzuziehung des Emittenten oder dessen Hausbank, die bei der Suche nach Zweiterwerbern vermittelnd tätig wird. Die Veräußerung ist aufwendiger und dauert länger als bei Aktien oder Renten, da eine individuelle Abwicklung erforderlich ist. Gleichwohl ist der Zweiterwerb für bestimmte Anlegergruppen interessant: Verlustzuweisungen, die in der Regel nur in den ersten Jahren einer Investition anfallen, können am wirkungsvollsten von einem Anleger, der sich in einer hohen Steuerprogression befindet, geltend gemacht werden. Nimmt die Bedeutung der Verlustzu-

weisungen gegenüber dem Ertragsanteil ab, ist ein Wechsel der Beteiligung zu einem Anleger mit einer niedrigeren Steuerprogression sinnvoll. Wichtig ist, daß beim Ersterwerber vom Zeitpunkt des Erwerbes bis zu Veräußerung für die gesamte Beteiligungsdauer die Gewinnerzielungsabsicht vorgelegen haben muß, damit die steuerlichen Verlustzuweisungen nicht nachträglich aberkannt werden.

Die Liquidierbarkeit von Fondsbeteiligungen wird in der Regel leichter sein, als der Verkauf von Direktimmobilien, da die Beteiligungssumme meist geringer und der Anlegerkreis größer ist.

5. Einsatz der Immobilienbausteine in bestimmten Depotstrukturen

Im folgenden wird geprüft, welcher Immobilienanlage-Baustein in welches Depotmodell paßt. Je nach Risikoprofil des Anlegers bieten sich drei unterschiedliche Depotmodelle an, die im folgenden skizziert werden.

5.1 Das einkommensorientierte Modell

Dieses Modell ist für den risikoaversen Anleger gedacht. Das Depot hat einen hohen Anteil an Rentenwerten und einen kleineren an Aktien. Hier wird dem stetigen Ertrag verbunden mit hoher Sicherheit der Kapitalanlage Priorität eingeräumt.

Der Einsatz geeigneter Immobilienbausteine hängt natürlich von der Größe des Depots ab. Für kleienre Depots bis DM 150 000 bietet sich an, in einen offenen Immobilienfonds zu investieren. Hierdurch werden die Vorteile einer Sachwertanlage genutzt. Zudem erhält der Anleger jährliche Ausschüttungen, die bisher zu einem beträchtlichen Teil steuerfrei sind. Die Anlage in einem offenen Immobilienfonds wirkt durch die seit Jahren aufwärts gerichtete Wertentwicklung stabilisierend auf das Wertpapierdepot und kann ein performancewirksames Gegengewicht zu Aktienkursschwankungen bilden.

Für einkommenstarke Kunden bietet sich als Ergänzung ein Immobilien-Leasingfonds an. Neben den unmittelbaren Erträgen aus der Fondsbeteiligung reduzieren die Verlustzuweisungen die steuerpflichtigen Einnahmen.

5.2 Das wachstumsorientierte Modell

Ein Anleger, der bei höherem Risiko vorrangig Wertsteigerungschancen sucht, strukturiert sein Depot wachstumsorientiert. Ein höherer Anteil an Aktien wird mit einem kleineren Anteil an Rentenwerten kombiniert. Die Depotausrichtung ist sachwertorientiert.

Für diesen Depottyp eignet sich der „klassische" Immobilienfonds mit Wertsteigerungskomponente. Zusätzlich empfiehlt sich je nach Depotgröße eine Diversifizierung in in- und ausländische Immobilienfonds beziehungsweise Direktimmobilien. Auch Immobilienaktien sind zur Abbildung einer internationalen Asset Allocation im Immobilienbereich geeignet. Eine Depotbeimischung von Immobilienaktien hat den Vorteil, daß bei positivem Geschäftsverlauf dieser in Immobilien investierenden Unternehmen eine angemessene Dividende gezahlt wird und die Aktienkurse tendenziell steigen.

Sucht der Anleger einen stabilisierenden Immobilienbaustein, so steht je nach Depotgröße ein offener Immobilienfonds beziehungsweise ein Immobilien-Leasingfonds zur Auswahl.

5.3 Das Mischmodell

Dieser Depottyp bietet die Möglichkeit, wachstums- und ertragsorientierte Anlagen zu verbinden, also z. B. den stetigen Ertrag der Rentenwerte durch Wachstumschancen an den Aktienmärkten zu ergänzen. Das Risikoprofil liegt zwischen den beiden oben genannten Modellen.

Empfehlenswert ist hierbei eine Mischung der verschiedenen Immobilienbausteine. Für kleinere Depots bietet sich die Kombination aus einem offenen und einem geschlossenen Immobilienfonds beziehungsweise Immobilien-Leasingfonds an.

Für größere Depots sollte auf jeden Fall eine Mischung aus Leasingfonds als Ergänzung des Rentenportfolios und einem „klassischen" geschlossenen Fonds oder Immobilienaktien als Ergänzung des „Aktienteiles" angestrebt werden.

Literaturverzeichnis

Deutsche Bundesbank (Hrsg.): Monatsbericht Oktober 1993, Frankfurt am Main.

Jones Lang Wootton (Hrsg.): Der Immobilienmarkt Deutschland. Frankfut 1993.

Lindmayer, K.H.: Geldanlage und Steuern 1994. Wiesbaden 1993.

Schütz, B.: Kennziffermodell zur Beurteilung von Immobilieninvestitionen. Zürich 1991.

Siepe, W.: Der Geldanlage-Berater. Bonn 1993.

Zeyer, F.: Offene Immobilienfonds spüren Rezession und Zinsrückgang. In: Frankfurter Allgemeine Zeitung vom 7.1.1994, S. 9.

Gabler-Bücher zum Thema „Geldanlage" (Auswahl)

YEARS
DE LA POSSIBILITÉ
SCIENCE DE DIEU
THÉOLOGIE
POE
PHI
PURES.
GEOMETRIE.
TRANSCENDANTE.
STATIQUE.
to the ventric
three little triang
flaps permit the